AF565396

Marja de Vries

NUR DER GANZE ELEFANT IST DIE WAHRHEIT

Marja de Vries

NUR DER GANZE ELEFANT IST DIE WAHRHEIT

Die universellen Gesetze und ihre Anwendung

Aus dem Englischen von
Astrid Ogbeiwi

Crotona

Über die Autorin

Maria de Vries (geb. 1954) studierte Biologie und Ökologie und arbeitete als Textilkünstlerin. Weil sie herausfinden wollte, wie wir als Menschen in Harmonie mit der Natur leben können, reiste sie zu verschiedenen indigenen Kulturen und entwickelte ihre Intuition. Einblick in die nicht-physische Realität erhielt sie hauptsächlich durch Ausbildungen, die auf der Überlieferung amerikanischer Ureinwohner fußen, sowie durch unmittelbare persönliche Erfahrung. Inzwischen beschäftigt sie sich mit neuen Bildungs- und Erziehungsmethoden, die mit unserem wahren Wesen besser im Einklang stehen. Im Zuge dessen begab sie sich auf die Suche nach allgemein anwendbaren Grundprinzipien, die als neue Grundlage und Bezugsrahmen dienen könnten. Ein Ergebnis dieser Suche ist das vorliegende Buch. Seit dessen Erscheinen (zunächst auf Niederländisch, dann auf Englisch) ist sie eine gefragte Rednerin. Weitere Informationen über das Buch und seine Verfasserin finden Sie (auf Niederländisch und Englisch) auf ihrer Website unter www.marjadevries.nl

---

ISBN 978-3-86191-049-7

Deutsche Ausgabe

Kammer 11 · D-83123 Amerang

Titel der holländischen Originalausgabe:
De Hele Olifant in Beeld
Ankh-Hermes bv, Deventer Juni 2007

Druck: C.H. Beck · Nördlingen

Inhalt

Einführung

Wenn wir versuchen zu leben, ohne die Universellen Gesetze zu verstehen, ist das gerade so, als wollten wir Auto fahren, ohne zu wissen, wie man das Fahrzeug beherrscht. Die Folgen können verheerend sein, selbst wenn wir uns noch so sehr bemühen, es richtig zu machen. Ganz ähnlich können wir auch dann, wenn wir die Universellen Gesetze, denen unser Leben gehorcht, nicht verstehen, in Problemen, Chaos, Schmerz und Verwirrung enden, ohne zu begreifen, warum.

Bruce McArthur – 1993[1]

Die Geschichte von den Blinden und dem Elefanten

„Hinter Ghor lag eine Stadt. Alle ihre Einwohner waren blind. Eines Tages kam ein König mit seinem Gefolge und seiner Armee in die Stadt und schlug dort sein Lager auf. Er besaß einen mächtigen Elefanten, den er einsetzte, um den Menschen Ehrfurcht einzuflößen.

Diesen Elefanten wollte die Bevölkerung unbedingt sehen. Und einige Blinde rannten darauf los, um zu erkunden, um was es sich handelte. Da sie aber keine Vorstellung von der Gestalt des Elefanten hatten, gewannen sie ihre Informationen, indem sie die einzelnen Teile des Elefanten betasteten. Jeder glaubte, etwas verstanden zu haben, weil er einen Teil ertastet hatte.

Als sie zu ihren Mitbürgern zurückkehrten, scharten sich sogleich Gruppen Wissbegieriger um sie. Törichterweise wollte jeder die Wahrheit unbedingt von jenen erfahren, die selbst im Irrtum waren.
Die Leute fragten nach Form und Gestalt des Elefanten und lauschten allem, was man ihnen sagte. Der Mann, dessen Hand das Ohr befühlt hatte, wurde gebeten, den Elefanten zu beschreiben. Er sagte: ‚Er ist ein großes, raues Ding, breit und lang, wie ein Teppich.‘ Und derjenige, der den Rüssel erfühlt hatte, sagte: ‚Ich weiß, was es ist. Es ist wie ein gerades, hohles Rohr, schrecklich und zerstörerisch.‘ Derjenige, der seine Beine und Füße ertastet hatte, sprach: ‚Er ist gewaltig und fest, wie eine Säule.‘

Jeder hatte nur einen von vielen Teilen erfühlt. Und keiner hatte ein richtiges Bild vom ganzen Körper bekommen. Stattdessen machten sich alle ihr eigenes Bild vom Ganzen, aber alle Vorstellungen waren nicht richtig."

Diese Geschichte, die zeigt, dass jeder einen Teil, keiner jedoch den ganzen Elefanten begriffen hatte, ist eine bekannte Lehrerzählung der Sufis aus dem 12. Jahrhundert.[2] Im Gegensatz zu den Blinden aus der Geschichte wissen wir sehr wohl, wie ein Elefant aussieht. Deshalb können wir leicht erkennen, dass die Blinden ihre Beobachtungen nur aneinanderfügen müssten wie die verschiedenen Teile eines Puzzles, die zusammen das größere Ganze ergeben, um ein Bild vom ganzen Elefanten zu gewinnen.

Die vielen verschiedenen Puzzle-Teile

Dieses Buch legt keine Theorie oder Philosophie im modernen Wortsinne vor. Vielmehr vermittelt es Einblicke in die allgemeine Universelle Wahrheit, die allen mystischen und religiösen Traditionen sowie auch den wissenschaftlichen Erkenntnissen zugrunde liegt, die diese Wahrheit offensichtlich bestätigen. Die Essenz dieser Universellen Wahrheit besteht aus der Erkenntnis der ihr zugrunde liegenden universellen Gesetze, die das Fundament von Beschaffenheit, Bedeutung und Wirkungsweise des Universums als Ganzem bilden.

Genau wie es den Blinden unmöglich war, etwas so Riesiges wie einen Elefanten auf einmal zu erfassen und sich ein Bild vom ganzen Elefanten zu machen, ist es auch für uns kaum möglich, die Dynamik innerhalb des Universums auf einmal zu überblicken und in ihrer Ganzheit zu verstehen. Die unterschiedlichen Beschreibungen, die wir in den diversen Weisheitstraditionen vorfinden, sind in Wirklichkeit Teile eben jenes Ganzen. Mit anderen Worten: Jede Tradition beschreibt ihren Einblick in das größere Ganze aus einem etwas anderen Blickwinkel. Genau wie die Blinden, können auch wir eher zu einem Bild der dem Universum als Ganzem zugrunde liegenden Muster gelangen, wenn wir die Wahrnehmungen aus diesen unterschiedlichen Blickwinkeln nebeneinander stellen.

Zu meiner Suche nach diesen grundlegenden Mustern hat mich das Bedürfnis nach neuen Bildungs- und Erziehungsformen geführt, die besser zu den heutigen Kindern passen und mit den Bedürfnissen unserer Tage und unseres Zeitalters stärker im Einklang stehen. Dabei ging es mir in erster Linie darum, eine Situation zu schaffen, in der Kinder die Möglichkeit erhalten, ihr volles Potenzial zu entfalten. Ich suchte Lernformen, die genauer damit übereinstimmen, wer wir im Grunde sind, und die auch in besserem Einklang mit unserer Umwelt stehen. Dazu machte ich mich auf die Suche nach Grundprinzipien, die allgemein anwendbar und daher universeller Art sein und nicht unter dem Einfluss bestimmter Glaubenssysteme, Kulturen oder Epochen stehen sollten. Solche universellen grundlegenden Prämissen könnten auf der ganzen Welt die Grundlage sinnvoller, kreativer Erneuerungen im öffentlichen Bildungswesen sein.

Eine klare und fundierte Wahrnehmung der universellen Prinzipien

Dieser Entschluss setzte eine ganze Kette von Ereignissen in Gang. Im Laufe meiner Suche stieß ich auf Quellen, die besagten, dass die vielen verschiedenen mystischen und religiösen Traditionen überall auf der Welt auf derselben Universellen Wahrheit beruhen. Es hieß, diese allgemeinen Erkenntnisse bezögen sich auf eine Anzahl relativ einfacher universeller Prinzipien, die der Beschaffenheit, der Bedeutung und der Wirkungsweise des Universums zugrunde lägen. Wenn dem tatsächlich so ist, so fragte ich mich, würde ich dann die in diesen Gesetzen vertretenen grundlegenden Auffassungen in den verschiedenen spirituellen Bewegungen, Glaubensrichtungen und Kulturen wiederentdecken können? Ich beschloss, dies herauszufinden. Wenn ich – wie die Blinden aus der Geschichte – die vielen scheinbar gegensätzlichen Auffassungen der völlig verschiedenen Weisheitstraditionen aneinanderfügte wie die Teile eines Puzzles, dann, so nahm ich an, würde ich wohl eher ein solches Bild des größeren Ganzen gewinnen.

Dieses Buch ist zunächst einmal das Ergebnis dieses Puzzles: Ich habe tatsächlich in allen Traditionen und unter vielen verschiedenen Namen und Begrifflichkeiten dieselben universellen Gesetze entdeckt. Zwar legen die verschiedenen Traditionen jeweils andere Schwerpunkte, aber der Kern erweist sich stets als derselbe. Aus der Perspektive des größeren Ganzen wirken die komplexen Dynamiken des Universums auf einmal wesentlich einfacher, und es wird nachvollziehbar, dass der Harmonie und dem dynamischen Gleichgewicht des Universums nur eine begrenzte Anzahl universeller Gesetze zugrunde liegt.

Mein nächster Gedanke war: Wenn das tatsächlich der Fall ist und wenn die westliche Wissenschaft im Grunde ebenfalls die Wahrheit zu entdecken sucht, dann muss auch die Wissenschaft früher oder später auf diese universellen Gesetze stoßen. Daher beschloss ich, auch dies zu erforschen. Dieses Buch zeigt, bis zu welchem Grad dies heute eine Tatsache ist. Obgleich ein Buch mit diesem Thema natürlich nie abgeschlossen sein kann, gelangt es aufgrund seiner Synthese doch zu klaren und fundierten Einblicken in die Wirkungsweise der Universellen Gesetze.

Ein völlig neues Weltbild

Weil diese grundlegenden Prinzipien universeller Art sind, gelten sie überall gleichermaßen und sind daher auf sehr unterschiedlichen Gebieten anwendbar. Sie wirken in unserer natürlichen Umwelt und ebenso in allen Aspekten sowohl unseres individuellen Lebens als auch unserer Gesellschaft. Sobald es uns gelingt, diese dynamischen Gesetze zu erkennen, entdecken wir auch, dass die vielen verschiedenen Aspekte von uns selbst und unserer Umwelt sich wie die Teile eines Puzzles zusammenfügen.

Wenn wir erst einmal einen groben Umriss vom ganzen Elefanten gewonnen haben – mit anderen Worten, einen Einblick ins größere Ganze – können wir anhand dessen immer wieder feststellen, ob ein bestimmtes Phänomen mit den grundlegenden Gesetzen und dem dynamischen Gleichgewicht des größeren Ganzen in Übereinstimmung steht und sich daher in Harmonie befindet oder nicht. Dann zeigt sich: Wenn etwas überhaupt „funktioniert", liegt es daran, dass die Vorgehensweise oder Methode höchstwahrscheinlich im Einklang mit den grundlegenden universellen Gesetzen steht.

Zudem offenbart die Erkenntnis der Wirkungsweisen dieser Universellen Gesetze ein völlig neues Weltbild. Aus dieser neuen Perspektive wird deutlich, dass wir alle Teil eines größeren Ganzen sind, eines multidimensionalen Universums, in dem alles aus derselben Quelle hervorgeht, miteinander verbunden ist, im Grunde aus Energie besteht und miteinander in Resonanz ist, in dem sich alles in einem ständigen Veränderungsprozess befindet und sich in einem dynamischen Gleichgewicht organisiert sowie in fortwährender Entwicklung begriffen ist. Hieran können wir auch ermessen, ob unsere Kultur mit diesen Gesetzen im Einklang steht oder nicht. Wir können dadurch erkennen, was notwendig ist, um das Gleichgewicht in uns wiederherzustellen und um dann durch dieses wiederhergestellte Gleichgewicht in uns zu einem optimaleren Gleichgewicht des Ganzen beizutragen. Weil wir den freien Willen haben, können wir uns dafür entscheiden, diese Erkenntnisse sowohl in unserem persönlichen Leben als auch in unserem Wirken in der Gesellschaft bewusst umzusetzen. Kurzum, das Ergebnis dieser Synthese schafft eine allgemeine Grundlage für *allen* persönlichen und gesellschaftlichen Wandel, der auf eine größere Harmonie mit uns selbst und dem größeren Ganzen zielt. Darüber hinaus schenkt diese Erkenntnis uns Klarheit darüber, was an diesem speziellen Punkt in der Geschichte der Menschheit für eine optimale Entwicklung unseres Bewusstseins erforderlich ist.

Dieses Buch ist ein Versuch, über „Meinungen", „Beweise" und „Glaubensinhalte" hinauszugelangen. Es ist eine Einladung an die Leserinnen und Leser, alles mit einer Haltung der Offenheit zu lesen und als eine Möglichkeit in Betracht zu ziehen. Eine eigene fundierte Ansicht gewinnt man am besten dadurch, dass man alledem selber nachforscht und aufgrund eigener Erfahrung oder durch guten Kontakt zu seinem „inneren Wissen" zu eigenen Schlüssen gelangt. Bei der Lektüre dieses Buches werden viele Leserinnen und Leser feststellen, dass diese Erkenntnisse keineswegs neu sind, sondern dass sie diese Prinzipien im tiefsten Inneren seit jeher kennen, jedoch ohne sie unbedingt treffend in Worte fassen zu können.

Kapitel Eins

Viele Wahrheiten und die Universelle Wahrheit

Die heiligen Lehren des indigenen Weges, des buddhistischen Weges, des christlichen Weges, des jüdischen Weges, des islamischen Weges, führen ihre Form letzten Endes auf das unmittelbare Erleben des Mysteriums zurück. Der Bleiche, der Buddha, Christus, Moses, Mohammed – jeder erfuhr Wahrheiten unmittelbar, und ihre Lehren waren abgestimmt auf das sich entwickelnde Bewusstsein der Gesellschaft, in der sie erwuchsen.

Dhyani Ywahoo – Weisheitshüterin der Cherokee – 1987[3]

Weisheitstraditionen und Wissenschaft

Die Kultur steht vor ihrer größten Veränderung seit zweitausend Jahren.

Walter Russell – Maler, Bildhauer, Architekt und Mystiker – 1935[4]

Es gehört zu den einzigartigen Aspekten der heutigen Zeit, dass wir aus drei völlig unterschiedlichen Blickwinkeln Zugang zu Erkenntnissen über Beschaffenheit, Bedeutung und Wirkungsweise des Universums haben. Erstens findet eine Bewusstseinserweiterung statt, wodurch es immer mehr Menschen möglich wird, sich auf ihr inneres Wissen einzustimmen. Eine zusehends größere Anzahl von Menschen kann heute die zeitlosen Wahrheiten, die lange nur Mystikern bekannt waren, selbst erfahren. Zweitens wurde ein lange verborgener oder geheimgehaltener uralter Wissensschatz der Weisheitstraditionen in jüngerer Zeit allgemein zugänglich. Wie sich herausstellte, ähneln dessen Erkenntnisse sehr stark jenen, die zunehmend mehr Menschen während außergewöhnlicher Bewusstseinszustände erleben. Dies führt dazu, dass das uralte Wissen der verschiedenen Weisheitstraditionen grundlegend neu gesehen wird. Wir sind zunehmend besser in der Lage, dieses uralte Wissen zu verstehen und seinen wahren Wert zu erfassen. Es wird immer offenkundiger, dass dieser Wissensschatz bei eben jenen Wachstums- und Entwicklungsprozessen von großem Nutzen sein kann.

Der dritte Aspekt ist, dass neueste wissenschaftliche Entdeckungen in hohem Maße Übereinstimmungen sowohl mit jenen uralten Erkenntnissen aus den Weisheitstraditionen als auch mit bestimmten Wahrnehmungen aufweisen, die wir aus eigener Erfahrung machen. Die Erkenntnisse der Mystiker, die wir nun immer besser verstehen, erklären wiederum eine ganze Reihe unserer persönlichen Erfahrungen wie auch manche scheinbar widersprüchliche wissenschaftlichen Entdeckungen. Die besondere Situation in unserer heutigen Zeit macht es möglich, diese einander scheinbar zuwiderlaufenden Wahrnehmungen wie Teile eines Puzzles aneinanderzufügen, und es zeigt sich ein Bild von der „Ganzheit" des Elefanten.

Weisheitstraditionen

Der von mir verwendete Begriff „Weisheitstraditionen" schließt die ganze Vielfalt unterschiedlicher Glaubensformen, mystischer Lehren und Weltanschauungen ein. Weisheitstraditionen gibt es seit Urzeiten in vielen verschiedenen Kulturen, und viele sind auch heute noch lebendig. In unserer westlichen Gesellschaft wurden Kenntnisse darüber jedoch lange verschleiert, und das Wissen oft zum großen Teil geheimgehalten. Die lange Geschichte der Geheimhaltung mystischen Wissens ist zum Teil darauf zurückzuführen, dass solches Wissen in vielen Kulturen nicht jedermann, sondern nur einigen wenigen zugänglich war. Ein weiterer Faktor war der Einfluss des Christentums, denn ein Großteil dieses alten Wissens wurde von der Kirche für „heidnisch" oder „ketzerisch" erklärt. Infolgedessen wurden viele dieser Traditionen verboten, viele Quellen vernichtet und viele, die über dieses Wissen verfügten, umgebracht. So blieb als einzige Möglichkeit, diese Erkenntnisse von Generation zu Generation im Geheimen weiterzugeben.

In jüngerer Zeit zeigte sich, dass dieses Wissen nicht gänzlich verloren gegangen ist. Ganz im Gegenteil, vieles ist heute auf vielerlei Weise weithin zugänglich. So sind zum Beispiel alte Weisheitstexte, die irgendwann einmal mit einem Bann belegt worden und seither verloren geglaubt waren, wieder aufgetaucht, etwa die Schriften von Nag Hammadi und die Schriftrollen vom Toten Meer. Darüber hinaus werden uralte Texte neu übersetzt und dadurch einem breiteren Publikum erschlossen. Wichtiger noch ist jedoch, dass Vertreter von Geheimgesellschaften und spirituelle Führer indigener Völker vor kurzem beschlossen haben, ihr lange geheimgehaltenes Wissen jedermann zugänglich zu machen.

Dieses zuvor geheime Wissen freizugeben, war eine bewusste Entscheidung. Es war die Aufgabe vieler indigener spiritueller Führer, das Wissen ihrer Tradition von Generation zu Generation im Geheimen weiterzugeben, solange dies notwendig war. Auf diese Weise konnte es sicher bewahrt und erst dann in die Welt gegeben werden, wenn die Zeit reif dafür war. Nach Auffassung vieler Hüter uralten Wissens ist diese Zeit nun gekommen. Im Laufe der letzten fünfzig Jahre haben sich viele entschlossen, ihre kostbaren Erkenntnisse allen weiterzugeben, die Interesse daran zeigen. Zunächst war dies nicht ohne Risiko. In den Vereinigten Staaten wurde zum Beispiel erst im Jahr 1979 das Verbot, indigenes Wissen öffentlich weiterzugeben, offiziell aufgehoben. Nach 1979 konnte daher sehr viel Wissen, das bislang nur mündlich überliefert worden war, erstmals aufgeschrieben und veröffentlicht werden.

Seit 1995 kommen die spirituellen Führer verschiedener indigener Völker aus Nord-, Mittel- und Südamerika regelmäßig zusammen. Zwar haben die vielen unterschiedlichen indigenen Völker stark voneinander abweichende Traditionen, doch wie sich zeigt, sind sie im Hinblick auf ihre Beziehung zu ihrer natürlichen Umgebung zu ähnlichen Erkenntnissen gelangt. Ihrer Ansicht nach ist es nun an der Zeit, diese Auffassungen zu offenbaren, damit wir mithilfe ihres Wissens auf der ganzen Welt wieder Gleichgewicht und Harmonie herstellen können. Hinzu kommt, dass das Wissen der eher spirituellen und mystischen Bewegungen innerhalb der verschiedenen Weltreligionen, das noch bis vor kurzem oft geheimgehalten wurde, nun ebenfalls wesentlich leichter zugänglich ist.

Weil die Weisheit und das mystische Wissen sehr vieler Kulturen und Traditionen aus sehr vielen unterschiedlichen Quellen heute im Prinzip jedermann zugänglich sind, sind wir nun in der einzigartigen Lage, die Lehren aus all den verschiedenen Quellen miteinander vergleichen zu können. Wenn auch jede Tradition ihre eigene Sprache und Terminologie hat, so ist man doch überrascht, wie stark die Lehren all dieser Weisheitstraditionen in ihrer Essenz übereinstimmen. Es stellt sich heraus, dass sich – verborgen unter dem Staub der scheinbaren Unterschiede zwischen den Kulturen und Dogmen – durch alle Quellen uralter Weisheit ein goldener Faden einer grundlegenden universellen Weisheit zieht. Die Essenz dieses Wissens ist eine Weisheit, die nicht an Zeit und Kulturen gebunden ist. Es ist eine Weisheit, die universell ist und allen Religionen, spirituellen Bewegungen und Glaubenssystemen zugrunde liegt.

Unsere Vorstellung von der Wirklichkeit wandelt sich

Diese Entwicklung fällt zusammen mit der Tatsache, dass die Vorstellung von dem, was wir für wahr halten – und mithin auch unsere Vorstellung von der Wirklichkeit – sich bei vielen Menschen gerade in einem Veränderungsprozess befindet. Einerseits wird das, was wir für wahr halten und wie wir uns die Realität vorstellen, durch das Weltbild der Kultur geprägt, in der wir leben. Die Wirklichkeit ist für uns daher davon beeinflusst, was wir für die Wirklichkeit halten. Mit anderen Worten, unser Blickwinkel bestimmt, wie wir die Wirklichkeit sehen. Andererseits machen wir uns auch aufgrund unserer Erfahrungen und unseres inneren Wissens eine eigene Vorstellung von Wirklichkeit und Wahrheit. Deshalb erkennen wir dann womöglich, dass die Dinge eigentlich ganz anders sind, als wir zunächst aufgrund des Weltbildes der Kultur, in der wir leben, gedacht haben.

Die heutige Zeit zeichnet sich dadurch aus, dass immer mehr Menschen ihre eigene Sicht der Wahrheit suchen, zum Beispiel aufgrund der Erfahrungen, die sie selbst gemacht haben. Dies bringt es unter anderem mit sich, dass den Erkenntnissen der westlichen Wissenschaft allmählich ein anderer Wert beigemessen wird. Galt die westliche Wissenschaft in Fragen der Wahrheit bei vielen lange als die absolute Autorität, so betrachten sie eine zunehmende Anzahl von Menschen heute durchaus nicht mehr als die einzig maßgebliche Instanz. Tatsächlich schränkt das Weltbild, das mithilfe der konventionellen, reduktionistischen Wissenschaft gewonnen wird, die Bandbreite unserer Wahrnehmung ein und ist daher für viele Menschen nicht mehr zufriedenstellend.

Große Veränderungen innerhalb der westlichen Wissenschaft

Zugleich finden auf dem Gebiet der heutigen westlichen Wissenschaft weitreichende und radikale Veränderungen statt. Bei ihrer Suche nach der Wahrheit stützt sich die westliche Wissenschaft nicht nur auf Beobachtungen und wiederholbare Experimente, sondern auch auf Axiome, das heißt, auf unbewiesene Annahmen über die Beschaffenheit der Welt. Einige neue

Entdeckungen erscheinen so radikal, dass eine ganze Reihe dieser Axiome, auf die die westliche Wissenschaft sich seit Langem stützt, womöglich neu überdacht werden müssen. Seither haben viele neue revolutionäre wissenschaftliche Erkenntnisse die Begrenztheit des sogenannten mechanistischen Denkens[5] in der Wissenschaft deutlich gemacht. Weil Ergebnisse aus der Quantenphysik außerdem darauf schließen lassen, dass der Beobachter Einfluss auf das Beobachtete nimmt, ist sogar unsere Vorstellung von objektiver Beobachtung ins Wanken geraten.

Innerhalb der wissenschaftlichen Welt hat sich mittlerweile die Vorstellung herausgebildet, dass es nicht eine objektive Wahrheit, sondern vielmehr mehrere Wahrheiten geben könnte, jeweils abhängig vom Blickwinkel des Beobachters. Außerdem wächst auch unter Wissenschaftlern der Eindruck, dass eine Überbetonung des Intellekts Herz und Seele verkümmern lässt. Auch sie verspüren zunehmend das Bedürfnis, ihre eigenen Erfahrungen einerseits mit der wissenschaftlichen Realität andererseits in Übereinstimmung zu bringen. Deshalb erleben wir gegenwärtig, dass Wissenschaftler sich bemühen, ihre wissenschaftlichen Erkenntnisse in einem wesentlich breiteren Rahmen als bisher mit spirituellen Erkenntnissen in Einklang zu bringen.

Diese grundlegenden Veränderungen, zum Beispiel bei Pionieren aus Physik, Biologie und Psychologie, die zu radikal neuen Erkenntnissen führen, werden dem Wissenschaftsphilosophen Thomas Kuhn (1922-1996) zufolge als *Paradigmenwechsel* bezeichnet.[6] Auf dieser Grundlage bildet sich gerade ein völlig neues Weltbild heraus, das alles ins Wanken bringt, was wir bisher über die Beschaffenheit unserer Welt glaubten, und das von Grund auf infrage stellt, wie wir uns selbst sehen. Es findet tatsächlich eine Revolution statt, weg von der analytischen, reduktionistischen Wissenschaft der vergangenen dreihundert Jahre und hin zu einer holistischen, ganzheitlichen Wissenschaft. Diese neue Wissenschaft offenbart die tiefe Verbundenheit und Harmonie im Universum, von der die Weisheitstraditionen sprechen und die die Quantenphysik vermutet. Diese Bestätigung uralten Wissens durch die neuesten wissenschaftlichen Erkenntnisse ist von großer Bedeutung. Dadurch können wir dieses Wissen nutzen, um das Gleichgewicht und die Harmonie in uns selbst wie auch auf der ganzen Welt wiederherzustellen.

Inneres Wissen

Die Wahrheit als solche ... kann nur im eigenen tiefsten Bewusstsein selbst erkannt werden.

Siddharta Gautama, der Buddha – 500 v. Chr.[7]

Doch wie können wir selber wissen, was wahr ist? Wie können wir als Einzelne wissen, was wahr ist – in einer Zeit, in der sich alles in einem Veränderungsprozess befindet und in der das, was die westliche Wissenschaft heute für wahr hält, schon morgen überholt sein kann? Wie können wir wissen, was unsere eigene Wahrheit ist – in einer Welt, in der es anscheinend immer mehr unterschiedliche Wahrheiten gibt? In der heutigen Zeit, in der alle Wahrheiten und Gewissheiten scheinbar über den Haufen geworfen sind, ist jeder Mensch Tag für Tag aufgefordert, selbst festzulegen, was er oder sie als Wahrheit betrachtet und was nicht. Deshalb wird es zusehends wichtiger, dass wir unser Urteilsvermögen schärfen und Vertrauen zu unserem inneren Wissen fassen. Die großen Weisen haben seit jeher auf die Bedeutung dieses inneren Wissens hingewiesen und davon abgeraten, ihre Wahrheit unhinterfragt zu übernehmen. Der Buddha erteilte bereits vor zweitausendfünfhundert Jahren folgenden Rat:

Glaube nicht, was du gehört hast.
Glaube nicht an die Tradition, weil sie über viele Generationen weitergereicht wurde.
Glaube an nichts, wovon oft gesprochen worden ist.
Glaube nicht, weil das, was geschrieben steht, von einem alten Weisen stammt.
Glaube nicht an Mutmaßungen.
Glaube nicht an Autoritäten oder Lehrer oder Älteste.
Doch wenn etwas nach sorgfältiger Beobachtung und Analyse mit der Vernunft im Einklang steht sowie dem Einzelnen und allen zum Wohle gereicht, dann nimm es an und lebe danach.[8]

Für Mystiker ist dies nichts Neues. Sie wissen seit jeher, dass die Wahrheit irgendwo tief in unserem Inneren zu finden ist und man durch Übung lernen kann, sich besser darauf einzustimmen. Unsere westliche Kultur hat dies jedoch lange weitestgehend, die westliche Wissenschaft sogar völlig ignoriert. Der Indo-Kanadier Ravi Ravindra – emeritierter Professor für vergleichende Religionswissenschaft und ehemaliger Physiker – weist in seinem Buch *Science and the Sacred: Eternal Wisdom in a Changing World* (2002) darauf hin, dass die westliche Wissenschaft in ihrer Begeisterung leider einen Schritt zu weit gegangen ist. Durch ihr Streben nach objektiven Ergebnissen unter Ausschluss sämtlicher persönlicher Eindrücke und Empfindungen schüttete sie das Kind mit dem Bade aus.

Tatsächlich habe die Geschichte der westlichen Wissenschaft gezeigt, so sagt er, dass unser alltäglicher gesunder Menschenverstand auf dem Weg zur Wahrheit kein verlässlicher Führer ist. Und er fügt hinzu, alle spirituellen Disziplinen seien jedoch übereinstimmend zu der Erkenntnis gelangt, dass die Gefühle ein Weg zum Wissen sowie die Instrumente der höchsten Form des Wissens sind. Dabei erklärt er allerdings auch, alle spirituellen Traditionen betonten, dass „… eine Reinigung oder Vertiefung dieser Gefühle notwendig ist, damit man über das Fühlen zu objektivem Wissen gelangen kann.“[9] Mit anderen Worten, sobald wir lernen, unsere Gefühle zu reinigen, werden sie zu einem objektiven Beobachtungsinstrument des inneren Wissens.

Das historisch Neue der heutigen Zeit ist, dass nicht nur Mystiker dies erleben, sondern wir alle. Wir alle werden auf unsere eigenen Ressourcen zurückgeworfen, um unsere Wahrheit selbst zu finden und festzustellen, ob es eine universelle Wahrheit gibt oder nicht. Auf unserer Suche nach der Wahrheit können wir die Gültigkeit möglicher Wahrheiten entweder aufgrund eigener Erfahrung oder mithilfe von Kontemplation und Meditation selbst überprüfen. Auf diese Weise können wir feststellen, ob sie bloße Meinungen oder echte Wahrheiten sind.

Einheitserfahrungen

Ob nun diese Religion oder eine andere, ob Tao oder Zen oder Yoga oder was auch immer – alles kommt aus derselben Quelle inneren Erlebens – wenn ein Mensch die Einheit im eigenen Inneren erfährt.

Sadhguru Jaggi Vasudev – Yogi und Mystiker aus Südindien - 2004[10]

Dass es unter der Myriade möglicher Wahrheiten so etwas wie eine Universelle Wahrheit geben sollte, erscheint paradox: Dennoch sprechen alle

Weisheitstraditionen von der *einen* Wahrheit. Allerdings hat keine das alleinige Anrecht auf diese Wahrheit. Wie es heißt, liegt die Erkenntnis dieser Wahrheit am Höhepunkt jeder Bewusstseinsentwicklung, ungeachtet der unterschiedlichen Wege, auf denen man dorthin gelangt ist. Diese Wahrheit ist unabhängig von Zeit, Kultur und Religion. Daher können wir sagen, dass es außer unseren eigenen unterschiedlichen relativen Wahrheiten nur eine universelle und zeitlose Wahrheit gibt, die deshalb auch als Universelle oder Zeitlose Wahrheit bezeichnet wird.

Die wahre Erkenntnis dieser Einen Wahrheit ist nicht bloß die Anhäufung tatsächlichen oder vermeintlichen Wissens, sondern unterscheidet sich vom rationalen Denken durch die Einbeziehung des Herzens. Die Weisheitslehren besagen, dass wir durch unser Herz mit unserer Seele in Verbindung kommen können, und viele Mystiker betonen die wichtige Funktion der Seele als Schlüssel zur Wahrheit. Die Erkenntnis der Wahrheit beruht auf der Fähigkeit, durch unsere Seele innerlich Verbindung zu einer multidimensionalen Welt aufzunehmen. Dies versetzt uns in die Lage, zwischen der Wahrheit auf der einen und Theorien, Konzepten und Meinungen auf der anderen Seite zu unterscheiden.

Bereits vor vielen hundert Jahren riet der christliche Mystiker Meister Eckhart (1260-1327) dazu, das Herz zu einem Organ zu entwickeln, mit dem wir die Wahrheit erspüren können, wie er es tat. Er sagte: „Könntet ihr mit meinem Herzen denken, ihr verstündet wohl, was ich sage, denn es ist wahr, und die Wahrheit redet sich selber.“[11] Ravi Ravindra drückt dies folgendermaßen aus: „Liebe ist notwendig, um die Wahrheit zu erkennen, und die Erkenntnis der Wahrheit wird durch Liebe ausgedrückt. (…) Immer wenn Wahrheit und Liebe voneinander getrennt werden, führt dies entweder zu Sentimentalität oder trockenem Intellektualismus, bei dem Macht von Mitgefühl geschieden ist.“[12] Er zeigt auf, dass viele moderne Dilemmata darauf zurückzuführen sind, dass wir uns der Wahrheit als rein mentaler Eigenschaft verschrieben haben, wohingegen in Wirklichkeit beide Attribute – Wahrheit und Liebe – die wichtigsten Aspekte der Menschenseele sind.

Die unmittelbare mystische Erfahrung

Wie erwirbt man Erkenntnis der Universellen Wahrheit? Der direkteste Weg dieses Erkenntniserwerbs ist die unmittelbare Erfahrung des „Einsseins mit allem“. Eine solche unmittelbare Erfahrung übersteigt unser Ego und unseren rationalen, logischen Verstand ebenso wie Zeit und Raum. Der indisch-britische Mystik-Experte Andrew Harvey schreibt im Vorwort zu seinem Sammelband *The Essential Mystics: The Soul's Journey into Truth* (1996), eine solche echte mystische Öffnung wecke zuerst ein Staunen und die Befreiung aus der Beklemmung durch die Zeit. Doch mehr noch ist sie, wie er sagt, „... die zunehmende Offenbarung eines Universums, das weitaus größer und wunderbarer ist, sowie einer Identität, die bei weitem umfassender ist, als wir mit unseren gewöhnlichen Sinnen und unserem normalen Bewusstsein auch nur ansatzweise erahnen könnten."[13]

Es ist daher verständlich, wenn die Mystiker uns sagen, dass man eine solche Erfahrung kaum in Worte fassen kann. Es ist die Erfahrung des Gefühls, eins zu sein, zu verschmelzen, zu allem zu werden, was ist. Und weil wir bei einer solchen unmittelbaren mystischen Erfahrung alles „werden", können wir auch alles „wissen". Nach einer solchen Einheits-Erfahrung brauchen wir nicht mehr zu glauben, denn aufgrund dieses direkten Erlebens „wissen" wir jetzt. Durch dieses unmittelbare Erleben des Einsseins mit allem gelangten hoch entwickelte Menschen zu völlig unterschiedlichen Zeiten und in gänzlich verschiedenen Kulturen zu Erkenntnissen über die Universelle Wahrheit. Das Wissen um diese Universelle Wahrheit ist also absolut überall sowie zu allen Zeiten und in allen Kulturen vorhanden. Im Grunde kamen die verschiedenen Weisen zu denselben Erkenntnissen über die höchste Wahrheit. Und immer wieder können Menschen, die weit genug entwickelt sind, durch unmittelbare Erfahrung zur Erkenntnis dieser Universellen Wahrheit gelangen.

Ein wunderbares Beispiel für die Beschreibung einer solchen unmittelbaren Erfahrung findet sich in den als *Corpus Hermeticum* bekannten hermetischen Schriften. In der Erzählung *Poimandres* (*Der Menschenhirte*) schildert Hermes Trismegistos – den man im alten Ägypten unter dem Namen Thoth kannte – seine Erfahrung des Einswerdens mit allem.[14] Thoth soll, so heißt es, den Menschen des alten Ägypten das gesamte Wissen über Astronomie, Architektur, Geometrie und Medizin offenbart haben.

Walter Russells Erfahrung des Einsseins

Ein jüngeres Beispiel für eine solche Erfahrung des Einsseins findet sich bei Walter Russell. Es wurde in der ersten Hälfte des 20. Jahrhunderts von dem Amerikaner Glenn Clark dokumentiert. Eine innere Stimme forderte ihn auf, sich auf die Suche nach einem Menschen zu begeben, der aus eigener

Erfahrung zur Erkenntnis der Universellen Wahrheit gelangt war. Er suchte jemanden, der die verborgenen Geheimnisse des Universums kannte und diese liebevoll und ganz bewusst in seinem Alltag umsetzte. Ein solcher Mensch sollte vorzugsweise außerhalb jeglicher religiösen Tradition stehen, denn er könnte eine Inspiration für alle sein, ungeachtet religiöser, spiritueller oder kultureller Bindungen.[15] In seinem ursprünglich 1946 erschienen Buch *Walter Russell – Vielfalt im Einklang. „Der Mann, der Zugang zu den Geheimnissen des Universums hatte“* (1946, dt. 1999) schildert Glenn Clark, wie er diesen Menschen schließlich in der Person des Malers, Bildhauers, Architekten und Mystikers Walter Russell (1871-1963) fand. Auf seine Frage, wie er zu seinen weitreichenden Erkenntnissen gelangt sei, erzählte ihm Walter Russell, was ihm im Mai 1921 widerfahren sei. Wer das hermetische Traktat *Poimandres* (*Der Menschenhirte*) kennt, wird im folgenden Bericht von Walter Russell auffällige Ähnlichkeiten entdecken:

„Ein strahlender Lichtblitz trennte mein körperliches Empfinden von meinem Bewusstsein, und ich fand mich frei von meinem Körper und vollständig im Bewusstseinsuniversum des Lichtes, das Gott ist“, berichtet Walter Russell. „Und die Geheimnisse des Universums wurden mir in ihrer großen Einfachheit offenbart, da sich meinem Bewusstsein die Türen zum Licht voll und ganz öffneten. In weniger Zeit, als ich brauche, um es mit Worten auszudrücken, wusste ich alles, was es über die URSACHE aller Wirkungen zu wissen gab, denn es gab sehr wenig zu wissen.“[16] Walter Russell fährt fort, es sei gewesen, als ob die unbegrenzte Komplexität in dem sich drehenden Kaleidoskop plötzlich auseinandergenommen und die ihr zugrunde liegende Einfachheit ihm auf eine Art und Weise gezeigt wurde, dass er „mit einem Mal den Schlüssel zu allen Wissenschaften – Mathematik, Chemie, Astronomie und Mechanik – und genauso zu allen zugrunde liegenden Prinzipien der Schöpfung [hatte]: zum Leben und dem Prinzip der Heilung; zur Kontinuität in einem Universum, in dem es keinen Tod gibt; zu Energie, die nicht ist, wofür der Mensch sie hält; zur Materie, die nicht stofflich ist, wie der Mensch glaubt, sowie zu den Kräften, die darauf wirken und die der Mensch einigermaßen nutzen gelernt hat, ohne jedoch das Warum dessen zu kennen, was er benutzt. Und gleichermaßen waren das Geheimnis der Seele und des Wachstums mir nun bekannt und die Grundmuster der Dinge in den Keimen der Dinge; und die Art ihrer Entfaltung, ihrer Vermehrung und Entwicklung.“

Vor allem aber erlangte er Einblick in die Wirkungsweise der universellen Gesetze, die alles lenken, was von der Quelle ausgeht. „Solcherart wurde ich dazu gebracht, das Universum als ein Ganzes zu sehen …",[17] berichtete er Glenn Clark. „Und so geschah es, dass ich, der ich nie eine Schul- und Universitätsbildung über die Grundschule hinaus erhalten hatte, auf diese Weise während eines Augenblicks im Lichte wusste, was alle Universitäten der Welt niemals lehren konnten. … Es ist kein größerer Beweis nötig als meine Erfahrung, um der zweifelnden Welt zu beweisen, dass alles Wissen in dem Bewusstseinsuniversum des Lichtes – das Gott ist – dass alles Bewusstsein EIN Bewusstsein ist, dass die Menschen kein separates Bewusstsein für sich allein haben und dass alles Wissen aus der universellen Quelle des Allwissens aufgenommen werden kann, indem man mit dieser Quelle eins wird."[18]

Der goldene Faden der Universellen Wahrheit

Die Essenz aller authentischen Religionen, spirituellen Bewegungen und mystischen Lehren lässt sich auf ähnliche unmittelbare Erfahrungen des Einswerdens mit allem zurückführen. Doch die verschiedenen Weisheitstraditionen sind ebenso vielfältig wie die Farben des Regenbogens. Die Unterschiede, die es zwischen ihnen geben mag, gründen jedoch weniger in den Erkenntnissen, die bei der Erfahrung der Einheit erlangt werden, sondern vielmehr in deren Darstellung in den diversen Traditionen. Der Yogi und Mystiker Sadhguru Jaggi Vasudev sagt zu diesem Thema: „Der Grund, warum Gautama, der Buddha, sich für eine bestimmte Art des Lehrens entschied; der Grund, warum Jesus sich für eine andere Art entschied und ein anderer wieder für eine andere, liegt einfach in der Situation, in der sie sich befanden. So wie es für die Menschen in ihrer Umgebung am besten verständlich war, gaben sie es weiter. Nach der Geisteshaltung ihrer Umwelt – nach der Aufnahmebereitschaft, die sie vorfanden, wählten sie ihre Lehren. Das ist sogar heute noch so, deshalb legen wir die Dinge auf eine Art und Weise dar, die den modernen Menschen anspricht."[19]

Sobald wir verstanden haben, dass sich durch alle alten Weisheitstraditionen der Welt sowie ihre heutigen Äquivalente ein goldener Faden grundlegender Universeller Wahrheit zieht, können wir uns wieder auf die Suche nach den ursprünglichen Ähnlichkeiten machen, damit wir jene Universelle Wahrheit immer präziser erfassen können.

Esoterische und exoterische Lehre

Es muss uns klar werden, dass alle großen Religionen nicht nur eine äußere, sondern auch eine innere Lehre haben. Die äußere Lehre ist seit jeher öffentlich und wird in Tempeln, Kirchen, Synagogen, Moscheen und Schulen gelehrt. Diese äußere Lehre unterscheidet sich offensichtlich zwischen den einzelnen Glaubenssystemen beträchtlich. Dennoch ist jede Religion und jede spirituelle Tradition durch eine Abwandlung der Goldenen Regel gekennzeichnet: „Was du nicht willst, dass man dir tu, das füg auch keinem anderen zu." Von dieser Ausnahme abgesehen, scheint es jedoch auf den ersten Blick nur wenige Ähnlichkeiten zu geben.

Die innere Lehre, die oft vor der äußeren Welt geheimgehalten wurde, bezieht sich im Allgemeinen auf das tiefere Wissen der großen Propheten oder Mystiker, die diese Religionen begründet, bewahrt oder verbreitet haben. In der heutigen Zeit, in der viele alte Schriften ans Licht gekommen und viele dieser Geheimlehren an die Öffentlichkeit gelangt sind, können wir feststellen, dass insbesondere diese inneren, esoterischen Lehren untereinander große Ähnlichkeit aufweisen. In manchen Fällen scheint es sogar, als seien die Ähnlichkeiten unter den verschiedenen inneren Lehren größer als die Ähnlichkeiten zwischen der inneren und der äußeren Lehre der jeweiligen religiösen oder spirituellen Tradition.

Zieht man jedoch in Betracht, dass es das einzige Ziel aller wahren mystischen Richtungen und daher auch aller esoterischen Eingeweihten ist, Erkenntnis der Universellen Wahrheit zu erlangen, so ist dies nicht weiter überraschend. Zwar kann man nicht so weit gehen zu behaupten, alle Mystiker stimmten miteinander überein, doch die Unterschiede sind von geringer Bedeutung. Das erklärt, warum es den esoterischen Bewegungen durch alle Jahrhunderte hindurch nie schwerfiel, sich überall da auf andere Weisheitstraditionen zu berufen, wo diese ihre eigene Lehre ergänzten. Auf die Kenntnis der Universellen Wahrheit stoßen wir zum Beispiel bei indigenen Völkern, im Hinduismus (Veden), in den Lehren des chinesischen Weisen Laotse (Tao te King), in der hermetischen Philosophie und bei den altgriechischen Philosophen. Auf sie treffen wir auch in den esoterischen Lehren der jüdischen Mystik (Kabbala), der islamischen Gnosis (Sufismus) sowie in den „inneren" Lehren des Christentums.

Esoterisches Wissen im Christentum

Dieses mystische Wissen ist auch in der Bibel enthalten, wenngleich oft versteckt. Weil es von den frühen christlichen Kirchenvätern oft als häretisch betrachtet wurde, hat sich im Christentum – wie in vielen anderen Religionen – ein recht beträchtlicher Unterschied zwischen den äußeren Lehren der Kirche und den oft geheimen inneren Lehren entwickelt. Insbesondere seit der Entdeckung alter Schriften, wie etwa der Funde im oberägyptischen Nag Hammadi im Jahr 1945 oder der Schriftrollen vom Toten Meer in den Höhlen bei Qumran am Westufer des Jordans im Jahr 1946, wissen wir mehr über die Existenz dieser verborgenen christlichen Lehren. Der niederländische Pfarrer und Autor Hans Stolp schrieb in seinem 2005 verfassten Artikel „De Nag Hammadi-geschriften voor het leven van alledag“ (2005)(Etwa: *Mit den Nag-Hammadi-Schriften durch den Alltag*), zu den wichtigen Ermahnungen in den Texten von Nag Hammadi gehöre die eindringliche Aufforderung, alle Autoritäten außerhalb unserer selbst loszulassen und uns auf die Suche nach unserem inneren Wissen zu begeben.[20]

Darüber hinaus finden seit kurzem die weisen Erkenntnisse christlicher Mystikerinnen und Mystiker wie Hildegard von Bingen (1098-1179) und Meister Eckhart breitere Beachtung und Anerkennung. In seinem Buch *Essential Mystics* beschreibt Andrew Harvey in seiner wunderbar poetischen Sprache seine jüngste Entdeckung mystischen Wissens im Christentum mit folgenden Worten: „Viele Sucher aus dem Westen haben sich, wie ich, auf eine lange und komplexe Reise in die Tiefen und Disziplinen der östlichen Mystik begeben, um an deren Ende mit neuem Staunen ihr christliches Erbe zu entdecken. (...) Die christliche Offenbarung enthält und reflektiert in ihrer Fülle das Wissen der Kogi und Hopi um die Verbundenheit allen Lebens, das taoistische Gespür für das natürliche Gleichgewicht und die geheimnisvolle Einheit der Gegensätze, das hinduistische Bewusstsein von der Größe der Seele, die buddhistische Hingabe an Mitgefühl und ein ethisch verantwortliches Leben, die jüdische Ehrfurcht vor der unaussprechlichen Erhabenheit Gottes und der Heiligkeit des Alltagslebens, die griechische Bewunderung göttlicher Schönheit und die islamische Leidenschaft für Gott als den Geliebten.“[21]

Kapitel Zwei

Was ist die Essenz der Universellen Wahrheit?

Die Universellen Gesetze sind Gesetze der Wahrheit.

Edgar Cayce (1877-1945)[22]

Erkenntnisse zur Wirkungsweise des Universums

Worum geht es bei der Universellen Wahrheit? Der durchgängige goldene Faden dieser Universellen Wahrheit ist nicht mehr und nicht weniger als die Erkenntnis von Beschaffenheit, Bedeutung und Wirkungsweise des Universums. Mit anderen Worten: Es ist die grundlegende Erkenntnis der wahren Natur der Wirklichkeit. Die Offenbarungen der Weisen und Mystiker besagen, dass die Wirklichkeit, in der wir leben, mehr ist als die physische Realität, die wir kennen. Nach Auffassung der Weisheitstraditionen ist das Universum multidimensional und hat viele verschiedene Wirklichkeits-Ebenen oder Stufen. Die physische Realität ist tatsächlich nur eine dieser Stufen, und das Universum ist viel größer und erstaunlicher als unsere üblichen fünf Sinne und unser herkömmliches Bewusstsein uns glauben machen wollen. Bei ihren Erfahrungen des Einsseins mit allem konnten die Mystiker alle unterschiedlichen Wirklichkeitsebenen wahrnehmen. Durch sämtliche Wirklichkeitsebenen hindurch konnten sie bis zur Quelle sehen, aus der alle unsichtbaren, nicht-physischen Welten hervorgehen und sich schließlich als die physische Welt manifestieren.

Manche alten Schriften betonen, dass die Universelle Wahrheit, von der sie sprechen, nicht menschlichen Ursprungs ist. Dies können wir in den Upanischaden lesen, einem Teil der als Vedanta bezeichneten altindischen Schriften. Sie erklären, die Universelle Wahrheit sei der natürliche Ausdruck jener gestaltenden Kraft, die dem Wesen des Universellen Bewusstseins eigen ist.[23] Dieser Schrift zufolge ist eben diese gestaltende Kraft die Grundlage von Ordnung und Harmonie im ganzen Universum.

Da auch wir ein Teil dieses Universums sind, ist die Universelle Wahrheit auch Selbsterkenntnis. Durch die Erkenntnis der zugrunde liegenden gestaltenden Kraft, die in Form bestimmter universeller Prinzipien oder Gesetze beschrieben werden kann, vermögen wir nicht nur zu verstehen, wie wir mit dem größeren Ganzen verbunden sind, sondern auch, wie wir unser Leben im Einklang mit diesem größeren Ganzen gestalten können. Dabei geht es um Erkenntnisse zu Fragen des Lebens auf der Seelenebene und der Erweiterung unseres Bewusstseins. Es geht um Fragen wie: Woher kommen wir? Warum sind wir hier? Wohin gehen wir? Es geht um die Essenz unseres Lebens als Seele in einem physischen Körper und um die Entwicklung unseres Bewusstseins. Genau dies sind die Themen, die zu allen Zeiten und in allen Kulturen Gegenstand mystischer Weisheit waren.

Grundlegende gestaltende Prinzipien

Im Zustand unbegrenzten Bewusstseins nahmen Mystiker eine wunderbare Ordnung im Universum wahr. Anscheinend ist alles ein großes, untereinander verbundenes und nach denselben Prinzipien gestaltetes Ganzes. Diese wunderbare Ordnung im Universum veranschaulicht das griechische Wort *Kosmos*, das „Ordnung“ und „Schmuck“, aber auch „Weltraum“ bedeutet. Der durchgängige goldene Faden der Universellen Wahrheit, der sich durch alle Weisheitstraditionen zieht, gilt daher auch für die Erkenntnis dieser grundlegenden Ordnungsprinzipien des Universums, nach denen das Universum sich gestaltet und sein Gleichgewicht wahrt. Diese Ordnungsprinzipien sind Gesetze, die auf *allen* Wirklichkeitsebenen gelten, das heißt also nicht nur auf der physischen Ebene unserer sichtbaren Umwelt, sondern auch auf sämtlichen Ebenen der nicht-physischen Realität. Weil auf allen Ebenen dieselben Ordnungsprinzipien wirken, werden diese omniaktiven Prinzipien als Universelle Prinzipien oder Universelle Gesetze bezeichnet.

Diese Universellen Prinzipien beschreiben das komplexe dynamische System der natürlichen Ordnung im Universum als ein Ganzes, in dem alles auf mehreren einander überlappenden Ebenen oder Stufen miteinander verbunden ist, ständig schwingt, in Bewegung ist und sich gegenseitig beeinflusst. Das Bild von der Wirklichkeit, das sich aufgrund dieser Universellen Prinzipien ergibt, ist jedoch nicht das eines chaotischen Universums. Im Gegenteil, das Wirken dieser Universellen Gesetze erschafft ein

Universum, in dem fortwährende Dynamiken ständig aus dem Chaos eine wunderbare Ordnung erzeugen. Wird dieses System nicht gestört, dann wirkt alles wieder und wieder auf Gleichgewicht und Harmonie hin, die sich als die wahre Essenz des Universums offenbaren.

Die verschiedenen Weisheitstraditionen besagen, dass diese Universellen Gesetze bereits existieren und weiter existieren werden, solange es das Universum gibt. Sie verbinden alles miteinander und erfüllen es mit einer harmonischen Ordnung. Auch wenn sich alles im Universum ständig verändert, sind diese Universellen Gesetze doch unveränderlich. Aus diesem Grund dreht sich das Universum in Ewigkeit, ohne Anfang und Ende. Die Dynamik dieser Universellen Prinzipien umfasst alles: Den Kosmos, die Menschheit und alle anderen Lebewesen auch.

Weil diese Universellen Gesetze aber auch die Grundlage der nicht-physischen Aspekte des Universums bilden, beeinflussen sie ebenso unsere nicht-physischen Aspekte und mithin unser persönliches Wachstum und unsere individuelle Entwicklung. Die Erkenntnis dieser Prinzipien kann uns helfen zu verstehen, wie wir unsere Selbsterkenntnis mehren und diese Gesetze nutzen können, um in höhere Bewusstseinsebenen hineinzuwachsen. Entsprechend bilden diese Prinzipien die Grundlage der spirituellen und esoterischen Lehren aller Zeiten und der ganzen Welt.

Das Kybalion als Schlüssel zu den Universellen Gesetzen

Die Wahrheit kann nicht in Stücke zerteilt und in ein System gefügt werden. Die Worte können nur als sprachliches Bild verwendet werden.

Siddhartha Gautama, der Buddha – 500 v.Chr.[24]

Alle Weisheitstraditionen sprechen von der Existenz solcher Universeller Gesetze. Der chinesische Weise Laotse, der Ägypter Thoth, die Seher oder Rishis des alten Indiens und die griechischen Philosophen, sie alle geben ihre Erkenntnis der Existenz und Wirkungsweise dieser Universellen Gesetze weiter. Nach jüdisch-mystischer Auffassung erklärte Abraham die Wirkungsweise und Anwendung der Universellen Gesetze, und bis heute wissen viele indigene Völker um diese harmonischen, ausgleichenden Prinzipien.

Auf den ersten Blick jedoch beschreibt jede Weisheitstradition die Einzelheiten dieser grundlegenden Ordnungsprinzipien anders. Wenn wir uns aber klar machen, dass jeder Versuch, etwas so Großes und Allumfassendes zu beschreiben, bis zu einem gewissen Grad unterschiedlich ausfallen und in gewissem Sinne unvollständig sein muss, dann überrascht das nicht. Außerdem wirken die verschiedenen Universellen Gesetze nicht isoliert voneinander, sondern gleichzeitig und ineinandergreifend – wie die Teile eines gigantischen dynamischen Netzwerks. Man kann eines gar nicht völlig vom anderen trennen, und jeder Versuch, diese Dynamiken in Form der Wirkungsweisen einer Reihe von Universellen Prinzipien als ein Ganzes zu beschreiben, muss stets aus einem persönlichen Blickwinkel oder einer individuellen Einstellung heraus erfolgen. Daher können wir die Unterschiede, die wir in der Beschreibung dieser Prinzipien finden, mit den Versuchen der Blinden aus der Sufi-Geschichte, den Elefanten zu beschreiben, vergleichen.

Das Kybalion und die sieben hermetischen Prinzipien

Kaum hatte ich beschlossen, die verschiedenen Blickwinkel nebeneinander zu stellen, um ein Bild vom „Universum in seiner Ganzheit“ zu erlangen, da stieß ich auf die Schrift *Kybalion. Eine Studie über die hermetische Philosophie des alten Ägyptens und Griechenlands* (1908/1940). Über die Herkunft dieses hermetischen Textes kann man nur wenig sagen, weil die Verfasser anonym bleiben wollten und sich lediglich „Die drei Eingeweihten“ nennen. Der Inhalt des *Kybalion*, so schreiben sie jedoch, geht auf die ursprünglichen Wahrheiten zurück, die Hermes Trismegistos vor Jahrtausenden gelehrt hat. Sie behaupten, diese Wahrheiten seien in ihrer ursprünglichen Reinheit erhalten geblieben. Die Verfasser berichten, von Generation zu Generation hätten einige wenige dieses Wissen mündlich an Einzelne weitergegeben, die so weit waren, dass sie es verstehen und meistern konnten.

Da die „drei Eingeweihten“ es in der ersten Hälfte des 20. Jahrhunderts niederschrieben, ist die Herkunft des Kybalion nicht mehr ohne weiteres festzustellen. In jüngerer Zeit wird jedoch zunehmend deutlich, dass die mündliche Weitergabe geheimen Wissens im Laufe der Jahrhunderte in vielen Traditionen verbreiteter Brauch war. So wissen wir zum Beispiel, dass es bei verschiedenen indigenen Völkern sogenannte „Weisheitshüter“ gab, die uraltes Wissen von Generation zu Generation weitergegeben und nun vor kurzem beschlossen haben, es zu offenbaren.[25] Im *Kybalion* zog vor allem die Begründung der Verfasser, weshalb sie dieses bisher geheime Wissen gerade zu jenem bestimmten Zeitpunkt offenbaren, meine Aufmerksamkeit auf sich. Sie hofften, dass diese Erkenntnisse dazu beitragen würden, die vielen Teilstücke der Universellen Wahrheit, die hier und da bereits bekannt waren, einander jedoch zu widersprechen schienen, miteinander zu versöhnen. Genau dazu hatte ich mich ja entschlossen.

Das *Kybalion* beschreibt sieben sogenannte hermetische Prinzipien, die – den anonymen Verfassern zufolge – die Essenz von Beschaffenheit, Bedeutung und Wirkungsweise des „Universums in seiner Ganzheit" darlegen. Die Erkenntnis dieser sieben Prinzipien kann daher, so behaupten sie, als Schlüssel zu den grundlegenden Übereinstimmungen in *allen* Weisheitstraditionen dienen. Mit anderen Worten: Wenn das wahr wäre, dann hielte ich gewissermaßen das Bild des ganzen Elefanten in Händen. Das würde wiederum bedeuten, dass ich bei meiner Erforschung der verschiedenen Weisheitstraditionen insbesondere nach Beschreibungen dieser sieben Prinzipien Ausschau halten konnte.

Aber war das auch wirklich wahr? Aufgrund meines inneren Wissens, meiner Urteilskraft, gewann ich den Eindruck, dass das, was diese anonymen Verfasser schrieben, tatsächlich zutraf. Mein inneres Wissen konnte ich nun zum Beispiel dadurch auf die Probe stellen, dass ich alledem näher nachforschte – und genau das nahm ich mir vor.

Die scheinbaren Unterschiede sind auf unterschiedliche Schwerpunkte zurückzuführen

Anhand der Beschreibungen der sieben hermetischen Prinzipien konnte ich tatsächlich ein Gesamtbild dieser Prinzipien erstellen. Sobald ich ungefähr wusste, „wie der Elefant aussieht", war es nicht mehr schwer, diese Prinzipien in den verschiedenen Beschreibungen praktisch aller Religionen sowie mystischen und spirituellen Traditionen auszumachen. Als Erstes entdeckte ich daraufhin, dass sich die sieben Gesetze in ihrer Mehrzahl tatsächlich in jeder Weisheitstradition aufspüren lassen. Aufgrund dieser Erkenntnis wurde mir klar, dass die scheinbaren Unterschiede in der Tat hauptsächlich darauf zurückzuführen sind, dass bei der Beschreibung derselben Universellen Gesetze unterschiedliche Schwerpunkte gesetzt werden.

So betont zum Beispiel die vedische Literatur, die uralte Quelle des Hinduismus, vor allem die Existenz eines absoluten und einheitlichen Intelligenz-Feldes, das aller Schöpfung zugrunde liegt und sie durchdringt und aus dem alles andere hervorgeht. Dies erkannte ich eindeutig als das Gesetz der Einheit, das die hermetische Philosophie im *Kybalion* als das erste Universelle Gesetz beschreibt. Eben dieses Gesetz der Einheit begegnet uns im Taoismus als das Konzept vom Tao. Ein weiteres wichtiges Prinzip im Taoismus ist die Vorstellung von Yin und Yang. In der Polarität und den gegensätzlichen, einander jedoch ergänzenden Dynamiken dieser beiden Aspekte erkannte ich eine Kombination des Gesetzes der Polarität und des Gesetzes vom Dynamischen Gleichgewicht, also des vierten und des siebten Universellen Gesetzes der hermetischen Philosophie.

Der Buddhismus betont hauptsächlich die Vorstellung, dass die Wirklichkeit eine Komplexität sich ständig verändernder Erscheinungen und nichts darin von Dauer ist. Dieses rhythmische Kommen und Gehen ist klar im fünften, dem Gesetz des Rhythmus, zu erkennen. Dieses Gesetz des Rhythmus ist auch für die Maya, die von einem Universum aus unendlichen Zeit- und Seinszyklen sprechen, von zentraler Bedeutung.

In den Lehren der Kabbala heißt es, dass wir Menschen uns nicht als Opfer, sondern als Mitschöpfer betrachten sollten – mit aller Verantwortung, die dies mit sich bringt. Diese Erkenntnis aus der Kabbala stützt sich hauptsächlich auf die Wirkungsweise des Gesetzes der Entsprechung, des Gesetzes der Schwingung und des Gesetzes von Ursache und Wirkung, die in der hermetischen Philosophie nach der Beschreibung im *Kybalion* das zweite, dritte und sechste Universelle Gesetz bilden.

Ich kam also zu dem Schluss, dass das *Kybalion* nicht nur eine klare und praktikable Einordnung der Universellen Gesetze, sondern auch den vollständigsten Überblick bietet, der mir bis heute begegnet ist. Deshalb wird in diesem Buch in etwa dieselbe Gliederung in sieben Universelle Gesetze verwendet wie im *Kybalion*.

Abgeleitete Gesetze

Außer den sieben Universellen Gesetzen gibt es eine unendliche Anzahl von Prinzipien, die sich unmittelbar daraus ableiten lassen. Dies erklärt, warum manche Quellen von viel mehr als sieben „Universellen Gesetzen" sprechen. Ich verwende für diese Prinzipien, die aus dem Wirken der sieben Universellen Gesetze hervorgehen, die Bezeichnung „abgeleitete Gesetze". Während die sieben Universellen Gesetze wahrhaft universell sind, also für alles und auf allen Wirklichkeitsebenen gelten, beschreiben abgeleitete Gesetze Prinzipien, die nur manche Wirklichkeitsebenen oder einen bestimmten Aspekt der Realität betreffen.

Weil sich die verschiedenen Universellen Gesetze in ihrem Wirken gegenseitig beeinflussen und aufeinander einwirken, können abgeleitete Gesetze auch die Folge des harmonischen Zusammenwirkens mehrerer Universeller Gesetze sein. In diesem Falle sind abgeleitete Gesetze Prinzipien, die unmittelbar auf der Kombination einer Reihe von Universellen Gesetzen beruhen. Manchmal gelten diese Muster für alle, ein anderes Mal wieder nur für einige Realitätsebenen.

Die Universellen Gesetze tauchen in neuer Form wieder auf

Angaben über die Universellen Gesetze sind, wie sich herausstellt, nicht nur in alten Quellen zu finden, denn Erkenntnisse über universelle Prinzipien sind in jüngerer Zeit auf verschiedenste Weise aufgetaucht. Bruce McArthur hat zum Beispiel in den Tausenden sogenannter Readings, die Edgar Cayce (1877-1945) im Laufe seines Lebens für zahllose Rat und Hilfe suchende Menschen gegeben hat, häufige Verweise auf eine ganze Reihe dieser Prinzipien entdeckt. In seinem Buch *Your Life. Why It Is the Way It Is and What You Can Do About It: Understanding the Universal Laws* (1993/2004) beschreibt Bruce McArthur die Essenz mehrerer Universeller Gesetze, wie sie in den Readings von Edgar Cayce erläutert wird. Außerdem veranschaulicht er die Wirkungsweise dieser Gesetze anhand seiner über fünfundzwanzigjährigen Erfahrung mit ihrer Anwendung.

Die Universellen Gesetze klingen auch in neueren Channelings an, zum Beispiel in dem Buch *The Light Shall Set You Free* (1996) von Norma Milanovich und Shirley McCune. Dieses Buch zeigt insbesondere, wie wir diese Prinzipien zur Förderung unseres inneren Wachstums hin zu einem erweiterten Bewusstsein anwenden können.

Heute finden sich diese Universellen Gesetze zum Teil auch in populären Büchern zum Thema Erfolg, und zwar deshalb, weil wahrhaft erfolgreiche Menschen oft über eine intuitive Erkenntnis dieser Universellen Gesetze verfügen und sie daher in ihrem Leben ständig anwenden. Manche Menschen erleben wie selbstverständlich, dass sich an einem bestimmten Punkt ihrer spirituellen Entwicklung allmählich die Erkenntnis dieser Gesetze einstellt – selbst wenn sie noch nie etwas davon gehört oder darüber gelesen haben. Wenn wir uns dieser Prinzipien erst einmal bewusst geworden sind, können wir sie zwischen den Zeilen auch in der Mythologie, in Märchen, Fabeln und bestimmten Werken der Literatur erkennen – kurzum in allen Schriften, in denen es um die Essenz dessen geht, wer wir sind.

Heilige Geometrie

Aus Platons Sicht, wie auch in der gesamten antiken Kosmologie, ist das Universum ein proportionales Ganzes und dem Gesetz der harmonischen Teilung unterworfen – dem Goldenen Schnitt.

Alexej Losev – russischer Philosoph – 1993[26]

Obwohl ich mir nun aufgrund der sieben Universellen Gesetze ein Bild des größeren Ganzen machen konnte, was mich dann zu eben diesen Universellen Gesetzen in anderen Weisheitstraditionen führte, erhob sich in mir doch das Gefühl, dass etwas Wichtiges fehlte. Dieses Gefühl verstärkte sich noch, als ich mich eingehender mit dem siebten Gesetz, dem des Dynamischen Gleichgewichts, befasste. Dieses Gesetz beschreibt das dynamische Gleichgewicht zwischen zwei scheinbar gegensätzlichen, einander jedoch ergänzenden Prinzipien, die zusammen eine Einheit bilden. Im Grunde ist es das dynamische Gleichgewicht zwischen dem „männlichen" und dem „weiblichen" Aspekt. Die Dynamik des männlichen Aspekts ist die der *Energie*; sie bildet eine Einheit mit der Dynamik des weiblichen Aspekts, bei dem es im Grunde um *Form* geht. Tatsächlich zeigt dieses Gesetz, dass Energie und Form eine untrennbare dynamische Einheit sind.

Solange wir die Form als etwas Statisches betrachten, erschließt sich dies nicht so deutlich. Wenn wir aber erkennen, dass die Essenz der Form nicht statisch, sondern vielmehr ständiger Veränderung unterworfen ist, dann wird offensichtlich, dass die Form nicht getrennt von der Energie betrachtet werden kann, mit der sie verbunden ist. Die sieben Universellen Gesetze – so wie sie in der hermetischen Philosophie beschrieben sind, und auch die Universellen Gesetze, auf die ich in anderen auf dieser Erkenntnis fußenden Weisheitstraditionen gestoßen bin – befassen sich in erster Linie mit der Dynamik der männlichen Hälfte, insbesondere der der Energie.

Dennoch hat das Universum auch in seiner Form eine wunderbare Ordnung, durch die sich alles mit Ehrfurcht gebietender Schönheit entfaltet. Um Erkenntnisse über den dynamischen Aspekt der Form und damit über die weibliche Hälfte dieser Einheit universeller Prinzipien zu gewinnen, benötigen wir allem Anschein nach andere Quellen.

Ich entdeckte, dass diese sich gegenseitig ergänzenden Prinzipien in den verschiedenen Weisheitstraditionen einerseits als universelle Gesetze und andererseits als die Prinzipien der heiligen Geometrie bezeichnet werden.

In der heiligen Geometrie, als dem weiblichen Aspekt der universellen Prinzipien, geht es um die Sprache der Form. Sie schenkt uns Erkenntnisse über den subtilen Tanz, über die Schöpferkraft und die inneren Wirkungsweisen der Natur. Die Prinzipien der heiligen Geometrie liegen der dynamischen Architektur des Universums zugrunde, und wie die universellen Gesetze gibt es auch sie von Ewigkeit her, ganz gleich, ob es den Menschen aufgefallen ist oder nicht. Genau wie wir in allen Weisheitstraditionen auf die universellen Gesetze stoßen, entdecken wir darin auch die Prinzipien der heiligen Geometrie. Durchaus nicht immer in schriftlicher Form, doch zu allen Zeiten und in allen Kulturen als Essenz architektonischer Strukturen und Kunstformen. Es ist daher vorstellbar, dass Erkenntnisse über diese Prinzipien bereits vor sehr langer Zeit in vielen verschiedenen Kulturen, an vielen verschiedenen Orten und in vielen verschiedenen Epochen vorhanden waren.

Am verblüffendsten ist jedoch, dass wir die wunderbaren Prinzipien der heiligen Geometrie überall in unserer Umgebung beobachten können, und zwar in Form dessen, wie Energie sich in der Natur manifestiert, vom mikroskopisch Kleinen bis hinauf zu den Formen der Galaxien. Im Zentrum der heiligen Geometrie steht das Gesetz der Harmonischen Teilung, welches besagt, dass das gesamte Universum ein harmonisches Ganzes der *Proportionen* ist und Einheit und Harmonie im Universum deshalb bestehen, weil innerhalb seiner Vielheit und Vielfältigkeit eine *Einheitlichkeit der Proportionen* herrscht.

Dieses einzigartige Verhältnis zwischen dem Ganzen und seinen Teilen wird auch als der Goldene Schnitt bezeichnet. Die harmonischen Proportionen, die sichtbare oder hörbare Formen hervorbringen und die wir als Schönheit erleben oder die uns berühren, sind auch in unserem Körper zu finden. Dies zeigt, dass wir an derselben Formensprache teilhaben und im Grunde ein harmonischer Bestandteil dieses universellen Musters sind. Mit anderen Worten, die Erkenntnis der heiligen Geometrie trägt auch dazu bei, dass wir wahrnehmen, wer wir sind.

Die Universellen Prinzipien als Bezugsrahmen

Tatsache ist, dass die Alten … sowohl die innere als auch die äußere Wissenschaft [besaßen], welch letztere allein der modernen Wissenschaft bekannt ist.

Kybalion 27 – 1908/1940

Der durchgängige goldene Faden der Universellen Wahrheit, den ich so entdeckt hatte und der sich auf die Erkenntnis von Beschaffenheit, Bedeutung und Wirkungsweise des Universums bezieht, ist zugleich im Kern genau das, wonach die westliche Wissenschaft sucht. Ich war daher neugierig, bis zu welchem Grad die heutige Wissenschaft diese Universellen Prinzipien bestätigt. Allerdings sind die wissenschaftlichen Vorstellungen von Beschaffenheit, Bedeutung und Wirkungsweise des Universums in sich nicht konsistent.

Erstens führt die Unterschiedlichkeit der Fachrichtungen offenbar dazu, dass Wissenschaftler die Wirklichkeit aus verschiedenen Blickwinkeln betrachten und dabei jeweils eigene Puzzleteile des größeren Ganzen entdecken. Der portugiesisch-britische Physiker und Kosmologe João Magueijo bezeichnet in seinem Buch *Schneller als die Lichtgeschwindigkeit* (2003) die Arbeit von Pionieren der westlichen Wissenschaft als ein „Umhertasten im Dunkeln". Treffender könnte man den Vergleich zu den Blinden und ihrer Erkundung des Elefanten nicht ziehen. Eine weitere Folge heutiger wissenschaftlicher Methoden ist, dass revolutionäre neue Erkenntnisse weitreichende Konsequenzen haben können. „Meistens", so schreibt João Magueijo über sich und seine Wissenschaftlerkollegen, „lässt die Lösung, die man bei einem Teil des Puzzles gefunden hat, darauf schließen, dass alte Lösungen an anderen Stellen des Puzzles falsch sind oder zumindest neu untersucht werden müssen."[28]

Genau wie bei den verschiedenen Weisheitstraditionen erscheinen auch die unterschiedlichen Vorstellungen und Theorien in der heutigen westlichen Wissenschaft nicht immer völlig kompatibel. Zuweilen sind sogar die verschiedenen wissenschaftlichen Theorien innerhalb derselben Disziplin allem Anschein nach kaum oder gar nicht miteinander zu vereinbaren. So ist es zum Beispiel den Physikern noch nicht gelungen, die auf der Relativitätstheorie fußenden Theorien mit den auf der Quantentheorie fußenden zu einer einzigen, alles umfassenden Theorie zu vereinen. Während manche Wissenschaftler, darunter auch Albert Einstein, ihre Suche nach einer solchen einheitlichen Theorie fortsetzten, legte man sich einstweilen – sozusagen als praktische Lösung dieser Frage – eine neue wissenschaftliche Sicht der Wahrheit zu. Die Wissenschaftler kamen zu dem Schluss, dass es nicht eine, sondern viele Wahrheiten gibt, zum Beispiel also *eine* Wahrheit, die für sehr kleine Dinge (in der Welt der Quantenphysik) gilt und eine *andere*, die auf größere Dinge zutrifft. Entsprechend unterschied man auch zwischen einer Wahrheit für alles Lebendige und einer weiteren Wahrheit für alles Nichtlebendige.[29] Für viele Wissenschaftler ist diese Situation jedoch unbefriedigend, und die Suche nach einer Weltformel wurde wieder aufgenommen. Zwar liegen inzwischen viele Vermutungen vor, doch bis jetzt gibt es innerhalb der wissenschaftlichen Gemeinschaft in der Frage einer solchen allumfassenden Theorie noch keinen allgemeinen Konsens.

Wissenschaftliche Wahrheiten sind „provisorische" Wahrheiten

Außerdem sind Theorien, auf die sich die Wissenschaft zu einem bestimmten Zeitpunkt geeinigt hat, stets „provisorisch". Die Wissenschaftsgeschichte zeigt eine lange Reihe solcher vorläufiger wissenschaftlicher Wahrheiten. Der mühsame Prozess des Übergangs von einem alten zu einem neuen wissenschaftlichen Verständnis beschrieb der Wissenschaftsphilosoph Thomas Kuhn (1922-1996) 1962 in seinem Buch *Die Struktur wissenschaftlicher Revolutionen*. Darin prägte er den später populär gewordenen Begriff vom Paradigmenwechsel. Als ein Paradigma bezeichnet er einen bestimmten Blickwinkel, eine Zusammenstellung von Konzepten oder Annahmen, auf die sich Wissenschaftler zu einem gewissen Zeitpunkt einigen. In seinem Buch weist er darauf hin, dass innerhalb der westlichen Wissenschaft Phänomene, die durch das herrschende Paradigma nicht hinreichend zu erklären sind, üblicherweise als „nicht existent" verworfen oder als „Anomalien" ignoriert werden.

Damit entsteht eine Situation, die wieder einmal eine Parallele zu den Weisheitstraditionen aufweist. In der wissenschaftlichen Welt gibt es einerseits eine etablierte Doktrin, die auf der ganzen Welt in Schulen und an Universitäten gelehrt wird; daneben existieren abweichende Auffassungen unabhängiger Wissenschaftler. Letztere sind oft innovativ und unterminieren die existierenden Theorien der etablierten wissenschaftlichen Ordnung

– oder aber sie kehren das vorhandene Weltbild um. Deshalb werden sie von der etablierten wissenschaftlichen Ordnung lange verworfen.

Häufen sich die Fragen, die die Schulwissenschaft nicht erklären kann, so führt dies allmählich zu der Erkenntnis, dass die bisherige Theorie zu restriktiv ist und der wissenschaftliche Blickwinkel erweitert werden muss. Die bisherige wissenschaftliche Struktur bricht zusammen und macht den Weg frei für einen Paradigmenwechsel, mit anderen Worten für eine Veränderung ihres Weltbildes. Erst dann wird eine umfassendere Theorie auf der Grundlage des neuen Paradigmas allgemein akzeptiert. Auf eben diese Weise wird jede Theorie früher oder später überholt und muss einem neuen Verständnis den Platz räumen. Die Geschichte der westlichen Wissenschaft bestätigt diesen Prozess in überwältigender Weise. Entwicklungen in der heutigen Wissenschaft lassen darauf schließen, dass die existierende wissenschaftliche Struktur im Zusammenbruch begriffen ist und sich ein völlig neues wissenschaftliches Paradigma herausbildet.

Das neue Paradigma in der Wissenschaft

Dank Thomas Kuhns Beschreibung dieses Prozesses ist das Phänomen, dass frühere wissenschaftliche Entdeckungen und Auffassungen zu einem bestimmten Zeitpunkt von neuen Entdeckungen überholt werden, mittlerweile allgemein als essenzielles Element wissenschaftlicher Entwicklung anerkannt. Dessen ungeachtet geschieht es immer noch, dass unabhängige Wissenschaftler, die den Mut haben, mit solchen abweichenden neuen Entdeckungen „an die Öffentlichkeit zu gehen“, von den Vertretern der „etablierten Lehre“ als moderne Ketzer gebrandmarkt werden.[30]

Wie sollen wir unter den Myriaden provisorischer wissenschaftlicher Wahrheiten und Auffassungen je die Puzzleteile finden, die zu einem stimmigen Bild des größeren Ganzen beitragen? – könnten wir uns daher fragen. In der ersten Hälfte des 20. Jahrhunderts nutzte Walter Russell seine Erkenntnisse über die Wirkungsweise der grundlegenden Prinzipien, die er bei seiner Erfahrung des Einsseins erlangt hatte, als Bezugsrahmen und Prüfstein für die Richtigkeit verschiedener wissenschaftlicher Entdeckungen. Aufgrund dessen sagte er bereits vor über fünfzig Jahren voraus, wir würden entdecken, dass sogar die fundamentalen wissenschaftlichen Gesetze und Theorien größtenteils nicht einnmal annähernd mit diesen grundlegenden Prinzipien übereinstimmten und daher verworfen werden müssen.[31]

Wenn wir erst wie er zu einem besseren Verständnis dieser grundlegenden Prinzipien gelangt sind, so war er überzeugt, dann kann jedes Gesetz und jede Theorie, die je in der Vergangenheit vorgelegt wurde oder in Zukunft vorgelegt werden wird, anhand dieser Universellen Gesetze auf Schlüssigkeit geprüft werden. Die Analogie zu der Sufi-Geschichte über die Blinden und den Elefanten kann uns auch hier helfen, diese weitreichenden Behauptungen nachzuvollziehen. Während er bei seiner Erfahrung des Einsseins sozusagen den ganzen Elefanten gesehen hatte, erfassten die verschiedenen wissenschaftlichen Disziplinen nur seine Teile. Aufgrund ihrer Beobachtungen an Teilen des Ganzen entwickeln Wissenschaftler Postulate für den ganzen Elefanten.

Glücklicherweise können wir heute beobachten, dass viele unabhängige Wissenschaftler aus einem breiten Spektrum wissenschaftlicher Fachrichtungen Auffassungen entwickeln, die ein beträchtliches Maß an Gemeinsamkeiten und Ähnlichkeiten aufweisen. Darüber hinaus scheint das neue Paradigma, das aus diesen neuen Erkenntnissen hervorgeht, den auf der Universellen Wahrheit fußenden Erkenntnissen wesentlich näher zu sein. Aus all diesen Gründen entschloss ich mich, die gemeinsamen Erkenntnisse der Weisheitstraditionen über die Wirkungsweisen der Universellen Gesetze zum Ausgangspunkt dieses Buches zu nehmen. Wenn wir daraus ein harmonisches und ausgewogenes Bild des ganzen Elefanten gewinnen, können wir dieses fortan als Bezugsrahmen für die weitere Synthese nutzen.

Mit anderen Worten, mit diesem Bild des „ganzen Elefanten“ vor Augen können wir uns dann auf die Suche nach jenen wissenschaftlichen Entdeckungen machen, die mit dieser Universellen Wahrheit übereinstimmen. Alle Teile des wissenschaftlichen Puzzles, die wir diesem Prinzip folgend finden, werden sich auf die eine oder andere Weise in das Puzzle vom großen Ganzen fügen.

Zwei völlig unterschiedliche Wahrnehmungsarten

Eine verborgene Ordnung im Chaos wird durch eine neue Art hinzuschauen aufgedeckt.

Ralph Abraham – Mathematiker, der sich eingehend mit der Chaos-Theorie befasst – 2001[32]

Damit wir in der Gesamtheit der wissenschaftlichen Auffassungen die ihnen zugrunde liegenden Prinzipien und Muster erkennen können, müssen wir uns unbedingt über einen weiteren Aspekt klar werden. Die unterschiedlichen Blickwinkel der Weisheitstraditionen und der westlichen Wissenschaft sind nicht nur eine Frage divergierender Schwerpunkte. Die abweichenden Blickwinkel sind im Wesentlichen auf eine *völlig andere Wahrnehmung der Wirklichkeit* zurückzuführen. Um die gegenseitigen Beziehungen, Ähnlichkeiten und Muster erkennen zu können, müssen wir anders wahrnehmen als es in unserer westlichen Kultur der Norm entspricht.

Erstens hat man uns beigebracht, die Dinge einzeln und für sich zu betrachten. Die westliche Wissenschaft hat eine lange Tradition der Realitätsbetrachtung durch Teilung in immer kleinere Einheiten mit anschließender sorgfältiger Untersuchung dieser isolierten Teilchen. Dadurch haben wir zwar sehr viel Wissen über die Einzelheiten erlangt, doch bei diesem Ansatz blieben die *Beziehungen zwischen den einzelnen Teilen* lange außer Acht.

Als ich zum Beispiel in den 1970er Jahren Ökologie studierte, war dies ein Nebengebiet der Biologie und immer noch eine relativ neue Disziplin. Wo die Biologie auf vielen Feldern einzelne Komponenten der Natur untersuchte, konzentrierte sich die Ökologie auf die *Beziehungen* zwischen den Organismen und ihrer Umwelt. Dies erforderte eine völlig andere Art des Beobachtens und Denkens. Bäume wurden nun als Teile eines Ganzen, als ein Wald betrachtet. Indem man den Wald betrachtete, konnte man in den Querverbindungen zwischen den Bäumen im Wald Muster erkennen. Ein Wald stellte sich nun als komplexes Ökosystem und als ein Ganzes heraus, das Ähnlichkeiten mit anderen Ökosystemen aufwies. Dieses Beispiel veranschaulicht, dass sich uns solche Muster erst dann zeigen, wenn wir den Blick auf das größere Ganze richten. Für ein Gesamtbild ist uns mit einem Weitwinkelobjektiv wesentlich besser gedient als mit einer Lupe. Statt des

Blicks einer Maus, der nur den Einzelheiten gilt, benötigen wir an dieser Stelle den Überblick eines Adlers.

Muster erkennen

Darüber hinaus hat die westliche Kultur uns darin geschult, Unterschiede zu suchen, was zur Folge hatte, dass wir lange Zeit die grundlegenden universellen Muster nicht bemerkt haben. Erst wenn wir nach Ähnlichkeiten suchen, entdecken wir, dass auf vielen Gebieten zum Erhalt des Ganzen ähnliche Prozesse am Werk sind. Zum Beispiel stellte sich heraus, dass völlig verschiedene Ökosysteme, etwa ein tropischer Regenwald und ein Korallenriff, sich durch dieselben Prozesse zur Aufrechterhaltung des dynamischen Gleichgewichts auszeichneten.

Wenn wir uns hauptsächlich auf Unterschiede konzentrieren, dann laufen wir auch Gefahr zu übersehen, dass viele scheinbare Unterschiede in Wirklichkeit zwei Seiten desselben Phänomens sind. Wenn wir nur auf Unterschiede schauen, lassen wir womöglich die andere Seite desselben Phänomens völlig außer Acht und merken noch nicht einmal, dass wir uns nur auf die eine Hälfte konzentrieren. Wie unvollständig unsere Erkenntnis ist, wird sofort klar, wenn wir versuchen, das Phänomen des Einatmens zu verstehen, ohne zu erkennen, dass das Einatmen nur eine Seite des Gesamtphänomens Atmung ist, das sowohl aus dem Einatmen als auch aus dem Ausatmen besteht. Dasselbe gilt für das Phänomen des Sommers, das wir nicht verstehen können, wenn wir nicht zugleich den Winter ins Blickfeld nehmen. In ähnlicher Weise war auch mir zunächst nicht klar, dass die universellen Gesetze und die Prinzipien der heiligen Geometrie zwei Seiten desselben Phänomens sind – der universellen Prinzipien.

Der erweiterte Blick

Solange wir Ausschau nach linearen Bezügen halten, bleiben viele nichtlineare Muster unsichtbar. Ebenso gilt: Solange wir uns bei der Beobachtung unserer Umwelt ausschließlich auf unsere fünf Sinne und unseren rationalen Verstand verlassen, werden wir auf viele Aspekte der Wirklichkeit gar nicht erst aufmerksam. Mit anderen Worten, hier ist ein erweiterter Blick gefordert. Wir können dies anhand einer Abwandlung der Sufi-Geschichte von den blinden Menschen und dem Elefanten anschaulich machen, für die wir uns eine Gruppe Gehörloser vorstellen.

Nehmen wir einmal an, irgendwo in einem Raum tanzten Menschen, und eine Gruppe Gehörloser, die noch nie Musik gehört und noch nie Menschen tanzen gesehen haben, beobachten diese Menschen und ihre Bewegungen. Verständlicherweise wundern sie sich vielleicht, woher es kommt, dass die Tanzenden sich so synchron und harmonisch bewegen. Es ist auch niemand zu erkennen, der den Tanzenden Anweisungen gäbe, die sie dann befolgen. Solange die Gehörlosen die Lösung nur in etwas suchen, was sie *sehen* können, stehen sie vor einem Rätsel. Sie fragen sich dann wohl, ob die Tanzenden die synchronen Bewegungen auswendig gelernt haben und alle Schritte vorgegeben sind. Oder sie halten es womöglich für puren Zufall, dass sie sich so synchron und harmonisch bewegen. Könnten sie jedoch plötzlich hören, würde alles sofort klar. Bis zu jenem Moment wären sie überhaupt nicht auf die Idee gekommen, dass es noch einen weiteren Faktor geben könnte, nämlich die Musik. Jetzt, da sie die Musik hören können, begreifen sie, dass sie die ganze Zeit die Möglichkeit übersehen hatten, wonach die Erklärung in etwas *Hörbarem* liegen könnte. Für die meisten Menschen ist es völlig logisch, dass Leute im Rhythmus der Musik tanzen, und wir können uns deshalb kaum vorstellen, dass die Gehörlosen beim Anblick der Tanzenden nicht an Musik gedacht haben, auch wenn sie sie nicht hören können.

Wir können diese Geschichte als eine Metapher nutzen, die uns begreiflich macht, dass die Dinge für uns wahrscheinlich sofort viel klarer werden, wenn wir unseren Blick auf genau dieselbe Art und Weise weiten und damit über die Beobachtung auf der Grundlage unserer fünf Sinne und der uns bekannten materiellen Welt hinausgelangen. Manche grundlegenden Muster und vereinheitlichenden Prinzipien werden tatsächlich erst erkennbar, wenn wir unseren Blick auf diese Weise weiten. Mit anderen Worten, nur wenn wir uns der Möglichkeit einer Existenz anderer Realitätsebenen, die wir mit unseren bekannten fünf Sinnen nicht wahrnehmen können, öffnen, hören wir sozusagen die Musik, und geheimnisvolle Rätsel werden vergleichsweise leicht lösbar.

Allerdings können wir über die bekannte materielle Welt nicht hinausgelangen, wenn wir unsere Wahrnehmung ausschließlich auf unsere fünf Sinne und unseren rationalen Verstand stützen. Dann bleiben wir „taub“ für den Rhythmus der Musik. Unsere intellektuellen Kräfte reichen jedoch wesentlich weiter als unsere bekannten Verstandeskräfte. Unser rationaler Verstand ist tatsächlich nur das halbe Phänomen. Er, der sich auf Kenntnisse richtet, die auf „äußerem Wissen“ beruhen, hat eine ergänzende zweite

Seite, nämlich unsere Intuition oder die Kenntnisse, die auf „innerem Wissen“ fußen. In unserer westlichen Kultur haben wir jedoch diese andere Hälfte aus dem Blickfeld verloren, und zwar so gründlich, dass wir kein passendes Wort haben, das die Gesamtheit unserer rationalen und intuitiven Kräfte umfasst.[33] Unser rationaler Verstand ist gut im Analysieren und im Auffinden von Unterschieden. Unsere Intuition jedoch ist wesentlich besser im Erkennen von Mustern.

Neuere Entwicklungen in der Wissenschaft

Während Walter Russell mit seinen Erkenntnissen seiner Zeit noch weit voraus war – und seine Erkenntnisse der universellen Gesetze weichen in der Tat substanziell von den Ansichten der westlichen Wissenschaft in den letzten rund zweihundert Jahren ab – ist in jüngerer Zeit doch eine verblüffende, grundlegende Veränderung eingetreten. Die verschiedenen wissenschaftlichen Fachrichtungen, die sich mit der Dynamik nichtlinearer komplexer Systeme befassen, haben wesentlich zu fundamental neuen Auffassungen von den wechselseitigen Beziehungen und grundlegenden Organisationsprinzipien nichtlinearer dynamischer Systeme beigetragen. Darüber hinaus war der Einsatz von Computer-Programmen eine beträchtliche Hilfe beim Erkennen grundlegender Muster, die unserem Blick noch bis vor kurzem verborgen waren.

In wissenschaftlichen Kreisen wird im Moment zunehmend spekuliert, dass der überall in unserer Umwelt anzutreffenden Komplexität ähnliche Strukturen, Muster und Organisationsprinzipien zugrunde liegen. Mit anderen Worten: Anscheinend gibt es tatsächlich universelle Prinzipien und Muster, die vor kurzem gleichzeitig in unterschiedlichen, weit auseinanderliegenden Disziplinen entdeckt wurden und die offenbar auf verschiedenen Realitätsebenen wirksam sind. Entwicklungen in der Quantenphysik und neuere Entdeckungen in den Bewusstseinswissenschaften haben gezeigt, dass es tatsächlich andere Realitätsebenen jenseits der uns bekannten physischen Welt gibt. Darüber hinaus sind die Prinzipien, die dieser Komplexität anscheinend zugrunde liegen, offensichtlich von bemerkenswerter Einfachheit. Wissenschaftler fragen sich, was wohl der Grund für diese Einfachheit ist. Manche vermuten sogar, dass es ein einziges Prinzip geben muss, das die gegenwärtige chaotische Vielfalt wissenschaftlicher Theorien, mit denen wir uns die Welt erklären, vollständig einschließt und alle miteinander vereint.

Mehr noch, es gibt eine enorme Welle wissenschaftlichen Interesses an den Prinzipien der heiligen Geometrie, zum Beispiel an den Besonderheiten des Goldenen Schnitts. Ein Beispiel ist die internationale wissenschaftliche Konferenz über *Problems of Harmony, Symmetry and the Golden Ratio in Nature, Science and Art* (Fragen zu Harmonie, Symmetrie und Goldenem Schnitt in Natur, Wissenschaft und Kunst), die im Oktober 2003 in der Ukraine stattfand. Die über fünfzig teilnehmenden Wissenschaftler verabschiedeten eine Resolution, in der sie die Wichtigkeit der Einrichtung einer interdisziplinären Wissenschaft mit der Bezeichnung *Sciences of System Harmony* (Wissenschaften der Systemharmonie) unterstreichen. Diese neue Wissenschaft, die sich um den Goldenen Schnitt dreht, betrachten sie als die wichtigste interdisziplinäre Fachrichtung des 21. Jahrhunderts.[34]

Kapitel Drei

Das erste Gesetz – das Gesetz der Einheit

Alles ist im Grunde Bewusstsein, Reinheit und Freude.

Shankara – Hindu-Mystiker – 9. Jahrhundert[35]

Der Anfang von allem ist Einheit

Weil alle Weisheitstraditionen den Anfang von allem in der Einheit sehen, ist das erste universelle Gesetz, das erste Prinzip, das Gesetz der Einheit.

▶ **Alles, was existiert, geht aus ein und derselben Einheit oder Quelle hervor.**
Das erste universelle Gesetz ist das Gesetz der Einheit. Dieses Gesetz der Einheit besagt, dass alles, was existiert, aus ein und derselben Einheit oder Quelle hervorgeht.

▶ **Allem liegt ein ewiges und unveränderliches Feld zugrunde.**
Diese Einheit oder Quelle, aus der alles hervorgeht, ist ein ewiges und unveränderliches einheitliches Intelligenz-Feld, das allem zugrunde liegt und die gesamte Schöpfung durchdringt. Das Gesetz der Einheit wird auch als das Gesetz der Göttlichen Einheit bezeichnet. Der Taoismus kennt das Gesetz der Einheit in Gestalt der Vorstellung vom *Tao*.

▶ **Alles und jedes ist mit allem und jedem verbunden**
Weil alles aus dieser Einheit oder Quelle hervorgeht und weil dieses Feld alle sichtbaren und unsichtbaren Teile der Schöpfung durchdringt, besagt das Gesetz der Einheit auch, dass alles, was existiert, mit allem verbunden ist. Das, was alles mit allem – und daher auch uns mit allem anderen – verbindet, wird unterschiedlich benannt. Manche nennen es Liebe, andere Universelles Bewusstsein. Es wird auch als Äther und im moder-

nen Sprachgebrauch gelegentlich als Energie oder Licht bezeichnet. Diese Verbundenheit untereinander bedeutet, dass die Welt nicht aus einzelnen Dingen besteht. Geist und Materie sind nicht voneinander getrennt. Ebenso wenig sind wir Menschen voneinander oder von unserer Umwelt, von der Natur, den Pflanzen und Tieren oder von der scheinbar unbelebten Materie getrennt.

▶ Das grundlegende Intelligenzfeld ist ein Feld Universellen Bewusstseins

Ferner besagt das Gesetz der Einheit, dass dieses allgegenwärtige Intelligenzfeld, das hinter allen äußeren Manifestationen und Phänomenen steht, in Wirklichkeit ein unendliches und endloses Feld Universellen Bewusstseins ist. Deshalb heißt das Gesetz der Einheit auch Gesetz des Universellen Bewusstseins oder Gesetz des Universellen Geistes.

▶ Diese Einheit ist zugleich das Ganze, denn alles, was existiert, existiert in dieser Einheit

Gemäß dem Gesetz der Einheit ist diese Einheit auch das Ganze, weil es alles ist, was existiert. Nichts besteht außerhalb dieser Einheit, was wiederum bedeutet, dass alles, was es gibt, innerhalb dieser Einheit existiert. Zugleich ist diese Einheit endlos, und zwar sowohl in zeitlicher (sie ist ewig) als auch in räumlicher Hinsicht (sie ist überall, durchdringt alles und ist in allem), und sie ist auch endlos im Hinblick auf ihre Kraft (sie ist unbegrenzt). Dieses Gesetz heißt daher auch das Gesetz der Reinen Potenzialität.

▶ Alles kehrt am Ende in diese Einheit zurück

Schließlich gilt: Es geht nicht nur alles aus dieser ursprünglich undifferenzierten Einheit hervor, sondern am Ende kehrt die Vielzahl der Formen und Manifestationen in diese ungeformte Einheit zurück.

Jede Beschreibung der Einheit ist unzureichend

Er (Atum) ist verborgen und doch überall sichtbar. (...) Er ist körperlos und doch in allem verkörpert. (...) Er ist Alles, nicht Viele. Das Alles ist nicht viele Einzelne, sondern die Einheit, die die Teile zusammenfasst.

Hermes Trismegistos[36]

Die meisten Weisheitstraditionen besagen, dass jegliche Beschreibung dieser Einheit oder Quelle oder des Universellen Bewusstseins unzureichend ist. Das *Tao Te King* drückt dies folgendermaßen aus: „Das Tao, das sich aussprechen lässt, ist nicht das ewige Tao. Der Name, der sich nennen lässt, ist nicht der ewige Name.“[37] Diese unbeschreibliche Einheit, diese unendliche Quelle, aus der alles hervorgeht, ist das Nichts, das zugleich die Fülle ist. Die einzige Möglichkeit, dies zu begreifen, ist der Weg der Mystik, durch die unmittelbare Erfahrung des Einsseins, der Einheit mit allem.

Alles, was aus der Einheit hervorgeht, ist ständig in Bewegung und Veränderung begriffen. Diese Bewegung und Veränderung unterliegen ewigen, unveränderlichen Ordnungsmustern. Sie stellen sicher, dass das Ganze sich auf ewig in Harmonie – und daher in einem dynamischen Gleichgewicht – bewegt, ohne Anfang und ohne Ende. Weil alles aus ein und demselben Ursprung hervorgeht und außerhalb davon nichts existiert, folgt daraus unweigerlich, dass diese Muster, diese universellen Prinzipien auch selbst aus dieser Einheit hervorgehen. Die ganze Welt der Erscheinungen ist diesen universellen Prinzipien unterworfen und daher auch den universellen Gesetzen und Prinzipien der heiligen Geometrie. Während alle ihre Teile sich fortwährend manifestieren, verschwinden und wieder neu erschaffen werden, ist die Einheit selbst unveränderlich; und auch die universellen Gesetze, nach denen sich alles bewegt, manifestiert und wieder verschwindet, sind unveränderlich.

Ein Informationsfeld

Gemäß dem Gesetz der Einheit ist das Universum erfüllt von einer vereinheitlichenden „Substanz" in Gestalt eines einheitlichen Intelligenz- oder Bewusstseinsfeldes. In der vedischen Literatur wird diese „Substanz" mit dem Sanskrit-Begriff Akasha benannt, was „Äther" oder „Ursubstanz" bedeutet. Akasha wird als die alles durchdringende verdünnte ätherische Substanz beschrieben, als die Schwingungsenergie, aus der die physische Materie besteht. Zugleich wird sie jedoch auch als die ätherische Substanz bezeichnet, in der alles, was geschieht – und was möglicherweise geschehen könnte – einen Abdruck hinterlässt. Diese „Abdrücke" enthalten in gewisser Weise Informationen über alles, was je geschehen ist. Deshalb spricht man bei dieser „Ursubstanz", dem Akasha, auch vom Urgedächtnis der Menschheit und bezeichnet sie als „Akasha-Chronik". Weil dieses ätherische Feld darüber hinaus auf einer Ebene jenseits von Zeit und Raum existiert, existiert auch die sogenannte Akasha-Chronik in einer Realität jenseits der physischen Welt. Manche Seher oder Hellsichtige können mit diesen anderen Realitätsebenen in Kontakt treten und aus dieser transzendenten „Chronik" Informationen „ablesen".

Alles ist mit allem verbunden

Das Gesetz der Einheit besagt außerdem, dass wir, wie alles, was in diesem Ganzen existiert, über dieses Intelligenzfeld – das die gesamte Schöpfung durchdringt, für unser normales Auge jedoch unsichtbar ist – mit allem anderen verbunden sind. Mehr noch: Über dieses Intelligenzfeld ist alles, was existiert, auch mit der Einheit verbunden, aus der alles hervorgeht. Kurzum, dieses Feld ist sowohl ein Teil von uns als auch ein Teil von allem, was wir wahrnehmen.

Mystiker wissen, dass jeder Mensch eine Manifestation derselben ursprünglichen Einheit und zugleich einzigartig ist und kein Mensch durch einen anderen ersetzt werden kann. Auf der Ebene der Einheit, wie die Mystiker sie erleben, kann man zugleich individuell und so sehr Teil des Ganzen sein, dass man unmöglich sagen kann, wo man selber aufhört und wo der andere anfängt. Andererseits können wir uns auf der Ebene der physischen Realität als separate Wesen empfinden, ohne zu wissen, dass wir auf den anderen Realitätsebenen immer noch mit allem und jedem im Universum verbunden sind. Weil aber jeder Mensch eine Verbindung zur Einheit und zu allem und jedem hat, sind wir nicht separate Teile eines Ganzen, sondern wir sind ein Ganzes.

Dieses Konzept vermitteln Timothy Freke und Peter Gandy in ihrem Buch *The Hermetica: The Lost Wisdom of the Pharaohs* (1997) mit den Worten von Hermes Trismegistos wie folgt: „Wenn du die Dinge einzeln betrachtest, glaubst du, dass sie viele sind, wenn du aber siehst, dass sie alle am Einen hängen und aus dem Einen hervorströmen, dann erkennst du, dass sie vereint sind – miteinander verknüpft und verbunden durch eine Kette des Seins vom Höchsten bis zum Niedrigsten."[38] In unserer modernen westlichen Kultur haben wir zwar diese existierende Verbindung mit der Einheit und die nicht-physische Verknüpfung zwischen allen Menschen und Dingen im Universum weitgehend aus den Augen verloren, doch viele indigene Völker, die im engen Verbund mit der Natur leben, sind sich ihrer bewusst. Deshalb nimmt die Vorstellung von „allen unseren Verwandten" in der Philosophie der amerikanischen Ureinwohner eine ganz zentrale Stellung ein.

Die Nordamerikanerin Brooke Medicine Eagle beschreibt die Wichtigkeit dieser Haltung in ihrem Buch *Buffalo Woman Comes Singing* (1991) mit folgenden Worten: „... das Gesetz der Einheit, das uns gegeben wurde, als die Welt geformt ward, bedeutet, *dass wir ein gutes Verhältnis zu allen Dingen und Wesen haben müssen – zu Allen Unseren Verwandten.* Die Wendung ‚Alle Unsere Verwandte' soll den gesamten Kreis des Heiligen Lebens umfassen, von dem auch wir ein Teil sind. Zu diesem heiligen Kreis gehören nicht nur zweibeinige Verwandte aller Hautfarben und Überzeugungen, sondern auch alle vierbeinigen Völker, alle mit Flügeln und Flossen, das grüne stehende Volk (Baum und Pflanze), das Mineral- und Steinvolk, diejenigen, die in der Erde leben und die auf ihr umherkriechen, diejenigen in den Sternenwelten und jene Ahnen, die ins Jenseits gegangen sind, sowie auch die Kinder kommender Generationen. Alles, das Bekannte und das Unbekannte, ist in diesen Ausdruck von Ganzheit und Heiligkeit eingeschlossen." Denn, so erklärt sie, „*alles, was wir im großen Geflecht des Lebens einem anderen tun, das tun wir uns selbst, denn wir sind eins*".[39]

Alles ist im Grunde Bewusstsein und Liebe

Da alles aus derselben Einheit hervorgeht, besteht auch alles seinem Wesen nach aus derselben Substanz. Das bedeutet, dass im Grunde alles Bewusstsein ist. Das Universum ist daher dem Grunde nach Bewusstsein, und auch alles im Universum ist dem Grunde nach Bewusstsein. Die Mystiker sagen aufgrund ihres Erlebens der Einheit, dass dieses reine Bewusstsein auch unsere Essenz ist. Da jedoch dieses Bewusstsein die Essenz von allem ist, ist es nicht nur unser innerstes Wesen, sondern auch das der Planeten, Sonnen, Tiere, Pflanzen und Minerale.

Die großen Weisen aller Traditionen haben einerseits stets betont, dass alles Bewusstsein ist, andererseits sagen sie, die Grundeigenschaft des Kosmos sei Liebe. Im Rig Veda heißt es zum Beispiel: „Am Anfang entstand die Liebe." Das bedeutet, dass unsere Essenz nicht nur ein Ausdruck des reinen Bewusstseins, sondern auch der Universellen Liebe ist. Ravi Ravindra schreibt dazu: „Die Suche nach dieser großen Liebe im Herzen des Kosmos ist sowohl der Anfang als auch das Ende aller spirituellen Pfade. Ihren Ausdruck findet sie im Dienen, in Barmherzigkeit und Mitgefühl sowie schließlich im Einssein mit allen anderen Wesen. Der Kern aller spirituellen Praxis ist die Freiheit vom selbstsüchtigen, isolierten und isolierenden Ego, so dass man immer deutlicher sehen und immer liebevoller und selbstloser mit allen anderen verbunden sein kann."[40]

Ein Potenzialitätsfeld

Dieses grundlegende ätherische Feld voller Informationen, dieses Feld reinen Bewusstseins, wird auch als Feld reiner Potenzialität oder reinen Potenzials betrachtet – das bedeutet, als ein feinstoffliches Feld von alledem, was im Grunde möglich ist. Mit anderen Worten: Es ist ein Feld unendlicher Kreativität. Deepak Chopra schreibt darüber in seinem Buch *Die sieben geistigen Gesetze des Erfolgs* (1994): „Die Quelle aller Schöpfung ist … reines Potenzial, das seinen Ausdruck vom Nichtmanifesten zum Manifesten anstrebt."[41] Diese Quelle reiner Potenzialität ist unsere Essenz. Mit anderen Worten, sie ist in uns vorhanden und wartet nur auf ihre Aktivierung. „Wenn man sein eigentliches Wesen entdeckt und weiß, wer man wirklich ist," schreibt Chopra weiter, „erlangt man durch dieses

Selbstwissen die Fähigkeit, sich jeden seiner Träume zu erfüllen. Denn man ist ewige Möglichkeit, unermessliches Potenzial von allem, was war, ist und sein wird."[42] Dann ist alles möglich, was es auch sei. Begrenzt werden wir einzig und allein durch unsere begrenzten Vorstellungen, und je besser wir unsere eigene Natur kennen, desto näher kommen wir dem Feld reiner Potenzialität.

WESTLICHE WISSENSCHAFT UND DAS GESETZ DER EINHEIT

... gewappnet mit dem uralten Wissen und dem modernen Blick, der durch die moderne Physik, insbesondere die Quantenphysik, entsteht, können wir neu entdecken, was die Alten womöglich bereits wussten. Wir brauchen lediglich einige wenige grundlegende Vorstellungen – eine neue Art, auf alte Art zu sehen.

Fred Alan Wolf – Physiker - 2001[43]

Können wir im wissenschaftlichen Verständnis unserer Zeit Aspekte dieses Gesetzes der Einheit entdecken? Aufgrund von Experimenten in der Quantenphysik, die die Wissenschaftler zu Anfang des 20. Jahrhunderts zunächst verblüfften, sind Physiker mittlerweile zu dem Schluss gekommen, dass es tatsächlich jenseits der physischen Realität noch etwas gibt. Jenseits der Realität, in der die bekannten physikalischen Gesetze gelten, existiert ein universelles Energiefeld, das sogenannte Nullpunktfeld. Forscher, die sich mit diesem Nullpunktfeld beschäftigen, entdecken, dass durch dieses Feld, in dem anscheinend Informationen aus allen Zeiten gespeichert sind, alles und jedes miteinander verbunden ist.

Entdeckungen aus der Quantenphysik wie auch aus der rasch wachsenden neuen Fachrichtung der Bewusstseinswissenschaften lassen vermuten, dass das Nullpunktfeld und das Bewusstseinsfeld ein und dasselbe sein könnten. Außerdem bildet sich bei einer kleinen, aber wachsenden Gruppe heutiger Wissenschaftler zunehmend die radikale Erkenntnis heraus, dass nicht die Materie die Grundlage für die Entstehung von Bewusstsein ist – was lange die geltende Ansicht war – sondern es sehr wohl sein könnte, dass Bewusstsein seit jeher existiert und die Grundlage für die Entstehung von Leben und Materie darstellt.

Das Nullpunktfeld als Grundlage von allem

In der Physik stoßen wir auf das Gesetz der Einheit und auf die Vorstellung von einem einheitlichen Feld, das die Grundlage von allem bildet, in Gestalt des sogenannten Nullpunktfeldes. Die neuesten Entdeckungen hinsichtlich dieses zugrunde liegenden Nullpunktfeldes sind einem breiteren Publikum insbesondere durch das inzwischen sehr bekannte Buch *Das Nullpunkt-Feld. Auf der Suche nach der kosmischen Ur-Energie* (2001, dt. 2003) der britischen Wissenschaftsjournalistin Lynn McTaggart zugänglich gemacht worden. Neben den Forschungen vieler anderer wissenschaftlicher Pioniere beschreibt sie, wie der nordamerikanische Physiker Hal Puthoff zusammen mit seinen Kollegen Bernhard Haisch und Alfonso Rueda sich an die Erforschung dieses Nullpunktfelds begeben hat. Hal Puthoff berichtet, Quantenphysiker hätten tatsächlich schon seit Langem von der Existenz der Energien in diesem Nullpunktfeld gewusst. Da dieses jedoch anscheinend ständig im Hintergrund vorhanden war, schenkte man ihm lange keine besondere Beachtung. Vielmehr wurde es aus den wissenschaftlichen Berechnungen und Gleichungen herausgenommen. Hal Puthoff vermutete jedoch, dass die besonderen Eigenschaften dieses Energiefelds die Erklärung für etliche Fragen liefern könnten, die bisher durch die Quantenphysik anscheinend nicht zu erklären waren, zum Beispiel für das Phänomen der Nichtlokalität.[44]

Die Vorstellung, dass ein solches einheitliches Feld allem zugrunde liegen könnte, ist in der Welt der westlichen Wissenschaft nicht neu. Bereits Ende des 19. Jahrhunderts vermuteten einige Wissenschaftler die Existenz eines solchen grundlegenden Feldes. So sprach zum Beispiel Nikola Tesla (1856-1943) – der unter anderem den Wechselstrom entdeckte – völlig im Einklang mit dem Gesetz der Einheit von der Existenz einer „Ursubstanz", die den gesamten Raum ausfüllt. Auch er bezeichnete diese „Ursubstanz" als „Äther". Diese Vorstellung erfreute sich zunächst unter Wissenschaftlern einiger Beliebtheit, doch als eine Reibung am Äther nicht entdeckt werden konnte[45], nutzte Albert Einstein dieses Ergebnis zur Untermauerung seiner Speziellen Relativitätstheorie. Seine Theorie wurde akzeptiert und die Existenz eines „Äthers" oder grundlegenden Feldes endgültig verworfen.

Zugleich hatten jedoch die Pioniere der Quantenphysik festgestellt, dass es eine Art „Raum" geben muss, in dem die Gesetze der normalen Physik nicht gelten. Diesen Raum bezeichneten sie als „universelles Vakuum", mithin als eine Art Leere, weil sie der Auffassung waren, dass dieser Raum nicht mit Äther gefüllt, sondern vollkommen leer war. Von diesem sogenannten „universellen Vakuum“, das in der Quantenphysik entdeckt wurde, spricht Hal Puthoff. Seiner Ansicht nach hat es nicht das Geringste mit einer Leere zu tun, sondern dieses Nullpunktfeld ist vielmehr eine Art Fülle, ein wahres Meer an Energie.

Inzwischen ist klar, dass dieses Nullpunktfeld nicht auf der Realitätsebene zu finden ist, auf der die Gesetze der normalen Physik gelten. Die Quantenphysiker sagen vielmehr, dass dieses Energiemeer auf einer Realitätsebene existiert, die „jenseits von Raum und Zeit“ liegt. Außerdem erwies sich das Nullpunktfeld als ein ganz besonderes, reibungsloses Energiemeer.[46] Es ist daher verständlich, dass seine Existenz zunächst nicht durch das Auftreten von Reibung zu entdecken war. Wenn man diese Energie auch nicht direkt beobachten kann, so wurden doch die beobachtbaren *Auswirkungen* dieses Energiemeeres erfolgreich nachgewiesen.[47]

Auf der Grundlage seiner zwischen 1987 und 1998 durchgeführten Forschungen und Untersuchungen schrieb Hal Puthoff im Jahr 2002 in seinem Artikel „Searching for the Universal Matrix in Metaphysics“ (Auf der Suche nach der universellen Matrix in der Metaphysik): „Wenn das Ziel, das ich mit dieser Forschung verfolge, reiche Früchte trägt, dann erwächst daraus die vermehrte Erkenntnis, dass wir als lebendige und körperliche Wesen in einem ökologischen Gleichgewicht mit dem Kosmos als Ganzem in ein alles durchdringendes und ineinandergreifendes Feld eingebunden sind und sogar die Grenzlinien zwischen dem Physischen und dem ‘Metaphysischen‘ sich zu einer einheitlichen Sicht des Universums als flüssiger, sich verändernder kosmologischer Energie-/Informations-Einheit auflösen.“[48]

Alles ist mit allem durch Quantenverschränkung verbunden

Es ist eine der überraschendsten Entdeckungen der modernen Physik, dass Objekte nicht so sehr voneinander getrennt sind, wie es den Anschein hat.

Dean Radin – Psychologe - 2006[49]

Die Vorstellung, dass alles, was existiert, gemäß dem Gesetz der Einheit mit allem verbunden ist, wird in der westlichen Wissenschaft mit dem Begriff „Quantenverschränkung" belegt. Offenbar wurde sie erstmals bei subatomaren Teilchen auf der Quantenebene.[50] Man entdeckte, dass in der Welt der Quantenteilchen alles aufs Engste miteinander verbunden ist, woraus eine kohärente Ordnung entsteht. Zunächst nahm man jedoch an, dies sei nur auf der Ebene der Quantenwelt der Fall und habe keine praktischen Konsequenzen für die Ebene der größeren physischen Erscheinungen wie etwa Lebewesen. Mit anderen Worten, man nahm an, auf der Quantenebene gälte eine andere Wahrheit als die, die wir auf unserer vertrauten Alltagswirklichkeitsebene kennen.

Forscher auf dem Gebiet der Quantenbiologie haben nun jedoch festgestellt, dass eine solche „Verschränkung" auf vielen Organisationsebenen vorhanden ist. Die britische Biologin Mae-Wan Ho schreibt in ihrem Buch *The Rainbow and the Worm: The Physics of Organisms* (1993) dank dieser multidimensionalen und zeitunabhängigen „Verschränkung" sei Kommunikation zwischen allen Teilen möglich. Aufgrund dieser intensiven Kommunikation herrscht in organischen Systemen Quantenkohärenz. Unser Körper zum Beispiel ist eine Multiplizität von Organen und Geweben, die aus vielen Milliarden Zellen und noch mehr Molekülen unterschiedlichster Art bestehen, die jeweils autonom funktionieren und doch das kohärente Ganze bilden, das wir sind. Daher ist ein organisches Ganzes nach Mae-Wan Ho per definitionem ein verschränktes Ganzes, worin die Teile und das Ganze durch und durch miteinander verschränkt sind. Diese Verschränkung gilt auch für die Verbindung von Organismen untereinander und für die Verbindung zwischen Organismen und ihrer Umwelt. Viele neuere wissenschaftliche Entdeckungen lassen darauf schließen, dass das ganze Universum offensichtlich tatsächlich ein von Grund auf in sich verflochtenes Ganzes ist, in dem alles und jedes – klein und groß – durch das Nullpunktfeld miteinander verbunden ist.

Darüber hinaus ist dieses Nullpunktfeld allem Anschein nach nicht nur ein wogendes Energiemeer im Hintergrund unserer Existenz, sondern insbesondere auch ein Informationsträger, ein Feld, in dem vermutlich sämtliche Informationen aus allen Zeiten gespeichert sind. Deshalb leben wir sozusagen in einem „Informationsmeer". Auf immer mehr wissenschaftlichen Gebieten, etwa in der Kosmologie, der Quantenphysik, der Evolutionsforschung, der Biologie und der Bewusstseinsforschung finden die Forscher Anhaltspunkte dafür, dass der Austausch von Informationen tatsächlich über dieses Energiefeld im Hintergrund stattfindet. Der Wissenschaftler, Philosoph und Musiker Ervin Laszlo vermutet in seinem Buch *Zu Hause im Universum. Eine neue Vision der Wirklichkeit* (2004, dt. 2005), dass das „universelle Vakuum", also das Nullpunktfeld, dem entspricht, was in den Veden als „Akasha-Feld" bezeichnet wird. In seinem Buch fasst er die neuesten diesbezüglichen Erkenntnisse zusammen und schreibt, mehrere Pioniere auf diesem Gebiet – darunter Nicola Tesla, David Bohm und Harold Puthoff – seien zu folgendem Schluss gelangt: *„Verbindungen [werden] im Bereich der Natur, des Lebens und des Bewusstseins vermittelt über ein fundamentales In-formationsfeld im Herzen des Kosmos."*[51]

Das Einheitliche Feld ist ein Bewusstseinsfeld

Was die Physik Vakuum oder Leere nennt, steckt in Wirklichkeit voller unbegreiflich komplexer dynamischer Netzwerke hochorganisierter – und organisierender – Kraftfelder. Obwohl die Physiker Ursprung und Aufbau dieser unsichtbaren Kraftfelder nicht verstehen, sind sie überzeugt, dass diese definitiv existieren und in allen physikalischen Systemen eine regulierende oder leitende Rolle spielen.

Gary E. Schwartz – Psychologe/Psychiater – 2006[52]

Ist dieses allem zugrunde liegende Energie- und Informationsfeld zugleich auch ein Bewusstseinsfeld? Genau dies lassen neueste wissenschaftliche Entdeckungen vermuten. In den letzten Jahrzehnten sind eine Reihe führender Neurologen, darunter Arthur Sherrington, Karl Pribram, Wilder Penfield und John Eccles, zu dem Schluss gekommen, dass unser Bewusstsein und unser Gehirn zwei verschiedene Dinge sind. Das Bewusstsein ist eindeutig nicht ausschließlich im Gehirn zu finden. Der Gehirnforscher und Nobelpreisträger Karl Pribram nahm aufgrund seiner umfangreichen Forschungen an, dass sogar unsere Erinnerungen möglicherweise nicht in unserem Gehirn, sondern als holografische Information in einem universellen Bewusstseinsfeld gespeichert werden. Das bedeutet, dass unser Gehirn in Wirklichkeit gar nicht der Speicherort ist, sondern im Prinzip nur der Ort, an dem diese Information empfangen und verarbeitet wird. Das könnte darauf hindeuten, dass unser *Bewusstsein* es uns ermöglicht, die Grenzen der Welt der physischen Realität zu überwinden und jenseits der Welt von Raum und Zeit mit dem allgegenwärtigen Informationsfeld in Verbindung zu treten.[53]

Aufgrund dieser neuesten Entdeckungen haben sich von der transpersonalen Psychologie und der zunehmend wichtiger werdenden Fachrichtung der Bewusstseinswissenschaften bis hin zur Quantenphysik ähnliche Auffassungen herausgebildet. Diese neuen Auffassungen besagen, dass das menschliche Bewusstsein wahrscheinlich nicht auf den Schädel zu begrenzen, sondern stattdessen Teil eines universellen Bewusstseinsfeldes ist. Die Bewusstseinsforschung des transpersonalen Psychologen Stanislav Grof bestätigt, dass es bei transpersonalen Erlebnissen möglich ist, über die üblichen Begrenzungen durch Körper, Ego, Raum und lineare Zeit hinauszugelangen. Diese Erfahrungen können uns mit dem kollektiven Bewusstsein und mit völlig neuer Information in Kontakt bringen, die alles übertrifft, was wir früher auf üblichem Wege erfahren haben.[54] Seine Forschung zeigt weiter, dass viele Menschen bei tiefen Erlebnissen in einem veränderten Bewusstseinszustand tatsächlich eine Form des Bewusstseins erfahren, die vom Universum selbst zu stammen scheint. Sie berichten, sie erlebten ein unermessliches und unergründliches Bewusstseinsfeld voller unendlicher Intelligenz und Schöpferkraft. Das Feld kosmischen Bewusstseins, das sie so erfahren, ist wie eine kosmische Leere. Paradoxerweise schildern sie es zugleich als essenzielle Fülle, als ein Plenum.[55]

Bis zum Aufkommen der Quantenphysik waren solche Erfahrungen, wie sie sich im alten Wissen der Weisheitstraditionen finden, für die westliche Wissenschaft unbegreiflich. „Doch jetzt, im Lichte der jüngsten Entdeckungen“, schreibt der Quantenphysiker John Hagelin (1999) „ergeben diese uralten Schilderungen einen Sinn. Sie beschreiben Bewusstsein als ein universelles Intelligenzfeld, das der gesamten materiellen Schöpfung zugrunde liegt. (…) Dies verleitet einen zu dem Schluss, dass das einheitliche Feld der Physik und das Bewusstseinsfeld ein und dasselbe sind.“[56]

Kontakt mit dem Feld der Möglichkeiten

Eine absolute Trennlinie zwischen der materiellen Welt und der Welt des Geistes sowie des Bewusstseins gibt es nicht. Vielmehr gibt es zwischen allen – koexistierenden – Dingen eine beständige Verbindung und Kommunikation. Wenn unser individuelles Bewusstsein tatsächlich ein Teil des Universellen Bewusstseins ist, dann bedeutet dies, so schrieb Erich Jantsch bereits 1975 in seinem Buch *Design for Evolution. Self-Organization and Planning in the Life of Human Systems*, dass alles Wissen, das im Universellen Bewusstsein vorhanden ist, uns im Prinzip in unserem Inneren zugänglich ist. Um jedoch bewusst mit diesem universellen Bewusstsein in Kontakt zu treten, sind unser rationaler Verstand und unsere fünf Körpersinne wenig hilfreich. Wir müssen uns dazu vielmehr auf unsere Intuition verlassen und mehr noch auf die Fähigkeit zur Wahrnehmung in anderen Bewusstseinszuständen. Mit anderen Worten: Es ist uns im Grunde als inneres Wissen zugänglich.

Zwischenzeitlich wurde auch umfangreich zur Existenz verschiedener Wahrnehmungsformen geforscht, die über die bekannten fünf Sinne hinausgehen. In seinem Buch *The Conscious Universe: The Scientific Truth of Psychic Phenomena* (1997) gibt der Psychologe Dean Radin, der die multidimensionale Natur unseres Bewusstseins erforscht, einen detaillierten Überblick über die zusehends ausgeklügeltere experimentelle wissenschaftliche Forschung, die mittlerweile seit über einem Jahrhundert zu diesen vielseitigen Fähigkeiten unseres Bewusstseins betrieben wird.

Dean Radin beschreibt unser Bewusstsein nicht nur als Teil des allgegenwärtigen Universellen Bewusstseins, das das Individuum übersteigt, sondern sich auf viele, sorgfältig dokumentierte Experimente stützend, beschreibt er das Bewusstsein darüber hinaus als etwas, das die Wahrscheinlichkeit von Ereignissen beeinflusst. Bewusstsein bringt Ordnung in Systeme, und das gilt auch für unser Bewusstsein. Weil unser Bewusstsein ein Teil des Bewusstseins des Universums ist, müssten wir daher auch mit unserem Bewusstsein das universelle Bewusstseinsfeld beeinflussen können. Dean Radin zufolge tun wir das tatsächlich.

Die vielen hierüber durchgeführten Studien zeigen, dass das Ausmaß, bis zu dem ein solcher Einfluss stattfindet, im Verhältnis zur Stärke des vorhandenen Bewusstseins steht. Normalerweise, so schreibt Radin, schwankt die Bewusstseinsstärke beim einzelnen Menschen von einem Augenblick zum anderen und wird reguliert vom Grad der Konzentration seiner Aufmerksamkeit. Die Fähigkeit zur Konzentration unserer Aufmerksamkeit können wir selbstverständlich durch Üben verbessern. Eine solche Fähigkeit eröffnet uns im Prinzip unendliche Möglichkeiten, die Welt so mitzugestalten, wie wir sie uns wünschen. In seinem Artikel „The Emperor's New Media. Science, Psi and Skeptics. Breaking the Silence" (2004)(Des Kaisers neue Medien. Wissenschaft, Psi und Skeptiker. Das Schweigen wird gebrochen) schreibt Dean Radin, er beobachte, dass „…manches nun auch in der herkömmlichen Psychologie, in der Physik sowie in medizinischen Fachzeitschriften auftaucht. (…) meine Vermutung geht dahin (…), dass im historischen Rückblick die Jahrtausendwende als die Zeit gelten wird, in der sich die wissenschaftliche und die publizistische Auffassung von den Fähigkeiten des Geistes spürbar änderte."[57]

Das Primat des Bewusstseins

Solange die westliche Wissenschaft die Vorstellung nicht akzeptieren kann, dass Bewusstsein primär ist, steckt sie in einem Irrgarten endloser Wiederholungen fest.

Herbert G. Lebherz – Biochemiker – 1997[58]

Für heutige Wissenschaftler unterschiedlichster Fachrichtungen ist es anscheinend von entscheidender Bedeutung, das Bewusstsein wirklich zu verstehen, um dadurch Beschaffenheit, Sinn und Wirkungsweise des Universums besser begreifen zu können. Seit kurzem bildet sich bei einer kleinen, aber wachsenden Gruppe von Wissenschaftlern die radikale Erkenntnis heraus, dass Bewusstsein nicht nur alles durchdringt, sondern dass es auch allem zugrunde liegt und bei der Erschaffung von Leben und Materie eine bedeutende ordnende Rolle spielt. Statt dass die Materie die Grundlage für die Entstehung von Bewusstsein bildet – was lange die geltende Ansicht war – nehmen eine Reihe von Wissenschaftlern nun an, es könnte sehr wohl sein, dass Bewusstsein seit jeher existiert hat und Leben und Materie aus Bewusstsein entstehen.

1993 stellte der nordamerikanische Physiker Henry Stapp in seinem Buch *Mind, Matter and Quantum Mechanics* die Hypothese auf, die Wirklichkeit werde vom Bewusstsein erschaffen. Er stützt diese Quantentheorie des Bewusstseins hauptsächlich auf die Feststellungen der Quantenphysik. Im selben Jahr vertrat auch der nordamerikanische Physiker Amit Goswami öffentlich diese Auffassung. In seinem Buch *Das bewusste Universum. Wie Bewusstsein die materielle Welt erschafft* (1993; dt. 1995) führt er überzeugend aus, dass Bewusstsein tatsächlich der Urgrund ist, aus dem alles hervorgeht.[59] Dies tut er, wie Henry Stapp, unter Verwendung der Entdeckungen der Quantenphysik, doch daneben verwendet er auch Erkenntnisse aus verschiedenen Weisheitstraditionen.

Nach dreißigjähriger Forschung zur Beschaffenheit von Bewusstsein kommt auch der britische Physiker, Mathematiker, Philosoph und Schriftsteller Peter Russell zu dem Schluss, dass Bewusstsein nicht aus Materie hervorgeht, sondern umgekehrt. Bewusstsein liegt allem zugrunde, und

Materie geht aus Bewusstsein hervor. In seinem Buch *Quarks, Quanten und Satori – Wissenschaft und Mystik: Zwei Erkenntniswege treffen sich* (2000, dt. 2002) schreibt er, zu dieser radikalen Erkenntnis sei er gelangt, indem er die innovativsten Erkenntnisse aus theoretischer Physik und experimenteller Psychologie mit dem Studium verschiedener mystischer Schriften und seinen eigenen Erfahrungen verbunden habe. Darüber hinaus behauptet er nachdrücklich, dieses neue Weltbild stünde in keinerlei Widerspruch zu den Erkenntnissen der modernen Wissenschaft – es stehe lediglich im Widerspruch zu bestimmten Voraussetzungen in der westlichen Wissenschaft.[60]

Dieses radikale neue Denken stellt eine Veränderung des Weltbildes dar, das lange das Fundament der gesamten westlichen Wissenschaft gebildet hat. Aus diesem Grund bezeichnet Peter Russell diese neue Auffassung, der zufolge Bewusstsein als ein ebenso realer und grundlegender Faktor betrachtet werden sollte wie Raum, Zeit und Materie, ja sogar als noch grundlegender als die übrigen Faktoren, nicht nur als Paradigmenwechsel, sondern als Meta-Paradigmenwechsel. Demnach hat das Universum seinen Ursprung in – und besteht im Grunde aus – Bewusstsein; Bewusstsein, aus dem die Materie hervorging und weiter hervorgeht.

Der Physiker Fred Alan Wolf fasst diese neue Sichtweise folgendermaßen zusammen: „Im Grunde haben wir einen Prozess vor uns, in dem der höchste Ursprung von allem (…) Bewusstsein in Materie verwandelt. Sobald dies geschieht, agiert die Materie aus sich heraus als eine Art Reflexion oder Spiegel der Intelligenz, aus der sie hervorgegangen ist. Wenn sich die Materie mit der Zeit in einem fortwährenden Evolutionsprozess wandelt, wird in einem sich ständig weiterentwickelnden Universum fortwährend neue Information und Intelligenz gespiegelt.“[61] Gemäß dieser neuen Auffassung ist es also Bewusstsein, was allen Prozessen zugrunde liegt und die lenkende Kraft hinter der Evolution, an der auch wir Menschen teilhaben.

Kapitel Vier

Das zweite Gesetz – Das Gesetz der Entsprechung

Wahr ist es, ohne Lüge, gewiss und sicher wahr, was oben ist, ist gleich dem, was unten ist, und was unten ist, ist gleich dem, was oben ist, die Wunder des Einen auszuführen.

Tabula Smaragdina[62]

„Wie oben, so unten; wie unten, so oben“

Das zweite universelle Gesetz ist das Gesetz der Entsprechung, das am ehesten in Form des hermetischen Axioms „Wie oben, so unten; wie unten so oben“ bekannt ist.

▶ Im Universum gibt es unterschiedliche Realitätsebenen

Während das Gesetz der Einheit besagt, dass alles im Universum aus ein und demselben Ursprung hervorgeht, dass alles untereinander verbunden ist und am Ende zu jenem Ursprung zurückkehrt, besagt das Gesetz der Entsprechung, dass im Universum „verschiedene Realitätsebenen“ existieren. Die Erkenntnis, dass es neben der Ebene der materiellen Realität noch weitere Realitätsebenen gibt, findet sich in allen Weisheitstraditionen.

▶ Auf allen Ebenen wirken dieselben universellen Gesetze und erzeugen Entsprechungen

Die Essenz des Gesetzes der Entsprechung lautet, dass auf allen Realitätsebenen dieselben universellen Prinzipien wirken. Darauf weisen die Begriffe „unten“ und „oben“ in dem hermetischen Axiom „wie oben, so unten; wie unten, so oben“ in erster Linie hin, wobei sich „unten“ auf die physische Realitätsebene bezieht und „oben“ auf die anderen, „höheren“ Realitätsebenen jenseits der materiellen Welt. Weil auf allen Realitätsebenen dieselben universellen Prinzipien wirken, gibt es zwischen den verschiedenen Manifestationsebenen des Lebens und des Seins Entsprechungen. Deshalb herrschen im ganzen Universum Harmonie, Einheit und Ganzheit.

▶ Alles ist eine Reflexion derselben universellen Prinzipien

Weil alles im Universum nach denselben Gesetzen abläuft, ist alles im Universum „wie das Universum" und existiert als Reflexion eben dieser universellen Prinzipien. Daher bezieht sich die Wendung „wie oben, so unten" auch auf die Entsprechungen zwischen dem Makro- und dem Mikrokosmos – zwischen den sehr großen Manifestationen wie Galaxien „oben" und den kleineren Manifestationen, die wir hier „unten" auf unserer Erde beobachten können. Da sie diese Analogie verstanden, konnten die Menschen in uralter Zeit Erkenntnisse über die Wirkungsweise der Natur im kleinen Maßstab dazu nutzen, Erkenntnisse über die Wirkungsweisen des viel größeren Universums zu gewinnen, lange bevor sie die technische Ausrüstung für eigentliche Beobachtungen des viel größeren Universums besaßen.

▶ Alles in der materiellen Welt existiert auch auf anderen Realitätsebenen

Das Gesetz der Entsprechung besagt nicht nur, dass es im Universum verschiedene Realitätsebenen gibt, sondern auch, dass alles, was in der materiellen Welt existiert, auf anderen Realitätsebenen ein Pendant hat.

▶ Sämtliche Veränderungen in einer Schicht beeinflussen alle übrigen Schichten

Schließlich besagt das Gesetz der Entsprechung, dass alle Realitätsebenen in die anderen übergehen und ein Kontinuum bilden, wodurch alle Veränderungen auf einer Ebene sich auch auf alle anderen Ebenen auswirken. Weil alles und jedes auch auf den anderen Realitätsebenen existiert, und weil alles und jedes gemäß dem Gesetz der Einheit mit allem verbunden ist, wird verständlich, wie alles ständig alles beeinflusst.

Die verschiedenen Realitätsebenen

… die hermetische Philosophie [teilt] das Universum in drei große Klassen der Phänomene, bekannt als die drei großen Pläne …

Das Kybalion[63]

Um klare Erkenntnisse über die Wirkungsweise des Gesetzes der Entsprechung und damit über die Welt, in der wir leben, zu gewinnen, sollte man unbedingt verstehen, was genau mit diesen unterschiedlichen Realitätsebenen gemeint ist. Die Realitätsebene, die wir alle kennen, ist natürlich die Ebene der physischen Realität. Sie betrifft alles um uns herum, was wir mit unseren fünf Sinnen wahrnehmen können. Jedoch können wir mit unseren fünf Sinnen nur einen kleinen Bruchteil dessen erfassen, was es wirklich gibt.

Die verschiedenen Realitätsebenen unterscheiden sich voneinander durch ihre „Energiedichte". Was wir Materie nennen, hat die geringste Energie-, aber die höchste Massedichte. Letztere können wir mit unseren fünf Sinnen am leichtesten wahrnehmen. Die anderen Realitätsebenen haben im Vergleich zur materiellen Welt eine geringere Masse- und eine höhere Energiedichte, und dass wir diese Ebenen mit unseren fünf Sinnen nicht wahrnehmen können, hat mit eben jener geringeren Massedichte zu tun.[64] Doch außer der Beobachtung mit unseren fünf Sinnen gibt es noch weitere Wahrnehmungsmöglichkeiten. Durch sie können wir uns der anderen, feinstofflicheren Realitätsebenen bewusst werden. Diese verschiedenen Ebenen oder Dimensionen der Realität sind räumlich nicht voneinander getrennt. Daher liegen also die Realitätsebenen mit einer höheren Energiedichte als die bekannte physische Realität nicht anderswo. Vielmehr befinden sich alle Realitätsebenen am selben Ort, nämlich genau da, wo wir unser ganz normales Alltagsleben führen.

Nach Großvater Stalking Wolf, einem Lipan-Apachen, leben wir daher in „Welten in Welten" oder „Sphären in Sphären", was bedeutet, dass jede Schicht die darunterliegende umgibt. Um die Wende vom 19. zum 20. Jahrhundert zog dieser außergewöhnliche Mann über sechzig Jahre lang durch die Wildnis in Nord-, Mittel- und Südamerika, um so viel wie möglich des damals noch vorhandenen indigenen Wissens zusammenzutragen.[65] In jeder Religion und jedem Glaubenssystem, auf das er traf, suchte er die zugrunde liegende gemeinsame Wahrheit. Aufgrund seiner eigenen profunden Erfahrungen mit den verschiedenen Realitätsebenen und im Einklang mit den grundlegenden gemeinsamen Wahrheiten wurde ihm klar, dass wir mitten in diesen verschiedenen Wirklichkeiten leben, wobei die Dimensionen mit höherer Energiedichte die Realitäten mit geringerer Energiedichte durchdringen. Nur weil wir diese Realitätsebenen mit höherer Energiedichte – oder höherer Schwingungsfrequenz – mit unseren normalen fünf Sinnen nicht wahrnehmen können, wissen wir in unserer westlichen Kultur kaum etwas darüber.

Doch die verschiedenen Realitätsebenen befinden sich nicht nur alle am selben Ort und durchdringen einander, sie gehen auch alle allmählich ineinander über. Sie bilden ein Kontinuum. Daher können wir nicht genau sagen, wo eine Ebene endet und eine andere beginnt, so wie man auch bei einem Regenbogen nur schwer feststellen kann, wo eine Farbe aufhört und eine andere beginnt. Darüber hinaus kann jede Realitätsebene noch einmal in verschiedene Ebenen oder „Schichten" unterteilt werden. Deshalb sprechen die verschiedenen Weisheitstraditionen nicht immer von derselben Anzahl an Realitätsebenen. Allerdings unterscheiden alle drei Hauptebenen:

1. Die Ebene der physischen Realität, die außer aus Materie auch aus Energie besteht.
2. Die spirituelle Realitätsebene, die „jenseits von Raum und Zeit" existiert.
3. Die Ebene der Einheit oder die Leere.

Obwohl wir in unserer westlichen Kultur die Realitätsebene, die in Raum und Zeit existiert, am besten kennen, ist uns doch meist nur ein Teil dieser physischen Realitätsebene vertraut; denn außer aus Materie besteht sie auch aus Energie. Mit diesem energetischen Teil der in Raum und Zeit existierenden Realitätsebene kennen wir uns allerdings oft weitaus weniger aus. Wenn wir also auf dieser Realitätsebene eine Materie- und eine Energie-Ebene unterscheiden, können wir auch sagen, dass wir in vier verschiedenen Realitätsebenen oder „Welten" leben.

Die Welt der Materie

Die erste dieser vier Realitätsebenen ist die bekannte physische Welt. Auf dieser physischen Ebene erleben wir alles als vom anderen getrennt. Sie ist der Ort der Logik, des Egos und des physischen Selbst. Großvater Stalking Wolf hat aus seiner umfassenderen Sicht heraus erkannt, dass der heutige westliche Mensch sich dafür entschieden hat, abgetrennt von allen anderen Realitätsebenen zu leben. In seinem Buch *Das Vermächtnis der Wildnis* (1991) beschreibt Tom Brown jun., laut Großvater würde diese Trennung durch die Dominanz unseres rationalen Verstandes, durch unsere Glaubensüberzeugungen und durch die Begrenzungen verursacht, die uns in seinen Augen ein Leben auferlegt, das nicht mehr im Kontakt mit der Erde steht. Nach Großvater Stalking Wolf ist die materielle Welt eine Realitätsebene, auf die wir uns in Momenten, in denen unser physischer Körper in Gefahr ist, vorübergehend zurückziehen können, um ihn in Sicherheit zu bringen. Leider haben sich die meisten Menschen angewöhnt, sich fast ständig in diese Ebene zurückzuziehen und erkennen nicht mehr, dass jenseits der Welt der Materie eine wesentlich größere Welt existiert.

Aus seiner viel umfassenderen Sicht und seinem Bewusstsein für einen weitaus größeren Teil der Realität betrachtete Großvater Stalking Wolf die Welt des westlichen Menschen, in der die Materie die einzige Realität ist, als ein selbstgeschaffenes Gefängnis. Weil wir nach seinen Worten in diesem Gefängnis das Leben nicht klar und rein erkennen können, betrachtete er die Welt, in der die westlichen Menschen leben, als eine Welt der Unwissenheit.

Die Welt des „allesdurchströmenden Geistes" oder der *Kraft*

Jenseits der Welt der Materie existiert zunächst die Welt des energetischen Aspektes der physischen Realität. Diese Energiewelt bezeichnen die indigenen Völker Nordamerikas als die Welt des *allesdurchströmenden Geistes* oder schlicht als die Welt der *Kraft*. Auf dieser Realitätsebene ist alles, was in physischer Gestalt existiert, mit allem anderen energetisch verbunden. In diese Welt werden wir hineingeboren, in dieser Welt erfahren alle Menschen, die nahe an der Natur leben, ihren Alltag, und in diese Welt kehren wir westlichen Menschen zurück, wenn wir uns lange genug in unberührter Natur aufhalten oder uns ausreichend entspannen können. Nach Großvater Stalking Wolf ist es unser Geburtsrecht, dauerhaft und bewusst in dieser Welt der *Kraft* zu leben, denn es ist der Menschheit bestimmt, hier zu leben und nicht ausschließlich in der materiellen Welt.

Das Gesetz der Entsprechung besagt, dass alles, was es auf der materiellen Welt gibt, auch auf den anderen Realitätsebenen existiert. Diesen Aspekt des Axioms „wie oben, so unten; wie unten, so oben“ finden wir zum Beispiel auch im *Sohar*, einem wichtigen Buch der Kabbala. David Cooper beschreibt dies in seinem Buch *God is a Verb. Kabbalah and the Practice of Mystical Judaism* (1997-1998) folgendermaßen: „Es gibt kein Ding, so klein es auch sei, das nicht sein Gegenstück in anderen Welten hätte.“[66] Das bedeutet, dass es alles, was in der Welt der Materie existiert, in Form von Energie auch auf der *Welt des allesdurchströmenden Geistes,* gibt. Mit anderen Worten, jedes physische Objekt, gleich ob von Menschen gemacht oder von der Natur hervorgebracht – Stuhl oder Tisch, jedes Blatt an einem Baum, jedes Tier, jedes Sandkorn, jeder Berg und natürlich jeder Mensch und die Erde selbst – hat sein Gegenstück in Gestalt eines Energiekörpers in der *Welt des allesdurchströmenden Geistes.*

Kehrt man dies um, so bedeutet es, dass alles, was in der Welt der *Kraft* existiert, sowohl einen physischen als auch einen Energiekörper hat. Daher haben also auch wir einen physischen und einen Energiekörper. Unser Energiekörper in der Welt der *Kraft* ist Teil unserer Aura. In manchen Traditionen wird dieser Kraft-Körper weiter unterteilt. So unterscheidet die hellsichtige Heilerin Barbara Ann Brennan in ihrem Buch *Licht-Arbeit* (1987/1991) innerhalb des *Kraft*-Körpers zwischen Ätherkörper, Emotionalkörper, Mentalkörper und Astralkörper.

Durch diesen Energie- oder *Kraft*-Körper ist in der Welt der *Kraft* alles mit allem energetisch verbunden, und durch ihn kann alles mit allem kommunizieren. Die Verknüpfungen, über die alles mit allem verbunden ist, werden als großes Geflecht oder Netzwerk aus Fäden beschrieben, die aus einer energetischen oder ätherischen Substanz bestehen. Über diese energetischen Verbindungen stehen die einzelnen Vögel in einem Strandläufer-Schwarm – oder die einzelnen Fische in einer Schule – miteinander in Kontakt, wodurch sie zum Beispiel alle zugleich die Richtung ändern können.

Über unseren *Kraft*-Körper sind auch wir mit allem und jedem verbunden, was es in der physischen Welt gibt. Auch wir können – bewusst oder unbewusst – über diese energetischen Verbindungen miteinander (Telepathie) und mit der Natur kommunizieren. Wir können diese Verbindungen bewusst mit unseren Gedanken und durch unsere Absicht herstellen sowie durch Wachheit und konzentrierte Aufmerksamkeit verstärken.[67] Wenn es uns gelingt, unsere Wahrnehmung so zu erweitern, dass wir diese energetische Welt bewusst aufnehmen, dann können wir zum Beispiel „mit Bäumen sprechen“, oder „wissen“, wo die nächste Wasserstelle zu finden ist, weil wir es „spüren“.

Indigene Völker und alte Kulturen, die sich durch Gemeinschaft und Achtung vor der Natur auszeichnen, haben diese Fähigkeiten Jahrtausende lang bewusst genutzt. So zeigt zum Beispiel der großartige Dokumentarfilm *The Great Dance. A Hunter's Story* (2000) von Craig und Damon Foster, dass die San – auch bekannt als die Buschmänner oder !Kung der Kalahari-Wüste – diese Fähigkeiten bis heute bei der Jagd und beim Spurenlesen bewusst einsetzen.[68] Auch in unserer westlichen Kultur wenden Babys und Kleinkinder diese Fähigkeiten noch an. Wenn wir bewusst auf dieser Realitätsebene leben, sind wir in Kontakt mit unseren menschlichen Instinkten, mit unseren tiefsten Erinnerungen, mit dem, was Carl Gustav Jung als das Unbewusste bezeichnet hat, und wir können die Energiewelt wahrnehmen. Hier befindet sich auch die Brücke zwischen der physischen Realität, die in Zeit und Raum existiert, und den nicht-physischen Realitätsebenen, die jenseits von Raum und Zeit angesiedelt sind.

Die Welt des Geistes

Hinter der Welt der *Kraft* liegt noch eine weitere Welt oder Realitätsebene. Bereits die Wahrnehmung der Welt des *allesdurchströmenden Geistes* erweitert unsere Sicht der Wirklichkeit sehr stark, doch die nächste Realitätsebene ist sogar noch umfassender. Diese Realitätsebene, die „Welt des Geistes" oder die Ebene „jenseits von Raum und Zeit" weist eine noch höhere Energiedichte auf. Hier, in der Welt des Geistes, gibt es weder Zeit noch Raum; und weil es hier weder Zeit noch Raum gibt, hat diese Welt keine Grenzen und daher auch keine Begrenzungen. Deshalb ist auf dieser Realitätsebene alles möglich.

Weil das Gesetz der Entsprechung besagt, dass es alles, was in der materiellen Welt existiert, auch auf anderen Realitätsebenen gibt, existiert alles, was wir in der Welt der Materie und der Welt der *Kraft* kennen, auch in der Welt des Geistes. Unsere gesamte materielle Realität hat also ein geistiges Gegenstück in der geistigen Welt. Das bedeutet, dass auch wir nicht nur einen physischen Körper und einen Energiekörper, sondern ebenso einen „Geistkörper" haben, der in der Welt des Geistes existiert. Unsere Aura besteht aus unserem Energiekörper und unserem Geistkörper. In manchen Traditionen wird der Geistkörper noch weiter unterteilt. Auch der Teil der Aura, den wir als Kausalkörper kennen, gehört zu diesem Geistkörper.

Zwar gibt es alles, was in der Welt der *Kraft* existiert, auch in der Welt der Materie, doch für die Welt des Geistes gilt dies nicht in gleicher Weise.

Die meisten Dinge, die in dieser Welt des Geistes jenseits von Zeit und Raum existieren, gibt es in unserer physischen Realität nicht. Das bedeutet, dass es in der Welt des Geistes eine Vielzahl von Energien und Wesenheiten gibt, die keine Manifestation in der physischen Welt haben (seien es nun Wesenheiten wie Verstorbene, die keine physische Manifestation mehr haben, seien es Wesenheiten wie Ungeborene, die noch keine physische Manifestation haben, oder seien es Wesenheiten, die nie eine physische Manifestation haben, wie etwa Engel).

Über unseren Energiekörper sind wir mit allem verbunden, was es in der physischen Welt gibt, und über unseren Geistkörper sind wir mit allem verbunden, was auf der Realitätsebene „jenseits von Zeit und Raum" existiert. Letzteres ermöglicht die nichtlokale, also augenblickliche, ohne jeglichen Zeitverlust stattfindende Kommunikation und bietet die Möglichkeit, mit jemandem zu kommunizieren, der sich an einem völlig anderen Ort befindet. Mehr noch, es verbindet uns nicht nur mit anderen Orten, sondern auch mit anderen Zeiten, das heißt, mit dem, was in der Vergangenheit existiert hat und was in einer möglichen und wahrscheinlichen Zukunft existieren wird. Aufgrund dieser Verbindung besitzen wir die Fähigkeit, bewusst – oder unbewusst – mit jenem Teil der Wirklichkeit Kontakt aufzunehmen, der ausschließlich auf der Ebene des Geistes existiert. Wenn wir diesen Kontakt bewusst herstellen können, dann wird es zum Beispiel möglich, mit lieben Verstorbenen zu kommunizieren. Kleine Kinder können ihre Aufmerksamkeit häufig sehr leicht auf diese Realitätsebene verschieben, wo ihre unsichtbaren Spielgefährten wohnen.

Weil die Welt des Geistes eine nicht-physische Welt ist und wir unser physisches Leben in einem physischen Körper verbringen, können wir nicht dauerhaft in der nicht-physischen Geisteswelt bleiben. Wenn nötig, können wir jedoch vorübergehend in die Welt des Geistes „reisen", indem wir unser Bewusstsein erweitern. Laut Großvater Stalking Wolf ist es optimal, wenn wir genau auf dem Rand zwischen der Welt des *allesdurchströmenden Geistes* und der Geisteswelt leben. An diesem Ort befinden sich unsere physischen und geistigen Aspekte in einem optimalen Gleichgewicht. In diesem Zustand des bestmöglichen inneren Gleichgewichts können wir in der Realität der physischen und energetischen Welt leben und diese wahrnehmen sowie zugleich durch einfaches Verschieben unserer Aufmerksamkeit notfalls auch die Realität der nicht-physischen Welt wahrnehmen. Nach Tom Brown jun. beschrieb Stalking Wolf diesen Zustand, den er sehr gut kannte, als eine Erfahrung, bei der wir uns mit unserer gesamten Umwelt innig verbunden fühlen, bei der sich nichts bewegen kann, ohne dass wir es merken, und bei dem wir nichts tun können, ohne zugleich zu spüren, wie es sich auf alles andere auswirkt.[69]

Die Leere

Jenseits der Welt des Geistes liegt die Leere. Sie ist die Ebene des Universellen Bewusstseins und damit jene Realitätsebene, derer sich die Mystiker im Moment ihres Einheitserlebens mit dem Universum und allem, was sich darin befindet, gewahr sind. Großvater Stalking Wolf nannte diese Realitätsebene das „Land des Schamanen". Der Anthropologe Hank Wesselman fasst diese Realität in seinem Buch *Die zwölf Wahrheiten des Nainoa* (1995, dt. 1995) basierend auf den Beschreibungen von Serge Kahili King, einem Experten für die hawaiianische Weisheitstradition Huna, folgendermaßen in Worte: „King beschreibt sie als einen rein subjektiven Zustand mystischen Bewusstseins von der essenziellen Einheit des Universums und allem, was sich darin befindet. Sie wird als die holistisch-spirituelle Dimension aufgefasst, in der alles *wie* alles sonst erlebt wird. King nennt dies die Ebene des Gestaltwechsels und der Identifikation – die Bewusstseinsebene, auf der perfekte Schamanen imstande sind, mit den Fischschwärmen im Wasser oder mit dem Wild in den Bergen Kontakt aufzunehmen und sich mit ihnen zu verbinden, um die Fische in die Netze der Fischer oder das Wild vor den Bogen des Jägers zu lenken. Außerdem soll es auf dieser Ebene möglich sein, Kontakt mit dem göttlichen Feld zu bekommen, mit jener riesigen Leere, die mit einem Kraftvorrat geladen ist, den die Taoisten das Tao nennen … ."[70]

Auch wir Menschen sind multidimensional

Jeder Mensch ist ein Teil des Schöpfers (…) er hat sowohl einen himmlischen als auch einen irdischen Körper. Das menschliche Auge sieht die physische Gestalt, aber das innere Auge dringt tiefer ein, sogar bis zu jenem universellen Muster, dessen integraler und individueller Bestandteil jeder Mensch ist.

Sri Yukteswar – Yoga-Meister – (1855-1936)[71]

Das Gesetz der Entsprechung besagt also nicht nur, dass wir in einer Welt *leben*, die aus verschiedenen Realitätsebenen besteht und daher multidimensional ist; dieses Gesetz besagt auch, dass wir Menschen als ein Teil dieses Universums, eine Widerspiegelung dessen sind, was bedeutet, dass auch wir multidimensional *sind.* Deshalb sagen uns Mystiker und Weise nicht nur, dass die Welt, in der wir leben, viel größer ist als die Welt der physischen Realität, sondern dass auch wir selbst viel größer, weitaus außergewöhnlicher und zu sehr viel mehr fähig sind, als wir uns aufgrund unserer fünf Sinne und unseres normalen Wachbewusstseins je vorstellen könnten.

Wir haben nicht nur drei verschiedene „Körper" – den physischen, den *Kraft-* und den Geistkörper – die in den drei verschiedenen Welten existieren. Verbunden mit diesen drei Körpern sind außerdem drei unterschiedliche Bewusstseinsformen: Wir haben unseren physischen Körper und den dazugehörigen rationalen Verstand sowie unser bekanntes Bewusstsein der physischen Welt. Wir haben einen Energiekörper und ein Bewusstsein, das mit dem *allesdurchströmenden Geist* verbunden ist, und wir haben unseren Geistkörper und unser geistiges Bewusstsein. Letzteres, unser gesamter „Geistkörper" und das mit ihm verbundene geistige Bewusstsein, wird auch als das Höhere Selbst bezeichnet. Unser Höheres Selbst ist also auf der Realitätsebene „jenseits von Raum und Zeit" angesiedelt, auf der Ebene der Welt des Geistes. Nach dem Gesetz der Entsprechung hat auch alles in der Natur einen Energie- und einen Geistkörper. Den meisten Weisheitstraditionen zufolge hat ebenso alles eine Seele, eine persönliche Lebensessenz oder ein persönliches Bewusstsein.[72]

Veränderungen in einer Schicht wirken sich auf alle anderen Schichten aus

Durch das Gesetz der Entsprechung können wir uns eine Vorstellung vom interdimensionalen Wirken des Universums machen. Da alles, was es in der Welt der Materie gibt, auch auf den anderen Realitätsebenen existiert, und da die verschiedenen Realitätsebenen alle ineinander übergehen, löst jede Bewegung auf einer Ebene eine entsprechende Wirkung auf den anderen Ebenen aus. Mit anderen Worten, jegliche Veränderung in einer Schicht beeinflusst alle anderen Schichten.

Wir sind uns jedoch größtenteils, wenn nicht ausschließlich, nur desjenigen Teils der Realität bewusst, auf den wir unsere Aufmerksamkeit vordringlich richten. Für uns westliche Menschen bedeutet dies, dass wir uns in erster Linie der physischen Realitätsebene bewusst sind. Dennoch beeinflussen wir ständig auch unsere nicht-physischen Aspekte. Oder umgekehrt: Unsere nicht-physischen Körper beeinflussen ständig unseren physischen Körper und unser Leben auf der Ebene der physischen Realität. In beiden Fällen können wir an unser physisches Handeln, aber auch an unsere Worte, Gedanken und Gefühle denken.

Darüber hinaus beeinflussen wir nicht nur uns selbst, sondern alles, was wir denken, sagen, tun, glauben und fühlen beeinflusst auch alles um uns herum. Was das bedeutet, erklärt David Cooper in seinem Werk *God is a Verb*: „Immer wenn wir die Arme bewegen, werden auch unsere überirdischen Arme bewegt. Immer wenn wir ein Wort schreiben, wird auch im Himmel ein Wort eingeschrieben. Wir treten in Austausch mit der Welt und stimulieren dabei zugleich die oberen Welten. Wir sind nicht nur niemals allein, sondern alles, was wir tun, sagen und denken, bewegt Welten jenseits unserer Vorstellungskraft."[73] Die Veden formulieren diese Erkenntnis kurz und knapp folgendermaßen: „Wie der Einzelne ist, so ist das Universum, wie das Universum ist, so ist der Einzelne."[74]

Wenn wir erkennen, dass alles Leben auf der Erde auf diese Weise miteinander verbunden ist, sowohl auf der physischen als auch auf den nichtphysischen Realitätsebenen, dann begreifen wir, dass wir bei der Betrachtung der ökologischen Probleme der Erde recht besehen zugleich unsere eigenen Probleme vor Augen haben. Daher ist die Vorstellung von einem von der Natur „getrennten" Leben den meisten indigenen Völkern unbekannt. Sie betrachten sich als Teil ihrer Umgebung und kennen diese Erkenntnis als das Gesetz: „Was wir der Natur tun, das tun wir uns selbst. Und was wir uns selbst tun, das tun wir der Welt."

Diese Erkenntnis der gegenseitigen Beeinflussung hat weitreichende Konsequenzen. „Das ist überzeugend", schreibt David Cooper. „Wie führe ich mein Leben? Inwiefern kommt die Welt bei meiner nächsten Handlung ins Gleichgewicht? Wenn alles im Universum nachhallt, wie beeinflussen dann mein Handeln, meine Worte und Gedanken das, was ich bin, was ich war und was ich sein werde? Es ist unerlässlich, dass wir uns diese Frage stellen."[75]

WESTLICHE WISSENSCHAFT UND DAS GESETZ DER ENTSPRECHUNG

Es gibt belastbare in über tausend wissenschaftlichen Experimenten gewonnene Indizien, die die Ansicht stützen, dass es mehr gibt als das materialistische Modell des Universums. Jeder gebildete Mensch sollte dies unbedingt wissen, besonders Wissenschaftler.

Charles Tart – Psychologe und Bewusstseinsforscher – 1998[76]

Aspekte des Gesetzes der Entsprechung sind in unserer modernen westlichen Wissenschaft eindeutig erkennbar. Zuerst entdecken wir sie im Konzept des Hologramms und der darauf aufbauenden Vorstellung vom sogenannten holografischen Universum. In neuerer Zeit erkennen wir sie auch im Fraktal-Prinzip, das für die Chaos-Theorie von entscheidender Bedeutung ist. Sodann zeigen Forschungen zu unserer Gehirnaktivität, dass unsere Fähigkeit, die verschiedenen Realitätsebenen wahrzunehmen, davon abhängt, in welchem Bewusstseinszustand wir uns befinden. Es verdichten sich die Hinweise darauf, dass wir in einem holografischen Universum das Feld des kollektiven Bewusstseins ständig beeinflussen und über dieses auch unsere Umwelt.

David Bohm und die Theorie der impliziten Ordnung

Die Holografie wurde 1948 von dem ungarischen Physiker Dennis Gabor (1900-1979) entdeckt.[77] Technisch lässt sich ein Hologramm als eine Art dreidimensionale Fotografie beschreiben, bei der auf einer zweidimensionalen Platte ein dreidimensionales Bild erscheint. Besagt das Gesetz der Entsprechung, dass alles eine Widerspiegelung derselben universellen Prinzipien ist, so ist das bemerkenswerteste Kennzeichen eines Hologramms, dass im Gegensatz zu einer normalen Fotografie jeder Teil des Hologramms eine exakte Reflexion des Ganzen ist. Daher ist also in jedem einzelnen Teil des Hologramms die vollständige Information des Ganzen enthalten. Das bedeutet, dass sich aus jedem Teil des Hologramms das Bild des Ganzen rekonstruieren lässt.

Waren westliche Wissenschaftler lange überzeugt, dass man etwas dann am besten verstehen kann, wenn man es auseinandernimmt und seine Einzelteile untersucht, macht ein Hologramm deutlich, dass dies nicht immer gilt. Wenn wir etwas holografisch Aufgebautes auseinandernehmen, finden wir dabei nicht die Teile, aus denen es zusammengesetzt ist, sondern erhalten nur kleinere „Ganze". Diese Eigenschaft eines Hologramms, dass nämlich Information über das Ganze in jedem Einzelteil enthalten ist, bietet uns ganz neue Erklärungsmöglichkeiten für das Phänomen der organisierten Information. Deshalb nutzte der amerikanisch-britische Quantenphysiker David Bohm (1917-1992) das Konzept des Hologramms für eine völlig neue Beschreibung der Realität. In seinem berühmten Buch *Die implizite Ordnung. Grundlagen eines dynamischen Holismus* (1980, dt. 1985) formuliert er seine Theorie von der *impliziten Ordnung*. In dieser Theorie beschreibt Bohm eine Welt ungeteilter Ganzheit, die aus einem aus verschiedenen Schichten zusammengesetzten Universum besteht. Er unterscheidet zwischen einer expliziten, manifesten Ordnung, einer sogenannten impliziten (verborgenen, unsichtbaren) Ordnung und einer supra-impliziten (ebenfalls verborgenen und unsichtbaren) Ordnung.

Nach David Bohms Ansicht entfalten sich diese verschiedenen Schichten ineinander. Er betrachtete die explizite Ordnung – die physische Welt von Raum und Zeit – als ein holografisches Bild, das auf der ihr zugrunde liegenden Ebene der impliziten oder eingefalteten Ordnung beruht und sich aus ihr heraus entfaltet. Die implizite Ordnung ist eine Realitätsebene, die sich in einem nichtmanifesten Zustand befindet. Diese implizite Ordnung wiederum entfaltet sich aus der supra-impliziten Ordnung. Die supra-implizite Ordnung beschreibt er als den schöpferischen Ursprung der impliziten Ordnung und als die Eine Quelle – als eine Einheit, die absolut ist. Sie ist ein riesiges Energie-Reservoir – ein ewiges Energiemeer – das sich fortwährend in Richtung der Dimension von Zeit und Raum entfaltet. Bei diesem Modell ist das gesamte Universum aufgebaut wie ein Hologramm, wobei das „Hologramm" als räumliches Muster, als organisiertes Feld verstanden wird. Zwar enthält jede Schicht eine höhere Informationsordnung, doch enthält zugleich jeder Teil des Universums sämtliche Informationen des Ganzen, mithin also des gesamten Universums.

Dieses multidimensionale holografische Universum, das aus verschiedenen Schichten besteht, ist nichts Statisches. David Bohm verwendet das Konzept des *Holomovement* (der ganzheitlichen Bewegung), um die fortwährende Dynamik zwischen den verschiedenen Ebenen des Universums zu beschreiben. Weil in diesem sogenannten *Holomovement* das Ganze in jedem Teil enthalten ist, bewirkt jede Veränderung in einem Teil eine Veränderung des Ganzen. Stabilität ist in diesem *Holomovement* die Folge eines dynamischen Gleichgewichts zwischen dem größeren Ganzen und der selbst-organisierenden Autonomie der Teile.

Die Theorie der impliziten Ordnung und die Welten nach Großvater Stalking Wolf

In dieser wissenschaftlichen Theorie von der impliziten Ordnung können wir klar die drei Realitätsebenen erkennen, die in den Weisheitstraditionen beschrieben werden. Erstens ähnelt die explizite Ordnung natürlich der physischen Realität. Weil die implizite Ordnung, wie David Bohm sie beschrieben hat, jenseits von Raum und Zeit ist, entspricht diese Ebene der Welt des Geistes. Letzlich entspricht seine Beschreibung der supra-impliziten Ordnung als dem schöpferischen Ursprung der impliziten Ordnung, als die Eine Quelle und Einheit, die absolut ist, eindeutig der Ebene des Einsseins oder der Leere.

Die Welten nach Stalking Wolf	**Das mehrschichtige Universum nach David Bohm**
Die materielle Welt und die Welt des *alles-durchströmenden Geistes* oder der *Kraft*	Die explizite Ordnung
Die Welt des Geistes jenseits von Raum und Zeit	Die implizite Ordnung jenseits von Raum und Zeit
Die Leere, das „Land des Schamanen“	Die supra-implizite Ordnung

David Bohms Theorie von der Existenz eines aus verschiedenen Schichten bestehenden Universums wurde seither durch die Ergebnisse wissenschaftlicher Forschung zunehmend bestätigt. Der Physiker Fred Alan Wolf, der zur Beziehung zwischen Quantenphysik und Bewusstsein forscht, fasst diese neuen Erkenntnisse in der westlichen Wissenschaft folgendermaßen zusammen (1998): „Es gibt glaubwürdige wissenschaftliche Indizien, die auf die Existenz eines nichtmateriellen, nicht-physischen Universums schließen lassen – auch wenn wir es bis jetzt mit unseren Sinnen und unseren wissenschaftlichen Instrumenten wohl noch nicht eindeutig erfassen können.“[78] In diesem Zusammenhang vergleicht der unabhängige Wissenschaftler Norman Friedman die bekannte physische Welt mit einem Eisberg. In der Einführung zu seinem Buch *The Hidden Domain* (1997) schreibt er: „Von der Realität zu sprechen und dabei jene ungesehene 'andere‘ Welt zu ignorieren, ist gerade so wie wenn ein Eisberg sich selbst beschriebe und nicht die geringste Ahnung hätte von dem Meer, aus dem er stammt.“

Unser Bewusstsein existiert nicht nur in unserem Gehirn

Es gibt heute überzeugende Indizien, die die bislang geltende Theorie, wonach Bewusstsein nur im Gehirn existieren kann, infrage stellen …

Peter Fenwick – Psychiater – 2003[79]

Aus den wissenschaftlichen Spekulationen über ein holografisches Universum, in dem jedem Teil das Muster des Ganzen holografisch eingeschrieben ist, geht auch die Erkenntnis hervor, dass wir Menschen eine Widerspiegelung des größeren Ganzen sind. Wie wir im letzten Kapitel gesehen haben, nimmt der österreichisch-amerikanische Gehirnforscher Karl Pribram an, dass unser Gehirn nach denselben quantenmathematischen Prinzipien funktioniert wie ein Hologramm. Das würde bedeuten, dass Erinnerungen und Informationen nicht in unseren Gehirnzellen gespeichert werden, sondern vielmehr in sogenannten Wellen-Interferenzmustern, in denen die Wellen holografisch organisiert sind, so dass also jeder Teil des Gehirns sämtliche Informationen des Ganzen enthält.[80]

Nachdem er zeigen konnte, dass die Grundstruktur des Gehirns tatsächlich holografisch ist, stellte er eine Verbindung zwischen seiner Arbeit und der holografischen Beschreibung des Universums durch den Physiker David Bohm her. Er nahm nicht nur an, dass unser Gehirn Information holografisch speichert, sondern auch, dass dieses Hologramm selbst wiederum Teil eines wesentlich größeren Hologramms ist. Seiner Ansicht nach werden unsere Erinnerungen nicht in unserem Gehirn gespeichert, sondern existieren als holografische Information in einem allem zugrunde liegenden Feld universellen Bewusstseins. Durch unser Bewusstsein können wir seiner Ansicht nach über die Grenzen der physischen Realität hinausgelangen, und durch es sind wir mit dem Informationsfeld verbunden, das auf einer Realitätsebene jenseits von Raum und Zeit existiert. Unser Gehirn ist Teil von alledem und arbeitet deshalb hauptsächlich als Empfangs- und Verarbeitungsstation für diese Informationen.

In Zusammenarbeit mit David Bohm entwickelte Karl Pribram ein holografisches Modell der Gehirnfunktionen, das beschreibt, wie Erinnerungen als holografische Interferenzmuster in diesem Bewusstseinsfeld gespeichert werden. Genau wie bei einem Hologramm, bei dem in jedem Teil die vollständige Information des Ganzen enthalten ist, zeichnet sich eine holografische Organisation dadurch aus, dass sämtliche Informationen in Gestalt von Interferenzmustern überall im Bewusstseinsfeld vorliegen. Damit wird es möglich, von jedem beliebigen Ort innerhalb des Bewusstseinsfeldes aus auf Informationen des Ganzen zuzugreifen. Dieses Bewusstseinsfeld ist dasselbe, in dem auch die gesamte Geschichte des Universums gespeichert ist, weshalb wir daraus selektiv sowohl unsere eigenen Erinnerungen als auch alle anderen Informationen entnehmen können.

1991 erschien Michael Talbots Buch *The Holographic Universe* (dt. *Das holographische Universum*, 1992), in dem er – zum Teil auf den Theorien von David Bohm und Karl Pribram aufbauend – das gesamte Universum als eine Art Hologramm beschreibt. Seine Theorie enthält zahlreiche Aspekte, durch die verschiedene paranormale Phänomene wie Telepathie, außerkörperliche Erfahrungen, luzides Träumen und Channeling erklärt werden könnten.

Forschung bestätigt Bewusstsein ohne Gehirnaktivität

Erkenntnisse, die bei Forschungen über Nahtod-Erfahrungen gewonnen wurden, bestätigen allem Anschein nach die Idee – wie Karl Pribram bereits annahm – dass Erinnerungen und Informationen tatsächlich nicht *im* Gehirn, sondern außerhalb des Gehirns gespeichert werden. Nach Angaben des nordamerikanischen Psychologen Kenneth Ring, der neueste Forschungen auf dem Gebiet der Nahtod-Erfahrungen unternommen hat, gehört es zu den üblichen Merkmalen von Nahtod-Erfahrungen, dass die betroffene Person eindeutig das Gefühl hat, dass das persönliche Bewusstsein sich vom physischen Körper löst. Seine Forschung zeigt, dass Nahtod-Erfahrene (und insbesondere blinde Nahtod-Erfahrene) beweisbar und nachprüfbar Gegenstände und Menschen in großer Entfernung wahrgenommen haben

– was innerhalb des rein materialistischen Modells der Wirklichkeit unmöglich wäre.[81] Nach Kenneth Ring sind solche Erfahrungen die Folge einer bei der Nahtod-Erfahrung eintretenden Bewusstseinsverschiebung von einer Realitätsebene auf eine andere.

Im Dezember 2001 veröffentlichte der niederländische Kardiologe Pim van Lommel in der medizinischen Fachzeitschrift *The Lancet* die Ergebnisse seiner umfangreichen Forschungen an Herzpatienten, die nach einem Herzstillstand kurzzeitig klinisch tot und dann wieder ins Leben zurückgekehrt waren.[82] Auch seine Studie zeigt, dass einige Patienten mit einer Nahtod-Erfahrung in der Zeit, in der ihr Herz nicht schlug und ihr Gehirn keine messbare Aktivität mehr aufwies, eine bemerkenswerte Bewusstseinserweiterung erlebten. Pim van Lommel zeigte, dass dieser Zustand erweiterten Bewusstseins tatsächlich in der Phase des Gehirntodes eintritt und nicht auf physiologische, psychologische oder pharmazeutische Ursachen zurückzuführen ist.[83] In einem Augenblick also, in dem anscheinend keinerlei Gehirnaktivität stattfindet, haben diese Menschen, die eine Nahtod-Erfahrung erleben, ein umfassenderes Bewusstsein als je zuvor. Das Phänomen der Nahtod-Erfahrungen und mit ihm die Tatsache, dass es tatsächlich möglich ist, auch ohne zugehörige Gehirnfunktion Bewusstsein zu haben, ist nach Pim van Lommel nur zu erklären, wenn wir die Möglichkeit in Betracht ziehen, dass es eine Fortdauer des Bewusstseins gibt und unser Bewusstsein mitsamt allen unseren Erfahrungen und Erinnerungen *außerhalb* des Gehirns existiert. Das Gehirn ist dann insbesondere als Empfänger und Sender von Informationen zu betrachten.[84]

Auch der britische Psychiater und Nahtod-Experte Peter Fenwick kommt aufgrund seiner Forschungen an Herzpatienten, die während ihres Herzstillstandes eine Nahtod-Erfahrung gehabt hatten, zu dem Schluss, dass wir Bewusstsein ohne zugehörige Gehirnaktivität haben können. Seine und andere Erkenntnisse zeigen, so Peter Fenwick, dass unser Gehirn allem Anschein nach – genau wie ein Fernseher – sich auf bestimmte elektromagnetische Wellen einstellt und dann die empfangenen Informationen in Bild und Ton übersetzt. Dies ist, so fügt er hinzu, „ein riesiger Schritt auf dem Weg zu einer Erklärung der zunehmend gewichtigeren wissenschaftlichen Indizien für die Echtheit übersinnlicher Kräfte".[85]

Dem holografischen Universum liegt das Fraktal-Prinzip zugrunde

Ende des 20. Jahrhunderts gingen auf nie dagewesene Art und Weise Bilder des unbegreiflich Kleinen und des unvorstellbar Großen in den Erfahrungsschatz der Allgemeinheit ein. Unsere Kultur sah Fotos von Galaxien und Atomen. Niemand musste sich mehr vorstellen (...), wie das Universum im mikroskopischen oder teleskopischen Maßstab aussehen könnte – durch Mikroskope und Teleskope wurden diese Bilder Teil unserer Alltagserfahrungen.

James Gleick – Wissenschaftsjournalist und Autor – 1987[86]

Das Gesetz der Entsprechung finden wir in der Wissenschaft nicht nur im Konzept des Hologramms und darauf aufbauend im holografischen Universum wieder, sondern auch im Fraktal-Prinzip. Das Fraktal-Prinzip gehört zur Chaos-Theorie und scheint eine moderne Version des hermetischen Axioms „Wie oben, so unten; wie unten so oben“ zu sein. Der Begriff „fraktal“ (vom Lateinischen *fractus*, gebrochen) wurde in den 1970er Jahren durch den französisch-polnisch-amerikanischen Mathematiker Benoît Mandelbrot (1924-2010) geprägt. 1979 entdeckte er eine Methode, mit der die Lösung einer Gleichung wieder in die Gleichung eingespeist werden konnte. Mithilfe eines Computers entstand auf diese Weise ein endloses, sich selbst wiederholendes Muster. Dieses inzwischen berühmte erste Fraktalmuster, die sogenannte Mandelbrot-Menge, wurde nach ihm benannt.

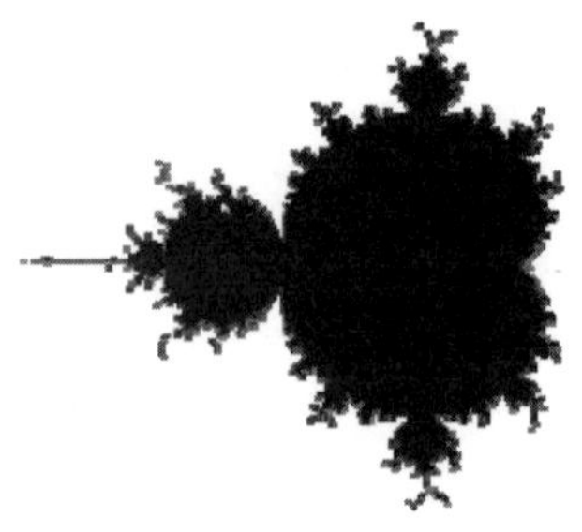

Mandelbrot-Menge

Ein Fraktal ist eine sich selbst ähnliche Struktur

Benoît Mandelbrot erkannte die Bedeutung der bemerkenswertesten Eigenschaft dieses Musters, dass nämlich ein Fraktal eine „sich selbst ähnliche" Struktur ist, also eine Struktur, die sich unabhängig vom Grad ihrer Vergrößerung stets ähnlich bleibt. Wenn ein Teil eines Fraktals stark vergrößert wird, dann werden immer neue Wiederholungen desselben ursprünglichen Musters erkennbar. Mit anderen Worten, ein Fraktal besitzt anscheinend die Fähigkeit, sich in unterschiedlichem Maßstab endlos zu wiederholen. Deshalb wird ein Fraktal auch als ein geometrisches Muster beschrieben, das unendlich in jeder Größenordnung eine selbstähnliche Struktur aufweist.

Eine solche in unterschiedlichen Größenordnungen stets sich selbst ähnliche Struktur ist möglich, weil Fraktale in jeder Größenordnung dieselben Proportionen beibehalten. Deshalb reflektieren Fraktale die Beziehung zwischen Mustern, die im Ganzen auftreten, und Mustern, die in Teilen dieses Ganzen auftreten. Am einfachsten kann man sich das vorstellen, wenn man es mit den bekannten russischen Puppen vergleicht, die alle ineinander passen und bei denen jede Puppe eine kleinere Version der vorherigen, aber nicht unbedingt eine exakte Nachbildung der größeren Form ist.

Die Fraktal-Bilder, die entstehen, wenn man Fraktal-Formeln in einen Computer eingibt, zeigen wunderschöne, kunstvoll ineinander verschachtelte, nichtlineare organische Muster. Deshalb wird es durch die Fraktal-Geometrie – eine völlig neue Mathematik – erstmals möglich, Mathematik auf nichtlineare Formen anzuwenden, wie wir sie in der Natur vorfinden; denn solche sich selbst ähnlichen Strukturen treten in der Natur überall in großer Zahl auf.[87] Das bekannteste Beispiel dafür ist der Aufbau eines Farnblatts, bei dem die federähnliche Form des Blattschnitts sich ständig wiederholt.

Die selbstähnliche Struktur des Farnblatts

Chaos-Theorie und das fraktale Universum

In neuerer Zeit macht das Fraktal-Prinzip nicht nur als zentrales Element in der Geometrie der Natur, sondern auch in der Theorie komplexer Systeme von sich reden, die im Allgemeinen als Chaos-Theorie bezeichnet wird. James Gleick schildert in seinem Buch *Chaos. Die Ordnung des Universums (*1987, dt. 1988), wie die ersten Theoretiker dieser neuen wissenschaftlichen Fachrichtung in den 1970er und 1980er Jahren sich insbesondere für Muster in dynamischen Prozessen interessierten, die in unterschiedlichen Größenordnungen auftraten. Mithilfe neuer Computertechnik entdeckten Wissenschaftler aus vielen unterschiedlichen Diziplinen beinahe gleichzeitig grundlegende Prinzipien der Dynamiken in natürlichen Systemen. Weil sie die Grenzen zwischen klassischen Fachgebieten überschritten, entdeckten sie, dass diese grundlegenden Strukturen und Verhaltensmuster auf den unterschiedlichen Feldern und Realitätsebenen überraschende Ähnlichkeiten aufweisen. Angesichts der Erkenntnisse aus der Chaos-Theorie und der Untersuchungen zu Fraktalen wurde deutlich, dass das Fraktal-Prinzip nicht nur für die statische Gestalt eines Objekts gilt. Allem Anschein nach beschrieben Fraktale auch die dynamischen Veränderungen und Energie-Umwandlungen, mit anderen Worten, die Art und Weise, in der sich Dinge entfalten und wieder in sich selbst „einfalten“ (David Bohm). Fraktal-Reihen gelten daher nicht nur als „sich selbst ähnlich“, sondern auch als „selbsterzeugend“. Genau wie ein Fraktal-Muster sich endlos wiederholt, sind auch fraktal organisierte Systeme und Fraktal-Prozesse im Prinzip unendlich.

Inzwischen sprechen manche sogar schon von der Möglichkeit eines fraktalen Universums, weil der holografischen Struktur des Universums anscheinend das Fraktal-Prinzip zugrunde liegt.[88] Weil so gesehen auf jeder Ebene alles eine Reflexion von allem ist, wird es offenbar möglich, auf der Grundlage eines Teils das Ganze zu rekonstruieren. Wenn dem tatsächlich so ist, dann kann das Verständnis der Dynamik in einem Atom dazu führen, dass wir die Dynamik im Universum verstehen. Dieses Verständnis der Dynamik des Universums und des Atoms kann dann auch dazu beitragen, dass wir uns selbst besser verstehen. Nach Auffassung des Zellbiologen Bruce Lipton können wir unseren ganzen physischen Körper als eine einzige große Sammlung von Teilen – nämlich Zellen – betrachten, die jede für sich eine Widerspiegelung des Ganzen ist. In seinem Buch *Intelligente Zellen: Wie Erfahrungen unsere Gene steuern* (2005, dt. 2006) schreibt er, dass es in unserem Körper keine einzige „neue" Funktion gibt, die nicht bereits in der einzelnen Zelle ausgedrückt ist.[89] Deshalb glaubt er, dass die Untersuchung einzelner Zellen für die Untersuchung komplizierter vielzelliger Organismen sehr aufschlussreich sein kann.[90]

Bewusstsein und die unterschiedlichen Realitätsebenen

Die moderne Naturwissenschaft und die Bewusstseinsforschung verbinden sich zu einem Portrait des Universums, das unsere kühnsten Träume übersteigt. Wir sind Bürgerinnen und Bürger eines immensen Universums – komplexer als wir es uns je hätten träumen lassen.

Jean Houston – Philosophin - 1998[91]

In einem holografischen Universum, in dem auch Bewusstsein auf unterschiedlichen Realitätsebenen existiert, können wir die Vorstellungen vom persönlichen (Un-)Bewussten und vom Kollektiven (Un-)Bewussten des Schweizer Psychoanalytikers Carl Gustav Jung (1875-1961) gut einordnen. Bereits vor Längerem unterschied er die verschiedenen Realitätsebenen in Form unterschiedlicher Bewusstseinsfelder. Unser persönliches Bewusstsein beschrieb er als etwas, mit dem wir in unserem normalen Wachbewusstsein teilweise in Kontakt sind. Daneben unterschied Carl Gustav Jung einen weiteren Teil unseres persönlichen Bewusstseins, mit dem wir normalerweise im Wachbewusstsein nicht in Kontakt sind. Dieses bezeichnete er als das persönliche Unbewusste. Außerdem sprach er vom kollektiven Unbewussten, das anscheinend neben dem persönlichen Unbewussten angesiedelt ist. Wie beim persönlichen Unbewussten sind wir uns im normalen Wachbewusstsein zumeist auch dieses kollektiven Bewussten – das als die Welt der Archetypen betrachtet wird – nicht gewahr. Deshalb wird es üblicherweise als das kollektive Unbewusste bezeichnet. Geringfügig verallgemeinernd können wir die Realitätsebenen, die Großvater Stalking Wolf, der Physiker David Bohm und der Psychoanalytiker Carl Gustav Jung unterschieden, folgendermaßen darstellen:

Die Welten innerhalb von Welten von Großvater Stalking Wolf	**Das mehrschichtige Universum des Physikers David Bohm**	**Bewusstseinsebenen des Psychoanalytikers Carl Gustav Jung**
Welt der Materie	Explizite Ordnung (Materie)	persönliches Bewusstsein
Welt des Allesdurchströmenden Geistes	Explizite Ordnung (Energie)	Persönliches (Un-)Bewusstes
Welt des Geistes jenseits von Raum und Zeit	Implizite Ordnung jenseits von Raum und Zeit	Welt der Archetypen: kollektives (Un-)Bewusstes jenseits von Raum und Zeit
Die Leere	Supra-implizite Ordnung	(Universelles Bewusstsein)

Hirnströme und unsere Fähigkeit zur Wahrnehmung der unterschiedlichen Realitätsebenen

Obwohl wir die Realitätsebenen jenseits der materiellen Welt nicht mit unseren fünf Sinnen wahrnehmen können, zeigte sich doch in jüngerer Zeit, dass es außer den bereits erwähnten Nahtod-Erfahrungen viele weitere Möglichkeiten gibt, die anderen Dimensionen der Realität zu erleben. So bestätigen zum Beispiel die Bewusstseinsforschungen des transpersonalen Psychologen Stanislav Grof, dass es während transpersonaler Erfahrungen möglich ist, die üblichen Grenzen von Körper, Ego, Raum und linearer Zeit zu überwinden und mit dem kollektiven Bewusstsein sowie der darin enthaltenen kollektiven Information in Kontakt zu kommen.[92] Außerdem zeigen umfassende Forschungen zur Gehirnaktivität, dass wir jene anderen Realitätsebenen erleben können, zum Beispiel wenn wir in der Meditation andere, erweiterte Bewusstseinszustände erreichen. Diese Forschung zur Gehirnaktivität nutzt die typischen Muster der Hirnströme, die bei einem EEG (Elektroenzephalogramm) aufgezeichnet werden.[93] Anhand dieser EEGs unterscheiden die Wissenschaftler seit den 1960er und 1970er Jahren vier unterschiedliche Arten von Hirnströmen, die als Beta-, Alpha-, Theta- und Delta-Wellen bezeichnet werden. Die Frequenz der Hirnströme wird in Hertz (Hz) gemessen und gibt die Anzahl der Schwingungen pro Sekunde wieder. Beta-Wellen haben die höchste Frequenz, Delta-Wellen die niedrigste.[94] Besonders interessant wird diese Hirnstrom-Forschung deshalb, weil die unterschiedlichen Hirnstrom-Arten anscheinend mit verschiedenen Bewusstseinszuständen korrelieren.

Mit sogenannten Neurofeedback-Geräten lassen sich Informationen über unsere Hirnstrom-Muster genau in dem Augenblick gewinnen, in dem wir uns in einem bestimmten Bewusstseinszustand befinden. Mit anderen Worten, durch die Neurofeedback-Geräte können wir die Beziehung zwischen Hirnstrom-Mustern und unterschiedlichen Bewusstseinszuständen verstehen. Mittels dieser Spezialform des Biofeedbacks wurde zunächst folgendes Muster entdeckt:

Hirnstromtyp	**Hirnstromfrequenz**	**Bewusstseinszustand**
Beta-Wellen	14 bis 60 Hertz (Hz)	normales Wachbewusstsein
Alpha-Wellen	7 oder 8 bis 14 Hz	entspannter Bewusstseinszustand
Theta-Wellen	4 bis 7 oder 8 Hz	Bewusstseinszustand, in dem wir träumen
Delta-Wellen	0 bis 4 Hz	Tiefer, traumloser Schlaf

Die EEG-Forschung hat jedoch inzwischen gezeigt, dass Theta- und Delta-Wellen nicht auf den Schlafzustand begrenzt sind, denn Theta- und Delta-Wellen treten auch bei Menschen auf, die wach sind, sich aber in einem erweiterten Bewusstseinszustand befinden. Dies tritt zum Beispiel in tiefer Meditation ein, wenn jemand mit anderen Bewusstseinsebenen in Kontakt kommt. EEG-Studien haben außerdem gezeigt, dass es eine eindeutige Korrelation gibt zwischen unserer Gehirnaktivität und dem Kontakt mit verschiedenen Bewusstseinsebenen einerseits sowie unserer Fähigkeit, unterschiedliche Realitätsebenen wahrzunehmen, andererseits.[95]

Gemessene EEG-Aktivität im Gehirn	**Bewusstseins-zustand**	**Bewusstseins-ebenen nach Carl Gustav Jung**	**Wahrgenommene Realitäts-ebenen**
Beta-Wellen(14-60 Hz)	normales Wachbewusstsein	persönliches Bewusstsein	Welt der Materie/ explizite Ordnung (Materie)
Alpha-Wellen (7/8-14 Hz)	entspannter Bewusstseins-Zustand/ leichte Meditation	persönliches Unbewusstes	Welt der Kraft/ explizite Ordnung (Energie)

Theta-Wellen (4-7/8 Hz)	Traumzustand oder tiefe Meditation	Welt der Archetypen: zeitloses, kollektives (Un-) Bewusstes	Welt des Geistes/ implizite Ordnung
Delta-Wellen (0-4 Hz)	Tiefer, traumloser Schlaf oder sehr tiefe Meditation	Universelles Bewusstsein	„Land des Schamanen“/ supra-implizite Ordnung

Werfen wir daher einen genaueren Blick auf unsere Wahrnehmung der Realität, unsere Physiologie und unsere Fähigkeit in den jeweiligen Momenten, in denen diese unterschiedlichen Hirnströme gemessen werden:

Beta-Wellen

Die Beta-Wellen sind die schnellsten Gehirnwellen mit einer Frequenz von etwa vierzehn bis vierundsechzig Hertz. Dieses Hirnstrommuster zeigt sich im EEG, wenn wir uns im normalen Wachbewusstseinszustand befinden. Er ist verbunden mit einer nach außen gerichteten Konzentration, ruheloser, hoher Aufmerksamkeit und insbesondere mit rationaler, intellektueller Aktivität. Situationen, in denen die höheren Beta-Frequenzen auftreten, werden mit Angst und wahrgenommener Gefahr assoziiert. Offensichtlich funktionieren wir so, dass unsere Körper-Physiologie in dem Moment, in dem wir eine Gefahr registrieren, auf eine „Kampf- oder Flucht-Reaktion“ umschaltet. Diese Situation hoher Wachsamkeit ist verbunden mit einem Adrenalinschub, das Herz schlägt schneller, der Blutdruck steigt, die Atmung wird schneller und oberflächlicher, die Funktionen des Immunsystems werden heruntergefahren und die Beta-Wellen im Gehirn nehmen zu. Sobald die empfundene Gefahr vorüber ist, schaltet unser System automatisch um in einen entspannteren Zustand, in dem der Körper versucht, wieder ins Gleichgewicht zu kommen.

Verschiedene wissenschaftliche Forschungen zeigen jedoch auch, dass die höheren Beta-Wellen nicht nur dann auftreten, wenn wir uns unmittelbar in Gefahr befinden, sondern auch bei Stress, Anspannung und Überlastung. In Situationen, in denen Beta-Wellen gemessen werden, ist unser Körper zwar optimal auf Kampf oder Flucht eingestellt, doch unsere Lernfähigkeit und andere geistigen Funktionen, wie etwa die Fähigkeiten zur Problemlösung oder zum logischen Denken, sind eingeschränkt. Von einer Krankheit genesen wir langsamer, wenn wir uns in einer Situation befinden, in der Beta-Wellen dominant sind, als wir es zum Beispiel bei vorherrschenden Alpha-Wellen täten. In dieser Situation, in der in erster Linie Beta-Wellen auftreten und die Materie die einzig wahrnehmbare Realität ist, sei der westliche Mensch gefangen, meint Großvater Stalking Wolf.

Alpha-Wellen

Wenn wir entspannen, sinkt der Adrenalinspiegel in unserem Blut, unser Herz schlägt langsamer, unser Blutdruck wird niedriger, unsere Atmung verlangsamt und vertieft sich, unser Immunsystem funktioniert wieder so, wie es soll, die Hirnstrom-Aktivität verlangsamt sich, die Alpha-Wellen in unserem Gehirn nehmen zu und unser Bewusstsein erweitert sich wieder. Einige Quellen besagen, Alpha-Wellen bewegten sich zwischen acht und vierzehn Hertz, laut anderen beginnen sie bereits bei sieben Hertz.

Bei diesem EEG-Muster sind wir zugleich entspannt und hellwach; jetzt können wir unsere Aufmerksamkeit auf einen einzigen Gedanken oder ein einziges Gefühl bzw. eine einzige Handlung konzentrieren. Auf diese Weise müssen wir weniger Außenreize auf einmal verarbeiten, wodurch unser logisches, lineares Denken abnimmt und Raum frei wird für andere Dinge. Wenn wir unsere Aufmerksamkeit in dieser Situation weiterhin nach außen richten, sind unsere Sinneswahrnehmungen deutlich geschärft, weil wir konzentriert und hellwach sind.

In diesem entspannteren, zugleich aber konzentrierten Zustand ist unsere Lernfähigkeit höher als im Beta-Zustand.[96] Im Alpha-Zustand erreichen wir außerdem die höchste körperliche Leistungsfähigkeit. In der Welt des Sports wird dieser Zustand, in dem vorwiegend Alpha-Wellen vorhanden sind, mit dem englischen Begriff *Zone* bezeichnet (man spricht davon, „in *Zone* zu kommen“). Insbesondere Basketball-Spieler setzen dieses Wissen bewusst ein, um ihre Wurfquote zu verbessern. Sie beschreiben diesen Bewusstseinszustand auch als eine Form der Ekstase.

Dasselbe gilt, wenn wir in diesem Zustand mit vielen Alpha-Wellen unsere Aufmerksamkeit nach innen wenden, zum Beispiel wenn wir uns einen Augenblick zum Tagträumen oder Nachsinnen gönnen und so unserer nichtlinearen, kreativeren und intuitiven Seite Raum geben. Viele darstellende Künstler, Maler und sogar manche Wissenschaftler versetzen sich bewusst oder unbewusst in den Alpha-Zustand, um Inspirationen zu erhalten.

Befinden wir uns in einer Situation, die durch Alpha-Wellen im niedrigen Bereich (7-8 Hz) gekennzeichnet ist, so ist unsere Entspannung sogar noch tiefer, und wir geraten in einen leichten Meditations- oder Trance-Zustand. Jetzt können wir unsere innere Stimme besser hören. Im Alpha-Zustand haben wir unsere Aha-Erlebnisse. In diesem Zustand können wir außerdem das Gefühl erleben, dass unser Bewusstsein sich erweitert und wir Auren wahrnehmen oder telepathisch kommunizieren können. Situationen, in denen das EEG hautsächlich Alpha-Wellen anzeigt, sind das Tor zu den anderen Realitätsebenen. Sie sind die Brücke sowohl zu unserem persönlichen als auch zum kollektiven (Un-)Bewussten.

Insbesondere bei niedrigen Alpha-Wellen verläuft die Heilung schneller, und wir empfinden weniger Schmerz. Schon wenn wir bloß die Augen schließen und uns eine friedliche Szenerie ausmalen, setzt nach kaum einer halben Minute eine Zunahme an Alpha-Wellen ein. Dieser Zustand, in dem unser EEG niedrige Alpha-Wellen aufweist – auf der Grenze zwischen der Welt der *Kraft* und der Welt des Geistes – ist nicht nur die ideale Situation für ein bestmögliches Leben, wie Großvater Stalking Wolf sagt, sondern in dieser Situation stimmt die Frequenz unserer Hirnströme exakt mit der natürlichen Frequenz des elektromagnetischen Feldes an der Erdoberfläche überein. Die Frequenz von 7,8 Hz ist die sogenannte Schumann-Frequenz.[97] Wenn wir uns in dem entspannten Zustand befinden, in dem unser Gehirn niedrige Alpha-Wellen aussendet, entspricht die Frequenz unserer Hirnströme der natürlichen Frequenz, die alles und jedes auf unserem Planeten umgibt. Wahrscheinlich aufgrund der Wirkung des Prinzips der Harmonischen Resonanz gelangen auch wir westlichen Menschen, wenn wir uns nur lange genug in unberührter Natur aufhalten, ganz von selbst wieder in diesen natürlichen Bewusstseinszustand.

Theta-Wellen

Noch langsamer als Alpha-Wellen sind die Theta-Wellen mit einer Frequenz von vier bis sieben oder acht Hertz. Diese Hirnströme werden im Schlaf gemessen, wenn wir träumen (in den sogenannten REM-Phasen). Eine Situation, in der Theta-Wellen vorherrschen, erleben wir auch in jener Phase zwischen Schlafen und Wachen, derer wir uns manchmal am Morgen beim Aufwachen bewusst werden.

Neuere EEG-Forschungen haben jedoch gezeigt, dass wir diesen Zustand auch bei voller Wachheit erleben können, zum Beispiel in tiefer Meditation oder Trance, wenn unsere Gedanken schweigen und Körper und Gefühle zur Ruhe kommen. Theta-Wellen werden in einem Bewusstseinszustand gemessen, der uns Zugang zu tiefem inneren Frieden und zu Informationen ermöglicht, die mit dem kollektiven Bewusstsein verbunden sind. In diesem Zustand können wir auch mit dem tieferen Sinn unseres Lebens in Kontakt kommen.

Erfahrungen in diesem Bewusstseinszustand, in dem hauptsächlich Theta-Wellen erzeugt werden, werden als „paranormal" eingestuft und gelten als eine Form des Wissens, die keine Bestätigung durch rationale, logische Überlegungen erfordert. In diesem Zustand können wir tiefste Kreativität erfahren, und zwar sowohl im Schlaf als auch im Wachzustand, wenn unsere Aufmerksamkeit sehr stark nach innen gerichtet ist. Außerdem ist dies der Zustand des Superlearning, in dem wir unsere Erfahrungen integrieren und in dem unsere Gedächtnisleistung steigt.

Wenn unsere Gehirnaktivität abnimmt und die Frequenz der Hirnströme sinkt, weisen die EEG-Muster auch eine größere Kohärenz und Harmonisierung zwischen den Strömen beider Gehirnhälften auf. Zeigen in Beta und Alpha beide Hemisphären noch ein asymmetrisches Wellenmuster, wobei stets eine Hemisphäre die andere dominiert, so erwies sich, dass im Zustand tiefer Meditation eine ausgewogene Integration beider Gehirnhälften stattfindet, was sich in der messbaren Synchronisation der Hirnströme im Bereich der Theta-Wellen zeigt.

Delta-Wellen

Die langsamsten Gehirnwellen sind die Delta-Wellen mit einer Frequenz von null bis vier Hertz; sie werden im traumlosen Schlaf gemessen. Lange Zeit maßen Wissenschaftler diese Delta-Wellen nur, wenn die Probanden schliefen. Inzwischen werden sie jedoch auch bei manchen Heilern und Schamanen gemessen, während diese im Wachzustand ihrer Arbeit nachgehen. Ervin Laszlo schildert in seinem Buch *Zu Hause im Universum. Eine neue Vision der Wirklichkeit* ein Beispiel für eine solche Messung von Delta-Wellen bei der erfahrenen Psychologin und begabten Heilerin Dr. Maria Sági während einer ihrer Heilsitzungen. Im Jahr 2001 maß Günther Haffelder, der Direktor des Instituts für Kommunikation und Gehirnforschung in Stuttgart, vor einem etwa hundertköpfigen Publikum das EEG-Muster von Maria Sági. In der Zeit, in der die Heilerin sich auf ihre Aufgabe konzentrierte, so schreibt Ervin Laszlo, der sich unter den Zuschauern befand, verlangsamte sich ihr EEG-Muster bis in die tiefsten Regionen der Delta-Wellen.[98]

Allem Anschein nach ist dies tatsächlich ein Bewusstseinszustand, in dem unser Gehirn sozusagen „offline“ geht, denn das EEG zeigt kaum noch Hirnströme an, und das Muster ähnelt zusehends einer flachen Linie. In Situationen, in denen Delta-Wellen gemessen werden, nimmt die Synchronisation zwischen den Gehirnhälften weiter zu. Man nimmt an, dass dies der Zustand ist, in dem Mystiker das Einssein mit allem erleben und die Universelle Wahrheit erkennen.

Darüber hinaus ist die Situation, in der unser Gehirn scheinbar „offline“ geht vermutlich dieselbe wie der erweiterte Bewusstseinszustand von Menschen mit einer Nahtod-Erfahrung. Der Kardiologe Pim van Lommel stellte fest, dass die elektrische Aktivität des Gehirns während einer Nahtod-Erfahrung vollständig zum Erliegen kommt und das EEG eine flache, gerade Linie anzeigt. Nach seiner Formulierung ist eine Nahtod-Erfahrung ein Erkenntniserlebnis. „In jenem Augenblick sind diese Menschen nicht nur bewusst, ihr Bewusstsein ist sogar umfassender als je zuvor. Sie können extrem klar denken, haben Erinnerungen, die in ihre früheste Kindheit zurückreichen, und erfahren eine starke Verbundenheit mit allem und jedem um sie herum. Und dennoch zeigt das Gehirn keinerlei Aktivität!“[99] Außerdem stellte er fest, dass die Betroffenen nach ihrer Rückkehr aus dieser Erfahrung oft das Gefühl hatten, sie kehrten in ein Gefängnis zurück.

Zusammenfassung

Die neuesten wissenschaftlichen Erkenntnisse zeigen, dass unser Bewusstseinszustand und die damit verbundene Wahrnehmungsfähigkeit eindeutig mit dem EEG, das im entsprechenden Moment gemessen wird, übereinstimmen, und zwar sowohl im Schlaf als auch im Wachzustand. Die Verbindung zwischen unseren verschiedenen Bewusstseinszuständen, unseren Hirnströmen und der Wahrnehmung der verschiedenen Realitätsebenen stellt sich folgendermaßen dar:

Gemessene EEG-Aktivität unseres Gehirns	Bewusstsein	Wahrgenommene Realitätsebenen
Höhere Beta-Wellen 16-60 Hz	Stress, Angst, Gefühl des Getrenntseins, Flucht- oder Kampf-Impuls, begrenzte Wahrnehmung der →	Welt der Materie/ Explizite Ordnung (Materie)
Niedrigere Beta-Wellen 14-16 Hz	Bei uns westlichen Menschen das normale Wachbewusstsein, Wahrnehmung der →	Welt der Materie/ Explizite Ordnung (Materie)
Alpha-Wellen 7/8-14 Hz	Entspannter Bewusstseinszustand und leichte Meditation oder leichte Trance, die Zone, Kontakt zu Intuition, Kreativität und persönlichem Unbewusstem, deutlich verstärkte Sinneswahrnehmung (fünf Sinne) plus Wahrnehmung von Energie →	Welt der Kraft/ Explizite Ordnung (Materie und Energie)
Schumann-Frequenz 7,8 Hz	Nach Großvater Stalking Wolf unser natürlicher Daseinszustand	
Theta-Wellen 4-7/8 Hz	Bewusstseinszustand in Traum, tiefer Meditation oder Trance, Kontakt zum inneren Wissen, zeitloses kollektives (Un)Bewusstes, plus Wahrnehmung der nicht-physischen Realität →	Welt des Geistes/ implizite Ordnung

Delta-Wellen 0-4 Hz	Tiefer, traumloser Schlaf, Bewusstseinszustand mancher Heiler bei ihrer Tätigkeit, Bewusstsein bei Nahtod-Erfahrungen sowie höchstwahrscheinlich von Mystikern während ihrer Erfahrungen des Einseins mit allem, Kontakt zum Universellen Bewusstsein sowie Wahrnehmung/ Erleben des Einsseins →	Die Leere/ Land des Schamanen/ supra-implizite Ordnung

Hieraus wird ersichtlich, dass wir – wenn bestimmte Hirnströme vorherrschen – unser Bewusstsein so erweitern können, dass wir bewusst zu den verschiedenen Ebenen des umfassenderen Bewusstseins, von dem Carl Gustav Jung spricht, Kontakt aufnehmen können. Außerdem ist es uns – bei Vorherrschen bestimmter Hirnströme – in diesem anderen Bewusstseinszustand anscheinend möglich, die feinstofflicheren Realitätsebenen wahrzunehmen. Die Messung von Delta-Wellen bei wachen Menschen bestätigt schließlich offenbar, dass bewusste Wahrnehmung auch dann möglich ist, wenn kaum Gehirnaktivität gemessen wird. Dies deutet in Richtung der Vorstellung, dass unser Bewusstsein tatsächlich ein holografischer Teil eines viel größeren Bewusstseins sein könnte.

Unser Einfluss und unsere Verantwortung

Wenn unser Bewusstsein in einem holografischen Universum ein Teil – ein Fraktal – des Bewusstseins des Universums ist, dann bedeutet dies, dass auch wir (bewusst oder unbewusst) ständig jenes Bewusstseinsfeld beeinflussen, das jenseits von Raum und Zeit existiert – und damit auch unsere Umwelt. 1987 gelang es Jacobo Grinberg-Zylberbaum von der Universität von Mexiko diese Art der nichtlokalen Beeinflussung über die Realitätsebene jenseits von Raum und Zeit zwischen zwei Menschen experimentell nachzuweisen.[100]

Auch der nordamerikanische Psychologe Roger Nelson untersucht das Phänomen unserer unbewussten Beeinflussung des kollektiven Bewusstseinsfelds, allerdings im Rahmen des Global Consciousness Project (GCP) auf weltweiter Ebene. Sein Team und er nutzen ein weltumspannendes Netzwerk elektronischer Instrumente, sogenannte Zufalls-Ereignis-Generatoren (engl. Random Event Generators oder kurz REGs), die alle mit dem Internet verbunden sind. Normalerweise sind die Daten, die mit diesen Instrumenten erzeugt werden, rein zufällig. Die Hypothese des Global Consciousness Project lautet nun, dass diese REGs in Augenblicken, in denen die Menschen weltweit als Reaktion auf Großereignisse in hohem Maße „mentale Kohärenz" zeigen, Daten hervorbringen, die erkennbar von der Zufallserwartung abweichen – und diese messbare Abweichung von der Zufallserwartung könnte mit einer Beeinflussung durch das kollektive Bewusstsein im weltweiten Maßstab zu erklären sein. Tatsächlich hat Roger Nelson bisher über hundert Ereignisse auf der ganzen Welt gemessen – zum Beispiel den Tod von Prinzessin Diana oder die Katastrophe vom 11. September 2001, aber auch Meditationen mit sehr vielen Teilnehmenden – bei denen, die Ergebnisse eindeutig von der Zufallserwartung abweichen.

Roger Nelsons Ergebnisse lassen darauf schließen, schreibt die Anthropologin und Bewusstseinsforscherin Marilyn Schlitz in ihrem Artikel „New Development in IONS Study of Contemplative Mind" (2002/2003), „dass es eine Einheit oder tiefe Verbindung zwischen Geist und Materie gibt, die in gewisser Weise fundamental ist für das Leben und die Realität als ganze. Unsere Bemühungen um ein Verständnis dieser komplexen und interessanten Daten könnten Erkenntnisse zur Rolle des Geistes als schöpferischer Kraft in der physischen Welt erbringen."[101]

Eine ungeteilte Ganzheit

Immer mehr wissenschaftliche Erkenntnisse und Entdeckungen stützen David Bohms Ansicht von einer Welt ungeteilter Ganzheit. Ein holografisches Weltbild verändert unsere Vorstellung von der Realität in vielerlei Hinsicht. Deshalb verstehen wir allmählich immer besser, dass wir uns nicht mehr als isolierte, separate Wesenheiten betrachten können. Vielmehr verändert sich unser Weltbild, und wir erkennen, dass wir Teil eines perfekt abgestimmten Ganzen sind, in dem jeder Teil mit allen anderen Teilen verbunden ist und diese beeinflusst. Das gilt auch für die Entscheidungen, die wir treffen, sowie ihre Auswirkung auf andere Menschen und andere Welten. In einem holografischen Universum tragen die Erfolge jedes Einzelnen zu Fortschritt und Wohlergehen des Ganzen bei. Die Auffassung von einem holografischen Universum zeigt uns, in welchem Ausmaß wir unsere Realität selbst mitgestalten. Wenn wir diese Wahrheit erkennen, dann erkennen wir auch, dass wir die Welt bewusst verändern können.

Kapitel Fünf

Das dritte Gesetz – Das Gesetz der Schwingung

Nichts ruht, alles bewegt sich; alles schwingt.

Das Kybalion[102]

Alles ist Energie

Das dritte Universelle Gesetz ist das Gesetz der Schwingung. Das Gesetz der Einheit besagt, dass alles im Universum aus derselben Quelle hervorgeht, dass alles miteinander verbunden ist und schließlich alles zu dieser Einheit zurückkehren wird. Das Gesetz der Entsprechung besagt, dass aus dieser Einheit ein Universum hervorgegangen ist, das aus verschiedenen Realitätsebenen besteht. Nun verrät uns das Gesetz der Schwingung, dass alles, was es in diesem mehrschichtigen Universum gibt, Bewegung ist.

▶ Alles, was existiert, ist Bewegung, denn alles ist Energie, und Energie ruht nie

Alles bewegt sich und schwingt, denn alles, was es gibt, ist Energie. Energie ist Bewegung und Schwingung und deshalb niemals in Ruhe. Diese Schwingungen manifestieren sich in vielerlei Formen, und diese Formen existieren aufgrund der Schwingungsmuster. Wenn diese Schwingungen aufhören, kehren die Manifestationen zur Einheit, in den ursprünglichen Ruhezustand, zurück.

▶ Energie wählt den Weg des geringsten Widerstandes

Die Bewegung dieser Energie verläuft geordnet, und zwar gemäß dem dynamischen Wirken der Universellen Prinzipien. Nach dem Gesetz der Schwingung bedeutet dies, dass Energie sich gemäß dem Effizienzprinzip bewegt und mithin den Weg wählt, der den geringsten Aufwand erfordert.

Der Weg des geringsten Widerstandes ist daher das Grundprinzip für die Bewegung von Energie.

▶ **Alles, was existiert, hat sein eigenes, einzigartiges Schwingungsmuster**

Das Gesetz der Schwingung besagt ferner, dass alles, was existiert, ein oft komplexes Eigenschwingungsmuster hat. Ein solches einzigartiges Schwingungsmuster kommt durch viele verschiedene Faktoren zustande. Einer davon ist die Schwingungsrate, die auch oft als Schwingungsfrequenz bezeichnet wird. Die natürliche Eigenschwingungsfrequenz einer Struktur oder eines Gegenstandes ist der Komplex an Schwingungsfrequenzen, der gemäß dem Prinzip des geringsten Widerstandes von eben diesem Gebilde oder Gegenstand am leichtesten aufrechterhalten werden kann.

▶ **Die verschiedenen Realitätsebenen unterscheiden sich voneinander durch ihre Schwingungsfrequenz**

Das Gesetz der Schwingung besagt, dass alles entlang einem Kontinuum von Schwingungsfrequenzen schwingt. Das bedeutet, dass das Universum faktisch als ein einziges, immens ausgedehntes, ja unendliches Frequenzspektrum existiert. Die verschiedenen Realitätsebenen darin unterscheiden sich durch ihre unterschiedlichen Schwingungsfrequenzen (Energiedichte) voneinander, wobei die Übergänge allmählich verlaufen. Die Ebene der Einheit oder die Leere hat die höchste Schwingungsfrequenz mit einer unendlichen Intensität und Schnelligkeit der Bewegung; daher ist sie eine sehr zarte, feinstoffliche Energie. Materie hat die niedrigste Schwingungsfrequenz und ist daher die dichteste Energieform. Dazwischen gibt es ein breites Spektrum an Schwingungen mit unzähligen Frequenzmustern – vom Nichtmanifesten bis zum Manifesten.

▶ **Alles besteht aus vielen verschiedenen Schwingungsfrequenzen**

Alles, was innerhalb dieses unendlichen Frequenzspektrums existiert, besteht aus vielen unterschiedlichen Schwingungsfrequenzen, denn nach dem Gesetz der Entsprechung existiert das, was wir als Materie kennen, auch auf den anderen nicht-physischen Realitätsebenen. Im Zusammenhang mit dem Gesetz der Schwingung bedeutet dies, dass jeder physische Gegenstand oder Organismus ein Konglomerat aus vielen verschiedenen Schwingungsfrequenzen ist, die harmonisch aufeinander abgestimmt sind. Von diesen unterschiedlichen Schwingungsfrequenzen nehmen wir normalerweise nur den Teil wahr, der die niedrigste Schwingungsfrequenz und daher die höchste Energiedichte hat.

▶ Das Prinzip der Harmonischen Resonanz

Das Gesetz der Schwingung besagt, dass die ständige Beeinflussung, die sowohl auf als auch zwischen den einzelnen Realitätsebenen stattfindet, dem Prinzip der Harmonischen Resonanz folgt. Gemäß diesem Prinzip entsteht Resonanz am ehesten zwischen ähnlichen oder annähernd ähnlichen Mustern oder Strukturen.

▶ Das Prinzip der ständigen Umwandlung von Energie

Daneben findet im Universum ein Prozess ständiger Energie-Umwandlung statt. Das Gesetz der Schwingung besagt, dass höhere Schwingungen die Kraft haben, niedrigere Schwingungen umzuwandeln; niedrigere Schwingungen jedoch niemals höhere umwandeln können. Infolge dieser Einbahnstraßenregelung existiert im Universum eine natürliche Tendenz zu höheren Schwingungen. Deshalb verläuft der Evolutionsprozess stets in Richtung der höheren Schwingung. Dieser Teil des Gesetzes der Schwingung wird auch als das Gesetz der Liebe bezeichnet, weil Universelle Liebe und Universelles Licht die höchste Frequenz haben. Einige alte Weisheitstraditionen bezeichnen diesen Aspekt des Gesetzes der Schwingung auch als das Gesetz der Macht, und zwar dann, wenn von der bewussten Anwendung dieses Prinzips die Rede ist.

▶ Alles durchströmt ein steter Fluss feinstofflicher Energie

Schließlich besagt das Gesetz der Schwingung nicht nur, dass alles Energie ist, sondern auch, dass ein steter Energiestrom aus den feinstofflichsten Realitätsebenen durch alles hindurch bis in die physische Realitätsebene fließt. Weil alles im Universum harmonisch aus vielen verschiedenen Schwingungsebenen, die harmonisch aufeinander abgestimmt sind, zusammengesetzt ist, kann dieser stete Fluss feinstofflicher Energie durch alles hindurchströmen. Durch diesen steten Zustrom feinstofflicher Lebensenergie wird alles erhalten und miteinander verbunden.

Schöpfungsmythen

Aus der geheimnisvollen Leere ging ein Klang hervor, und der Klang ward Licht, und das Licht ward Wille, Absicht zum Sein, geboren aus der Leere: „Schöpferwesen", Grundton des Weltenliedes, der aller Manifestation zugrunde liegt.

Dhyani Ywahoo – Cherokee, Weisheitshüterin – 1987[103]

Weil wir unsere alltägliche Umwelt meist als eher festgefügt empfinden, können wir uns durchaus fragen, wie wir diese Beschreibung eines Universums verstehen sollen, in dem alles, was es gibt, Energie ist, die sich ständig bewegt und schwingt und alles andere durch Resonanz beeinflusst. Genau diese Frage wollen die zahlreichen Schöpfungsmythen vieler verschiedener Kulturen und Weisheitstraditionen aus der ganzen Welt beantworten. Die Fülle der Symbolik, die die Weisheitstraditionen aus vielen Zeiten und Kulturen in ihren Geschichten verwenden, erklärt, dass die Schöpfung auf diese oder jene Weise eine Form von Bewegung ist, dass sie schwingt. In allen Schöpfungsmythen heißt es, dass „im Anfang" nur Leere war und das Universum infolge einer Bewegung in Gestalt eines heiligen Klangs oder einer Schwingung, die von dieser Leere empfangen wurde, entstand. Diese Schwingung, dieser Klang, dieser Grundton des Weltenliedes, der aus dem reinen Bewusstsein hervorging, erzeugt in der Leere eine schöpferische Energie, das „Ur-Meer" reiner Potenzialität.

In der Bibel zum Beispiel wird diese erste reine Schwingung, mit der das Universum erschaffen wurde, so beschrieben: „Im Anfang war das Wort." Die vedische Literatur sagt, dass das Universum aus reinem Bewusstsein hervorging, und zwar durch den heiligen Ton des multidimensionalen Klanges *OM*, und in manchen Schöpfungsgeschichten wird der Anfang als Musik oder als ein Lied geschildert, das jemand singt.

Dieselbe Geschichte – wonach das Universum durch einen heiligen Klang oder eine bestimmte Schwingung entstanden ist – finden wir in den Kulturen des alten Chinas, Japans und Ägyptens sowie bei den indigenen Völkern Nord- und Südamerikas. So erzählt zum Beispiel der ägyptische Mythos, dass der männliche Schöpfungsaspekt Atum ganz in der Schöpfungsmutter Nun versunken war. Weil Atum in absolutem Gleichgewicht mit der Schöpfungsmutter lebt, muss er sich zuerst von Nun unterscheiden, damit die Schöpfung beginnen kann. Mit anderen Worten, es muss die erste Polarität erschaffen werden; denn wenn etwas sein soll, muss auch sein Gegenteil sein. Deshalb presst Atum seine Männlichkeit auf einen winzigen Punkt, der die gezielte Absicht symbolisiert, zusammen – den Schöpfungswillen des Göttlichen Bewusstseins. Jetzt, da Atum sich von Nun unterschieden hat, bringt er sich selbst als Göttliche Absicht hervor, als „die erste Bewegung", also als sehr starke Schwingung. Dieser Klang, *OM* oder *Amen* oder „der Klang vieler Wasser", diese kosmische Schwingung, drückt sich aus als das „Wort". Es zieht „über die Wasser" und wird aufgenommen vom Nichts, der Leere, „der Dunkelheit", dem „Ur-Meer" reiner Potenzialität, der „Ur-Substanz" oder einfach „dem Mutterleib", der alle Dinge erschafft und nährt und daher auch als Schöpfungsmutter bezeichnet wird.[104]

Die Erschaffung von Licht und Leben

Der weibliche Schöpfungsaspekt empfängt diese Schwingung und gebiert das „Licht" – womit das Wort „offenbart" wird. Sobald dies geschieht, sobald also der männliche Schöpfungsaspekt, die Göttliche Absicht, vom weiblichen Schöpfungsaspekt, der Leere oder „Dunkelheit", empfangen wird, so erklären die Schöpfungsmythen mithilfe vieler verschiedener Symbole, entsteht Licht und damit zugleich Leben. Zusammenfassend besagen die Schöpfungsmythen also: Das Wort ist Klang als Licht, das Licht ist der Sinn des Wortes, und Licht ist Leben.[105]

Sobald das Licht und der Strom vitaler Lebensenergie entstanden sind, bewegen sie sich gemäß einer strukturierenden Dynamik, die sich selbst in-formiert (Laszlo). Diesen Vorgang bezeichnen die Schöpfungsmythen unter vielen verschiedenen Namen als das Zusammenwirken der beiden komplementären Größen kohärente Energie (Universelle Liebe) und Information (Sophia, Weisheit), die beide als höchste Schwingung gelten und in harmonischem Einklang mit der Quelle stehen. So heißt es zum Beispiel in den Upanischaden, die zu den vedischen Schriften gehören, dass Brahma (der Unermessliche) die dem Bewusstsein innewohnende Schöpferkraft verkörpert und seine Gefährtin Saraswati (die reine Fließende) das reine Wissen, das dieser Schöpferkraft Gestalt und Richtung gibt.

Aus dem fortwährenden Zusammenwirken dieser beiden Aspekte geht das ganze Universum als unendliches Muster aus Licht- und Klangfrequenzen hervor. Aus dem formlosen Zustand der undifferenzierten Leere und des unendlichen Potenzials entwickeln sich dabei Formen; von den feinstofflichen hohen Frequenzen bis hin zu den dichtesten Mustern. Seinen Höhepunkt findet dies in der Erschaffung der physischen Welt – der Sterne, Planeten und aller Lebensformen, die im Grunde immer noch aus Schwingungen bestehen. Alles, was existiert, ging und geht immer noch in jedem Augenblick aus dieser Schöpfungsenergie hervor. Das schöpferische, erzeugende und ordnende Bewusstsein ist im Grunde Schwingung, die einzige Manifestation ist Schwingung, und die gesamte Schöpfung ist Ausdruck dieser ersten Schwingungen von *Licht* und *Leben*. Die Essenz all dessen, was existiert, ist Licht.

Die Universellen Gesetze beschreiben nun die strukturierende Dynamik, gemäß welcher diese Schwingungen sich fortbewegen, wobei die Energie den Weg des geringsten Widerstandes nimmt. Beispielhaft erkennen wir die Bewegung der Energie, die den Weg des geringsten Widerstandes einschlägt, im natürlichen Fließverhalten des Wassers. Genau so folgt auch alles andere Geschehen und jeder Prozess in der Natur, seien sie nun schlicht oder komplex, diesem Weg des geringsten Widerstandes. Auf diese Weise wird mit geringstmöglichem Aufwand die größtmögliche Wirkung erzielt.

Das Prinzip der harmonischen Resonanz

> Atum ist seinem Wesen nach ein Musiker; er komponiert die Harmonie des Kosmos und übermittelt jedem Einzelnen den Rhythmus seiner persönlichen Musik. Wenn die Musik misstönend wird, dann liegt das nicht am Musiker, sondern an der Saite der Lyra, die er spielt, die sich gelockert und ihren Klang eingebüßt hat und so die vollkommene Schönheit der Melodie zunichtemacht.
>
> Hermes Trismegistos[106]

Weil harmonische Bewegungen die einzigen sind, die sich „am Leben halten“ können, besagt das Gesetz der Schwingung, dass alle Dinge im Universum nicht aus beliebigen Schwingungen zusammengesetzt sind, sondern dass die Schwingungen, aus denen das Universum besteht, *harmonisch* sind. Diese harmonischen Schwingungen sind Töne. Zwar sind im Prinzip Millionen unterschiedlicher Schwingungen möglich, doch nur bestimmte Schwingungsfrequenzen bringen einen Ton hervor. Deshalb ist Klang, im Sinne eines Tones, jede Schwingungsfrequenz, die überdauert, die „am Leben bleibt". Und jede Schwingungsfrequenz, die „am Leben bleibt", ist eben eine harmonische Schwingung. Deshalb heißt das Gesetz der Schwingung auf Sanskrit „Nada Brahma" – die Welt ist Klang. Von allen harmonischen Schwingungen, allen Tönen, ist nur ein kleiner Teil für das menschliche Ohr hörbar. Deshalb nehmen wir viele dieser Schwingungen nicht als Klang wahr.

Zum Beispiel sagte der Grieche Pythagoras (ca. 570-500 v. Chr.), das Universum bestehe nicht aus beliebigen Schwingungen, sondern der Aufbau des Universums beruhe vielmehr darauf, dass die Schwingungsfrequenzen harmonische Schwingungen, also Töne, sind. Er war überzeugt, wenn wir diese Schwingungen hören könnten, würden sie wie vollkommene kosmische Harmonie klingen. Diese vollkommene Harmonie bezeichnete er als „Sphärenmusik". Weil Harmonie in der Musik durch bestimmte Verhältnismäßigkeiten gekennzeichnet ist, erschien es ihm logisch, dass es eine Verbindung gibt zwischen den harmonischen Verhältnismäßigkeiten in der Musik und den Proportionen der anderen Aspekte im Universum, wie zum Beispiel dem Verhältnis der Schwingungsfrequenzen der verschiedenen Planeten.

Dem Prinzip der Harmonischen Resonanz liegen eben diese harmonischen Verhältnismäßigkeiten zugrunde. Dieses Prinzip drückt aus, wie zwei oder mehr scheinbar unterschiedliche Dinge oder Phänomene selektiv als integrale Bestandteile des größeren Ganzen miteinander kommunizieren. Gemäß dem Prinzip der Harmonischen Resonanz stehen gleiche oder ähnliche Muster oder Strukturen tendenziell miteinander im Einklang. Wenn ein Objekt mit einer Frequenz schwingt, die der Eigenfrequenz eines anderem gleich oder ähnlich ist, dann wird das zweite Objekt nach und nach mit der Frequenz des ersten mitschwingen. Wenn zum Beispiel zwei Geigen identisch gestimmt werden und ihre Saiten exakt die gleiche Länge haben, dann sind auch die Eigenfrequenzen dieser beiden Saiten gleich. Wird nun eine Geige abgelegt und auf der anderen ein Ton gespielt, dann erklingt auch genau die Saite der ersten Geige, die diesen Ton als ihre Eigenfrequenz erkennt. Weil die Frequenz dieser Saite in Wirklichkeit eine Mischung vieler verschiedener Schwingungsfrequenzen ist, wie übrigens bei jedem physischen Gegenstand oder Organismus, erklingen zugleich auch viele mit ihr verbundene höhere Frequenzen, die sogenannten Obertöne.

Die Verbindungen, die alles im Universum miteinander verknüpfen – physische Gegenstände, Gedanken, übersinnliche Phänomene, nicht-physische Realitätsebenen – fußen sämtlich auf diesem Prinzip der Harmonischen Resonanz. Es ist ein schöner Korrektur-Mechanismus, der dazu beiträgt, ein harmonisches, aber dynamisches Gleichgewicht aufrechtzuerhalten. Wenn das einzigartige Schwingungsmuster eines Objekts gestört wird und dadurch vom ursprünglichen Schwingungsmuster abweicht, dann kommt es – durch die Wirkung des Prinzips der Harmonischen Resonanz – ganz von selbst wieder in Einklang mit einer anderen Struktur, das auf oder nahe an seiner Eigenfrequenz schwingt. Mit anderen Worten: Sie schwingen wieder phasengleich. Diesen Mechanismus können wir verstehen, wenn wir erkennen, dass das Prinzip der Harmonischen Resonanz ein Ausdruck des Weges des geringsten Widerstandes ist, denn koordinierte oder phasengleiche Schwingungsmuster verstärken sich gegenseitig. Durch diese Tendenz gleicher oder ähnlicher Muster oder Strukturen, miteinander in Einklang zu kommen, wird also, dem Prinzip der Harmonischen Resonanz entsprechend, mit minimalem Aufwand maximale Wirkung erzielt.

Auch jeder Mensch hat ein einzigartiges Schwingungsmuster

Zugleich hat nach dem Gesetz der Schwingung alles ein einzigartiges Schwingungsmuster. Das bedeutet, dass die Unterschiede zwischen den einzelnen Manifestationen der Materie – Mineralien, Pflanzen, Tiere und Menschen – großenteils auf Unterschiede in diesen komplexen Schwingungsmustern zurückgehen. Weil alles ein einzigartiges Schwingungsmuster besitzt, sind keine zwei Dinge im Universum wirklich gleich. Daher ist alles an seinem eigenen, einzigartigen Schwingungsmuster zu erkennen. Auch jeder Gedanke, jedes Gefühl und jeder Bewusstseinszustand hat dementsprechend sein eigenes Schwingungsmuster. Weil gemäß dem Gesetz der Entsprechung unsere verschiedenen Körper auf unterschiedlichen Realitätsebenen existieren, ist dieses persönliche, einzigartige Schwingungsmuster jedes Menschen ein komplexes Ganzes aus vielen verschiedenen Schwingungsfrequenzen.

Das Kontinuum des Universums in Gestalt verschiedener Realitätsebenen, die Teil eines großen Frequenzspektrums sind, können wir in etwa folgendermaßen beschreiben:

Von den niedrigsten Frequenzen	Welt der Materie
↓	Welt des Allesdurchströmenden Geistes, der Kraft
	Welt des Geistes
Zu den höchsten Frequenzen	Die Leere/ „Land des Schamanen“

Diesen Realitätsebenen entsprechend, haben auch unsere verschiedenen „Körper“ unterschiedliche Schwingungsfrequenzen. Unser physischer Körper weist die niedrigsten Schwingungsfrequenzen auf; unser *Kraft*-Körper und Geist-Körper, die zusammen unsere Aura bilden, bestehen aus Energie mit höheren Schwingungsfrequenzen. Das Kontinuum unserer verschiedenen „Körper“ können wir zum Beispiel wie folgt darstellen:

Von den niedrigsten Frequenzen	des physischen Körpers
über den Kraft-Körper, bestehend aus	Ätherkörper Emotionalkörper Mentalkörper Astralkörper,
↓	
zu den höchsten Frequenzen des	Geist-Körpers (der selbst wiederum verschiedene Schichten enthält, darunter den Kausalkörper).

Genau wie jede nachfolgende Realitätsebene die Ebenen mit niedrigerer Schwingungsfrequenz vollständig durchdringt, durchdringen auch die nicht-physischen Körper mit ihren höheren Schwingungsfrequenzen vollständig alle Körper mit jeweils niedrigerer Schwingungsfrequenz, einschließlich des physischen Körpers. Das bedeutet, dass zum Beispiel auch unsere Gedanken und Gefühle – in Form der Aura-Schichten, die als Emotional- und Mentalkörper bezeichnet werden – völlig mit unserem physischen Körper verflochten sind. Mehr noch, durch alle diese Energieebenen strömt Lebensenergie aus der Quelle durch unsere feinstofflichen Körper hindurch in unseren physischen Körper. Dieser beständige Strom feinstofflicher Lebensenergie wird auch als *Prana* (Indien), *Chi* (China), *Ankh* (Altägypten), *Wakan* (Lakota) und *Heiliger Geist* (Christentum) bezeichnet. Er gilt als die von Natur aus intelligente Schöpferkraft.[107] Je besser unsere verschiedenen Körper im Gleichgewicht miteinander sind, desto leichter und reichhaltiger kann diese Lebensenergie durch uns hindurchfließen. Das bedeutet: Je besser unsere verschiedenen Körper miteinander in Harmonie sind, desto leichter können wir uns gesund und am Leben erhalten sowie uns mit allen Teilen unserer selbst und allem anderen verbunden fühlen. Mit anderen Worten, je besser wir in Harmonie schwingen, desto gesünder sind wir und desto umfassender ist unser Bewusstsein.

Das Gesetz der Macht und/oder das Gesetz der Liebe

Je weiter ein Mensch auf dem Weg der Selbst-Verwirklichung fortgeschritten ist, desto mehr beeinflusst er das ganze Universum mit seinen feinstofflichen geistigen Schwingungen und desto weniger wird er selbst vom Fluss der Ereignisse berührt.

Sri Yukteswar – Yoga-Meister – (1855-1936)[108]

Aus dem Teil des Gesetzes der Schwingung, der auch unter der Bezeichnung Gesetz der Liebe und Gesetz der Macht bekannt ist – wonach höhere Schwingungen niedrigere umwandeln, nicht aber umgekehrt – geht hervor, dass es keine Angst mehr geben kann, wenn wir uns für die reine Liebe entscheiden; denn die höhere Frequenz der Liebe transformiert die niedrigere Frequenz der Angst. Deshalb heißt es in vielen Weisheitstraditionen, dass man die Dunkelheit annehmen und ans Licht bringen kann, und deshalb offenbart die Redewendung „die Liebe überwindet alles“ eines der größten Schöpfungsgeheimnisse. In unserem Alltag sieht das allerdings meist ein wenig anders aus.

Zwar bestehen wir tatsächlich aus einem Kontinuum harmonischer Frequenzen, doch meist haben wir zu den höheren Schwingungsfrequenzen keinen bewussten Kontakt. Unsere Existenz als Menschen in einem physischen Körper mit einem freien Willen und damit mit der Möglichkeit, Erfahrungen zu machen und daraus zu lernen, hat dazu geführt, dass in unserer westlichen Kultur fast jedermann dadurch lernt, dass er zunächst einmal erfährt, wie das Leben sich anfühlt, wenn man nicht in optimaler Harmonie ist. Barbara Brennan erklärt in ihrem Buch *Licht-Arbeit. Heilen mit Energiefeldern* (1987, dt. 1989), dass unser Wahrnehmungsvermögen im Laufe unseres Lernprozesses dennoch langsam aber sicher wächst. Sie schreibt, mit fortschreitender Entwicklung werden wir als Einzelne und als Menschheit fähig, „immer höhere Schwingungen und höhere Energie durch [unseren] Aura-Körper und die Chakras hindurchzulassen und sie dafür offenzuhalten. Mit dem Fortschreiten auf dem Lebensweg weitet sich so der Bereich der Wirklichkeit immer mehr aus.“[109]

Während also die nicht-physischen Körper mit höheren Frequenzen die anderen Energiekörper vollständig durchdringen, ist unsere Seele – so sagen manche Weisheitstraditionen – jener Teil, der mit der höchsten Frequenz schwingt und daher alle anderen Körper völlig durchdringt. Damit ist unsere Seele zugleich unsere Verbindung zur Universellen Liebe und zur Universellen Weisheit. Deshalb sprechen viele Mystiker von der wichtigen Funktion der Seele als Schlüssel zur Wahrheit. In anderen Traditionen wird dieser verbindende Aspekt in uns, der in den höchsten Frequenzen schwingt, als unser Selbst oder unser Höheres Selbst bezeichnet. Auf unserem Lebensweg lernen wir, mit dieser Essenz unserer selbst immer mehr eins zu werden. Je stärker wir uns mit unserer Essenz identifizieren, desto mehr erweitert sich unser Bewusstsein; und je mehr wir uns mit den höheren Schwingungsfrequenzen in unseren verschiedenen Körpern identifizieren, desto bewusster können wir das Gesetz der Macht – das auch das Gesetz der Liebe genannt wird – anwenden.

Alle Weisheitstraditionen besagen außerdem, dass Meditation bei diesem Prozess helfen kann. In der Meditation lenken wir unsere Aufmerksamkeit, die wir normalerweise nach außen, auf die physische Realitätsebene richten, nach innen. Der Körper wird ruhig, die Atmung verlangsamt sich, und unsere Aufmerksamkeit kehrt sich auf solche Art und Weise einwärts, dass es möglich wird, den bewussten Kontakt mit unserer Seele und durch sie mit den höheren Schwingungsfrequenzen der anderen Realitätsebenen zu erleben.

Anwendungen des Gesetzes der Schwingung

Sobald wir erkannt haben, auf welch vielfältige Weise das Gesetz der Schwingung wirkt und welche weitreichende Konsequenzen dies hat, wird deutlich, dass dieses Gesetz unser Leben in vielerlei Hinsicht beeinflusst. Deshalb kennen die meisten Weisheitstraditionen zahlreiche aus dem Gesetz der Schwingung abgeleitete Gesetzmäßigkeiten. Wenn wir Einblick in die vielfältigen Konsequenzen des Gesetzes der Schwingung gewonnen haben, können wir die daraus abgeleiteten Gesetzmäßigkeiten in vielerlei Hinsicht zu unseren Gunsten nutzen. Einige Anwendungsformen dieser aus dem Gesetz der Schwingung abgeleiteten Gesetzmäßigkeiten werden im nächsten Kapitel beschrieben.

WESTLICHE WISSENSCHAFT UND DAS GESETZ DER SCHWINGUNG

Es herrscht Bewegung, doch gibt es letztlich keine sich bewegenden Objekte; es gibt Aktivität, jedoch keine Handelnden; es gibt keine Tänzer, sondern nur den Tanz.

Fritjof Capra – Physiker – 1982[110]

Zweifellos lässt sich die Essenz des Gesetzes der Schwingung in den Erkenntnissen der modernen westlichen Wissenschaft wiederfinden. Vor etwa fünfundsiebzig Jahren entdeckten Quantenphysiker, dass das Universum und alles in ihm im Grunde aus Energie besteht. Das Prinzip des geringsten Widerstandes ist in Pierre de Maupertuis' Prinzip des geringsten Aufwands erkennbar. Das holografische Universum wird beschrieben als ein Ganzes aus miteinander in Resonanz stehenden und schwingenden holografischen Interferenzen, und die moderne Technik macht es möglich, den elektromagnetischen Aspekt der einzigartigen Schwingungsmuster vieler Phänomene im Universum zu messen. Messungen der Physiologin Valerie Hunt lassen darauf schließen, dass tatsächlich jeder Mensch ein individuelles Schwingungsmuster hat und es sogar eine Beziehung zwischen unserem Frequenzmuster und dem Umfang unseres Wahrnehmungsvermögens gibt.

Alles ist Energie und Albert Einsteins berühmtes $E=mc^2$

Licht ist auch das, was das Universum ausmacht. Licht in seinem allgemeinen Sinne (nicht bloß gewöhnliches Licht) ist das, wodurch das ganze Universum sich in sich selbst entfaltet.

David Bohm – Physiker – 1986[111]

Gingen die Wissenschaftler lange wie selbstverständlich von einem materialistischen Weltbild aus, so lautet die neue Erkenntnis, dass auf der Quantenebene subatomarer Teilchen offenbar alles Energie ist. Energie und

Felder werden heute als fundamentaler angesehen als Materie, und unendliche Felder werden als das Grundelement eines Universums betrachtet, das einzig und allein aus Energie besteht. Die berühmte mathematische Gleichung $E=mc^2$ von Albert Einstein (1879-1955) machte deutlich, wie Materie in Energie umgewandelt werden kann und umgekehrt. Die übliche Deutung dieser Gleichung lautet, dass Materie und Energie zwei verschiedene fundamentale physikalische Entitäten und untrennbar miteinander verflochten sind.

1994 entwickelten die nordamerikanischen Physiker Hal Puthoff, Bernie Haisch und Alfonso Ruedo eine sogar noch weitreichendere Auffassung, sowohl was die Gleichung $E=mc^2$ als auch was die Idee der Materie als solche anbelangt. Ihnen zufolge beschreibt Albert Einsteins berühmte Gleichung nicht die Beziehung zwischen zwei *verschiedenen* Entitäten, Materie und Energie,[112] vielmehr geht es ihrer Ansicht nach in der Gleichung nur um eine fundamentale physikalische Entität, weil Materie nicht Energie entspricht, sondern weil Materie Energie *ist*: Energie und Materie sind zwei unterschiedliche Formen der Schwingungsfrequenzen von Energie. Dies bedeutet, dass die Gleichung in Wirklichkeit eine Aussage darüber ist, wie Materie und Energie – als unterschiedliche Formen von Schwingungsfrequenzen – wahrgenommen werden, sowie darüber, wie viel Energie erforderlich ist, um den Anschein einer bestimmten Menge an Masse zu erwecken. Mit anderen Worten, ihnen zufolge gibt es so etwas wie Materie überhaupt nicht. Vielmehr besteht das physische Universum aus masselosen elektrischen Ladungen, die in das energetische, allem zugrunde liegende und alles durchdringende Nullpunktfeld eingebettet sind. Der Effekt dessen, was wir als Materie bezeichnen, entsteht infolge ständiger feinster Wechselwirkungen zwischen diesen Ladungen und dem zugrunde liegenden Energiefeld.

Bereits zuvor hatten Physiker entdeckt, dass Atome aus immateriellen Miniatur-Energiestrudeln oder -wirbeln bestehen (sogenannten „Vortices", vom Lateinischen „Vortex" für „Wirbel"), die sich in ständiger Drehung und Schwingung befinden. Eine Ansammlung mehrerer solcher unendlich kleiner Energiestrudel bildet ein Atom. Eine neue wissenschaftliche Definition bezeichnet Materie als „Schwingungswellen, die sich im Kreis drehen und dabei an einem Ort verharren". Wodurch aber drehen sich oder rotieren diese Wellen an einem Ort im Kreis? Hal Puthoff, Bernie Haisch und Alphonso Ruedo vermuten, dass dies die Folge ständiger Wechselwirkungen zwischen den Ladungen und dem Nullpunktfeld ist. Die Wechselwirkungen zwischen diesen Ladungen und dem zugrunde liegenden Feld erzeugen den Anschein von Masse.

Masse = Energie = Bewusstsein

Westliche Wissenschaftler wissen immer mehr über Energie, aber was *ist* Energie eigentlich? Bei Experimenten mit subatomaren Teilchen haben Quantenphysiker nachgewiesen, dass manche Felder anscheinend über eine gewisse Intelligenz verfügen und in der Beziehung zwischen Materie und Energie offensichtlich Information eine aktive Rolle spielt. Deshalb betonen manche Physiker, dass es nicht nur eine Beziehung zwischen Materie und Energie, sondern höchstwahrscheinlich auch zwischen Materie, Energie und Information gibt, wobei Information jeweils eine eigene Wechselwirkung mit Energie und Materie unterhält.

Nach Auffassung mancher Wissenschaftler kann dies auch auf das Bewusstsein erweitert werden, weil ihnen zufolge Bewusstsein ebenfalls Energie mit bestimmten Schwingungsmustern und Energie eine Manifestation von Bewusstsein in unterschiedlichen Formen ist. Der Physiker David Bohm bezeichnete Materie als „verdichtetes Bewusstsein".[113] Nach William A. Tiller von der Stanford University, einem der führenden Forscher in Fragen der Struktur von Materie und des Einflusses von Bewusstsein auf Materie, ist es nun an der Zeit, dies wissenschaftlich nachzuweisen. Seiner Auffassung nach ist die Wissenschaft in eine ganz neue Ära eingetreten, und diese neue, eben im Entstehen begriffene Wissenschaft stimmt nicht nur der Gleichung Masse = Energie, sondern auch der Aussage Masse = Energie = Bewusstsein zu. „Einsteins großartige Forschungen umschrieben die quantitative Beziehung, die die ersten beiden Terme, Masse und Energie, miteinander verbindet", schreibt William Tiller im Jahr 2005. „In diesem Jahrhundert ist es unsere Aufgabe, die quantitative Beziehung zu bestimmen, die die letzten beiden Terme, Energie und Bewusstsein, verbindet sowie außerdem eine verlässliche Theorie für die Konvertierbarkeit eines jeden Terms in den anderen zu entwickeln."[114]

Der Weg des geringsten Widerstandes und das Prinzip des geringsten Aufwands

Das Grundgesetz des Universums ist Effizienz.
Das Universum verschwendet nicht ein Quark; alles dient einem Zweck und fügt sich in ein Gleichgewicht – es gibt keine unwesentlichen Ereignisse.

David R. Hawkins – Psychiater – 2002[115]

Inzwischen findet sich nicht nur die Auffassung, dass alles Energie und daher Bewegung ist, sondern auch dass Energie den Weg des geringsten Widerstandes nimmt, überall in der modernen westlichen Wissenschaft. Das Grundprinzip, dass Energie den Weg des geringsten Widerstandes nimmt, hat der französische Mathematiker Pierre-Louis Moreau de Maupertuis (1698-1759) bereits 1746, also vor mehreren hundert Jahren, entdeckt. In einer Zeit, in der Isaac Newton (1643-1727) soeben seine mechanischen Gesetze aufgestellt hatte, formulierte Maupertuis die Mechanik erneut als „Prinzip der kleinsten Wirkung".[116]

Dieses Gesetz fußt auf seiner Auffassung, dass die Natur ohne jegliche Energieverschwendung arbeitet. Er hoffte, dieses Prinzip des geringsten Aufwandes könnte die verschiedenen Gesetze des Universums vereinheitlichen. Es sollte jedoch bis ins 20. Jahrhundert dauern, bis andere Wissenschaftler zur selben Auffassung gelangten.

Heutzutage ist allerdings anscheinend auch in dieser Hinsicht in der westlichen Wissenschaft ein völliger Paradigmenwechsel eingetreten, und heute wird Pierre de Maupertuis' Auffassung – wonach Organisationsstrukturen, die sich aufrechterhalten können, sich auf eine aus energetischer Sicht optimale Weise organisieren – in vielen verschiedenen Fachrichtungen übernommen und unter vielen Bezeichnungen vertreten. In der gesamten Physik ist inzwischen die Auffassung anzutreffen, dass physikalische Veränderungen und Prozesse eine Tendenz zum leichtesten oder minimalen Verlauf aufweisen. Dies gilt sowohl für die Bewegung von Wasser, Licht und physische Gegenständen als auch in der Quantenphysik und der Elektrodynamik. In der Mathematik und der Theoretischen Mechanik wird das „Prinzip des geringsten Aufwandes" auch als Wirkungsprinzip, Hamiltonsches Prinzip oder Prinzip der stationären Wirkung bezeichnet, in der Chaos-Theorie als Selbstorganisierte Kritikalität, und auch in der neueren Biologie ist das Prinzip der geringsten Wirkung in Form verschiedener Prinzipien anerkannt, die bei der Aufrechterhaltung des dynamischen Gleichgewichts eine Rolle spielen.[117]

Das Prinzip der Harmonischen Resonanz in der Wissenschaft

Auch das Prinzip der Harmonischen Resonanz ist der Wissenschaft bereits seit Jahrhunderten bekannt. Das Phänomen, dass identisch gestimmte Saiten miteinander mitschwingen und die Schwingung einer Stimmgabel eine andere gleichen Tones ebenfalls in Schwingung versetzt, wird als sympathetische Resonanz, sympathetische Schwingungen (Keely) oder zusammenklingende Schwingungen (R. Steiner) bezeichnet. Dabei schwingt ein Gegenstand in einer Frequenz mit, die seiner Eigenschwingung entspricht und die für ihn sehr leicht aufrechtzuerhalten ist.[118]

Bekannt ist außerdem das Prinzip, wonach stärkere Schwingungen eines Objekts schwächere Schwingungen eines anderen Objekts mit geringfügigen Abweichungen in Gleichklang mit ersteren bringen, so dass beide Gegenstände im selben Rhythmus schwingen. Dieses Prinzip, die sogenannte Synchronisation gekoppelter Oszillatoren oder der Lock-in-Effekt – in der Biologie spricht man vom *Entrainment* – wurde 1656 von dem niederländischen Mathematiker, Physiker und Astronomen Christian Huygens (1629-1695) entdeckt. Er beobachtete, dass die Pendel mehrerer Uhren, die an derselben Wand hingen, sich vollkommen synchron bewegten. Mit anderen Worten: Sie bewegten sich phasengleich, obwohl die Mechanik der Uhren gar nicht so exakt sein konnte. Er entdeckte nun, dass eine Uhr, deren Rhythmus gestört wurde, nach einiger Zeit wieder im Einklang mit den anderen schwang. Je größer die Anzahl der Pendel, desto stabiler ist das System und desto schwieriger wird es, den Rhythmus zu stören. Anscheinend wird ein Pendel mit einer abweichenden Frequenz gezwungen, mit den anderen „im Gleichschritt zu marschieren". Christian Huygens vermutete, dass diese präzise Koordination der Pendel durch Resonanz verursacht wurde, in diesem Fall durch die Schwingungen, die durch die Holzwand übertragen wurden (Huygens machte diese Beobachtung auf Schiffen, Anm. d. Ü.).

Inzwischen kennt die moderne Technik viele praktische Anwendungen des Prinzips der Harmonischen Resonanz in Gestalt der Tendenz schwingender Objekte mit ausreichend ähnlicher Frequenz, miteinander zu schwingen.[119] Aus dem neuen wissenschaftlichen Blickwinkel heraus, dass alles im Universum Energie ist, gewinnt das Konzept der Dynamik resonanter Frequenzen und des Lock-in-Effekts bzw. Entrainments unter Pionierforschern auf vielen verschiedenen wissenschaftlichen Gebieten rasch wachsende Bedeutung. Zunehmend werden alle Erfahrungen als unendlicher, ineinander verflochtener Komplex resonanter Frequenzen gedeutet, die alles beeinflussen und modulieren, was wir in der Welt der Form kennen.

Allmählich zeigt sich, dass aufgrund des Prinzips der Harmonischen Resonanz Wechselwirkungen zwischen Objekten oder Individuen – seien es nun Körperzellen, Glühwürmchen, Pendel oder Menschen – anscheinend häufig kohärente Wirkungen hervorbringen, weshalb im Universum offensichtlich eine viel größere Ordnung herrscht, als wir bisher für möglich gehalten haben. Das Bild, das sich hier abzeichnet, zeigt, dass die Natur bei periodischen Ereignissen, deren Frequenzen dicht genug beieinander liegen, dazu neigt, diese phasengleich miteinander schwingen zu lassen, weil dies in energetischer Hinsicht weitaus effizienter ist.[120]

Rupert Sheldrakes Theorie von der morphischen Resonanz

In der Biologie finden wir das Prinzip der Harmonischen Resonanz in Gestalt der Theorie von der morphischen Resonanz des britischen Biologen Rupert Sheldrake. Gemäß dieser Theorie, die er in seinem Buch *Das schöpferische Universum. Die Theorie des morphogenetischen Feldes* (1981, dt. 1983) ausführt, besteht das gesamte Universum aus resonierenden Feldern vibrierender Energie.[121] Diese miteinander schwingenden morphogenetischen Felder, die wohl im Wege der morphischen Resonanz aufeinander wechselwirken, betrachtet er als unsichtbare Organisationsprinzipien der Natur. Ein morphogenetisches Feld ist verantwortlich für die charakteristische Form und Organisation eines Systems. Das Organisationsprinzip eines solchen morphogenetischen Feldes kann, laut Sheldrake, als das Schwingungsmuster innerhalb dieses Feldes betrachtet werden. Alles, was existiert, vom subatomaren Teilchen über die kompliziertesten Lebensformen bis hin zu Galaxien, ist seiner Ansicht nach ein resonantes Feld pulsierender Energie, und alle diese Felder stehen in ständiger Wechselwirkung miteinander. Daher könnte auch das Organisationsprinzip hinter den „Wellen, die sich im Kreis drehen und dabei an einem Ort verharren“, wodurch wir bestimmte Energiestrukturen als Materie wahrnehmen, als

Schwingungsmuster innerhalb eines mitschwingenden morphogenetischen Feldes betrachtet werden.

Rupert Sheldrake entwickelte seine Theorie der morphischen Resonanz, weil er Erkenntnisse über seit Langem ungelöste biologische Phänomene suchte. Zum Beispiel: Wie können Spinnen ihr Netz bauen, ohne dies von anderen Spinnen gelernt zu haben? Woher weiß ein junger Kuckuck, der seine Eltern nie gesehen hat, in welche Regionen Afrikas Kuckucke im Winter ziehen? Wie bleibt zum Beispiel ein großer Schwarm Fische mit solch ungeheurer Präzision zusammen? In seiner Theorie vermutet er, dass die Struktur morphogenetischer Felder von dem bestimmt wird, was zuvor geschehen ist, so dass sie auf allen Komplexitätsstufen als kollektive Gedächtnisfelder funktionieren. Spinnen, Kuckucke und Fischschwärme könnten also die morphische Resonanz als eine Form nichtlokaler Resonanz nutzen, wodurch Information auf nichtlokale Weise von einem Organismus auf einen anderen übertragen werden kann.[122]

Nach Rupert Sheldrake entspricht dieses kollektive Gedächtnis dem von Carl Gustav Jung so genannten kollektiven Unbewussten, weil die morphogenetischen Felder, wie Jungs Welt der Archetypen und die implizite Ordnung des Physikers David Bohm, jenseits von Raum und Zeit existieren. Nach Sheldrake waren einige Physiker fasziniert von der möglichen Verbindung zwischen der Vorstellung von morphogenetischen Feldern und der Quantenphysik – darunter auch David Bohm.

Die Theorie von der morphischen Resonanz ist ebenfalls kompatibel mit der neuen Vorstellung von der Beschaffenheit unserer Gedanken, die der Gehirnforscher Karl Pribram eingeführt hat. Wie wir im vorangegangenen Kapitel gesehen haben, kam er zu dem Schluss, dass Erinnerungen nicht im Gehirn gespeichert, sondern als holografische Information in einem Feld abgelegt werden, das auf einer Realitätsebene jenseits von Raum und Zeit existiert.

Der Einfluss von Energiefeldern auf unsere Physiologie

In seinem Buch *Intelligente Zellen: Wie Erfahrungen unsere Gene steuern* zeigt der Zellbiologe Bruce Lipton anhand einer Vielzahl wissenschaftlicher Entdeckungen, dass die Wissenschaft inzwischen zu dem Schluss gekommen ist, dass Energiefelder eine weitreichende regulierende Wirkung auf unseren physischen Körper haben. Einerseits kann eine Zellstruktur gemäß dem Entrainment-Prinzip harmonisch mitschwingen, wodurch sich

Herz- und Nervenzellen synchronisieren können; andererseits können aber auch Schwingungen, die von außen auf uns einwirken, offensichtlich beträchtlichen Einfluss auf unsere Physiologie nehmen. Die Auswirkungen elektromagnetischer Felder auf unseren physischen Körper galten noch bis vor kurzem als sehr begrenzt, weil es sich dabei um relativ schwache Felder handelt. In den letzten fünfzig Jahren hat es jedoch, so sagt Lipton, Hunderte wissenschaftlicher Studien gegeben, die in bedeutenden wissenschaftlichen Zeitschriften veröffentlicht wurden und übereinstimmend den tiefgreifenden Einfluss elektromagnetischer Felder auf Physiologie und Biochemie der Zellen zeigen.[123]

Das Bild, das aufgrund dieser wissenschaftlichen Erkenntnisse entsteht, lässt vermuten, dass wir tatsächlich in einer auf Energie basierenden Umwelt leben, mit der wir energetisch verflochten sind und die allem Anschein nach tiefgreifenden Einfluss auf alle Facetten biologischer Steuerung hat. Experimente haben gezeigt, dass sich der Einfluss elektromagnetischer Felder auf lebendige Organismen nicht nur nach der Feldstärke bemisst. Vielmehr bestimmt anscheinend die spezifische Frequenz dieses Feldes über dessen Auswirkungen auf ein biologisches Feld.

Die neue, auf den Erkenntnissen der Quantenphysik aufbauende Chemie untersucht die Rolle von Schwingungsfrequenzen bei der Entstehung molekularer Bindungen und als Antrieb molekularer Wechselwirkungen. Nach neuem Verständnis beeinflussen harmonische Schwingungen in Energiefeldern chemische Reaktionen anscheinend durch energetische Wechselwirkung.[124] Werden diese Erkenntnisse auf das Gebiet der Biologie übertragen, so stellt sich die zelluläre Matrix unseres physischen Körpers in Wirklichkeit als ein komplexes Energie-Interferenz-Muster dar, das von organisierenden Energiefeldern durchdrungen und umgeben ist. Aus dieser Sicht können Schwingungsfrequenzen die physikalischen und chemischen Eigenschaften von Molekülen ebenso eindeutig verändern wie physische Substanzen, zum Beispiel Histamin und Östrogen. Aufgrund dessen, so Lipton, ist deutlich geworden, dass der physische Körper durch Gedanken beeinflusst werden kann, weil nämlich Gedanken-„Energie“ zum Beispiel über den Mechanismus der konstruktiven und destruktiven Interferenz die Zellfunktion der Proteinsynthese aktivieren oder blockieren kann.[125]

Alles ist an seinem einzigartigen Interferenzmuster zu erkennen

Kosmos und Erde, Anorganisches und Organisches, Pflanzen, Tiere und Menschen sind Schwingung, und Schwingung ist Klang. Natürlich kann man sie als Schwingung bezeichnen, aber in den meisten Fällen sind es Schwingungen in ganzzahligen Quanten. Schwingungen in ganzzahligen Quanten sind Klang, ungeachtet dessen, ob sie im Bereich des menschlichen Hörvermögens liegen oder darüber oder darunter.

Joachim-Ernst Berendt – Jazz-Historiker - 1988[126]

Dass alles, was es im Universum gibt, ein eigenes, einzigartiges Schwingungsmuster hat, zeigte sich in dem Moment, als die Quantenphysik entdeckte, dass ein Atom nicht nur aus ständig schwingenden Energiestrudeln besteht, sondern jedes Atom auch Energie abstrahlt. Weil die Schwingungsfrequenz der einzelnen Elektronen in einem Atom spezifisch ist, ist in Übereinstimmung mit dem Gesetz der Schwingung jedes Atom einzigartig und erzeugt ein einzigartiges Schwingungsmuster. Weil jedes physische Gebilde im Universum aus Atomen besteht, bedeuten diese Entdeckungen, dass auch jede materielle Substanz ein einzigartiges Energiemuster hat und eine nur diesem Muster entsprechende Schwingung ins Universum abgibt.[127]

Seither gelingt es den Wissenschaftlern, diese einzigartigen Schwingungsmuster mit immer besseren Instrumenten zu messen – vom ganz Kleinen bis zum sehr Großen. Quantenphysiker haben Instrumente entwickelt, mit denen die Frequenzen, die bestimmte Atome oder Moleküle aussenden, gemessen werden können. So wurde es möglich, die Molekularstruktur verschiedener Stoffe zu bestimmen. Außerdem können Zellbiologen zum Beispiel mithilfe eines Infrarot-Spektrometers die einzigartigen Molekularfrequenzen organischer Stoffe messen, etwa der vier verschiedenen Aminosäuren in der DNS (Adenin, Thymin, Guanin und Cytosin).

Doch nicht nur große Moleküle senden bestimmte einzigartige Schwingungsmuster aus, sondern wie sich gezeigt hat, verfügen auch diverse Zellen, Organismen oder Strukturen, wie etwa Knochen, über ein einzigartiges Schwingungsspektrum. Weil diese gewebespezifischen Schwingungsmuster gemessen werden können, hat sich ebenfalls gezeigt, dass gesunde Zellen, Gewebe und Organe ein Frequenzspektrum aussenden, das sich von dem entsprechender kranker Zellen, Gewebe und Organe unterscheidet, denn die betroffene Region erzeugt eine abweichende resonante Frequenz.

Es wurden auch umfassende Messungen des einzigartigen Schwingungsmusters des menschlichen Energiekörpers im Ganzen vorgenommen, zum Beispiel von der Physiologin Valerie Hunt, und sogar die einzigartigen Schwingungen von Pflanzen wurden inzwischen gemessen. Schließlich gelang es Astrophysikern, die Schwingungsfrequenzen der Sonne sowie von Pulsaren, Quasaren und Supernovae zu messen. 1993 erhielten die Forscher Russell A. Hulse und Joseph H. Taylor für ihre Entdeckung von Binärpulsaren den Nobelpreis. Diese sehr schnell drehenden Sterne strahlen über beide Pole starke elektromagnetische Wellen ab. Befinden sich diese Wellen außerhalb der Rotationsachse des Sterns, blitzt es bei jeder Umdrehung. Dieses pulsierende Blitzen, das mit hochempfindlichen Geräten auf einem Berg in Puerto Rico empfangen werden konnte, gab den Sternen ihren Namen.

Alles besteht aus harmonischen Schwingungen

Während also die Wissenschaft bestätigt, dass alles im Universum ein eigenes, einzigartiges Schwingungsmuster hat, besagt das Gesetz der Schwingung darüber hinaus, dass alles im Universum nicht bloß aus Schwingungen, sondern aus *harmonischen* Schwingungen besteht. In Übereinstimmung damit zeigen die Arbeiten des Schweizer Arztes und Naturforschers Hans Jenny (1904-1972), dass offensichtlich bei weitem nicht alle theoretisch möglichen Schwingungen auch formerzeugende Schwingungen sind. Er nahm sich vor, durch Experimente die Beziehung zwischen Schwingungen, Formen und Bewegungsmustern zu klären und prägte den Begriff *Kymatik* für seine Erforschung der Erzeugung und Beeinflussung physischer Muster durch Schwingungen. Die Ergebnisse seiner vierzehnjährigen Forschungen veröffentlichte er 1967 und 1972 in einem zweibändigen Werk. 2009 erschien es in einer überarbeiteten Neuauflage und zu einem Band mit sämtlichen Fotos zusammengefasst unter dem Titel *Kymatik: Wellenphänomene und Schwingungen*. Die wunderschönen Bilder seiner Experimente machen sichtbar, dass Stoffe, die bestimmten hörbaren Schwingungen (Hörschall) ausgesetzt wurden, sich zu spezifischen geometrischen Mustern ordnen, die in der Natur vorkommenden Formen entsprechen.

Die wichtigste Schlussfolgerung aus Jennys Forschungen lautet, dass jede

Schwingung (von bestimmter Frequenz und Amplitude) spezifische Formen und Bewegungen erzeugt, die für sie typisch sind. Werden Frequenz oder Amplitude verändert, ändert sich auch das Muster. Erhöht man die Amplitude – also den Ausschlag der Welle – bewegt sich alles stärker. Erhöht man die Frequenz – die Anzahl der Schwingungen pro Sekunde – so erhöht sich die Komplexität des Musters.

Aufgrund seiner umfangreichen Untersuchungen kam Hans Jenny zu dem Schluss, dass tatsächlich alles im Universum aus harmonischen Schwingungen bestehen muss; denn seine Experimente zeigen, dass die Zunahme der Komplexität bei höheren Frequenzen nicht als gradueller Prozess, sondern in Sprüngen verläuft. Er beobachtete, dass bei gleichbleibender formbildender Frequenz eine stabile Struktur mit einem bestimmten Muster entsteht. Wird die Frequenz jedoch stufenweise erhöht, stürzt diese stabile Struktur ins Chaos. Wird die Frequenz allerdings weiter graduell erhöht, bildet sich aus dem chaotischen Bild recht abrupt eine neue, anscheinend stabilere und komplexer strukturierte Form heraus. Dies geschieht spontan bei einer bestimmten Frequenz.

Wird die Frequenz erneut weiter erhöht, findet derselbe Prozess noch einmal statt: Zunächst stürzt die stabile Struktur ins Chaos, dann zeigt sich eine spontane Reintegration mit einem höheren Komplexitätsgrad und einer harmonischen Kohärenz, die die höhere Schwingungsfrequenz widerspiegelt. Bei manchen Frequenzen bleibt ein Muster also „am Leben", bei anderen nicht; und jede Schwingungsfrequenz, bei der ein Muster „am Leben bleibt", ist eine harmonische Schwingung.

Stehende Wellen und die Theorie von Louis de Broglie

Die Ergebnisse von Hans Jennys Arbeit werden nachvollziehbar, wenn wir das Phänomen der sogenannten stehenden Wellen betrachten. 1924 schlug der französische Physiker Louis de Broglie (1892-1987) in seiner heute berühmten Doktorarbeit vor, die subatomaren Elektronen seien zugleich Wellen. Er war der Auffassung, dass das Phänomen der sogenannten Quantensprünge – der schrittweise Positionswechsel der Elektronen in bestimmten Abständen zum Atomkern – damit erklärt werden könnte, dass sich Elektronen wie sogenannte *stehende Wellen* – er prägte dafür den Begriff Materiewellen – verhalten. Nachdem seine Theorie 1927 und 1928 experimentell bestätigt wurde, erhielt er 1929 dafür den Nobelpreis.[128]

Was genau ist nun eine stehende Welle? Stehende Wellen sind Wellen, die über die Fähigkeit verfügen, in der Situation, in der sie sich befinden, zu verharren und sich aufrechtzuerhalten. Eine stehende Welle ist also eine Welle, die sich „am Leben halten" kann. Louis de Broglie betrachtete Elektronen als stehende Wellen, die sich im Kreis bewegen und auf der anderen Seite des Kreises wieder aufeinandertreffen. Eine kreisende Welle, die wieder auf sich selbst trifft, kann sich aber nur ohne destruktive Interferenz mit sich selbst erhalten und nachhaltig Bestand haben. Destruktive Interferenz bedeutet, dass die aufeinandertreffenden Wellen sich gegenseitig auslöschen, wenn „Wellental" und „Wellenberg" zusammenkommen.

Damit eine Welle sich aufrechterhalten kann, müssen sich die „Wellenberge" und „Wellentäler" der aufeinandertreffenden Wellen exakt aneinanderfügen, so dass sie sich bei jeder Begegnung gegenseitig verstärken. Mit anderen Worten, die Wellen erzeugen dabei nur konstruktive Interferenzen. Dies ist wiederum ausschließlich dann möglich, wenn die Entfernung, die die Welle zurücklegt, bevor sie wieder auf sich selbst trifft, exakt ein ganzes Vielfaches ihrer Wellenlänge beträgt. Die Wellenlänge ist die zusammengenommene Länge eines „Wellenberges" und eines „Wellentales". Beträgt der Umfang zum Beispiel exakt das Zwei-, Drei- oder Vierfache der Wellenlänge, so fügt sich Wellenberg an Wellenberg und Wellental an Wellental, womit nicht nur vermieden wird, dass die Wellen sich gegenseitig auslöschen, sondern sie verstärken sich gegenseitig sogar noch.

Entspricht der Umfang andererseits beispielsweise zweieinhalb Wellenlängen, löscht die Welle sich beim nächsten Aufeinandertreffen selber aus, weil die Berge die Täler aufheben. Daher können sich also nur solche Wellenfrequenzen aufrechterhalten und „am Leben bleiben", die genau zusammenpassen, weil sie in genauer Proportion zum Umfang stehen. Wellen, die ganzzahlig in den Umfang passen, werden als „stehende Wellen" oder „Stehwellen" bezeichnet. Alle übrigen Wellen mit anderen Wellenlängen und daher anderen Schwingungsfrequenzen sind nicht nachhaltig, weil sie sich nicht selbst aufrechterhalten können.

Hans Jennys Arbeiten zeigen auf ähnliche Weise, dass nur solche Schwingungsfrequenzen, die Stehwellen erzeugen, auch stabile Muster entstehen lassen, die „am Leben bleiben" können. Mit anderen Worten, nur Schwingungsfrequenzen, die eine solche Harmonie besitzen, dass sie keine destruktive Interferenz auslösen, können ein Muster erzeugen und eine Form beibehalten. Alles im Universum – seien es Töne oder Formen – besteht aus stehenden Wellen, weil nur stehende Wellen solche harmonischen Schwingungsfrequenzen haben, dass sie sich aufrechterhalten können, ohne destruktive Interferenzen zu erzeugen.

Unsere einzigartige Eigenschwingungsfrequenz und unsere Wahrnehmungsfähigkeit

... in veränderten, ungewöhnlichen Bewusstseinszuständen haben wir andere und erweiterte Fähigkeiten. Diese verändern unser Denken, unsere Gefühlsreaktionen, unsere Selbstwahrnehmung und sogar die Art und Weise, wie wir insgesamt das Universum und die Realität erleben.

Charles Tart – Psychologe und Bewusstseinsforscher – 1998[129]

Valerie Hunt und das Signaturenfeld unserer Aura

Die Erkenntnisse der heutigen Wissenschaft zeigen, dass auch wir Menschen, genau wie alles andere, aus Energiefeldern bestehen. Weltweit forscht eine wachsende Anzahl von Wissenschaftlern auf diesem Gebiet. In den 1970er Jahren gelang es der nordamerikanischen Psychologin und Physiologin Valerie Hunt als einer der ersten, mithilfe wissenschaftlicher Instrumente das elektromagnetische Feld um den menschlichen Körper zu messen. In ihrem Buch *Infinite Mind. Science of the Human Vibrations of Consciousness* (1996) berichtet sie von den Ergebnissen ihrer über zwanzigjährigen Forschung über das elektromagnetische Energiefeld des Menschen am Physiologischen Institut der University of California in Los Angeles.

Ihre Forschung zeigt, dass unser Energiefeld sich in ständiger dynamischer Bewegung befindet. Zugleich stellte sie fest, dass jeder Mensch – in Übereinstimmung mit dem Gesetz der Schwingung – ein Energiefeld mit einem einzigartigen Ruhemuster besitzt. Dieses einzigartige Ruhemuster unserer Aura nennt sie das *Signaturenfeld.* Ihre Forschung zeigt, dass das Signaturenfeld eines gesunden Menschen – im Einklang mit dem Gesetz der Entsprechung – tatsächlich ein Kontinuum aufweist. Wenn wir gesund sind, besteht unser Energiefeld aus ausgewogenen, kohärenten Energiemustern aus dem gesamten Spektrum, von den niedrigsten bis zu den höchsten Frequenzen. Aufgrund ihrer Messungen kam sie zu dem Schluss, dass das Muster der niedrigsten Frequenzen, der sogenannten Extremely Low

Frequencies (ELF) – die unmittelbar mit den körperlichen, biologischen Lebensprozessen verbunden sind – im Allgemeinen bei allen Menschen ähnlich ist. Außerdem entdeckte sie, dass die sogenannten Extremely High Frequencies (EHF) am anderen Ende des Spektrums mit unserem individuellen Wahrnehmungsvermögen und Bewusstsein zu tun haben. Diese EHF-Muster lassen bei jedem Menschen eine einzigartige, individuelle Signatur emotionaler Muster erkennen. Mit anderen Worten: Unsere individuelle Schwingungspersönlichkeit wird weniger von Unterschieden zwischen unseren physischen Körpern bestimmt, sondern vielmehr von den Abweichungen zwischen unseren nicht-physischen Aspekten bezüglich unserer Wahrnehmungsfähigkeit und unseres Bewusstseins. Angelehnt an Hunts Forschung können wir dieses Spektrum von niedrigen bis hohen Frequenzen folgendermaßen darstellen:

Von ELF	0-250 Hz	physische, biologische Prozesse betreffend
	(etwa) 400-1000 Hz	erweiterter Wahrnehmungs- und Bewusstseinszustand
bis EHF	200 KHz (200 000 Hz)	zum Beispiel bei Mystikern

Die Frequenzen im Energiekörper und im Wahrnehmungsvermögen

Valerie Hunts Forschungen zeigen also tatsächlich, dass die Energiefelder des Menschen ein Kontinuum aufweisen. Daneben belegen ihre Untersuchungen aber auch, dass nur selten bei einem Menschen das volle Schwingungsspektrum gemessen wird. Bei den meisten Menschen waren die im Energiefeld gemessenen Schwingungen auf die unteren Frequenzen bis zu zweihundertfünfzig Hertz begrenzt. Diese Messwerte treten auf, wenn wir in erster Linie mit der materiellen Welt befasst sind. Interessanterweise zeigen Hunts Forschungen deutlich, dass es einen Bezug gibt zwischen dem Realitätserleben und der Organisation der Schwingungsmuster eines Menschen. Bei ihren Messungen entdeckte sie, dass sich in Momenten erweiterten Bewusstseins und erweiterter Wahrnehmungsfähigkeit auch das gemessene Frequenzspektrum des Energiefelds der betreffenden Person erweitert und nun nicht mehr nur die unteren, sondern auch die höheren Frequenzen aufweist.

Die Augenblicke, in denen in unserem Energiekörper neben den ELF auch die höheren Frequenzen gemessen werden können, fallen mit Veränderungen unseres Wahrnehmungsvermögens zusammen. Diese Veränderung ist dergestalt, dass sie uns ermöglicht – entsprechend der höheren Schwingungsfrequenzen – Aspekte der anderen Realitätsebenen wahrzunehmen. Umgekehrt hat Valerie Hunt ebenfalls festgestellt, dass in dem Moment, in dem die Frequenzen des Energiefeldes wieder sinken, auch die Fähigkeiten zur Wahrnehmung anderer Realitätsebenen verloren gehen.[130]

Weil all dies eindeutig mit der Ausrichtung unserer Aufmerksamkeit verbunden ist, können wir auch Folgendes sagen: Wenn wir uns durch Aufmerksamkeitsverschiebung von der physischen Realität und unserem physischen Körper ab- sowie den nicht-physischen Realitätsebenen und/oder unseren nicht-physischen Körpern zuwenden, dann verändern sich auch unser Frequenzmuster *und* unser Wahrnehmungsvermögen entsprechend. Wenn wir also zum Beispiel unsere Aufmerksamkeit vom physischen Körper auf unseren *Kraft*-Körper umlenken, können wir Aspekte der Welt der *Kraft* wahrnehmen. Wenn es uns gelingt, unsere Aufmerksamkeit auf unseren Geistkörper zu verlagern, dann können wir Aspekte der Geisteswelt wahrnehmen. Valerie Hunts Forschung zeigt, dass sich Bewusstseinszustand und Wahrnehmungsvermögen bei jedem Menschen jederzeit anhand der Schwingungsfrequenzen in seinem Energiefeld feststellen lassen. Je höher unsere Schwingungsfrequenz, desto erweiterter unser Bewusstsein und unser Wahrnehmungsvermögen.

Mystiker

Valerie Hunt maß auch das Energiefeld anerkannter „Seher" oder „Weiser"; sie bezeichnet sie als Mystiker. Während im Energiefeld anderer Menschen nur vorübergehend höhere Frequenzen zu messen waren, entdeckte sie, dass diese Mystiker in ihrem Energiefeld *dauerhaft* höhere Frequenzen aufwiesen. Ein weiterer bemerkenswerter Unterschied zwischen Menschen mit vorübergehender Bewusstseinsveränderung einerseits und diesen Mystikern andererseits betraf die Spannbreite des Wahrnehmungsvermögens.

Im Falle einer vorübergehenden Bewusstseinsveränderung – wie sie oft in der Meditation eintritt – fehlte bei den Frequenzmessungen am Energiekörper der meisten Versuchspersonen ein Teil des Frequenzspektrums zwischen den niedrigeren und den höheren Frequenzen. Dies spiegelte sich auch in ihrem Wahrnehmungsvermögen wider, denn solange ihre

Aufmerksamkeit auf andere Realitätsebenen gerichtet war, nahmen diese Menschen anscheinend die physische Realität vorübergehend weniger oder gar nicht wahr.

Im Energiefeld der Mystiker wurde jedoch ein ununterbrochenes Frequenzspektrum gemessen, und entsprechend erweiterte sich auch ihre Wahrnehmungsfähigkeit lückenlos. Das bedeutet, dass sie eine gute Verankerung in der physischen Realität und deren Wahrnehmung mit einer bis weit in die Ebenen der nicht-physischen Realität hineinreichenden Wahrnehmung verbinden konnten. Aufgrund dessen schließt Valerie Hunt, dass Mystikern jederzeit mediale Fähigkeiten zur Verfügung stehen und sie darüber hinaus ohne Schwierigkeiten Geistreisen unternehmen können, um noch höhere, „geistige" Realitäten zu erkunden. Sie maß Feldfrequenzen bis zu zweihundert Kilohertz (zweihunderttausend Hertz); bei diesem Wert endete die Messfähigkeit ihrer Instrumente.

Außerdem entdeckte sie, dass Menschen in einem erweiterten Bewusstseinszustand Zugang zu ganz bestimmten Informationen haben. Sie schloss daraus, dass es eine Verbindung zwischen den gemessenen Schwingungsfrequenzen des Menschen, der als Kanal für diese Informationen dient, und deren *Inhalt* gibt. „Beziehen sich die Fakten oder Vorhersagen auf einen Menschen, einen Gegenstand oder die physische Welt, so bewegen sich die stärksten Schwingungen des Kanals in den unteren bis mittleren Bereichen der Tabelle des Bewusstseins-Kontinuums, was der normalen Realität entspricht. Diese Kanäle bezeichnen wir als 'Medien'. Enthält die Information jedoch die Essenz alter Weisheit, großer Wahrheiten, spirituellen Wissens und Lebens, so bewegt sich ihre Schwingung im höchsten Bereich. Dies ist das Muster derer, die wir als 'Mystiker' bezeichnen."[131]

Zusammenfassung der wissenschaftlichen Erkenntnisse von Valerie Hunt

Die Ergebnisse ihrer Erkenntnisse können wir wie folgt zusammenfassen:

Fokus/ Bewusstseins-zustand	**Frequenzen in der Aura**	**Wahrgenommene Realität**
auf die physische Realität gerichtet	0-250 Hertz (ELF)	normale, physische Realität
bei vorübergehender Bewusstseins veränderung	0-250 Hertz (ELF) ein Teil des Spektrums fehlt + breiter Bereich höherer Schwingungsfrequenzen bis über400 Hz	vorübergehend geringere Wahrnehmung der physischen Welt vorübergehende Wahrnehmung höherer Informationen, transzendentale Ideen
in Trance	0-250 Hertz (ELF) ein Teil des Spektrums fehlt + sehr schmaler Bereich höherer Schwingungsfrequenzen bis über 400 Hz	Wahrnehmung der physischen Welt vorübergehend völlig ausgeschaltet + Zugang zu spezifischen Informationen
bei Mystikern	0-250 Hertz (ELF) + Kontinuum des Spektrums bis zu 200 kHz (EHF)	Kontinuum der Wahrnehmung der physischen Welt + Zugang zu spezifischen Informationen + breites Wahrnehmungsspektrum anderer Realitätsebenen

Verbindungen zwischen Hirnstrom-Frequenzen und Energiefeld

Valerie Hunts Messungen zeigen, dass die Frequenzen unseres Energiefeldes bei höheren Bewusstseinszuständen steigen. Im vorangegangenen Kapitel haben wir jedoch gesehen, dass mit steigendem Bewusstseinszustand die Frequenzen unserer Hirnströme sinken. Kombiniert können wir dies folgendermaßen darstellen:

Realitätsebene	Bewusstsein, Realitätswahrnehmung	Aura-Frequenzen	Hirnstrom-Frequenzen
Welt der Materie/ explizite Ordnung	Normales Wachbewusstsein, Wahrnehmung der physischen Realität	0-250 Hertz (ELF)	Beta (14-60 Hz)
Welt des Allesdurchströmenden Geistes, der Kraft/explizite Ordnung	Entspannter Bewusstseinszustand und leichte Meditation oder leichte Trance; die Zone; Kontakt zu Intuition, Kreativität, persönlichem Unbewussten; Wahrnehmung der Welt der Energie	(etwa) 400-1000 Hz	Alpha (7/8-14 Hz)
Welt des Geistes/implizite Ordnung	Bewusstseinszustand in tiefer Meditation und Trance; Kontakt zu innerem Wissen, kollektivem (Un-)Bewussten; Wahrnehmung der nicht-physischen Realität	(etwa) 400-1000 Hz	Theta (4-7 Hz)
Die Leere oder das „Land des Schamanen"/ supra-implizite Ordnung	Bewusstsein mancher Schamanen/Heiler während ihrer Tätigkeit; Bewusstsein bei Nahtod-Erfahrungen; Bewusstsein der Mystiker bei ihren Erfahrungen des Einsseins mit allem; Kontakt zu Informationen des Universellen Bewusstseins; Erleben des Einsseins	Bis zu 200 000 Hz	Delta (0-4 Hz)

Ein erweitertes Bewusstsein geht anscheinend mit höheren Frequenzen in unserem Energiefeld und geringerer Gehirnaktivität, mithin niedrigeren Hirnstrom-Frequenzen einher. In ihrem Buch *Infinite Mind* betont Valerie Hunt, dass die Hirnströme bei Bewusstseinsveränderungen nicht als Ursache, sondern vielmehr als Begleiterscheinung anzusehen sind. „Die kreativste Leistung des Gehirns im Alpha- oder Theta-Zustand“, so schreibt sie in ihrem Artikel „The Human Energy Field and Sound Therapy“ (2001), „besteht darin, dass es den Weg frei macht, damit der Geist übernehmen kann. Sobald das Gehirn beiseite tritt, erweitert sich das Energiefeld. Es schwingt sich hinauf und katapultiert seine Frequenzen nach oben.“[132]

Emotionen, Gesundheit und das Herz als Koordinationszentrum

Forschungen auf dem Gebiet der Psychoneuroimmunologie haben über jeden Zweifel erhaben bestätigt, dass unsere Gedanken und Gefühle eine dynamische Wirkung auf Gesundheit und Wohlbefinden haben.

Howard Martin – Institute of HeartMath – 2006[133]

Während es also eindeutig eine Beziehung zwischen den Frequenzen unserer Aura und unserer Hirnströme sowie unseres Bewusstseins und unseres Wahrnehmungsvermögens gibt, deuten laut den Wissenschaftlern am Institute of HeartMath (IHM) im kalifornischen Boulder Creek immer mehr Forschungen darauf hin, dass alle diese Frequenzen von unserem Herzen koordiniert werden. Zahlreiche Experimente haben gezeigt – so behaupten die Forscher Rollin McCraty, Raymond Trevor Bradley und Dana Tomasino vom IHM in ihrem Artikel „The Resonant Heart“ (2004) – dass die Signale, die das Herz ständig an das Gehirn sendet, die Funktion jener Gehirnzentren beeinflussen, die mit Wahrnehmung, Kognition und der Verarbeitung von Gefühlen befasst sind.[134]

Bei ihren Forschungen über die Beziehung zwischen Herz und Gehirn sowie den Einfluss, den diese Beziehung auf unsere körperliche, mentale, emotionale Gesundheit und Belastbarkeit hat, entdeckten sie, dass es außer dem elektromagnetischen Energiefeld, das wir als unsere Aura kennen, ein weiteres großräumiges, starkes Energiefeld gibt, das vom Herzen erzeugt wird. Im nächsten Schritt konnten sie zeigen, dass das Herz neben anderen Kommunikationsmethoden mit seinem rhythmischen Schlagen über dieses elektromagnetische Herzfeld die Hirnströme synchronisiert. Laut Rollin McCraty und seinen Kolleginnen und Kollegen deuten zunehmend mehr Forschungsarbeiten darauf hin, dass „das Herzfeld als Trägerwelle für Informationen dient, die ein globales Synchronisationssignal für den ganzen Körper enthalten".

Auswirkungen negativer und positiver Emotionen

Die Forscher am IHM haben außerdem gezeigt, dass bei alledem unsere Emotionen eine wichtige Rolle spielen, weil sich nämlich das Frequenzmuster des Herzens bei unterschiedlichen Gefühlen signifikant verändert. Aus ihren Messungen wurde ersichtlich, dass das Herzrhythmus-Muster bei emotionalen Reaktionen wie Wut, Enttäuschung und Angst *inkohärent*, also unregelmäßig, wird. Infolgedessen werden die Signale, die das Herz über das elektromagnetische Feld aussendet, chaotisch, wodurch wiederum bestimmte Hirnaktivitäten blockiert werden.

Ihre Forschungen zeigen außerdem, dass dieser Effekt dann verstärkt auftritt, wenn wir uns frustriert, eingeschüchtert oder zum Beispiel durch Termindruck überfordert fühlen. Frühere Forschungen der Wissenschaftler am IHM hatten bereits nachgewiesen, dass ein inkohärenter Herzrhythmus die Kommunikation zwischen Herz, Kopf und dem übrigen Körper schließlich so schwer stören kann, dass im Körper eine Kettenreaktion ausgelöst wird – die Blutgefäße verengen sich, der Blutdruck steigt und das Immunsystem wird geschwächt. Dies führt zu ähnlichen Symptomen wie sie auch mit den höheren Beta-Hirnwellen einhergehen – was am Ende zu ernsthaften Erkrankungen führen kann.

Im Gegensatz dazu lösen positive Gefühle den umgekehrten Effekt aus. Rollin McCraty, Raymond Trevor Bradley und Dana Tomasino schreiben in ihrem Artikel „The Resonant Heart", ihre Forschungen hätten gezeigt, dass unser Herz bei bestärkenden, positiven Gefühlen wie Liebe, Fürsorge, Anerkennung und Mitgefühl ein gleichmäßiges, geordnetes, kohärentes Muster aufweist. Das elektromagnetische Herzfeld wird kohärenter, und alle unsere schwingenden Systeme schwingen mit den kohärenten Frequenzmustern unseres Herzens mit. Die Wissenschaftler am IHM haben gezeigt, dass wir aufgrund der Wirkungsweise des Prinzips der Harmonischen Resonanz unser ganz persönliches, einzigartiges Schwingungsmuster mit positiven Gefühlen wie Liebe, Fürsorge, Anerkennung und Mitgefühl überall in unserem Körper kohärent machen können.

Die Forscher am IHM gaben diesem deutlich erkennbaren, durch positive Gefühle ausgelösten Funktionsmodus die Bezeichnung *psychophysiologische Kohärenz*. Auf der physiologischen Ebene zeichnet sich dieser

Modus durch vermehrte Effizienz und Harmonie in den Aktivitäten und Wechselwirkungen der Körpersysteme aus. Psychologisch ist dieser Modus verbunden mit einem merklichen Rückgang des inneren Dialogs, mit vermindertem Stress-Empfinden, stabilerem emotionalen Gleichgewicht sowie vermehrter geistiger Klarheit, mit verbessertem intuitiven Urteils- und größerem kognitiven Leistungsvermögen. Zusammenfassend kommen die Heart-Math-Forscher in ihrem Artikel „The Resonant Heart" zu dem Schluss, dass psychophysiologische Kohärenz wichtig ist für die Erweiterung unseres Bewusstseins, für die Koordination physiologischer Funktionen und für die Optimierung von emotionaler Stabilität, mentaler Leistung und absichtsvollem Handeln. Diese psychophysiologische Kohärenz beschreibt also offensichtlich genau den Bewusstseinszustand, in dem hauptsächlich Hirnströme im Alphawellen-Bereich auftreten. Psychophysiologische Kohärenz spiegelt sich auch in einer vermehrten Synchronisation der Hirnströme beider Gehirnhälften.

Höhere Schwingungen wandeln niedrigere Schwingungen um

Während die Forschungen am IHM zeigen, dass positive Gefühle wie Liebe, Fürsorge, Anerkennung und Mitgefühl in einem Bezug zur Herzkohärenz stehen, ist der Grad dieser Kohärenz offensichtlich ein Maß für Stärke. Je kohärenter die Energiewellen sind, desto phasengleicher sind sie, desto mehr konstruktive Interferenzen treten zwischen ihnen auf und desto intensiver verstärken sie sich gegenseitig. Die Intensität der phasengleichen und daher kohärenten Wellen ist gemäß den Gesetzen der Wellenmechanik gleich dem Quadrat der Summe der Wellen. Inkohärente Wellen sind nicht phasengleich, weisen destruktive Interferenzen auf, heben einander infolgedessen teilweise auf und schwächen sich gegenseitig. Der Unterschied zwischen köhärenter und nicht-kohärenter Energie wird darum auch verglichen mit dem Unterschied zwischen einem Laserstrahl und dem Lichtschein einer Taschenlampe.

Da psychophysiologische Kohärenz anscheinend mit einem Bewusstseinszustand verbunden ist, in dem hauptsächlich Hirnströme im Alphawellen-Bereich auftreten, können wir daraus schließen, dass ein Zustand, in dem wir Liebe, Fürsorge, Anerkennung und Mitgefühl erleben, mit höheren Frequenzen in unserer Aura korrespondiert als ein Zustand, in dem wir Wut, Enttäuschung, Angst und Unsicherheit empfinden. Weil eine Welle mit höherer Frequenz energiegeladener ist als eine Welle mit niedrigerer Frequenz, können wir nachvollziehen, dass Liebe stärker ist als Gefühle wie Wut, Enttäuschung, Angst und Unsicherheit. Mit anderen Worten: Hier wird erkennbar, warum das Gesetz der Macht auch als das Gesetz der Liebe bezeichnet wird und warum es möglich ist, Gefühle, die mit niedrigeren Schwingungsfrequenzen einhergehen, durch die Macht der Liebe zu transformieren.

Das Kontinuum unserer Emotionen

Welches sind denn nun genau die positiven Gefühle, die zu Kohärenz führen? Und welche Emotionen wirken sich überwiegend negativ und inkohärent auf uns aus? Der Psychiater und Arzt David R. Hawkins hat Hinweise darauf. Erstens vermutete er, dass die verschiedenen Gefühle und Gemütszustände nicht kulturell unterschiedlich, sondern universell sind; weiter nahm er an, dass sie untereinander hinsichtlich des Ausmaßes der durch sie ausgelösten Inkohärenz eine feststehende Rangordnung haben. Aufgrund umfangreicher Untersuchungen an Tausenden von Menschen aus der ganzen Welt und mithilfe der Kinesiologie konnte er tatsächlich eine solche Beziehungsordnung der Gefühle und Gemütszustände erstellen. Die Kinesiologie setzt Muskeltests ein und nutzt die Tatsache, dass unser Körper auf einer Ebene unterhalb unseres normalen Wachbewusstseins – das sich auf unsere physische Sinneswahrnehmung stützt – „weiß", was gut für ihn ist und was nicht.

In seinem Buch *Die Ebenen des Bewusstseins. Von der Kraft, die wir ausstrahlen* (1995, überarbeitete Neuauflage 2012; dt. 1997), legt er schlüssig dar, dass diese „Körperweisheit" unsere Gefühle und Gemütszustände in zwei Kategorien einteilt. Eine Gefühlsgruppe führt zu Unausgeglichenheit; die andere hingegen erhält oder stärkt unser inneres Gleichgewicht. Im Hinblick auf die Emotionen und Einstellungen, die uns mehr oder weniger aus dem Gleichgewicht bringen, lassen sich die Ergebnisse dieser Forschung wie in der unten angeführten Grafik darstellen. Der Grad der Unausgeglichenheit, den diese Gefühle und Einstellungen auslösen, nimmt von oben nach unten ab:

Gefühle und Einstellungen, die zu Unausgeglichenheit führen, geordnet nach ihrer relativen Wirkungsstärke:

Scham	(Erniedrigung, Ausgeschlossenheit, Elend)	*löst gravierende Unausgeglichenheit aus*
Schuldgefühle	(Vorwürfe und Selbstvorwürfe, Zerrüttung, Boshaftigkeit)	
Apathie	(Verzweiflung, Verzicht/Aufgabe, Hoffnungslosigkeit)	
Trauer	(Reue, Niedergeschlagenheit, Tragik)	↓
Angst	(Furcht, Rückzug, Erschrecken)	
Verlangen	(Begehren, Hörigkeit, Enttäuschung)	
Wut	(Hass, Aggression, Gegnerschaft)	
Stolz	(Hohn, Aufgeblasenheit, Anspruch)	*löst sehr geringfügige Unausgeglichenheit aus*
Mut	(Bestätigung, Stärkung, Machbarkeitsglaube)	

Anhand von David Hawkins‘ Forschungsergebnissen zu der Gruppe von Emotionen, Empfindungen und Einstellungen, die uns ausgeglichener machen, lässt sich folgende Liste erstellen, wobei die gleichgewichtsfördernde Wirkung von oben nach unten zunimmt:

Emotionen und Haltungen, die zu Ausgeglichenheit führen, geordnet nach ihrer relativen Wirkungsstärke:

Neutralität	(Vertrauen, Loslassen, Zufriedenheit)	*begünstigt Ausgeglichenheit leicht*
Bereitwilligkeit	(Optimismus, Absicht, Hoffnung)	
Akzeptanz	(Vergebung, Überwindung, Harmonie)	
Vernunft	(Verständnis, Abstraktion, Sinnfindung)	↓
Liebe	(Verehrung, Offenbarung, Wohlwollen)	
Freude	(heitere Gelassenheit, Verklärung, Empfinden von Vollständigkeit)	
Frieden	(Glückseligkeit, erhellende Erkenntnis, Empfinden von Vollkommenheit)	*bewirkt vollkommene Ausgeglichenheit*
Erleuchtung	(unaussprechlich, reines Bewusstsein, SEIN)	

David R. Hawkins betont in seinem Buch, dass man sich dabei stets vor Augen halten muss, dass Gefühle beim einzelnen Menschen nur selten in reiner Form, sondern stets als eine Mischung auftreten und die Gesamtwirkung sich aus der Summe der Wirkungen der Einzelgefühle ergibt. Zusammenfassend können wir sagen, dass wir uns, wenn wir Gefühle wie Angst, Hass und Wut zeigen, in niedrigen Frequenzen aufhalten. Zeigen wir andererseits Gefühle und Gemütszustände wie Liebe und Freundlichkeit, dann bewegen wir uns im Bereich höherer Frequenzen.

Kapitel Sechs

Aus dem Gesetz der Schwingung abgeleitete Gesetze

Die Anwendung der Erkenntnisse aus dem Gesetz der Schwingung

In einer Welt, in der sich alles – auch wir – permanent gegenseitig beeinflusst, gehen aus den vielfältigen Aspekten des Gesetzes der Schwingung zahlreiche Prinzipien hervor, die sich auf unser Leben auswirken, ob wir uns dessen bewusst sind oder nicht. Manche Weisheitstraditionen bezeichnen daher eine Reihe dieser aus dem Gesetz der Schwingung abgeleiteten Prinzipien als eigene geistige Gesetze. Sobald wir diese abgeleiteten Gesetze erst einmal kennen, können wir die entsprechenden Erkenntnisse in vielerlei Hinsicht zu unseren Gunsten nutzen. Letzten Endes ist es sogar möglich, diese Gesetze bewusst so anzuwenden, dass wir uns ein Leben gestalten, das im Einklang mit unseren tiefsten Wünschen und in Harmonie mit dem größeren Ganzen steht.

Das Gesetz der Anziehung: Wir ziehen an, was wir aussenden

Denke daran: Wenn du einen Stein in einen Teich wirfst, dann wirken sich die entstehenden Wellen auf jedes Molekül in diesem Teich aus. Gedanken und Absichten sind eine Energieform, die von dir ausstrahlt und sich in dem Energiemeer, das man üblicherweise als das Universum bezeichnet, auf alles auswirkt.

Adam – 19-jähriger, außergewöhnlich begabter Heiler aus Kanada – 2005[135]

Das Prinzip der Harmonischen Resonanz und unsere Gedanken und Gefühle

Im vorangegangenen Kapitel über das Gesetz der Schwingung haben wir gesehen, dass ein Zusammenhang besteht zwischen unserem ganz persönlichen Schwingungsmuster und unserer Wahrnehmung der Wirklichkeit. Auf ähnliche Weise beeinflussen unsere Gedanken und Gefühle unser „Gehör" und unsere Wahrnehmung der Ereignisse, die in unserem Leben eintreten. Darüber hinaus besagt das Gesetz der Anziehung, dass unsere Gedanken und Gefühle ursächlich zu den Einstellungen und Reaktionen der Menschen in unserem Umfeld beitragen. Bewusst oder unbewusst senden wir an unsere Umwelt ständig in alle Richtungen bestimmte Schwingungsfreqenzen aus, zum Beispiel in Form von Gedanken und Gefühlen. Das Gesetz der Anziehung besagt, dass diese Schwingungen unsere Mitmenschen positiv oder negativ beeinflussen, weil infolge des Prinzips der Harmonischen Resonanz in ihnen ähnliche Frequenzen anklingen.

Dies kann zum Beispiel in Gestalt ähnlicher Gedanken und Gefühle geschehen, egal ob die Menschen in unserer Umgebung sich dessen bewusst sind oder nicht. Die Gedanken oder Gefühle, die in ihnen anklingen, können dann ihre Reaktion auf uns beeinflussen – auch dies wieder gleichgültig, ob bewusst oder unbewusst – was dazu führt, dass wir durch diese Beeinflussung genau das anziehen, was wir ausgesendet haben.

Zum Beispiel kann ein ausgesandter freundlicher Gedanke auch in unserem Gegenüber einen freundlichen Gedanken anklingen lassen. Weil Gedanken die Grundlage unserer Einstellungen und Handlungen bilden, könnte die Reaktion dieses Menschen dadurch positiv beeinflusst werden. Auf dieselbe Weise können unsere negativen Gedanken – etwa Kritiksucht oder Wut – auch unausgesprochen in anderen die entsprechenden Gedankenmuster und Gefühle aktivieren. Auch dies kann auf uns zurückfallen, nicht nur in Form negativer Gedanken, sondern ebenso durch negatives Verhalten aufgrund dieser Gedanken.

Wenn wir erkennen, wie dieses Prinzip wirkt, wird uns auch klar, inwiefern wir durch unsere Gedanken, Gefühle und Überzeugungen selbst dazu beitragen, welche Dinge, Ereignisse und Menschen uns im Leben begegnen und ganz besonders, wie diese Menschen auf uns reagieren. Mit anderen Worten, diese Erkenntnis bringt Licht in die Art und Weise, wie wir selbst für unsere Lebenserfahrungen sorgen. Sie zeigt außerdem, dass die Realitätserfahrung bei jedem Menschen einzigartig ist, weil sie stets auch eine

Manifestation dessen ist, was er oder sie bewusst oder unbewusst denkt, glaubt und an die Welt ausstrahlt.

Sobald wir uns dessen bewusst sind, können wir auch verstehen, dass wir selbst Mitverantwortung tragen. Haben wir dies erst einmal akzeptiert, bietet uns diese Erkenntnis auch Gelegenheit, bewusster mit unseren Gedanken und Gefühlen umzugehen. Wenn wir mit dem, was wir in unserem Umfeld wahrnehmen und wie wir unsere Realität erleben, nicht zufrieden sind, können wir uns fragen, inwiefern wir möglicherweise selbst dazu beitragen. Sobald dies deutlich geworden ist, können wir das Heft selbst in die Hand nehmen, weil wir beschließen können, uns in entsprechender Hinsicht zu ändern und genau das auszusenden, was wir anziehen wollen.

Das Gesetz der Anziehung und unsere Überzeugungen

Außer unseren Gedanken und Gefühlen bestimmen auch unsere bewussten und unbewussten Überzeugungen, mit welcher Frequenz wir schwingen und was wir aussenden. Deshalb erschaffen wir auf ähnliche Art und Weise auch unsere Glaubensüberzeugungen selbst. Leider sind wir uns aber nicht immer aller unserer Überzeugungen bewusst. Deshalb ist es wichtig, dass wir sehr sorgfältig erforschen, wie unsere bewussten und insbesondere unsere *unbewussten* Glaubensinhalte genau aussehen.

Jede Überzeugung, die wir gewinnen, bewahren wir deshalb, weil wir irgendwann einmal beschlossen haben, dass dies die Wahrheit ist. Möglicherweise sind wir, weil uns irgendetwas erzählt wurde und wir dem geglaubt haben oder auch weil wir in der Kindheit tiefgreifende Erfahrungen gemacht haben, zu bestimmten Schlussfolgerungen gelangt. Aus diesen Schlussfolgerungen wurden dann kleine Stimmen in unserem Kopf, die uns andauernd vorplappern, dass sie „die Wahrheit“ sind. In der Mehrzahl handelt es sich dabei allerdings um negative Überzeugungen, die uns weismachen, dass wir dieses oder jenes nicht können oder nicht verdient haben. Mit anderen Worten, statt uns etwas darüber zu sagen, wer wir im Grunde sind, statt uns dazu zu ermuntern, unsere unbegrenzten Möglichkeiten auszuschöpfen, sind solche unbewussten Überzeugungen oft Stimmen, die uns einschränken und entmutigen.

Wenn wir erkennen, dass wir auch die Schwingungen dieser Überzeugungen aussenden und durch die Wirkungsweise des Gesetzes der Anziehung Ähnliches anziehen, wird verständlich, inwiefern wir unbewusst gegen uns selbst arbeiten können. Dies geschieht zum Beispiel dann, wenn das, wofür wir uns bewusst entscheiden, und das, wovon wir unbewusst überzeugt sind, nicht miteinander übereinstimmen. Wenn wir gerne möchten, dass uns andere respektvoll und freundlich begegnen, aber unbewusst davon überzeugt sind, dass wir dies gar nicht verdient haben, senden wir gemischte Botschaften aus. In diesem Fall bestimmt gemäß dem Gesetz der Anziehung die stärkste Botschaft, was wir miterzeugen und anziehen. Deshalb müssen wir, wenn wir das Gesetz der Anziehung bewusst zu unserem Vorteil nutzen wollen, unbedingt tief in uns hineinschauen und sowohl unseren bewussten als auch unseren unbewussten Überzeugungen auf die Spur kommen. Sobald uns negative, unbewusste Überzeugungen bewusst werden, können wir beschließen, sie in positivere umzuwandeln und so dafür sorgen, dass diese inneren Aspekte die Erfüllung unserer Wünsche und die Verwirklichung unserer Ziele nicht mehr sabotieren.

Das Spiegel-Prinzip: Wessen wir uns nicht bewusst sind, das wird sichtbar

Erkenne, was dir vor Augen liegt, und was dir verborgen ist, wird sich dir zeigen.

Nag-Hammadi-Schriften[136]

Uns selber besser kennenlernen

Für diesen Prozess, bei dem wir uns darüber klarwerden wollen, welche unbewussten Überzeugungen wir haben und was wir unbewusst an die Welt aussenden, können wir das sogenannte *Spiegel-Prinzip* nutzen. Das Spiegel-Prinzip ist der Teil des Gesetzes der Anziehung, der sich mit den Schwingungen befasst, die wir unbewusst aussenden. Es besagt, dass wir unsere Wahrnehmung von allem, was in unserem Umfeld geschieht, als einen Spiegel dessen betrachten können, was wir selber unbewusst aussenden. Wenn wir erkennen, dass andere nicht nur ein Spiegel unserer bewussten, sondern auch unserer unbewussten Gedanken und Gefühle sind, können wir dies zu unseren Gunsten nutzen, nämlich dazu, uns selbst besser kennenzulernen.

Der moderne Mystiker Eckhart Tolle gibt uns in seinem Buch *Jetzt! Die Kraft der Gegenwart* (1997, dt. 2000) ein schönes Beispiel dafür: „Ein starkes unbewusstes emotionales Muster kann sich sogar als äußeres Ereignis manifestieren, das dir widerfährt. Ich habe zum Beispiel gesehen, dass Menschen, die viel Wut mit sich herumtragen, ohne sich dessen bewusst zu sein und ohne ihr Ausdruck zu geben, häufiger verbal oder körperlich von anderen wütenden Menschen angegriffen werden, und dies oft ohne eindeutigen Grund. Sie strahlen sehr viel Wut aus, die andere auf subliminaler Ebene aufgreifen und die dann in ihnen ihre eigene latente Wut entfacht."[137]

Außerdem besagt das Spiegel-Prinzip, dass auch umgekehrt, durch das Prinzip der Harmonischen Resonanz, latente Emotionen in uns geschürt werden können. Wenn etwas in unserer Umwelt bei uns eine heftige Reaktion auslöst, dann kann das daran liegen, dass dadurch „etwas Ähnliches" in unserem Inneren anklingt. Was wir nicht in uns haben, kann nicht anklingen. Wenn also ein ähnliches Schwingungsmuster in uns auftritt, dann wissen wir, dass der äußere Anlass auch in unserem Inneren vorhanden ist, wobei es durchaus möglich sein kann, dass uns dies bisher gar nicht bewusst war. Ganz offensichtlich stören uns an anderen gerade jene Aspekte in besonderem Maße, die wir selber auch in uns haben, mit denen wir uns aber nicht auseinandersetzen wollen. Unbewusst projizieren wir oft diese unterdrückten inneren Aspekte nach außen. Durch die Irritation, die bestimmte Aspekte anderer in uns auslösen, hilft uns das Spiegel-Prinzip, uns eben dieser Aspekte in unserem eigenen Inneren bewusst zu werden.

Dasselbe kann für unterdrückte oder unverarbeitete Gefühle gelten, die in uns verborgen liegen und die wir noch nicht angenommen haben. Sie verraten sich jedoch in bestimmten Situationen, in denen wir mit einer starken Emotionalität reagieren, die aus der Situation heraus nur schwer erklärbar ist. Wenn dies geschieht, können wir uns immer noch dafür entscheiden, diesem Aspekt in uns Aufmerksamkeit zu schenken, damit wir uns seiner bewusst werden können und so die Möglichkeit erhalten, ihn zu transformieren. Mithilfe des Spiegel-Prinzips und durch die genaue Beobachtung dessen, was in unserem Leben geschieht, können wir uns immer besser kennenlernen.

Lektionen des Lebens

Wenn wir uns selbst besser kennenlernen, an unserer Entwicklung arbeiten und unser Leben bewusster gestalten wollen, dann können wir unsere Realität als unser Spiegelbild betrachten. Dabei werden wir entdecken, dass wir unendlich viele Möglichkeiten haben, etwas zu lernen. Dank des Spiegel-Prinzips ziehen wir genau die Menschen und Ereignisse an, die uns

Aspekte unserer selbst zeigen, derer wir uns bisher nicht bewusst waren. Dies kann im positiven wie im negativen Sinne geschehen. Wenn uns Unliebsames widerfährt, dann können wir uns fragen, mit welchem Teil von uns dies in Resonanz steht und was da angenommen und positiv umgewandelt werden will. Wenn wir umgekehrt Dinge erleben, bei denen wir uns fragen, womit wir so viel Gutes bloß verdient haben, dann können wir uns fragen, welchen bisher unbeachteten schönen und wertvollen Aspekt in uns dies wohl widerspiegelt.

Erkenntnis und Anwendung dieser Prinzipien finden sich in unterschiedlicher Form auch in vielen Weisheitstraditionen. Auf der Grundlage seiner langjährigen Forschungen beschreibt der Anthropologe Alberto Villoldo in seinem Buch *Das geheime Wissen der Schamanen* (2000, dt. 2001) die Heilmethoden der Inka-Schamanen in Südamerika. Nach deren Auffassung bestimmt unser Energiefeld, welchen Menschen wir begegnen, wen wir heiraten und wo wir arbeiten. Entsprechend dem, was er von diesen Menschen gelernt hat, erklärt Alberto Villoldo den dahinterstehenden Mechanismus folgendermaßen: „Überall dort, wo du in deinem Leben ein sich wiederholendes Muster entdeckst, handelt es sich um einen 'Abdruck' in deinem Energiefeld. Die Psyche nutzt ihn zur Selbstheilung, indem sie die Umstände der ursprünglichen Verletzung immer wieder reinszeniert."[138] Sie gibt uns die Möglichkeit, Verantwortung zu übernehmen, indem wir dem Aufmerksamkeit schenken, was angenommen und damit möglicherweise geheilt werden will. Wenn uns dies gelingt, wird sich eine ähnliche Situation nicht mehr wiederholen, denn wir haben „unsere Lektion gelernt". Sobald wir diesen „Abdruck" aus unserem Energiefeld entfernt haben, werden wir gemäß dem Gesetz der Anziehung diesen Situationstypus nicht mehr anziehen.

Kaum haben wir in der Schule des Lebens eine Lektion gelernt, folgt eine neue. Das Spiegel-Prinzip hilft uns also nicht nur, nicht dauernd dieselben Situationen anzuziehen, sondern es ist uns zugleich eine sehr große Hilfe bei unserem persönlichen Wachstum, damit wir immer mehr zu dem großartigen Menschen werden können, der wir im Grunde sind. Im Tibetischen Buddhismus hält Milarepa, der Mönch und Mystiker aus dem 11. Jahrhundert (1040-1123), auf den meisten Darstellungen die rechte Hand hinter sein Ohr und zeigt mit dieser Geste, dass er zuhört. „Dies liegt daran, dass dem Milarepa alles als ein Rat erschien; alles erschien ihm als eine Lehre. (…) alle Erscheinungen entstehen nicht als ein Feind, sondern im Gegenteil: Als ein Freund und Lehrer. „Statt beunruhigend, tritt alles wohlwollend und bestärkend in Erscheinung“, schreibt der tibetische buddhistische Lama Zopa Rinpoche in seinem Buch *Probleme umwandeln. Wie du glücklich sein kannst, wenn du es nicht bist.*[139]

Wenn wir uns darin üben, alles als Lernmöglichkeit anzunehmen, wird uns das Bild dessen, wer wir im Grunde sind, immer reiner gespiegelt. Schließlich sehen wir in anderen nur noch ihr Höheres Selbst, denn bei jeder Begegnung klingt nur das Beste in ihnen an, und wir bringen eben diese Aspekte in ihnen zum Vorschein. Wenn wir in den Spiegeln, die andere uns vorhalten, etwas anderes als Liebe erkennen, dann wissen wir, dass es in uns immer noch etwas gibt, das verhindert, dass wir das reine Abbild dessen erkennen können, der wir im Grunde unseres Wesens sind.

Das Gesetz der Aufmerksamkeit: Das, worauf wir unsere Aufmerksamkeit richten, ziehen wir in verstärktem Maße an

Deine Aufmerksamkeit – buchstäblich alles, worauf du achtest – ist das Instrument, mit dem du deine Welt erschaffst. (...) Worauf du deine Aufmerksamkeit richtest, dahin trägt dich die Energie des Lebens. Wenn du zum Beispiel nur darauf achtest, was in deinem Leben nicht gut läuft, dann rufst du damit mehr vom selben herbei. (...) Umgekehrt gilt auch: Darauf zu achten, was gut läuft, was dir Freude macht (...) wird dir reichen Lohn eintragen.

Brooke Medicine Eagle – Erdhüterin, Visionärin, Lehrerin – 1991[140]

Die Wirkung unserer Aufmerksamkeit

Das Gesetz der Aufmerksamkeit wirkt immer dann mit dem Gesetz der Anziehung zusammen, wenn unsere Gedanken nicht bloß in schnellem Wechsel kommen und gehen, sondern wenn sie – bewusst oder unbewusst – von unserer Aufmerksamkeit begleitet werden. Nach dem Prinzip des geringsten Widerstandes folgt die Energie unserer Aufmerksamkeit. Daher wird den Gedanken, denen unsere Aufmerksamkeit gilt, zusätzlich Energie zugeführt. Die Stärke, mit der wir solche Gedanken aussenden, und daher auch das Ausmaß, in dem wir Ähnliches anziehen, wird also vom Grad der Aufmerksamkeit bestimmt, die wir diesen Gedanken widmen.

Diese Aufmerksamkeit kann zum Beispiel die Gestalt von Gefühlen annehmen, die mit den entsprechenden Gedanken verbunden sind. Ähnliche Wirkung tritt ein, wenn wir uns unsere Gedanken lebhaft vor Augen führen, denn durch unsere Vorstellungskraft fokussieren wir unsere Aufmerksamkeit. Weil unser Energiesystem zwischen einer kraftvoll imaginierten Realität, die lediglich in unserer Vorstellung existiert, und tatsächlich stattfindenden Ereignissen nicht unterscheidet, entfalten unsere inneren Bilder ähnliche Wirkung wie die mit unseren Gedanken verbundenen Gefühle. Unser Energiesystem reagiert einfach auf das, worauf wir uns konzentrieren, sowie auf den Grad unserer Aufmerksamkeit. Wenn wir uns also lebhaft ausmalen, was wir erwarten, dann senden wir genau dies als Botschaft aus. Weil wir genau das anziehen, was wir aussenden, bekommen wir auch, was wir erwarten.

Wenn wir das Gesetz der Aufmerksamkeit verstanden haben, können wir leichter erkennen, dass wir uns unbewusst regelmäßig auf das konzentrieren, was wir *nicht* wollen, statt auf das, was wir *wollen*. Wenn wir darüber hinaus nicht nur an Dinge wie Wut, Schuldzuweisungen, Verurteilungen, Traurigkeit, Eifersucht oder Unzulänglichkeit denken, sondern unseren Gedanken auch die Energie unserer Aufmerksamkeit mitgeben, ziehen wir in verstärktem Maße genau das an, was wir nicht wollen. Auch wenn wir uns einer Sache widersetzen, konzentrieren wir uns darauf, was wir nicht wollen, statt auf das, was wir wollen; und je stärker wir bekämpfen, was wir nicht wollen, desto mehr Negativität erzeugen wir. Ähnlich problematisch wird es, wenn wir unsere Gedanken auf das *Problem* statt auf die *Lösung* richten, etwa indem wir uns Sorgen machen. Wenn wir unsere Aufmerksamkeit auf das Problem lenken, dann machen wir dieses gemäß dem Gesetz der Aufmerksamkeit dadurch größer statt kleiner. Ähnlich gilt: Wenn unsere Erwartungen begrenzt sind, dann ziehen wir auch nur Begrenztes an.

Unsere Verantwortung und der bewusste Gebrauch unseres freien Willens

Wichtig ist auch hier wieder: Sobald wir uns darüber im Klaren sind, welche Auswirkungen unsere Aufmerksamkeit auf das hat, was uns im Leben widerfährt, können wir dieses Wissen zu unseren Gunsten nutzen. Wir können lernen, unser Interesse, unsere Aufmerksamkeit und unsere Identifikation bewusst von einem unerwünschten Bild oder Gedanken abzuziehen. Wenn wir solchen Gedanken oder inneren Bildern auf diese Weise Energie entziehen, ziehen sie die beunruhigenden oder schädlichen Ereignisse auch nicht mehr an. Das bedeutet nicht, die unangenehmen Aspekte der Realität, in der wir leben, komplett zu leugnen. Es bedeutet vielmehr, dass wir uns zuerst einmal darin üben können, das *wahrzunehmen, was ist.* Danach können wir mithilfe unseres freien Willens bewusst entscheiden, welche Gedanken und Gefühle, die wir gerade haben, wir *nicht* weiter beachten und welchen wir *unsere Aufmerksamkeit schenken* wollen.

Das macht den Weg frei, damit das Gesetz der Anziehung zu unseren Gunsten wirken kann; denn diese Entscheidung können wir immer wieder treffen: Jetzt, heute, in diesem Augenblick. Jeden Moment können wir beschließen, unsere Gedanken zu ändern. Weil jeder Gedanke und jedes Gefühl zählt, können wir uns jeden Tag aufs Neue für Gedanken entscheiden, mit denen es uns gut geht, zum Beispiel für Gedanken der Liebe, der Anerkennung, der Dankbarkeit und der Freude. Damit können wir mithilfe unseres Wissens um diese abgeleiteten Gesetze positive Veränderungen in unserem Leben herbeiführen.

Wir können also jedes Mal, wenn wir bemerken, dass wir gerade einem negativen Gedanken nachgehen, diesem bewusst keine weitere Aufmerksamkeit mehr schenken und uns stattdessen auf einen positiven Gedanken konzentrieren. Wenn wir positive, liebevolle Gedanken hegen und sie mit unserer Aufmerksamkeit und unseren Gefühlen verbinden, werden wir positive, liebevolle Menschen und Situationen anziehen. Indem wir uns bewusst dafür entscheiden, unsere Aufmerksamkeit auf *Lösungen* zu richten und uns darauf zu konzentrieren, was wir *wollen*, also auf unser Wunsch-Ergebnis, werden genau *die* Energien, die dazu beitragen, dass dieses Ergebnis eintritt, optimal in Resonanz versetzt. Auf diese Weise können wir beginnen, unser Leben bewusst so zu gestalten, wie es uns gefällt und uns gut tut, sowie immer mehr von dem umsetzen, was wir uns am meisten wünschen. Diese Methode können wir immer und überall anwenden.

Auch die Tatsache, dass unser Energiesystem zwischen den Bildern in unserer Vorstellung und der physischen Realität nicht unterscheidet, können wir bewusst nutzen. Weil es nur darauf reagiert, worauf wir uns konzentrieren, können wir unsere Vorstellungskraft zu unseren Gunsten einsetzen, indem wir uns unsere Wünsche so lebhaft wie nur irgend möglich ausmalen. Daher können wir uns also bewusst und zielgerichtet für solche Bilder und Vorstellungen entscheiden, sie lebendig vor unserem inneren Auge entstehen lassen und in den Mittelpunkt unserer Aufmerksamkeit rücken, die unseren Wunsch-Ergebnissen entsprechen. Was wir erwarten und was wir uns als das Bestmögliche vorstellen, wird letzten Endes nur durch unser Vorstellungsvermögen begrenzt. Wenn wir das erkennen, können wir auch bewusst unsere Vorstellung von dem, was möglich ist, noch weiter fassen.

Wenn wir dies dann noch mit dem Gefühl verbinden, das wir uns von den gewünschten Ergebnissen versprechen – also etwa Freude, Dankbarkeit oder innerer Frieden – erhöhen wir unsere persönliche Frequenz und damit auch die Frequenz, die wir ausstrahlen, beträchtlich. Dadurch ziehen wir wiederum ähnliche Energien mit höheren Frequenzen an. Deshalb raten uns manche Weisheitstraditionen, bereits dankbar zu sein, bevor unser Wunsch sich erfüllt hat. Dadurch werden wir bei der Umsetzung unserer Träume von unserer Umwelt ein Gefühl der Unterstützung erfahren und letztendlich finden, was wir suchen. Diese Erkenntnis begegnet uns in den meisten Weisheitstraditionen als eine Spielart von „Suchet, und ihr werdet finden".

Zu unserem eigenen Wohlergehen und zu dem des größeren Ganzen

Wenn wir an unserem persönlichen Wachstum arbeiten und daher eine positivere und stärkere Ausstrahlung gewinnen, dient dies auch dem Wohl von allem und jedem in unserem Umfeld. Unabhängig davon, ob wir uns dessen bewusst sind oder nicht. Je mehr Menschen bewusst Veränderungen in ihrem Denken, ihrer Lebensweise und ihrer Entwicklung herbeiführen und damit ihre Schwingungsfrequenzen erhöhen, desto stärker wird der entsprechende Einfluss auf unsere Umwelt. Weil jeder Gedanke und jedes Gefühl, die wir aussenden, gemäß dem Gesetz der Entsprechung auch die anderen Realitätsebenen beeinflusst, hat dies auch Auswirkungen auf das kollektive Bewusstsein. Deshalb wird der Entwicklungsprozess mit der Zeit für alle leichter.

Wir können diese Erkenntnisse also nicht nur zu unserem eigenen Wohl nutzen, sondern auch zu dem anderer und zum Wohl der Erde. Dies wissen die Weisen aller Weisheitstraditionen, von den Yogis und Yoginis in Indien über die Mönche und Nonnen in Tibet bis zu den Inka-Priestern und Priesterinnen in Peru. Überall wird es anders in Worte gefasst. 2003 schrieb der zwanzigjährige Joey Klein in der Zeitschrift *Children of the New Earth*: „Was wir aussenden, bekommen wir zurück. Ich bin hier, um Liebe zu geben, Liebe zu lehren und mit Liebe zu heilen. Und genau das bekomme ich auch ständig – immer mehr Liebe. (...) Wenn wir einander immer mehr wertschätzen, einander annehmen und vergeben, dann verändern wir, einer nach dem anderen, allmählich das Bewusstsein in unserem Umfeld. Wir fangen an, die Welt zu heilen. Andere sehen wahrscheinlich nicht, was ich gerade sehe, aber ich glaube, sie werden es bald sehen. Wenn wir einen heilen, heilen wir alle."[141]

Das Gesetz der Hingabe: Dem Prinzip des geringsten Widerstandes den Weg frei machen

Wenn du dir unbedeutende Kleinigkeiten wünschst, dann kannst du dafür sorgen, dass sie eintreten. Aber wenn dir etwas wirklich Großes geschehen soll, dann wirst du nicht gebraucht. Wenn du weißt, wie man beiseitetritt, dann geschieht es.

Sadhguru Jaggi Vasudev – Yogi und Mystiker aus Südindien – 2004[142]

Wenn wir bewusst etwas erschaffen, können wir außer dem Gesetz der Anziehung auch das Gesetz der Hingabe nutzen. Das Gesetz der Hingabe ist das auf uns selbst und unser Leben angewandte Prinzip des geringsten Widerstandes. Hingabe heißt in diesem Zusammenhang, uns selber aus dem Weg zu gehen. Diese Form der Hingabe bedeutet also nicht eine Niederlage, sondern vielmehr das Loslassen der Kontrolle durch unser Ego, wodurch der Weg frei wird für das Höhere Selbst. Je mehr wir unser Ego und unseren berechnenden Verstand beiseitelassen können, desto eher können wir – im Einklang mit dem größeren Ganzen – das Prinzip des geringsten Widerstandes in unserem Leben seine Wirkung tun lassen. Doch solange wir lieber selber alles „unter Kontrolle" haben, wird es uns kaum gelingen, dieses Prinzip zu unseren Gunsten zu nutzen.

Das angewandte Prinzip des geringsten Widerstandes finden wir zum Beispiel im Taoismus als Wu-Wei – Nichthandeln: „Beim Nichtsmachen bleibt nichts ungemacht."[143] Dieses „Nichtsmachen" bedeutet, nichts zu tun, was dem freien Fluss des Prinzips des geringsten Widerstandes entgegensteht. Wenn uns dies gelingt, geschieht plötzlich alles wie reibungslos und ohne Mühe. Alles geschieht spontan und auf effektivste Art und Weise, und zwar einfach deshalb, weil wir nicht mehr auf die Überlegungen unseres rationalen Verstandes begrenzt sind. Es ist, als geschähe alles, was geschieht, ganz von selbst.

Das Gesetz der Macht/das Gesetz der Liebe und unsere seelische Bestimmung

Wir ziehen die Menschen und Situationen an, die uns dabei helfen, unsere Vision und unsere Erwartungen an das Leben zu erfüllen. Sobald der aufrichtige Wunsch nach einem Leben in Heiligkeit erwacht, ziehen wir die Informationen, das Verständnis und die Lehren an, die uns helfen, unsere Gaben zum Wohle aller einzusetzen.

Dhyani Ywahoo – Weisheitshüterin der Cherokee – 1987[144]

Insbesondere bei der Verwirklichung unserer seelischen Bestimmung können wir das Gesetz der Macht, das auch als das Gesetz der Liebe bekannt ist, bewusst nutzen; denn es handelt sich dabei um das Hinwirken des Evolutionsprozesses auf eine höhere Schwingung. Die Wirkungsweise dieses Gesetzes spüren wir in unserem Leben in erster Linie als starkes Verlangen nach Ausgeglichenheit, Ganzheit und einer bewussten Verbindung zum größeren Ganzen. Außerdem können wir das Wirken des Gesetzes der Macht in uns als den tiefen, starken Wunsch wahrnehmen, das zu tun, was uns das Liebste ist, als unser höchstes Ideal, als unsere seelische Bestimmung. Wenn wir uns dazu entschließen, dem Verlangen unserer Seele Folge zu leisten, bringen wir unseren freien Willen in Einklang mit dem Gesetz der Macht.

Weil wir gemäß dem Gesetz der Anziehung das anziehen, was wir aussenden, ist Redlichkeit der Schlüssel, um das Wirken des Gesetzes der Liebe in unserem Leben bestmöglich zu erfahren und unsere seelische Bestimmung zu erfüllen. Wenn wir den Mut aufbringen, uns für unsere „erste Wahl" – also unser Ideal – zu entscheiden, selbst wenn wir noch nicht genau wissen, wie wir uns diesen Traum erfüllen sollen, und wenn wir unsere Aufmerksamkeit aufrichtig und redlich bewusst auf diesen tiefen Wunsch unserer Seele richten, dann werden „magische Kräfte" uns zu Hilfe kommen. Mit anderen Worten, dann wirkt das Gesetz der Liebe voll und ganz zu unseren Gunsten, und wir fühlen uns in unserer Entwicklung auf vielerlei Art und Weise unterstützt.

Im Alltag erleben wir das so, dass wir genau die Menschen, Ereignisse und Umstände anziehen, die uns helfen, unser höchstes Ideal zu verwirklichen. Wenn wir jedoch Zugeständnisse machen und uns mit weniger als dem zufriedengeben, was wir uns am meisten wünschen – uns mithin gegen unsere seelische Bestimmung entscheiden – dann bedeutet dies für uns viel harte Arbeit ganz ohne jene „Hilfe wie von Zauberhand", und am Ende werden wir unser größtes Ziel doch verfehlen.

Das Gesetz der bewussten Energie-Umwandlung

Körper und Energiesystem haben eine natürliche Tendenz zur Gesundheit. Der Heiler kennt Wege und Methoden, um Gesundheit hervorzurufen.

Barbara Anne Brennan – Heilerin – 1988[145]

Heilen

Das angewandte Gesetz der Macht, das heißt also die bewusste Nutzung des Prinzips, dass höhere Schwingungen niedrigere transformieren, wird auch als das Gesetz der bewussten Energie-Umwandlung bezeichnet. Viele Heiler und Schamanen nutzen dieses Gesetz für ihre zahlreichen und vielseitigen Heilmethoden. Wie wir an früherer Stelle bereits gesehen haben, bestehen wir aus einer komplexen Ansammlung energetischer Schwingungsmuster, und auch unser physischer Körper ist aus Energie aufgebaut. Deshalb gelten die diversen aus dem Gesetz der Schwingung abgeleiteten Gesetze nicht nur für die gegenseitigen Verbindungen zwischen uns und unserer Umwelt, sondern auch für die wechselseitigen Verbindungen zwischen allem *in* uns.

Befindet sich unser komplexes Energiesystem im Gleichgewicht und hat es daher ein harmonisches Muster, so ist der Energiefluss durch unseren Körper optimal, und alle Zellen unseres Körpers können harmonisch miteinander kommunizieren. Die Folge ist: Wir sind gesund.

Aus dieser Sicht ist Krankheit ein Ungleichgewicht in unserem Energiemuster. Die Energien unserer Körper sind nicht mehr im Einklang miteinander, dies führt zu einer Störung im Energiefluss, was wiederum eine Störung der wechselseitigen Kommunikation mit sich bringt. Eine solche energetische Unausgewogenheit kann sich als körperliche Krankheit manifestieren, wenn das Ungleichgewicht über einen längeren Zeitraum hinweg besteht. Wenn also unser physischer Körper Anzeichen einer Krankheit zeigt, hat er ein anderes, weniger harmonisches Schwingungsmuster als in gesunden Zeiten. Für Heiler und Schamanen bedeutet Heilung daher die Wiederherstellung des energetischen Gleichgewichts. Weil unser physischer Körper in den niedrigsten Frequenzen schwingt und weil gemäß dem Gesetz der Macht höhere Frequenzen niedrigere umwandeln und nicht umgekehrt, liegt die Ursache des energetischen Ungleichgewichts aus der Sicht von Energieheilern in einem Ungleichgewicht in den höher schwingenden nicht-physischen Körpern.

Um einem Menschen bei der Wiederherstellung seines energetischen Gleichgewichts zu helfen, konzentrieren sie sich auf die Wiederherstellung dieses Gleichgewichts in den nicht-physischen Körpern, weil die physischen Symptome eine Folge des energetischen Ungleichgewichts sind. Energieheiler aktivieren also auf diese Weise die Selbstheilungskräfte. Weil es nun einmal so ist, dass höhere Schwingungen niedrigere umwandeln, tritt Folgendes ein: Sobald das Gleichgewicht in den nicht-physischen Körpern wiederhergestellt ist, beginnt auch der physische Körper, wieder gemäß diesem Gleichgewicht zu schwingen. Wenn der physische Körper wieder in diesen (wieder im Gleichgewicht befindlichen) Frequenzen schwingt, ist die Ursache der physischen Symptome behoben, und sie werden daher mit der Zeit von selbst verschwinden.

Es gibt viele verschiedene Anwendungsmöglichkeiten für das Gesetz der bewussten Energie-Umwandlung. In zahlreichen Weisheitstraditionen kennt man die Anwendung dieses Gesetzes zum Beispiel als den „heiligen Klang“. Damit ist ein Klang gemeint, der in der höchsten Frequenz schwingt und uns daher einlädt, in der Frequenz unserer Essenz zu schwingen. So hilft er uns, „heil“ („heilig“) zu werden, was bedeutet, energetisch wieder völlig ins Gleichgewicht zu kommen. Wenn es uns gelingt, unser Energiesystem mit dem größeren Ganzen ins Gleichgewicht zu bringen, dann können wir – gerade so wie die Kommunikation zwischen unseren Zellen optimal ist, wenn unser Energiesystem sich im Gleichgewicht befindet – als Einzelne effektiv mit allen anderen Geschöpfen kommunizieren. Das bekannteste Mantra – oder „Werkzeug zur Einswerdung“ – in Buddhismus und Hinduismus ist der heilige Laut *OM*. Er gilt als das Meister-Mantra, auf dem alle anderen Mantras beruhen. *OM* wird auch als die innere Seelenmusik bezeichnet.

Die Kraft der fokussierten Absicht

Abschließend können wir die Erkenntnis des Gesetzes der bewussten Energie-Umwandlung auf unendlich vielfältige Weise zu unseren Gunsten nutzen, wenn wir unseren freien Willen in Verbindung mit der Kraft der fokussierten Absicht einsetzen. Die Stärke der Schwingungen, die wir aussenden, hängt von unserer Fähigkeit zu anhaltender Gedankenkonzentration, das heißt von unserer Fähigkeit ab, unsere Absicht mit Hilfe unseres freien Willens zu fokussieren. Dies können wir auf alle möglichen Situationen anwenden.

Zuerst können wir das Gesetz der bewussten Energie-Umwandlung zur Erhöhung unserer eigenen Schwingung nutzen. Wie wir bereits gesehen haben, können wir unsere Schwingung bewusst anheben, indem wir uns für positive Gedanken und Gefühle entscheiden. Optimismus hat eine höhere Frequenz als Pessimismus. Freude hebt uns auf eine wunderbare hohe Schwingung. Empfindungen wie Glück, Vergnügen, Freude, Frieden und heitere Gelassenheit haben hohe Schwingungen und bringen uns in direkten Kontakt mit unserer Seele, doch auch das Lachen hat heilende Eigenschaften, weil es Harmonie zwischen Körper, Geist und Seele erzeugt.

Zusätzlich können wir unsere persönliche Schwingung anheben, indem wir den Umgang mit unserer Absicht erlernen und sie darauf ausrichten, höhere Licht-Frequenzen in die niedrigere, dichtere Materie unseres Körpers einzuleiten. Auf diese Weise wandeln wir die niedrigeren Frequenzen in uns in höhere um. Diese höheren Schwingungen können dann noch vorhandene negative Gedankenmuster und Gefühle wie Wut und Angst transformieren. Je mehr Licht wir aufnehmen, desto höher wird unsere Frequenz, wodurch wir wiederum die uns umgebende Realität immer bewusster erschaffen können. Wenn wir mehr Licht ausstrahlen, ziehen wir auch Menschen mit höherer Schwingung an.

Sobald wir erst einmal unsere eigene Schwingungsfrequenz bewusst zu erhöhen vermögen, können wir das Gesetz der bewussten Energie-Umwandlung auch zur Transformation der Energie von Menschen in unserer Umgebung nutzen. Indem wir unsere positiven Gedanken und Gefühle bewusst auf Menschen in unserem Umfeld übertragen, können wir ihre Stimmung in dieselbe Richtung verändern. Wenn jemand zum Beispiel traurig oder voller Angst ist, können wir zunächst bewusst unsere eigene Schwingung anheben und diese höher schwingende Energie dann gezielt jenem anderen Menschen zuleiten. Sein Schwingungsmuster wird sich dadurch ebenfalls erhöhen, und diese höhere Frequenz wird seine Traurigkeit oder Angst verwandeln.

In ähnlicher Weise können wir das Gesetz der bewussten Energie-Umwandlung auch dazu nutzen, die Energie eines bestimmten Ortes oder Raumes zu verwandeln. Geübte können mithilfe der Kraft der fokussierten Absicht sogar Materie beeinflussen, indem sie nämlich die Frequenzen der Energie verändern, aus der diese Materie besteht. Wenn wir dieses Gesetz voll und ganz verstehen, werden wir letzten Endes in der Lage sein, dieses Prinzip in vielfältiger Weise zur Erschaffung unserer Realität zu nutzen.

DIE WESTLICHE WISSENSCHAFT UND DIE AUS DEM GESETZ DER SCHWINGUNG ABGELEITETEN GESETZE

Viele Aspekte der aus dem Gesetz der Schwingung abgeleiteten Erkenntnisse entsprechen neueren Entdeckungen der westlichen Wissenschaft. Sowohl Theorien als auch die Ergebnisse von Experimenten aus den unterschiedlichsten Fachrichtungen stützen die Auffassung, dass wir uns tatsächlich unsere eigene Realität erschaffen.

Zunächst finden wir verschiedene Aspekte des Gesetzes der Anziehung auf dem Gebiet der Psychologie wieder, zum Beispiel im *Pygmalion-Effekt* (der im Deutschen auch als *Rosenthal-Effekt* oder *Versuchsleiter-Artefakt* bezeichnet wird) sowie in Gestalt bestimmter Formen der energetischen Kommunikation. Das Spiegel-Prinzip gilt als Projektion des eigenen Schattens.

Die vielen neuen wissenschaftlichen Auffassungen haben inzwischen grundlegende Fragen nach der Rolle unserer Absichten und insbesondere nach der Rolle des menschlichen Bewusstseins im Universum aufgeworfen. Biofeedback-Geräte haben deutlich gemacht, dass wir unseren Körper mit unserem Geist beeinflussen können, und Forschungen auf dem Gebiet der Psychoneuroimmunologie haben gezeigt, dass auch unsere unbewussten Überzeugungen nachweisbare physiologische Auswirkungen auf unseren Körper haben. Außerdem wurde bewiesen, dass andere Menschen unseren Körper bewusst und unbewusst beeinflussen können und unser Bewusstsein einen messbaren Einfluss auf die Materie hat.

Das Gesetz der Anziehung und die Psychologie der zwischenmenschlichen Erwartungen

Es hat den Anschein, dass jeder Gedanke, den wir haben, eine Energieform darstellt, die für immer weiterexistiert. (...) Es ist beinahe beängstigend zu erkennen, dass jeder Gedanke Folgen hat. Wenn man das in sich aufnimmt ... jeder Gedanke, den wir haben, positiv oder negativ, hat eine Wirkung auf uns, auf jeden anderen und auf die Natur.

Pim van Lommel – Kardiologe – 2005[146]

Das Gesetz der Anziehung und unbewusste, nonverbale Kommunikation

In der Psychologie finden wir Hinweise auf die Wirkungsweise des Gesetzes der Anziehung in Gestalt des Pygmalion-Effekts, der durch die Forschungen des Harvard-Psychologen Robert Rosenthal entdeckt wurde. In den 1960er Jahren forschte Rosenthal zusammen mit Lenore Jacobson über die Auswirkungen von Lehrer-Erwartungen auf die intellektuellen wie körperlichen Leistungen ihrer Schüler. Die Veröffentlichung dieser Forschungen in Gestalt des Buches *Pygmalion in the Classroom* (1968)[147] , lenkte die Aufmerksamkeit auf die weitreichenden und oft unbewussten Auswirkungen dieser Erwartungen. Seither bezeichnet man das Phänomen, dass Erwartungen nicht nur die Wahrnehmung trüben, sondern tatsächlich sogar die Leistungen anderer beeinflussen, als den Pygmalion- oder Rosenthal-Effekt bzw. in der neueren Literatur als das Versuchsleiter-Artefakt.[148]

Seit nunmehr vierzig Jahren forscht Rosenthal, inzwischen wieder an der University of California in Riverside, über die Rolle der selbsterfüllenden Prophezeiung im Alltag und unter Laborbedingungen. Auch viele andere haben zu diesem Phänomen umfassend geforscht – unter anderem über die Auswirkungen der Erwartungen von Versuchsleitern auf die Resultate ihrer Experimente und über die Auswirkungen der Erwartungen von Klinikärzten auf die geistige und körperliche Gesundheit ihrer Patienten.

Viele Jahre lang lautete die zentrale Frage in der Erforschung der Effekte zwischenmenschlicher Erwartungen, ob es so etwas wie den Pygmalion-Effekt überhaupt gibt. In seinem zusammenfassenden Artikel „Covert Communication in Classrooms, Clinics and Courtrooms“ (1998) schreibt

Rosenthal, dass die Indizien diese Frage inzwischen ausreichend beantwortet haben. Zum Beispiel stellte er fest, dass Lehrer, die nach entsprechender Anleitung bessere Leistungen von ihren Schülern erwarten, diese in der Regel auch bekommen. Wenn Trainer nach Anleitung bessere Leistungen von ihren Sportlern erwarten, bekommen sie diese meist auch. Wenn Verhaltensforscher dazu veranlasst werden, von ihren Versuchspersonen bestimmte Reaktionen zu erwarten, so erhalten sie, wie sich herausstellt, in den meisten Fällen auch genau diese.

Aufgrund dieser Feststellungen erhob sich die Frage: Wenn das offensichtlich so ist, wie funktioniert es dann? Schon bald entdeckte man, dass die Mechanismen hinter diesen Auswirkungen zwischenmenschlicher Erwartungen größtenteils nonverbal waren. Deshalb untersucht Robert Rosenthal seit annähernd vierzig Jahren den Einfluss der nonverbalen Kommunikation auf die Effekte zwischenmenschlicher Erwartungen. Inzwischen haben Studien gezeigt, dass Menschen, die von ihren Kontaktpersonen mehr erwarten, diese auch nonverbal anders behandeln. In der Umsetzung dieser Erkenntnis wurde deutlich, dass die Effektivität einer Organisation durch erhöhte Erwartungen der Führungskräfte gesteigert werden kann. Auch Depressionen bei Pflegeheimbewohnern können durch höhere Erwartungen seitens des Pflegepersonals gelindert werden. Darüber hinaus wurde festgestellt, dass Erwartungen von Lehrerinnen und Lehrern nicht nur bei intellektuellen Leistungen, sondern auch auf anderen Gebieten als *selbsterfüllende Prophezeiung* wirken können. In allen diesen Fällen weisen die Indizien zunehmend darauf hin, so Robert Rosenthal, dass viele Wechselwirkungen durch unbeabsichtigtes nonverbales Verhalten zustande kommen.[149]

Das Gesetz der Anziehung und die Wechselwirkungen im menschlichen Energiefeld

Es gibt Hinweise darauf, dass bei unbewussten nonverbalen Interaktionen neben diesem unbeabsichtigten nonverbalen Verhalten möglicherweise auch andere Kommunikationsformen eine Rolle spielen. So wurde inzwischen das Phänomen, dass Menschen und Tiere es *spüren* können, wenn sie beobachtet werden, eingehend untersucht. William Braud, einer der beteiligten Forscher, zeigte 1993 anhand von Messungen der elektrischen Leitfähigkeit der Haut, der sogenannten elektrodermalen Aktivität (EDA), dass Menschen in dem Moment, in dem sie angestarrt wurden, auch wenn sie sich dessen nicht bewusst waren, eindeutig höhere EDA-Werte aufwiesen. Er kam daher zu dem Schluss, dass es zwischen Menschen Kommunikationsmöglichkeiten gibt, bei denen Aufmerksamkeit aus der Ferne physische Reaktionen auslösen kann, selbst wenn die Betroffenen nichts davon merken.[150]

Die umfassenden Forschungen der Physiologin Valerie Hunt und die wissenschaftlichen Erkenntnisse des Institute of HeartMath zeigen, dass unser Energiekörper ständig durch Wechselwirkungen mit anderen Menschen und Tieren beeinflusst wird. Diese Erkenntnisse deuten darauf hin, dass – neben der sozialen Kommunikation über Sprache, Stimmlage und Körpersprache – im Wege dieser Interaktion unmittelbar unterhalb der Bewusstseinsschwelle ein subtiles, aber wirkungsvolles elektromagnetisches oder „energetisches" Kommunikationssystem am Werk ist. In ihrem Artikel „The Resonant Heart" (2004) schließen Rollin McCraty und seine Kollegen vom IHM: „Energetische Wechselwirkungen tragen wahrscheinlich zu der 'magnetischen' Anziehung oder Abstoßung zwischen Menschen bei und beeinflussen auch den sozialen Austausch sowie die sozialen Beziehungen. (…) Wir glauben, dass diese Fähigkeit zum Austausch energetischer Informationen angeboren ist, dass sie die Wahrnehmungsfähigkeit erhöht sowie wichtige Aspekte echter Empathie und Empfindsamkeit an andere übermittelt."[151]

Welche Faktoren an dieser Kommunikation über unser Energiefeld beteiligt sind, ist noch nicht völlig geklärt. „Wenn wir uns in einer Gruppe befinden", schreibt Valerie Hunt in ihrem Artikel „The Human Energy Field and Sound Therapy" (2001), „finden Wechselwirkungen statt: Mein Feld stößt auf Ihres, und dieser Austausch verändert uns beide. Manchmal allerdings wird bei der Begegnung zweier Felder keines oder nur eines verändert."[152] Sie vermutet, dass die innere Dynamik unseres Energiefeldes – das heißt seine „Ladungen" in Gestalt persönlicher emotionaler Empfindsamkeiten – zumindest teilweise darüber bestimmt, mit welchen Feldern wir in Resonanz stehen. Nach ihren Angaben beruht diese innere Dynamik auf unserer emotionalen Organisation, womit unser Umgang mit Gefühlen und der Grad der Verarbeitung zum Beispiel von Kindheitstraumata gemeint ist. Sie beobachtete, dass unser Energiefeld in dem Moment, in dem wir uns an unverarbeitete Gefühle erinnern, Anti-Kohärenz aufweist und sich einige Zeit später in einem kohärenteren Muster neu aufbaut.[153]

Bei unserer nonverbalen Kommunikation spielen möglicherweise auch Emission und Rezeption von Biophotonen eine Rolle. Die Forschungen des deutschen theoretischen Biophysikers Fritz-Albert Popp vom ehemaligen

IIB (International Institute for Biophysics) in Neuss zeigen, dass Organismen über den Austausch von Biophotonen, die Informationen tragen, miteinander kommunizieren.[154] Mithilfe hochempfindlicher Instrumente entdeckte er 1976, dass lebendige Zellen einen permanenten Photonen-Strom aussenden – die er als Biophotonen bezeichnete. Inzwischen ist offensichtlich, dass alle lebendigen Organismen solche Biophotonen, die Informationen in Form kodierter Muster enthalten, herstellen und abgeben.[155] Diese Biophotonen-Emissionen werden als perfektes Kommunikationssystem zur Übertragung von Informationen an die vielen Zellen *innerhalb* eines Organismus sowie auch *zwischen verschiedenen Organismen* genutzt. Auch der menschliche Körper gibt Biophotonen ab. Sie sind ein Aspekt des menschlichen Energiefeldes.

Auch die jahrzehntelangen Torsionsfeld-Forschungen mehrerer russischer Physiker, darunter Anatoly Akimov, werfen ein klareres Licht auf die nonverbale Kommunikation mittels unserer Energiefelder. Diese russischen Forscher kamen in völliger Übereinstimmung mit dem Gesetz der Entsprechung zu dem Schluss, dass jedes Ding und jede Substanz ein feines Energiefeld hat und erzeugt. Sie bezeichnen dieses Feld als *Torsionsfeld*, weil dieses rotierende Energiefeld als das kollektive Ergebnis aller subatomaren Mini-Wirbel und Strudel, aus denen Materie im Grunde besteht, gebildet wird. Ihre Forschungen zeigten, dass diese Torsionsfelder mit anderen Torsionsfeldern in Wechselwirkung treten und dabei Informationen austauschen. Darauf aufbauend, beschreiben sie diese Torsionsfelder eher als Informationsfelder denn als Energiefelder. Auch das menschliche Energiefeld erklären sie als ein Torsionsfeld, das mit anderen Torsionsfeldern in Wechselwirkung tritt und dabei Informationen austauscht.[156]

Das Spiegel-Prinzip in der Psychologie

Wenn man sich in dieser Art vorurteilslos dem Unbewussten zukehrt … bietet es einem … auch schmerzliche Einsichten in das [an], was man bei sich nicht wahrhaben will – lieber nur bei den anderen. … Der Schatten stellt immer die „andere Seite" des Ich dar und verkörpert meistens gerade diejenigen Eigenschaften, die man an anderen Leuten am meisten hasst.

Marie-Louise von Franz – Psychoanalytikerin – 1968[157]

Das Spiegel-Prinzip, also jener Aspekt des Gesetzes der Anziehung, der deutlich macht, dass eben die Anteile von uns, derer wir uns noch nicht bewusst sind, in unserem Umfeld sichtbar werden, findet sich auch in der Psychologie. Der Schweizer Psychoanalytiker Carl Gustav Jung führte den Begriff der „Projektion" für eben jenen psychischen Prozess ein, bei dem die Welt zu der Fläche wird, auf die wir unseren Schatten projizieren. Unser Schatten ist jener Aspekt unserer Persönlichkeit, dessen wir uns (noch) nicht bewusst sind. Er umfasst also alle Anteile in uns, denen wir uns noch nicht stellen können oder wollen. Statt dass wir den Schattenaspekt in uns selbst erkennen, trübt er unsere Wahrnehmung, und wir entdecken ihn nur bei anderen.

Auch jener Aspekt des Gesetzes der Anziehung, der sich mit der Rolle befasst, die unsere unbewussten Überzeugungen bei der Erschaffung unserer Realität spielen, findet sich in der Psychologie. Insbesondere der britische Kinderpsychiater, Psychoanalytiker und Entwicklungspsychologe John Bowlby (1907-1990) wies ausdrücklich auf den Anteil unserer frühen Kindheitserfahrungen an der Herausbildung unserer unbewussten Überzeugungen hin, auf die wir wiederum unsere Erwartungen aufbauen. Gemäß seiner Bindungstheorie entwickeln wir als Kind durch die Beziehung zu unseren Eltern und/oder emotionalen Bezugspersonen eine unbewusste Programmierung, die unsere Erwartungen an Beziehungen und unser Weltbild prägt.[158]

Er beobachtete, dass das Kind bei einer sogenannten „sicheren Bindung" – das heißt also, wenn ein Kleinkind in schwierigen Situationen Bestätigung und Trost erfährt – Erwartungen entwickelt, die auf der Überzeugung aufbauen, dass es dieser Unterstützung wert ist. Bei „unsicheren Bindungsbeziehungen" jedoch – das heißt, wenn das Kleinkind erlebt, dass ihm in schwierigen Situationen seine Bitte um Unterstützung ausgeschlagen wird – entwickelt das Kind Erwartungen, die auf der Überzeugung aufbauen, dass es Hilfe oder Unterstützung nicht verdient hat. Diese Überzeugungen wirken wiederum wie Farbfilter, durch die wir nicht nur alle neuen Erlebnisse und Beziehungen wahrnehmen, sondern auch genau die Reaktionen hervorrufen, die unseren Erwartungen entsprechen.

Wenn wir unbewusst erwarten, abgewiesen oder nicht akzeptiert zu werden, dann ist die Wahrscheinlichkeit, dass wir genau dies auch erleben oder uns aufladen, leider hoch. Haben wir allerdings aufgrund früherer Erfahrungen die Erwartung eines warmherzigen und freundlichen Kontakts, stehen unsere Chancen deutlich besser, dass wir dies auch tatsächlich so erleben und herbeiführen. Daher gestalten wir also unsere Erfahrungen und Beziehungen unbewusst so, dass sie mit unseren früheren Erfahrungen und Erwartungen übereinstimmen. Mit anderen Worten: Wir bekommen, was wir erwarten.

Das Gesetz der Aufmerksamkeit und der bewusste Einsatz unseres freien Willens

Die Qualität unseres „Zukunftsbildes" und die Qualität unserer darauf beruhenden schöpferischen Bemühungen werden darüber bestimmen, in welche Richtung sich unsere Zukunft in den nächsten ein oder zwei Generationen entwickelt.

Paul Ray – Soziologe – 1996[159]

Das Gesetz der Aufmerksamkeit und die Macht unserer Absicht

In der wissenschaftlichen Forschung über das Bewusstsein und die Auswirkungen von Absicht können wir ebenfalls Aspekte des Gesetzes der Aufmerksamkeit erkennen. Der Physiker Robert Jahn und die Entwicklungspsychologin Brenda Dunne schreiben in ihrem Artikel „The Science of the Subjective" (1997), sie hätten in einer Reihe gut dokumentierter Experimente nachgewiesen, dass unser Bewusstsein tatsächlich die Wahrscheinlichkeit von Ereignissen beeinflussen kann. Wir können mit unseren Gedanken das Resultat von Zufallsexperimenten beeinflussen und den Ausgang von Ereignissen verändern. Ihre umfassende Forschung zeigt auch, dass der Ordnungsgrad, den wir mit unseren Gedanken und unserer Absicht erzielen können, davon abhängt, wie stark wir unsere Aufmerksamkeit fokussieren.[160] Auf eine Vielzahl von Forschungen aufbauend, kommt Dean Radin in seinem Buch *The Conscious Universe: the Scientific Truth of Psychic Phenomena* (1997) zu einem ganz ähnlichen Schluss.

Fokussierte Aufmerksamkeit verstärkt die Kraft unserer Absicht, weil die Wellen, die wir aussenden, durch fokussierte Aufmerksamkeit kohärenter, also eindeutiger und daher wirkungsvoller werden. Weil alle Gedanken und Gefühle jeweils ihre eigenen typischen Schwingungen haben, können wir eine Mischung aus Gedanken und Gefühlen, die wir haben und aussenden, als inkohärent betrachten. Wenn wir unsere Gefühle und Gedanken jedoch in Einklang miteinander bringen und uns auf eine einzige Sache konzentrieren, dann ist das, was wir aussenden, kohärenter, und der Grad der Kohärenz ist daher ein Gradmesser der Stärke.

Die bewusste Anwendung des Gesetzes der Aufmerksamkeit ist in der Welt des Sports seit Jahrzehnen gang und gäbe. Manche Olympiateilnehmer führen ihren Erfolg darauf zurück, dass sie sich zunächst jeden Schritt des Rennens perfekt ausgeführt in allen Einzelheiten im Geist ausgemalt haben. Auf diese Weise wird die Erkenntnis, dass unser Körper anscheinend nicht nur auf unsere Gedanken und Gefühle, sondern auch auf unsere inneren Bilder reagiert, so bewusst wie möglich genutzt, um sie zu unseren Gunsten einzusetzen.

Das Gesetz der Aufmerksamkeit und *Appreciative Inquiry* (Wertschätzendes Erkunden)

Mit dem bewussten Einsatz der Wirkungsweisen des Gesetzes der Aufmerksamkeit wird bereits seit einiger Zeit auch in Unternehmen und Organisationen gearbeitet. Dort spricht man vom *Appreciative Inquiry*-Ansatz oder dem *Wertschätzenden Erkunden*. Diese Methode kann in etwa als die „Suche nach dem, was am besten funktioniert" umschrieben werden; sie richtet die Aufmerksamkeit bewusst auf Lösungen statt auf die Probleme. Die Methode des *Wertschätzenden Erkundens* wurde von David L. Cooperrider und Suresh Srivastava eingeführt. Sie kamen zu dem Schluss, dass sich bei der Bewältigung von Veränderungen in Organisationen und Unternehmen, also beim sogenannten Change Management, der Blick hauptsächlich auf die Probleme richtete. Weil ihnen auffiel, dass dieser Ansatz letztendlich zu einer Negativ-Kultur führen würde, suchten sie jenseits der Konzentration auf die Probleme nach neuen Methoden mit positiver Grundhaltung.

Bei der Entwicklung dieses alternativen Ansatzes stützten sie sich auf Studien aus vielen verschiedenen Fachrichtungen, die eine wertschätzende Perspektive unterstützten. Sie führten die neuere Literatur über den Placebo-Effekt, den Pygmalion-Effekt, den Effekt positiver und negativer Gefühle, die Studien über den Einsatz von Visualisierungen bei Sportlern und über den Einfluss positiver bzw. negativer Zukunftsvorstellungen auf die Biochemie des menschlichen Körpers zusammen. Das Ergebnis ihrer „Meta-Studie" erschien 1986 unter dem Titel *Appreciative Inquiry: Toward a Methodology for Understanding and Enhancing Organizational Innova-*

tion. In diesem Buch beschreiben sie einen radikal neuen Ansatz für Veränderungen, der sich von problemorientierten Bewältigungsstrategien vollkommen verabschiedet. Stattdessen war es offensichtlich so, dass Fragen, die auf Wertschätzung zielten, dabei halfen, das Gute an einer Sache zu entdecken. „Wir haben Folgendes herausgefunden", schrieben sie zusammenfassend. „Wenn man fragt, was an einer Sache gut ist, dann entwickelt sie sich in diese Richtung!"[161]

Wertschätzendes Erkunden wird inzwischen weltweit angewandt und gilt tatsächlich als Methode, Dinge zu verbessern, und zwar in Gestalt einer kooperativen Suche nach dem Besten in Menschen, ihren Unternehmen und ihrer Umwelt. David Cooperrider schließt daraus, dass Beziehungen überall dort aufblühen, wo sie unter einem wertschätzenden Blick stehen – wenn Menschen das Beste ineinander sehen, wenn sie ihre Träume und tiefsten Vorstellungen auf positive Weise miteinander besprechen können und wenn sie das Gefühl haben, dass sie an der Erschaffung nicht nur einer neuen, sondern auch einer besseren Welt mitwirken können.

Das Gesetz der Aufmerksamkeit, global betrachtet

Der nordamerikanische Soziologe Paul Ray, der sich auf Forschungen über Werte und Lebensstile als Kulturphänomen spezialisiert hat, weist in seinem Artikel „The Rise of Integral Culture" (1996)[162] auf die Wirkungsweisen des Gesetzes der Aufmerksamkeit innerhalb einer ganzen Kultur hin. Aufbauend auf seinen umfangreichen Forschungen beschreibt er in seinem Artikel die mögliche Entstehung einer völlig neuen *Integralen Kultur*, die im Moment durch die ständig wachsende Gruppe der *Kulturell Kreativen*, wie er sie nennt, eingeleitet wird. Er sieht viele Anzeichen dafür, dass diese Bewegung aller Wahrscheinlichkeit nach immer stärker wird.

„Es könnte unser größter Fehler sein", so schreibt er, „die pessimistische Stimmung unserer Zeit ernst zu nehmen und der Angst und dem Zynismus nachzugeben, die überall in den Medien verbreitet wird. Denn dann glauben wir etwas wirklich Katastrophales: ‚Es steht schlecht und wird immer noch schlechter, und man kann nichts dagegen tun.'"[163] Seiner Meinung nach gibt es eine alternative Betrachtungsweise. Er zitiert die Studie des niederländischen Soziologen Fred Polak über fünfzehnhundert Jahre europäischer Geschichte, *The Image of the Future* (1961)[164], in der dieser zeigt, dass ein sehr negatives Zukunftsbild, wenn es von einer ganzen Kultur vertreten wird, zu einer *selbsterfüllenden Prophezeiung* wird. Darauf aufbauend, kommt Paul Ray zu folgendem Schluss: „Die momentanen Vorhersagen über einen Niedergang müssen nicht richtig sein oder sich bewahrheiten, (... denn) das Gegenteil ist ebenso wahr. Wenn eine Kultur ein positives Bild von der Zukunft hat, dann hat sie damit vielleicht auch nicht recht, aber Investitionen in neue Möglichkeiten und die Bereitschaft, eine gute Gesellschaft aufzubauen, reichen aus für ein anständiges Leben, wenn nicht sogar für die beste aller Welten."[165]

Die Rolle des Bewusstseins bei der Heilung

Länger als ein Jahrhundert hat der Berufsstand der Medizin versucht, immer noch wissenschaftlicher und technischer zu werden, weil wir glaubten, dort läge die Zukunft der Heilung. Jetzt vollzieht sich eine monumentale Veränderung, befeuert von den Beweisen dafür, dass das Bewusstsein ein mächtiger Faktor in der Welt ist.

Larry Dossey – Arzt - 1999[166]

Der Einfluss unserer unbewussten Überzeugungen auf unseren Körper

In der westlichen Wissenschaft ist inzwischen deutlich geworden, dass unsere bewussten und unbewussten Überzeugungen sich nicht nur auf unseren zwischenmenschlichen Umgang miteinander auswirken. Durch den Einsatz von Biofeedback-Geräten wurden bereits in den 1960er Jahren die Einflussmöglichkeiten unseres Geistes auf unseren Körper nachgewiesen. Diese Biofeedback-Geräte zeigten, dass wir zum Beispiel Herzschlag, Blutdruck und Hirnstromaktivität bewusst beeinflussen können.[167] Seither wurde auf unterschiedlichen wissenschaftlichen Fachgebieten viel zu den Auswirkungen unseres Geistes auf unseren physischen Körper geforscht.

In seinem Buch *Intelligente Zellen: Wie Erfahrungen unsere Gene steuern* (2005, dt. 2006) erklärt der Zellbiologe Bruce Lipton, dass Forschungen auf dem Gebiet der Psychoneuroimmunologie gezeigt haben, dass der Einfluss unserer unbewussten Überzeugungen in unserem Körper nachweisbare physiologische Wirkung erzielt. In seinem Werk beschreibt Lipton in allen Einzelheiten, welche Mechanismen unsere Gedanken, Gefühle und Überzeugungen auf der Zellebene auslösen und wie wir damit unsere körperliche Gesundheit beeinflussen.

Aufgrund neuer Erkenntnisse zu den dahinterstehenden molekularen Mechanismen veranschaulicht er, wie wir Umweltreize in physiologische Reaktionen und Verhalten umsetzen. Ganz offensichtlich gibt es eine klare Verbindung zwischen unserer Wahrnehmung von Umweltreizen einerseits und unserer physiologischen Reaktion – und damit unserer Gesundheit – sowie unserem darauf beruhenden Verhalten andererseits. Allerdings sind nicht alle unsere Wahrnehmungen zutreffend, weil sie von unseren Gedanken, Gefühlen, Erwartungen und Überzeugungen „eingefärbt" werden. Auch diese „eingefärbten" Wahrnehmungen, gleich ob sie nun zutreffend sind oder nicht, beeinflussen unser Verhalten und unseren Körper. Mit anderen Worten: Mit unseren Gedanken und Gefühlen und der mehr oder weniger zutreffenden Wahrnehmung unserer Umgebung erschaffen wir unsere Realität.[168]

Daneben konnte die Neurobiologin Candace Pert (1997) bestätigen, dass bewusst erzeugte Gedanken, Gefühle und innere Bilder die Physiologie unseres Körpers ebenfalls beeinflussen. Sie wies nach, dass bewusst erzeugte Gedanken, Gefühle und innere Bilder Neuropeptide, die sogenannten „Moleküle der Gefühle", erzeugen.[169] Es stellte sich heraus, dass wir mithilfe innerer Bilder in unserem Körper physische Reaktionen auslösen können – zum Beispiel in Gestalt dieser „Moleküle der Gefühle" – wodurch es möglich wird, in unserem Körper vorhandene anderslautende Botschaften zu überschreiben.

Der Placebo-Effekt als Glaubens-Effekt

Heilung kann in unserem Körper stattfinden, ohne dass wir uns bewusst darum bemühen. In seinem Buch erklärt Lipton, wie wir diesen Prozess auf zweierlei Weise beeinflussen können. Einerseits können unangemessene unbewusste Gefühle einen gesunden Körper sehr leicht krank machen, andererseits können wir aber im Falle einer Krankheit den Heilungsprozess aktiv beschleunigen, indem wir unsere positiven Gedanken, Gefühle und inneren Bilder bewusst einsetzen. „Wenn wir wirklich anerkennen, dass unsere Überzeugungen derart mächtig sind, haben wir den Schlüssel zur Freiheit gefunden."[170]

Den Einfluss unserer Gefühle – ganz gleich, ob sie zutreffend oder unzutreffend sind – veranschaulicht er anhand des bekannten Placebo-Effekts.

Lipton zufolge würde der Placebo-Effekt besser als Glaubens-Effekt bezeichnet. Placebos sind Mittel, die als Medikation verabreicht werden, jedoch *keine* aktive Heilsubstanz enthalten. Aufgrund der zahlreichen Forschungen zur Wirkung von Placebos ist für ihn deutlich geworden, dass Placebos sich recht häufig als ebenso wirkungsvoll erweisen wie die „echten" Chemie-Cocktails.[171] Insbesondere Schmerzen, Depressionen, Angst und Stress sprechen gut auf den Placebo-Effekt an.

Dieser Glaubens-Effekt ist aber allem Anschein nach nicht auf die Medikamenten-Einnahme beschränkt, sondern der Placebo-Effekt wirkt auch bei Operationen. 2002 veröffentlichte der Chirurg Bruce Moseley aus Houston die Ergebnisse einer Studie mit hundertachtzig Knie-Operationen, wovon sechzig Placebo-Operationen waren.[172] Um herauszufinden, welches der entscheidende Faktor zur Schmerzlinderung bei Osteoarthrose des Kniegelenks ist, teilte er seine Patienten in drei Gruppen zu je sechzig Personen ein. Die ersten beiden Gruppen behandelte er mit zwei verschiedenen operativen Methoden, bei der dritten täuschte er eine Operation durch winzige Hauteinstiche nur vor. Im Ergebnis besserten sich die Beschwerden bei den Kniepatienten mit der Scheinoperation ebenso sehr wie bei den Patienten der ersten beiden Gruppen. Aufgrund dieser Resultate schloss Bruce Moseley: „Meine Fähigkeiten als Chirurg brachten diesen Patienten keine Besserung. Der ganze Nutzen der Operation bei Osteoarthrose des Kniegelenks bestand im Placebo-Effekt."[173] Der Zellbiologe Bruce Lipton schließt daraus, dass der Placebo-Effekt darauf hindeutet, dass bei Patienten, die daran glauben, dass es funktioniert, eben dieser Glaube – das heißt, diese „eingefärbte" Wahrnehmung des Umweltreizes – die psychologische und physiologische Reaktion beeinflusst und gerade deshalb seine heilende Wirkung entfaltet.

Andere Forscher versuchten herauszufinden, ob es unter Patienten einen bestimmten Persönlichkeitstypus gibt, der auf den Placebo-Effekt besonders anspricht. Sie stellten fest, dass der Placebo-Effekt bei sämtlichen Patiententypen auftritt, was wiederum bedeutet, dass die Persönlichkeit des Patienten dabei kaum eine oder keine Rolle spielt. Die Persönlichkeit des Arztes, der das Placebo verabreicht, hat hingegen sehr wohl Auswirkungen. „Ärzte, die Vertrauen erwecken, optimistisch sind, an ihre Behandlung glauben, eine klare Diagnose stellen und Wärme, Sympathie und Anteilnahme ausstrahlen, erzielen einen größeren Placebo-Effekt."[174] Die Feststellung, dass Glaube und Haltung des Arztes offensichtlich Einfluss auf den Heilungsprozess seiner Patienten haben, stimmt mit den Forschungsergebnissen von William Braud sowie der Anthropologin Marylin Schlitz aus dem Jahr 1983 überein, über die die Wissenschaftsjournalistin Lynn McTaggart in ihrem Buch *Das Nullpunkt-Feld* (2001) berichtet.[175] Auf der Suche nach den Folgen dieser und anderer Erkenntnisse schreibt Lynne McTaggart: „Dies könnte auch bedeuten, dass die wichtigste Behandlung, die jeder Arzt seinen Patienten geben kann, darin besteht, dass er ihnen Gesundheit und Wohlbefinden wünscht.[176]

Während wir an Placebos erkennen können, dass positive Überzeugungen Wirkung haben, gilt dasselbe allerdings auch für negative Glaubensinhalte. „Wenn positives Denken Sie aus einer Depression holen und ein entzündetes Knie heilen kann, dann überlegen Sie einmal, was negatives Denken in Ihrem Leben anrichten kann“, spekuliert Bruce Lipton in seinem Buch *Intelligente Zellen.* Die Existenz des sogenannten Nocebo-Effekts – der Glaubenseffekt, der bei negativen Gedanken eintritt – lässt ihm zufolge ebenfalls darauf schließen, dass Ärzte, Eltern und Lehrer nicht nur positive Überzeugungen vermitteln, sondern auch das Gegenteil in uns einpflanzen können.[177]

Der Einfluss eines Menschen auf die Physiologie eines anderen

Der nordamerikanische Arzt Larry Dossey stellt fest, dass sich zurzeit in der Medizin eine monumentale Veränderung vollzieht. Zur Veranschaulichung unterscheidet er drei Zeitalter in der westlichen Medizin, die einander nicht ausschließen, sondern überlappen. Die medizinische Praxis des Ersten Zeitalters bezeichnet er als mechanische Medizin. Als Beispiele nennt er Operationen, Pharmazeutika und alle anderen physischen Mittel. Die medizinische Praxis des Zweiten Zeitalters erkennt an, dass unser Geist Einfluss auf den Körper hat. Diese medizinische Praxis kam nach dem Zweiten Weltkrieg auf, als der Einsatz von Biofeedback-Geräten möglich wurde. Als Beispiele für solche Behandlungsformen nennt er Entspannungstechniken, Meditation, die Arbeit mit inneren Bilder sowie die Hypnose.

Kennzeichnend für das Dritte Zeitalter sei eine Medizin, so schreibt er, in der die bewussten Gedanken, Einstellungen und Absichten eines Menschen die Physiologie eines anderen beeinflussen. In seinem Artikel „Unsolved Mystery of Healing: Distant Healing: Healing Mediated by Nonlocal Mind“ (Ungelöstes Heilungsgeheimnis: Fernheilung: Heilung durch nichtlokales Bewusstsein) schreibt Larry Dossey dazu: „Im Laufe der letzten beiden Jahrzehnte des 20. Jahrhunderts nahm die Dritte Ära oder die nichtlokale Medizin allmählich Gestalt an. Dieser Ansatz verkörpert die zentrale Vorstellung, dass die eigene Absicht Auswirkungen auf einen anderen Menschen haben kann, und zwar aus der Ferne, jenseits der Reichweite der Sinne, und sogar dann, wenn der ferne Mensch von derlei Bemühungen gar nichts weiß."[178] Beispiele für Behandlungsformen dieses Zeitalter sind Fernheilungsmethoden jeglicher Art.

Inzwischen wurde auch zu dieser letzteren Heilungsform viel geforscht. So haben zum Beispiel der Psychologe Fred Sicher und die Psychiaterin Elisabeth Targ (1998) aufgrund ihrer sorgfältig kontrollierten wissenschaftlichen Studien Beweise für Fernheilungsmethoden gefunden.[179] Ihre Untersuchungen zeigten, dass die Heilerinnen und Heiler, unabhängig von ihrer Heilungsmethode, wesentlich zum körperlichen und seelischen Wohlbefinden ihrer Patienten beitrugen.

Die Beziehung zwischen Bewusstsein und feinstofflicher Energie

Körperliche und psychologische Probleme entstehen durch negative Gedanken. Krankheit ist eine Folge verzerrten Denkens. Die ungünstigen Gedanken kommen aus dem Bewusstsein, sie dringen ins Unterbewusstsein und können von dort auf die Physis übertragen werden. Deshalb muss eine echte Heilung immer auf der spirituellen Ebene beginnen.

Hank Wesselman – Anthropologe – 1995[180]

Kranksein bedeutet Ungleichgewicht

Aufgrund dieser Ergebnisse erheben sich Fragen nach der wahren Natur von Krankheit und damit auch danach, was Heilung und Gesundheit eigentlich sind. Wenn Absicht sowohl im eigenen als auch im fremden Körper Gesundheit erzeugen kann, und wenn Gesundheit tatsächlich verbesserte Ordnung und größeres Gleichgewicht bedeutet, dann lässt dies darauf schließen, vermutet Lynne McTaggart in ihrem Buch *Das Nullpunkt-Feld*, dass Krankheit eine Störung dieser Ordnung oder dieses Gleichgewichts ist. Das würde wiederum bedeuten, dass Heilung eine Art Reprogrammierung ist, die dieses Gleichgewicht wiederherstellt.[181]

Die Erkenntnisse der russischen Forscher über die Torsionsfelder sind damit kompatibel. Nach ihrer Auffassung stellen Torsionsfelder die Information bereit, durch die die Materie, wie wir sie kennen, entsteht. Mit anderen Worten: Die physische Realität ist die Projektion dieser feinstofflichen Informationsfelder. Außerdem beschreiben sie die Torsionsfelder als dynamische Systeme, die ständig Wechselwirkungen, Einflüssen und Veränderungen ausgesetzt sind, welche durch Resonanz übermittelt werden. Während diese Veränderungen nicht immer sofort eine deutlich wahrnehmbare Wirkung auf der physischen Ebene entfalten, zeigen Untersuchungsergebnisse der neuen Wissenschaft des Bioelektromagnetismus (BEM), dass biologische Zellen und Prozesse auf unendlich kleine elektromagnetische Felder und Schwankungen reagieren. Dies alles weist offensichtlich darauf hin, dass körperliche Veränderungen – gemäß dem Gesetz der Macht – die Folge von Veränderungen in der Struktur des Torsionsfeldes sind.[182] Umgekehrt bedeutet dies natürlich auch: Wenn es uns gelingt, das Energiefeld bewusst zu verändern, können wir dadurch im Prinzip auch eine entsprechende Veränderung am physischen Körper bewirken.

Aufgrund ihrer langjährigen Forschungen über den Energiekörper kommt die Physiologin Valerie Hunt zum selben Schluss. Ihrer Auffassung nach entstehen viele physiologische Symptome infolge einer Störung im Energiefeld. Die körperlichen Symptome sind das Resultat der von ihr so bezeichneten „anti-kohärenten" Muster im Energiefeld. Dies ist kompatibel mit den Ergebnissen des deutschen Biophysikers Fritz-Albert Popp. Er stellte fest, dass die Biophotonen, die gesunde lebendige Organismen aussenden, kohärent sind, was bedeutet, dass alle Wellenbewegungen phasengleich zueinander sind. Gesundheit ist allem Anschein nach ein Kohärenzzustand, in dem das System fast ohne Widerstand arbeitet und eine perfekte subatomare Kommunikation möglich ist. Er entdeckte außerdem, dass diese Kohärenz bei kranken Organismen nicht vorhanden ist. Mit anderen Worten: Krankheit ist allem Anschein nach ein Zustand, in dem die Kohärenz gestört ist und die Wellenbewegungen nicht mehr phasengleich sind.

Im Rahmen ihrer Forschungen konnte Valerie Hunt auch zeigen, dass die physiologischen Symptome verschwinden und der Mensch wieder gesund wird, wenn diese „anti-kohärenten" Störungen im Energiefeld behoben werden. „Durch Manipulation des Energiefeldes", schreibt sie in ihrem Buch *Infinite Mind* (1996), „können wir die Kohärenz in allen Geweben und biologischen Systemen verfeinern und fördern. Dieser Ansatz könnte schnellere und gravierendere Resultate hervorbringen als jedes andere bekannte Vorgehen in Medizin, Psychiatrie oder Bildung."[183] Diese Schlussfolgerung steht vollkommen im Einklang mit dem Gesetz der Macht und dem Grundprinzip aller Energieheiler, wonach höhere Schwingungen niedrigere umwandeln und sich bei Wiederherstellung des Gleichgewichts im Energiekörper auch der physische Körper erholt.

Der Einfluss des Bewusstseins auf das Energiefeld

Die Bewusstseinsforschung hat nicht nur gezeigt, dass unser Bewusstsein und unsere Wahrnehmungsfähigkeit eng miteinander verknüpft sind, sondern auch, dass Bewusstsein in Form konzentrierter Absicht eine aktive Kraft ist, mit der wir bewusst auf Materie einwirken können. Der Psychologe Dean Radin kommt in seinem Buch *The Conscious Universe* zu folgendem Schluss: Die wahrscheinlich beeindruckendste Entdeckung der Bewusstseinsforschung ist, dass – wie eine große Anzahl von Experimenten vermuten lassen – das Bewusstsein nicht nur lokale physische Gegenstände beeinflussen, sondern sogar auch *über Entfernungen hinweg* auf Materie einwirken kann.

Diese Ferneinwirkung durch konzentriertes Bewusstsein ist bereits von mehreren Wissenschaftlern untersucht worden. Die Ergebnisse von Studien, bei denen sogenannte Zufallsgeneratoren eingesetzt wurden, zeigen, dass manche Probanden dabei besser abschnitten als andere und der Unterschied auf der Fähigkeit zur Konzentration ihrer Aufmerksamkeit beruht. Die besten Ergebnisse erzielten Personen, die sich sehr fokussiert konzentrieren konnten, sowie Gruppen aus aufeinander eingestimmten Teilnehmern – also wenn die ausgesandten Energiewellen kohärent und daher stark sind.

In Russland wiesen die Wissenschaftler L. N. Pyatnitsky und V. A. Fonkin den Einfluss des menschlichen Bewusstseins auf die Struktur von Wasser nach.[184] Der nordamerikanische Physiker William A. Tiller von der Stanford University entwickelte zusammen mit seinen Kollegen ein rigoroses experimentelles Verfahren, mit dem er unter Einsatz von IIEDs (Intention Imprinted Electrical Devices – absichtsgesteuerten elektrischen Geräten) 2005 nachweisen konnte, dass zielgerichtete menschliche Absichten nicht nur die Eigenschaften von Wasser, sondern auch die von Enzymen und Fruchtfliegenlarven signifikant verändern konnten.[185]

William A. Tiller kommt zu dem Schluss, dass diese Experimente zu verschiedenen Formen bewussten Erschaffens auf eindrückliche Weise zeigen, dass richtig angewandte menschliche Absicht die physische Realität nachweisbar und messbar beeinflussen kann.[186] Seiner Auffassung nach können die starken Auswirkungen von Absicht und Emotion nicht mehr außer Acht bleiben – weder bei der Heilung, noch in der wissenschaftlichen Forschung, noch im Alltag. „Es zeichnet sich ein Bild ab", schreiben die Wissenschaftler William A. Tiller, Walter Dibble jun. und Michael Kohane in ihrem Buch *Conscious Acts of Creation. The Emergence of a New Physics* (2002), „das zeigt, dass unsere Gedanken und Gefühle tatsächlich unsere Realität erschaffen."

Skalarenergie jenseits von Raum und Zeit

Eine wachsende Anzahl von Wissenschaftlern vermutet, dass das Phänomen, wonach Bewusstsein Materie aus der Ferne beeinflussen kann, mit dem Denkmodell von Energiefeldern, die aus elektromagnetischer Energie bestehen, nicht vollständig zu erklären ist. Mit anderen Worten, sie gehen davon aus, dass möglicherweise etwas anderes im Spiel ist als die vier in der Physik anerkannten Kräfte (Elektromagnetismus, Schwerkraft sowie starke und schwache Atomkraft).

Valerie Hunt schreibt in ihrem Artikel „Bioscalar Energy: The Healing Power" (2005; Bioskalar-Energie: die heilende Kraft)[187], dass sich diese Vermutungen für sie bestätigten, als sie erkannte, dass nicht alle Heiler elektromagnetische Energie verwenden. Es gibt auch Heilerinnen und Heiler, die sich überhaupt nicht der elektromagnetischen, sondern vielmehr einer anderen, passiveren Energie bedienen. Sie ahnte, dass diese unbekannte Energie eben diejenige sein könnte, die viele Weisheitstraditionen als *Chi*, *Prana* oder Lebenskraft bezeichnen. Außerdem glaubt sie, dass dies vermutlich die sogenannte *Bioskalar-Energie* ist, wie wir heute sagen. „Der Elektromagnetismus, über den wir so viel wissen, hat Frequenzen, Wellenaktivität und Bewegung, die wir messen können. Skalarenergie, so heißt es, hat jedoch keine Frequenzen, sie ist statisch; eine stationäre Energie, die daher mit unseren heutigen Frequenz-Instrumenten nicht messbar ist." Auch William Tiller vermutet, dass es eine Verbindung gibt zwischen unserem Bewusstsein und unserer Absicht auf der einen sowie dem Phänomen der nur schwer messbaren „feinstofflichen Energie" auf der anderen Seite.

Diese Vermutungen wurden anscheinend durch experimentelle Forschungen in China und Russland bestätigt. Im Laufe der letzten zehn Jahre hat der Arzt Yan Xin in China umfassend über die besonderen Fähigkeiten von

Qigong-Meistern und das Phänomen der feinstofflichen Energie geforscht, die man in China unter dem Begriff *Ki* oder *Chi* kennt.

Qigong-Meister können durch ihre konzentrierte Aufmerksamkeit das Chi bewusst einsetzen. Yan Xin gelang der Nachweis, dass sie damit nicht nur die Gesundheit auf positive Weise beeinflussen, sondern auch messbare Veränderungen in den Eigenschaften von lebenden und nichtlebenden Materialien auslösen können.[188]

In Russland haben Anatoly Akimov und andere Forscher, die sich mit Torsionsfeldern beschäftigen, festgestellt, dass die vielen Entdeckungen, die mit den vier in der Physik anerkannten Kräften nicht zu erklären sind, im Kontext dynamischer Torsionsfelder verständlich werden.[189] Bioskalare Energie scheint mit der feinstofflicheren Energie, die sie als einen Bestandteil des Torsionsfeldes beschreiben, übereinzustimmen; denn die russischen Physiker stellten fest, dass das Torsionsfeld nicht nur aus elektromagnetischen Wellen, sondern auch aus einer feinstofflicheren Energie besteht, die anscheinend am Rande der physischen Realitätsebene und sogar auf der Realitätsebene jenseits von Raum und Zeit existiert. Mit anderen Worten: Das Torsionsfeld besteht allem Anschein nach – in Übereinstimmung mit dem Gesetz der Entsprechung – aus einem elektromagnetischen Teil und einem Teil aus feinstofflicher Energie, welche jenseits von Raum und Zeit existiert. Ihm zufolge ist auch das menschliche Energiefeld aus diesen beiden Komponenten zusammengesetzt. Dies entspricht wiederum offensichtlich dem *Kraft*-Körper in der Welt der *Kraft*, mithin also in der Welt von Zeit und Raum, und dem Geistkörper, der in der Geisteswelt und damit jenseits von Raum und Zeit existiert.

Die Fähigkeit des Bewusstseins, aus der Ferne auf Materie einzuwirken, ist anscheinend mit dieser feinstofflichen Energie des Torsionsfeldes verbunden, die auch als Bioskalar-Energie bezeichnet wird. Die Skalarwellen existieren am Rande der physischen Realitätsebene *und* auf der Realitätsebene jenseits von Zeit und Raum. Als solche fungieren sie als Informationsträger zwischen den verschiedenen Realitätsebenen. Das Besondere an diesen Bioskalar-Wellen ist außerdem, dass sie – gerade weil sie auch auf der Realitätsebene jenseits von Raum und Zeit existieren – superluminar, d. h. nicht auf Lichtgeschwindigkeit beschränkt sind. Skalarwellen können deshalb Informationen augenblicklich durch die Realitätsebene jenseits von Raum und Zeit übertragen; so dass Zeit und Entfernung bei dieser Form der Informationsübertragung – und damit auch bei der Fernbeeinflussung – keine Bedeutung haben.

Kapitel Sieben

Das vierte Gesetz – Das Gesetz der Polarität

Die falsche Vorstellung lehrt, dass Dinge wie Licht und Schatten, lang und kurz, schwarz und weiß verschieden sind und unterschieden werden müssen; aber sie sind nicht unabhängig voneinander; sie sind lediglich verschiedene Aspekte derselben Sache, sie sind Begriffe der Relation, nicht der Realität.

Der Buddha[190]

Alles existiert in relativer Dualität

Das vierte universelle Gesetz ist das Gesetz der Polarität. Während das Gesetz der Einheit besagt, dass alles im Universum aus ein und derselben Einheit oder Quelle hervorgeht, dass alles untereinander verbunden ist und schließlich in diese Einheit zurückkehrt; während das Gesetz der Entsprechung besagt, dass aus dieser Einheit ein Universum hervorgegangen ist, das aus verschiedenen Realitätsebenen besteht; und während das Gesetz der Schwingung besagt, dass alles, was in diesem mehrschichtigen Universum existiert, Bewegung ist, besagt das Gesetz der Polarität, dass alle diese Bewegung in relativer Dualität existiert. Dualität ist das Wesen des Universums. Wir können etwas nur dann sehen, wenn es sich von etwas anderem unterscheidet. Ohne Unterschiede gibt es kein wahrnehmbares Universum.

▶ Alles charakterisiert sich durch ein Gegensatzpaar

Wenn alles in der Dualität existiert, bedeutet dies, dass alles zwei Seiten hat und durch ein Gegensatzpaar gekennzeichnet ist. Wo man also den einen Aspekt von etwas findet, muss es irgendwo anders auch den gegenteiligen Aspekt geben.

▶ **Alle Polarität ist relativ**

Das Gesetz der Polarität besagt auch: Obgleich alles in der Dualität existiert, ist diese Polarität doch relativ. Das bedeutet, es gibt zwischen den Extremen einer Sache keine absoluten Unterschiede, sondern es ist vielmehr alles eine Frage von Abstufungen und daher relativ. Wir können nur dann etwas als kalt erleben, wenn wir etwas anderes als warm erfahren. Deshalb heißt das Gesetz der Polarität auch das Gesetz der Universellen Relativität.

▶ **Alle Gegensätze sind vereinbar**

Das Gesetz der Polarität besagt auch, dass alle Gegensätze miteinander vereinbar, weil relativ sind. Wenn wir Gegensätze als relativ betrachten, können wir ihre Beziehung zueinander erkennen, indem wir uns auf „die höhere Ebene" begeben und dort feststellen, dass sie ihrem Wesen nach gleich sind. Dann können wir die Gegensätze miteinander vereinbaren oder „versöhnen", wie das Kybalion sagt. Deshalb heißt dieses Gesetz auch Gesetz der Versöhnung.

▶ **Das Gesetz des Göttlichen Paradoxons**

Ein besonderer Teil des Gesetzes der Polarität ist das Gesetz des Göttlichen Paradoxons, auch bekannt unter der Bezeichnung Gesetz der Wahrheit. Dieses Gesetz besagt, dass auch Wahrheiten in der Dualität existieren, dass auch Wahrheiten relativ und daher immer nur „Halbwahrheiten" sind. Das Paradoxe an diesem Gesetz ist jedoch, dass Absolute Wahrheit als eines von zwei Extremen der Wahrheit existiert. Auf der einen Seite gibt es die relative Wahrheit und auf der anderen die Absolute Wahrheit – und dazwischen viele verschiedene Wahrheitsstufen.

Die Schöpfungsmythen erzählen vom Ursprung des ersten Gegensatzes

Ohne Dualität gibt es keine Schöpfung. Einzig aufgrund dieser Gegensätze geschah Schöpfung.

Sadhguru Jaggi Vasudev – Yogi und Mystiker aus Südindien – 2003[191]

Die Schöpfungsmythen der Völker und Weisheitstraditionen aus der ganzen Welt besagen, dass es ohne Dualität in Gestalt des Unterschiedes kein wahrnehmbares Universum gäbe. Diese Geschichten erzählen nicht nur

– wie wir beim Gesetz der Schwingung gesehen haben – von der ersten reinen Schwingung, mit der das Universum erschaffen wurde, sondern sie berichten auch in symbolischer Sprache, wie aus der ursprünglichen Einheit in Gestalt des ersten Gegensatzes die Polarität hervorging.

Begeben wir uns deshalb einen Augenblick lang in die Situation, die als „im Anfang“ beschrieben wird. Wie wir bereits an früherer Stelle gesehen haben, besagen alle Schöpfungsmythen, dass vor der allerersten Schwingung eine formlose Leere war, ein „Ur-Meer“, das auch als Schöpfungsmutter bezeichnet wird. Nach dem ägyptischen Mythos trug dieses „Ur-Meer“ den Namen Nun, und der Schöpfer, Atum, war ursprünglich ganz von Nun bedeckt. Solange Atum vom „Ur-Meer“ bedeckt ist und daher im absoluten Gleichgewicht mit der Schöpfungsmutter lebt, gibt es nur Einheit. In dieser Einheit unterscheidet sich nicht *eines* vom anderen, und zwar einfach deshalb, weil etwas, um erkennbar zu werden, sich von etwas anderem abheben muss. Mit anderen Worten, Unterschiede gibt es nicht, und ohne Unterschiede gibt es kein wahrnehmbares Universum.

Alle Mythen besagen, dass danach der Wunsch oder die Absicht entstand, ein großes Spiel der Kräfte manifest und daher wahrnehmbar zu machen. Damit die Erschaffung dieses Spiels der Kräfte überhaupt beginnen konnte, musste sich Atum zunächst von Nun ablösen. Mit anderen Worten, die erste Polarität musste entstehen. Erst nachdem Atum sich von Nun gelöst hatte, das heißt erst nach der Teilung der Einheit in zwei und nachdem Dualität entstanden war, konnte die erste reine Schwingung als der Beginn der Schöpfung ausgesandt werden. Die Entstehung der Zwei als Subjekt *und* Objekt ist die Dualität, durch die alles, was es gibt, erkennbar werden kann.

Wir nehmen Verhältnisse zueinander wahr

Diese Schöpfungsmythen besagen im Grunde, dass wir nicht so sehr objektive Dinge wahrnehmen, sondern vielmehr lediglich *deren Verhältnisse zueinander*. Deshalb besagt das Gesetz der Polarität, dass Gegensätze stets relativ sind und Anteile betreffen, die zueinander in einem Verhältnis stehen. Gegensätze sind die Extreme „derselben Sache“, wobei es zwischen den beiden Extremen auf einem Kontinuum viele Abstufungen gibt. Das Gesetz der Polarität besagt auch, dass die verschiedenen Abstufungen zwischen den beiden Extremen so allmählich ineinander übergehen, dass man unmöglich angeben kann, wo die eine aufhört und die andere anfängt. In den meisten Weisheitstraditionen wird dies am Beispiel von Hitze und Kälte veranschaulicht. Wir kennen Hitze und Kälte nur als relative Begriffe in Bezug aufeinander, und wir können nicht absolut bestimmen, wo Kälte aufhört und Hitze anfängt. Beides sind Aspekte desselben, nämlich Aspekte der Temperatur. Ebenso sind Jugend und Alter verschiedene Abstufungen des Alters, und auch Freude und Traurigkeit sind keine absoluten Erfahrungen, sondern vielmehr zwei verschiedene Pole derselben Realität. Das Tao te king drückt dies in seiner poetischen Sprache folgendermaßen aus:

Wenn auf Erden alle das Schöne als schön erkennen,
so ist dadurch schon das Hässliche gesetzt.
Wenn auf Erden alle das Gute als gut erkennen,
so ist dadurch schon das Nichtgute gesetzt.
Denn Sein und Nichtsein erzeugen einander.
Schwer und Leicht vollenden einander.
Lang und Kurz gestalten einander.
Hoch und Tief verkehren einander.
Stimme und Ton sich vermählen einander.
Vorher und Nachher folgen einander.[192]

Alle Gegensatzpaare sind auf höherer Ebene miteinander vereinbar

Wenn wir gegen etwas sind, dann bauen wir eine Polarität auf und legen Grund zum Streit. Wenn wir aber beobachten und anerkennen, was ist, dann entsteht ein Gleichgewicht, ein Strom, ein Weg, auf dem die Lösung erkannt werden kann.

Dhyani Ywahoo – Weisheitshüterin der Cherokee – 1987[193]

Wenn wir das Leben durch unsere fünf Sinne erfahren – Sehen, Riechen, Schmecken, Hören und Tasten – weisen unsere Erfahrungen eine gewisse Dualität auf, und wir erleben die Welt als aus Gegensätzen bestehend. Daran ist nichts verkehrt, denn in der Dualität liegt der Ursprung aller unserer angenehmen Erfahrungen. Gäbe es keine Gegensätze, gäbe es auch die angenehmen Dinge nicht. Zugleich aber ist diese Dualität auch der Ursprung aller schmerzlichen und traurigen Erfahrungen, die wir machen. Auch daran ist nichts verkehrt, denn solange wir wissen, dass wir Gegensätze überwinden können, können wir unsere Erfahrungen mit beiden Aspekten der Dualität nutzen, um daraus zu lernen und immer klüger zu werden. Wissen wir jedoch nichts über die Vereinbarkeit von Gegensätzen, können wir uns in dieser Welt der Gegensätze verfangen, und es kommt uns so vor, als könnten wir nichts dagegen tun. Mystiker aus vielen Weisheitstraditionen sagen, dass die Unfähigkeit, Gegensätze zu überwinden, das Leben sehr stark einschränken kann. Deshalb ermuntern sie uns, die Gegensätze, die wir erleben, miteinander zu versöhnen.

Sobald wir wissen, dass Gegensätze gemäß dem Gesetz der Polarität Aspekte ein und derselben Sache sind, können wir die relative Natur der Unterschiede erkennen und uns auf die Suche begeben, inwiefern sie das Gleiche sind. Einen Anfang zur Versöhnung der Gegensätze können wir machen, indem wir unsere „entweder-oder“-Haltung aufgeben, nicht indem wir Kompromisse eingehen, sondern indem wir in den Begriffen „sowohl – als auch“ denken, indem wir also auf einer höheren Ebene die Synthese der verschiedenen Aspekte derselben Sache herstellen.

In etlichen Kulturen findet sich diese Versöhnung von Gegensätzen in Gestalt einer Göttin. So steht in der hinduistischen Tradition zum Beispiel die Göttin Kali für die Erkenntnis, dass Gegensätze nicht sind, was sie scheinen. Sie versöhnt alle Gegensatzpaare miteinander, indem sie auf merkwürdige Weise den Schrecken absoluter Zerstörung mit einer unpersönlichen, aber mütterlichen Bestärkung verbindet. In den alteuropäischen Kulturen, die vor etwa fünf- bis sechstausend Jahren rund ums Mittelmeer entstanden, verkörperte die Göttin ebenfalls sowohl die Einheit als auch die Dualität von Leben und Tod. Riane Eisler schreibt in ihrem Buch *Kelch und Schwert* (1987, dt. 1989), auf dieselbe Weise würden auch andere gegenteilige Prinzipien in der Göttin miteinander vereint. „Geburt und Tod der ganzen Menschheit und der Natur waren in der alten Religionsmythologie Manifestationen des Gegensatzes und der essenziellen Einheit der schöpferischen und zerstörerischen Kräfte der Göttin.“[194]

Manche Weisheitstraditionen sagen, dass jede Dualität automatisch eine Trinität impliziert, bestehend aus den beiden Polen der Dualität sowie der versöhnenden Beziehung zwischen ihnen. John Anthony West schreibt in seinem Buch *Die Schlange am Firmament* (1993, dt. 2000): „Das Herz, nicht der Kopf versteht Drei. (…)’Verstehen‘ ist vielmehr eine emotionale als eine intellektuelle Funktion und praktisch ein Synonym für Versöhnung, für Beziehung. Je mehr jemand versteht, desto mehr kann sie oder er versöhnen und in Beziehung treten. Je mehr man versteht, desto mehr versöhnt man scheinbare Unvereinbarkeiten und Widersprüche miteinander."[195] Weil entsprechend dem Gesetz der Polarität alles in der Dualität existiert und auch Geist und Materie zwei Pole derselben Sache, nämlich unterschiedliche Schwingungsgrade sind, leben auch wir Menschen in dieser Polarität aus Geist und Materie. Wenn wir nur unsere physischen Aspekte als real anerkennen, befinden wir uns auf der einen Seite dieser Polarität und ignorieren die andere. Wenn wir uns umgekehrt nur auf die Entwicklung unserer nicht-physischen, spirituellen Seite konzentrieren und dabei unseren körperlichen Aspekt ignorieren, bewegen wir uns in Richtung der anderen Polarität. Die Versöhnung, die wir als Seele in einem physischen Körper suchen, ist ein Gleichgewichtszustand zwischen Geist und Materie in Gestalt einer Synthese auf einer höheren Ebene. Wenn uns dies gelingt, können wir in der Realität der physischen Welt leben sowie zugleich durch einfache Bewusstseinsverschiebung die Realität der nichtphysischen Welt wahrnehmen. Mystiker sagen, dass wir das Leben jenseits der Dualität nicht durch Deutung unserer Sinneswahrnehmungen erfahren, sondern durch die unmittelbare Wahrnehmung der Welt wie sie ist.

Das Gesetz des Göttlichen Paradoxons: Absolute und relative Wahrheit

Es ist nur dann möglich zu verstehen, was sie [die Sufi-Mystiker] sagen, wenn wir unsere Gedanken über die normale Reichweite hinausschieben. Wir können sie nur verstehen, wenn wir uns vorzustellen wagen, wie die Dinge sich aus der unserer Perspektive entgegengesetzten Sicht darstellen, aus dem antipodischen Blickwinkel, den die Sufis den „göttlichen Blick" nennen.

Pir Vilayat Inayat Khan – Sufi – 2003[196]

Paradoxa

Wenn das Gesetz des Göttlichen Paradoxons besagt, dass Wahrheiten relativ sind, dann bedeutet dies, dass jede Wahrheit auf ihrer Ebene und aus ihrer Sicht gültig ist. Mit anderen Worten, jede Wahrheit kann nur innerhalb eines bestimmten Zusammenhangs wahr sein, obwohl wir diesen Zusammenhang nicht immer kennen. Beispiele für einen solchen Zusammenhang sind unsere Überzeugungen, und dies können sowohl unsere bewussten als auch unsere unbewussten Überzeugungen sein.

Der größere Rahmen unserer relativen Wahrheit ist unser Bewusstseinszustand. Jedes Wahrheitsmodell, das wir erschaffen, ist unweigerlich nur eine Widerspiegelung unserer Bewusstseinsstufe. Auch alles, was ich hier schreibe, ist relativ und begrenzt durch meine Überzeugungen und meine Bewusstseinsstufe, denn die verschiedenen Weisheitstraditionen besagen, dass es unmöglich ist, etwas zu verstehen, was die eigene Bewusstseinsstufe übersteigt. Paradoxa und Vieldeutigkeiten entstehen, wenn das, was auf einer Bewusstseinsstufe wahr ist, mit dem verwechselt wird, was auf einer anderen gilt. Zum Glück können wir uns entwickeln und daher über unsere momentane Bewusstseinsstufe hinausgelangen.

Im Zen verwendet man ein *Koan* – ein Rätsel, einen kurzen Satz oder ein Paradoxon – als Methode, um seine momentane Bewusstseinsstufe zu überschreiten. Unserem rationalen Denken ist bei einem Paradoxon nicht wohl, denn es glaubt an seine Hypothese von der Realität, und ein Zen-*Koan* unterläuft diesen Glauben. Unserer Seele fällt es jedoch leichter, Gegensätze in einer fruchtbaren und schöpferischen Synthese miteinander zu vereinen. Unser rationales Denken hingegen will verstehen und begreift doch nicht, dass es selbst und unsere auf ihm beruhenden Erkenntnisse durch unsere momentanen Überzeugungen und unsere augenblickliche Bewusstseinsstufe begrenzt werden. Wenn wir dies begreifen, wird auch klar, dass wir unsere Begrenzung nur dann überwinden können, wenn wir zunächst einmal akzeptieren, dass wir das Koan oder das Rätsel nicht verstehen *können*. Daher kommt der Durchbruch dann, wenn es uns gelingt, alte Theorien loszulassen und uns von dem zu befreien, womit wir an unserer momentanen begrenzten Bewusstseinsstufe festhalten. Dies gibt der Seele Raum und ermöglicht ihr, in der Offenheit und Weite jenseits des üblichen Denkens zu agieren. Dies wiederum führt uns auf eine höhere Bewusstseinsstufe. Sobald wir die Antwort auf ein *Koan* gefunden haben, ist es kein Paradoxon mehr, weil es uns gelungen ist, die Realität von einer anderen Stufe aus wahrzunehmen. Ein solcher Perspektivenwechsel kann unser Leben von Grund auf verändern.

Wahrheit und Wahrheiten

Das bedeutet, dass Lösungen von Paradoxa zugleich auf einer Ebene wahr sein und auf einer anderen unwahr erscheinen können. Was für jemanden mit begrenztem Bewusstsein wahr ist, kann aus der Sicht eines anderen mit einem erweiterten Bewusstsein unwahr sein. Auch umgekehrt mag, was jemandem mit erweitertem Bewusstsein als Wahrheit gilt, für jemanden mit einem begrenzteren Bewusstsein die Unwahrheit sein. Daher wird ihr Wert durch die Begrenzungen eines solchen Zuhörers verfälscht.

Aus einem bestimmten Bewusstseinszustand heraus klingt das Gesetz des Göttlichen Paradoxons – alle Wahrheit ist relativ, aber es gibt auch eine Absolute Wahrheit als eines der beiden Extreme der Wahrheit – deshalb wie ein Widerspruch in sich. Aus einem anderen Bewusstseinszustand heraus kann es hingegen völlig selbstverständlich klingen. Genau dies will uns die Sufi-Geschichte von den Blinden und dem Elefanten, die ich in der Einleitung zu diesem Buch erzählt habe, sagen. Weil niemand unter den Blinden etwas so Großes wie einen Elefanten mit einem Mal vollständig erfassen konnte, war das, was jeder wahrnahm und den anderen berichtete, zwar tatsächlich eine Wahrheit, aber eben eine relative. Nebenbei bemerkt, heißt das nicht, dass es den Elefanten als solchen – die Absolute Wahrheit – nicht gibt. Ähnlich ist das, was wir wahrnehmen, fast immer eine relative Wahrheit und als solche nur ein Teil der Absoluten Wahrheit.

Die einzigen, die „den ganzen Elefanten“ – die Absolute Wahrheit – kennen, sind die sogenannten Mystiker. Während ihrer Erfahrungen des Einsseins erleben sie die Absolute Wahrheit. Wie wir gesehen haben, steht die Erkenntnis der Absoluten Wahrheit im Zentrum aller Weisheitstraditionen. Deshalb finden wir darin auch stets Beschreibungen davon, wobei der „Elefant“ in jedem Glaubenssystem offenbar ein wenig anders aussieht. Das bedeutet jedoch nicht, dass die Absolute Wahrheit selbst anders wäre.

Wenn wir versuchen, mit den Augen der Mystiker zu sehen, wird der Unterschied zwischen der Absoluten und der relativen Wahrheit deutlich. Aus der Sicht der Mystikerinnen und Mystiker – also aus ihrem Erleben des Einsseins mit allem heraus – gibt es weder wirklich noch unwirklich, weder wahr noch unwahr, weder Dualismus noch Nicht-Dualismus, sondern nur die Wahrnehmung dessen, was ist. Die höchste Realität schließt das Nichtmanifeste und das Manifeste, das Geformte und das Formlose, das Vorübergehende und das Zeitlose mit ein. Aus diesem absoluten Blickwinkel erscheint alles, was einen Anfang und ein Ende hat, in gewissem Sinne unwirklich und unwahr – als bloße Illusion. Deshalb erklären die vedischen Schriften, dass die physische Welt in Wirklichkeit eine Welt der *Maya*, der Illusion ist.[197] Den Mystikern zufolge ist die Absolute Wahrheit aus dieser Unbedingten Sicht diejenige, welche ewig und unendlich ist. Sie ist das, was existiert hat, „bevor" Bewusstsein entstand, was immer noch existiert und in Ewigkeit existieren wird. Die Überwindung dieser Welt der Illusion und die Wahrnehmung der Einheit der Schöpfung gelten in vielen Weisheitstraditionen als das höchste Ziel des Menschen.

Zwar stützen sich alle Weisheitstraditionen und Glaubenssysteme im Wesentlichen auf Erkenntnisse aus dieser absoluten Perspektive, aber sie sagen auch, dass dieser allumfassende Blickwinkel nur eine Seite der Medaille ist. Die andere Seite beinhaltet sämtliche Abstufungen der relativen Wahrheit, also all jenes, was die Menschheit gedacht hat, denkt und in Zukunft denken wird. Was die Menschheit denkt, ist veränderlich und vergänglich, und daher sind auch alle relativen Wahrheiten vergänglich. Wenn wir unser Bewusstsein erweitern, entwickeln sich unser Blickwinkel, unsere Überzeugungen und mithin unsere Sicht der Wahrheit ebenfalls weiter. Je mehr sich unser Blickwinkel weitet, desto offensichtlicher wird für uns, dass Wahrheiten relativ sind. Dabei wird auch die zugrunde liegende Kohärenz und Synthese deutlich, aufgrund derer wir zur Erkenntnis dieser Wahrheiten gelangen.

Die bewusste Verwendung der Erkenntnis des Gesetzes der Polarität

Ich glaube, dass es Erfahrungspole gibt und in der Begegnung dieser Pole eine Dynamik liegt, die wesentlich bedeutender ist als jede statische Erfahrung des einen oder anderen Pols.

Pir Zia Inayat Khan – Sufi – 2000[198]

Unsere Erkenntnis des Gesetzes der Polarität können wir auf unterschiedliche Weise zu unseren Gunsten nutzen. Auf der Suche nach der Wahrheit werden wir immer wieder damit konfrontiert, dass das, was der eine für die Wahrheit hält, für den anderen womöglich keineswegs wahr ist. Weil unser eigener Blickwinkel immer relativ ist, besagt die hermetische Philosophie, es sei stets hilfreich, nach der „Kehrseite" jeder Frage zu suchen, auch dort, wo eine Seite der Wahrheit relativ und die andere die Absolute Wahrheit ist.[199] Wenn alles in der Dualität existiert, dann bedeutet dies, dass etwas, das wir gerade von seiner negativen Seite erleben, auch eine positive Seite haben muss. Dieser Erkenntnis begegnen wir in den meisten Weisheitstraditionen.

Der Dalai Lama erklärt in seinem Buch *Der Pfad des Glücks: Erfülltes Leben durch Bewusstseinsänderung* (1999, dt. 2001) in beeindruckender Weise, dass wir uns dies zunutze machen können, indem wir bewusst die andere Seite suchen. Er, der 1959 aus seinem bis heute von den Chinesen besetzten Land fliehen musste, sagt uns, dass wir lernen können, unsere negativen Gefühle in den Griff zu bekommen, indem wir uns auf die guten Eigenschaften unserer Feinde konzentrieren und versuchen, Achtung und Sympathie für sie zu entwickeln. Er schreibt: „Einerseits stellt unser Feind uns vor Probleme. Andererseits gibt dieser Mensch uns Gelegenheit, Geduld und Toleranz zu zeigen, zwei Eigenschaften, die für Mitgefühl und Selbstlosigkeit notwendig sind.“[200]

Die Versöhnung scheinbarer Gegensätze

Unsere Erkenntnis des Gesetzes der Polarität können wir auch dazu nutzen, Gegensätze bewusst miteinander zu verbinden. Diese Vereinbarung oder Versöhnung ist jene Art von Synthese, bei der beide Elemente in eine höhere Einheit überführt werden, welche die Eigenschaften der einzelnen Elemente überwindet. Mit anderen Worten: Die Synthese ist etwas Neues.

Eine solche Synthese erzeugen wir, indem wir zunächst beide Gegensätze vollständig akzeptieren. Wenn wir zum Beispiel einen ängstlichen Pessimismus verspüren, dann wissen wir im Grunde, dass es auch das Gegenteil gibt, nämlich in Form eines blinden Optimismus. Dadurch, dass wir den ängstlichen Pessimismus zunächst einmal fühlen, anerkennen und vollkommen akzeptieren; dadurch, dass wir dieses Gefühl und danach auch sein Gegenteil, den blinden Optimismus, uneingeschränkt zulassen, können wir zwischen beiden bewusst hin- und herwechseln. Wenn es uns gelingt, beide abwechselnd und urteilsfrei zu verspüren, beide vollkommen zu akzeptieren und eines nach dem anderen zuzulassen, dann gelangen wir irgendwann an den sogenannten *Tipping Point*, den Umkipp-Punkt. Durch das Gleichgewicht, das unser abwechselndes Zulassen der gegensätzlichen Gefühle geschaffen hat, kommen wir in Kontakt mit unserer Mitte, wodurch wir uns wiederum für eine „Ebene jenseits der Gegensätze“ öffnen können. Aus dieser stabilen Position heraus können wir einen neutralen Blick für die Situation entwickeln, wodurch wir wiederum fähig werden, alles, was in diesem Augenblick *ist*, zu sehen, zu erkennen und zu akzeptieren.

Während der Kompromiss zwischen Pessimismus und Optimismus vermutlich praktischer Realismus ist, entdecken wir in der Position der Neutralität, dass die Versöhnung der beiden Gegensätze bedeutet, dass wir die Realität klar und genau so erkennen können, wie sie ist. Der Kompromiss zwischen Anpassung und Widerstand ist möglicherweise Nachgiebigkeit. Das Resultat einer Synthese von Anpassung und Widerstand auf einer höheren Ebene kann jedoch Transformation sein. Ist der Kompromiss zwischen Dogmatik und Zweifel vermutlich gesunder Menschenverstand, so kann die Synthese der beiden die Form spiritueller Erkenntnis annehmen.

WESTLICHE WISSENSCHAFT UND DAS GESETZ DER POLARITÄT

Immer wenn das Wesen der Dinge vom Intellekt analysiert wird, muss es absurd oder paradox erscheinen. Dies haben die Mystiker immer erkannt. Die Wissenschaft jedoch stellte sich dieses Problem erst in jüngster Zeit.

Fritjof Capra – Physiker – 1975[201]

Auf das Gesetz der Polarität stoßen wir in der westlichen Wissenschaft zunächst in Form der Paradoxa, mit denen die Pioniere der Quantenphysik zu kämpfen hatten. Erst dadurch, dass sie diese Paradoxa akzeptierten, konnten sie über die bis dahin gängigen Vorstellungen hinausblicken und die scheinbaren Gegensätze aus einem erweiterten Blickwinkel miteinander vereinbaren. Die Erkenntnisse der Quantenphysik haben schließlich den Weg zu einer völlig neuen Verständnisebene frei gemacht, wobei die tiefgreifendste Erkenntnis lautet, dass selbst objektive Beobachtungen relativ sind.

Die subatomaren Paradoxa

Bei der Erforschung der subatomaren Welt entdeckten die Pioniere der Quantenphysik, dass subatomare Einheiten wie Photonen und Elektronen offensichtlich dualen Charakter haben. Jeweils den Umständen entsprechend, schienen sie sich wie eine Welle oder ein Teilchen zu verhalten. Aber damit nicht genug – diese Wissenschaftspioniere stießen ständig auf Paradoxa. So entdeckten sie zum Beispiel auch, dass diese Teilchen zugleich zerstörbar *und* unzerstörbar waren. „Jedes Mal, wenn die Physiker mit einem atomaren Experiment der Natur eine Frage stellten, antwortete die Natur mit einem Paradox, und je mehr sie die Lage zu klären versuchten, desto größer wurden die Paradoxa", umreißt der Physiker Fritjof Capra diese verwirrende Zeit der Physik in seinem bekannten Buch *Das Tao der Physik* (1975).[202]

Es dauerte lange, so schreibt er, bis diese Wissenschaftler akzeptieren konnten, dass diese Paradoxa immer dann auftraten, wenn sie versuchten, Ereignisse auf subatomarer Ebene mit den Begriffen der klassischen Physik zu beschreiben. Schließlich stellte der dänische Physiker Niels Bohr (1885-1962) fest, dass die klassischen Vorstellungen von „Welle" und „Teilchen" die wirkliche Welt nicht vollständig beschreiben, sondern dass vielmehr beides nur zum Teil richtig ist und ein begrenztes Anwendungsgebiet hat. So kam er zu dem Schluss, dass die Teilchen- und Welleneigenschaften zwei einander ergänzende (komplementäre) Aspekte derselben Realität sind und eine vollständige Beschreibung der atomaren Wirklichkeit beide erfordert. Diese Erkenntnis wird als *Bohrsches Komplementaritätsprinzip* bezeichnet.

Indem nun also endlich die Relativität der scheinbaren Widersprüche erkannt worden war, war der Weg frei für die Vereinbarung der Gegensätze durch Überwindung der Paradoxa und die Suche nach den Antworten auf einer höheren Ebene, auf der die grundlegende Einheit zu entdecken sein würde. Diese Erkenntnis fasste Albert Einstein in seinem Satz zusammen, wonach ein Problem nicht auf derselben Bewusstseinsebene gelöst werden kann, auf der es entstanden ist.

„Als dies erkannt war, lernten die Physiker, die richtigen Fragen zu stellen", erklärt Fritjof Capra.[203] Sie entdeckten zum Beispiel, dass das Paradoxon, wonach subatomare Teilchen zugleich zerstörbar und unzerstörbar sind, solange bestehen blieb, wie sie an der Ansicht festhielten, Materie sei statisch und aus Grundbausteinen zusammengesetzt. „Das scheinbare Paradox löst sich erst dann auf", fasst Fritjof Capra diese neue Erkenntnis zusammen „wenn wir uns ... die dynamische, relativistische Anschauung zu eigen machen."[204]

Alles erweist sich als relativ

Tatsächlich war dies erst der Anfang einer ganzen Reihe wissenschaftlicher Entdeckungen über die Prinzipien des Gesetzes der Polarität. Als relativ erwies sich nicht nur das Verhalten der subatomaren Teilchen, sondern zu Beginn des 20. Jahrhunderts postulierte der Physiker Albert Einstein, dass auch die Zeit relativ sein müsse. Damit wollte er sagen, dass Zeit eine relative Vorstellung ist und vom Beobachter abhängt: Ereignisse, die für den einen „gleichzeitig" eintreten, können sich für den anderen als Abfolge separater Einzelgeschehnisse darstellen.[205] Die Schlussfolgerung, die daraus zu ziehen war, lautete, dass es keine absolute Deutung der Aussage „es geschah gleichzeitig" gibt, zumindest nicht so, dass sie für alle Beobachter eindeutig ist.[206]

Mit die tiefgreifendste Erkenntnis war schließlich, dass sogar objektive Beobachtungen relativ sind. In der wissenschaftlichen Gemeinschaft galt die notwendige Trennung zwischen Subjekt und Objekt immer als äußerst wichtig. Relativitäts- und Quantentheorie haben jedoch gezeigt, dass der Beobachter oder der Beobachtungsapparat nicht als vom Beobachteten getrennt betrachtet werden kann. Wenn Wissenschaftler die physikalischen Eigenschaften von Atomen untersuchen, etwa Masse und Gewicht, dann verhalten sich die Atome wie physische Materie. Werden dieselben Atome jedoch in Spannung und Wellenlänge beschrieben, dann zeigen sie die Eigenschaften von Energie.

Der Schluss, zu dem Physiker aufgrund all dessen schließlich gelangten, lautet, dass Objekte und manifeste Formen keine Eigenschaften im absoluten Sinne haben. Vielmehr können die Eigenschaften von Objekten nicht unabhängig von der Umgebung betrachtet werden, mit der sie in Wechselwirkung stehen. Wenn wir etwas beobachten, können wir uns aus dessen Umgebung nicht herausnehmen, und wenn wir Teil der Umgebung sind, dann interagieren wir mit dem, was wir beobachten. Deshalb beeinflusst der Experimentierende als Bestandteil seiner Forschung durch seine bloße Gegenwart das Ergebnis, denn wir können die Welt nicht beobachten, ohne an ihr teilzuhaben. Mit anderen Worten: Als Beobachtende wirken wir offensichtlich mit an der Realität, die wir beobachten. Der Physiker und Nobelpreisträger Erwin Schrödinger (1887-1961) formulierte diese überraschende neue Auffassung folgendermaßen: „Subjekt und Objekt sind dasselbe. Man kann nicht sagen, dass die letzten Erkenntnisse der Physik die Barriere zwischen ihnen niedergerissen haben, sondern diese Barriere hat es nie gegeben."[207]

Diese Erkenntnis öffnete schließlich das Tor zu einer völlig neuen Verständnisebene. Nun war nicht nur der Unterschied zwischen Objekt und Subjekt überwunden, sondern auch der Unterschied zwischen sogenannten „objektiven Daten" (zum Beispiel in Form von mit Messinstrumenten gewonnenen Informationen) und „subjektiven Daten" (zum Beispiel in Form inneren Wissens) wird allmählich nur noch ein gradueller. Der Physiker und Nobelpreisträger Werner Heisenberg (1901-1976) gelangte 1973 zu folgendem weitreichendem Schluss: „Die übliche Einteilung der Welt in Subjekt und Objekt, Innenwelt und Außenwelt, Körper und Seele, ist nicht mehr angemessen und bringt uns in Schwierigkeiten.“[208] Mit anderen Worten, manchen Wissenschaftlern zufolge können wir nur durch die Überwindung des Dualismus zu einem umfassenderen Verständnis unserer Umwelt gelangen.

Was wir wahrnehmen, sind relative Unterschiede

Tatsächlich geriet die alte Vorstellung von der Wirklichkeit bereits ins Wanken, als klar wurde, dass grundlegende Eigenschaften der physischen Welt nicht festliegen, sondern sich die Welt auf subtile Weise verändert, je nachdem wie wir sie wahrnehmen wollen. Der Mathematiker Benoît Mandelbrot, der den Begriff der Fraktale eingeführt hat, zeigte, dass sogar Längenmessungen relativ sind, weil die Position des Beobachters Einfluss auf die Messungen hat. Er veranschaulichte dies anhand der inzwischen berühmten Frage: „Wie lang ist die britische Küste?“ Vermessungstechniker mit einem einen Meter langen Stock erhalten einen der wahren Länge angenäherten Wert, wobei die kleineren Biegungen und Einbuchtungen von unter einem Meter Länge außer Acht bleiben. Mit einem Mess-Stab von zwanzig Zentimetern Länge hingegen kommen sie zu einem anderen Ergebnis: Die Küstenlänge wird größer, weil sie mehr Einzelheiten ausmessen können. Von einem Satelliten aus gehen jedoch sehr viele Einzelheiten verloren, und die gemessene Küstenlänge wird kürzer. Die britische Küste kann also nicht maßstabsunabhängig vermessen werden, weil die gemessene Länge eines Küstenabschnitts von der Länge des verwendeten Messinstruments abhängt.

Mit diesem Gedankenexperiment machte er auch deutlich, dass mit schrumpfendem Maßstab die gemessene Küstenlänge unbegrenzt wächst. Mit anderen Worten, jede Küstenlinie ist in gewissem Sinne unendlich. Doch offenbar blieb bei den Messungen in unterschiedlichem Maßstab eine Größe gleich, nämlich die zugrunde liegenden Proportionen. Benoît Mandelbrot nannte dies die fraktionelle oder nicht-ganzzahlige Dimension, womit er die Rauheit, also das Ausmaß der Verwinkeltheit und Ungleichmäßigkeit, meinte.

Wissenschaftler sind zu dem Schluss gelangt, dass diese neuen Erkenntnisse eine gründliche Revision unseres Verständnisses von Beobachtung verlangen. Die neuen Erkenntnisse zeigen, dass wir keine absoluten Bezugspunkte haben, deshalb sind wir bei allen Beobachtungen auf einen eigenen, relativen Bezugsrahmen angewiesen. Um einen solchen individuellen Bezugsrahmen zu schaffen, stellen unsere Sinne ständig Vergleiche an, und darauf aufbauend nehmen wir unsere alltägliche physische Realität ausschließlich als relative Unterschiede wahr. Was wir sehen, hängt – im wörtlichen wie im übertragenen Sinne – vollkommen von unserem Blickwinkel ab, und erst der Kontext gibt den so gewonnenen Daten Bedeutung oder Wert.

Der Kontext relativer Wahrheiten innerhalb der westlichen Wissenschaft

Infolge dieser neuen Erkenntnisse wird die Existenz einer einzigen objektiven Wahrheit in der wissenschaftlichen Gemeinschaft inzwischen infrage gestellt. Für Wissenschaftler, die sich diesen neuen Blickwinkel zu eigen machen, bedeutet dies, dass es nicht mehr nur eine einzige Wahrheit, sondern vielmehr viele Wahrheiten gibt. Sie haben erkannt, dass es objektives Wissen nicht gibt, weil jeder die Welt aus seiner eigenen, von Interessen und Umständen „eingefärbten", relativen Perspektive sieht. Es werden daher nur relative Wahrheiten entdeckt.

Der ungarische Philosoph und Schriftsteller Arthur Koestler (1905-1983) fasst diese Haltung in seinem Buch *Der göttliche Funke* (1964, dt. 1966) folgendermaßen in Worte: „Einsteins Raum ist der Realität nicht näher als Van Goghs Himmel. Die Herrlichkeit der Wissenschaft liegt nicht in einer 'absoluteren' Wahrheit als jener eines Bach oder Tolstoi, sondern im Schöpfungsakt selbst. Die Entdeckungen des Wissenschaftlers erlegen dem Chaos ihre Ordnung auf, so wie der Komponist oder Maler ihm die seine auferlegt; eine Ordnung, die sich stets auf begrenzte Aspekte der Wirklichkeit bezieht und auf den Bezugsrahmen des Beobachters gründet, der von Epoche zu Epoche ein anderer ist, so wie ein Akt von Rembrandt anders ist als ein Akt von Manet."[209]

Das Gesetz des Göttlichen Paradoxons: Ontologie und Epistemologie

Man könnte die Mystik am einen Pol und die Wissenschaft am anderen sehen, an den beiden wichtigsten Polen zum Verständnis des Universums.

Valerie Hunt – Physiologin – 1996[210]

Ontologie und Epistemologie

Das Gesetz des Göttlichen Paradoxons ist in der Wissenschaftsphilosophie auch als der Gegensatz von Ontologie und Epistemologie bekannt. Epistemologie – die Wissenschaft von den Wissenschaften oder die Erkenntnistheorie – wird als Untersuchung des Zustandekommens von Wissen bezeichnet. Die Epistemologie versucht, die Frage zu beantworten: Wie wissen wir, was wir wissen? Ontologie – die Wissenschaft vom Sein – wird als die Untersuchung dessen beschrieben, was tatsächlich existiert, ob wir dies nun wissen oder nicht. Manche betrachten die Ontologie als die Wissenschaft von der Existenz auf der Seelenebene und von der Einheit von allem. Die Ontologie unterscheidet zwischen „echter Existenz" und „Erscheinung". „Echte Existenz" betrifft das, was jenseits von Theorien und Ideensystemen existiert. In der Ontologie können wir daher das Konzept der Absoluten Wahrheit erkennen, während sich die Epistemologie mit den vielen Abstufungen relativer Wahrheit befasst.

Auch David Bohm sprach von dem Unterschied zwischen dem, was ist, und dem, was wir wissen können. Er traf diesen Unterschied, weil seiner Ansicht nach das, was wir als „Realität" betrachten, begrenzt ist und daher nur relative Wahrheiten betrifft. Die Gesamtheit des Universums ist seiner Auffassung nach jedoch zu groß, als dass sie mit irgendeiner Form von Wissen vollständig erfasst werden könnte.[211] Er bezeichnet sie daher mit dem Begriff der „Wahrheit" mithin als etwas, das über die erkennbare „Realität" hinausgeht und alles einschließt, was ist. Seine Beschreibung der „Wahrheit" scheint also der Absoluten Wahrheit zu entsprechen, denn in seiner Terminologie gibt es nur *eine* „Wahrheit". Unser Denken ist ihm zufolge im Allgemeinen in erster Linie mit relativen „Wahrheiten" befasst, wohingegen die Essenz der „Wahrheit" ein Mysterium ist, welches unser Denken – das per definitionem begrenzt ist – nicht erfassen kann. Neben der Existenz des Denkens erkennt David Bohm auch die Existenz reinen Bewusstseins jenseits des Denkens an. Dieses betrachtet er als die Quelle aller wahren Erkenntnis, Intelligenz und Kreativität.[212] Deshalb ist es entscheidend wichtig, zu wahrer Erkenntnis des „ganzen Elefanten" zu gelangen.

Aus diesem Grund betont Bohm die Wichtigkeit der Unterscheidung zwischen dem, was unserem Denken entspringt, auf der einen und einer Realität, die unabhängig von diesem Denken entsteht, auf der anderen Seite, damit die beiden nicht verwechselt werden. In *Die implizite Ordnung* schreibt Bohm – in völliger Übereinstimmung mit dem Gesetz der Polarität – dass unser Wissen von der Realität auf jeder Forschungsstufe nur innerhalb eines bestimmten Kontextes Gültigkeit hat. Sobald wir diesen Kontext verlassen, entpuppt sich unser vorheriges Wissen als bloße Näherung, und wir benötigen immer wieder einen neuen Kontext, von dem aus wir die Realität verstehen können.[213]

David Bohm und der bewusst geführte Dialog

Wie können wir also nach Bohm unseren Blickwinkel über unseren begrenzten Kontext hinaus erweitern? David Bohm weiß sehr wohl um die Schwierigkeit, einen vertrauten Kontext aufzugeben, denn es ist, als wären wir durch unsere kulturelle Prägung in einem Teufelskreis der Illusion gefangen. Weil dabei unser Denken das Problem ist, hat es ihm zufolge keinen Sinn, wenn wir uns sagen: Ich muss darüber nachdenken, um es zu lösen.[214]

Insbesondere mit dem Ziel, unseren Blickwinkel über unseren begrenzten Kontext hinaus zu erweitern, hat er als Mittel zur Transformation eine besondere Form des Dialogs entwickelt. In seinem Buch *Der Dialog* (1990; dt. 1998) beschreibt er sie als eine Methode, um der Natur des Denkens selbst sowie der Dynamik des Gruppenbewusstseins oder des kollektiven Bewusstseins auf die Spur zu kommen. Ziel des Dialogs ist es nicht, zu einem Kompromiss zwischen einander widersprechenden Sichtweisen zu finden, sondern in erster Linie, die Differenzen „da sein" und dann zuzulassen, dass daraus eine tiefere Wahrheit hervorgeht. „Dem Dialog geht es nicht unmittelbar um Wahrheit – es mag sein, dass er zur Wahrheit führt, aber es geht ihm um Bedeutung. Solange die Bedeutungen inkohärent sind, gelangt man nie zur Wahrheit. (…) Deshalb ist es wichtig, Bedeutungen miteinander zu teilen."[215] So kann sich ein neues Verständnis herausbilden, das auf einer tieferen, schöpferischen gemeinsamen Bewusstseinsebene fußt und allein durch das Denken des Einzelnen nicht möglich gewesen wäre.

Kapitel Acht

Das fünfte Gesetz – Das Gesetz des Rhythmus

Alles fließt und nichts bleibt. (Pánta rhei kaì oudèn ménei)

Dem griechischen Philosophen Heraklit (540-480 v. Chr.) zugeschrieben.

Alles ist in ständiger Veränderung begriffen

Das fünfte Universelle Gesetz ist das Gesetz des Rhythmus. Während also alles im Universum aus ein und derselben Einheit oder Quelle hervorgeht und alles miteinander verbunden ist, während das Universum aus verschiedenen Realitätsebenen besteht und alles Bewegung ist und diese Bewegung in relativer Dualität existiert, besagt das Gesetz des Rhythmus, dass alles zugleich auch einen bestimmten Rhythmus hat, durch den nichts gleich bleibt und sich alles ständig verändert. Dieses Gesetz heißt darum auch das Gesetz von der Vergänglichkeit aller Dinge.

▶ Die Veränderungen folgen einer zyklischen Bewegung

Im dritten, nämlich dem Gesetz der Schwingung, geht es um die kleinsten rhythmischen Bewegungen, und das fünfte Gesetz, das Gesetz des Rhythmus, beschäftigt sich mit den größeren periodischen Bewegungen. Das Gesetz des Rhythmus heißt deshalb auch das Gesetz der Rhythmischen Bewegung sowie das Gesetz der Periodischen Wiederkehr. Alles Leben fließt und hat seine Gezeiten, Rhythmen, zyklischen Bewegungen: Auf und Ab, Einatmen und Ausatmen, Aufstieg und Niedergang, Kommen und Gehen, Ebbe und Flut, Wachstum und Schrumpfen, Leben und Tod. Dieser zyklische Prozess ständiger Veränderung ist das Grundmuster allen Lebens und hört niemals auf. Es gibt eine Vielzahl zyklischer Bewegungen von sehr unterschiedlicher Zeitdauer. Gerade so wie wir als Einzelne das Anschwellen und Abflauen kleinerer Zyklen erleben, durchläuft die Menschheit als Ganzes den Aufstieg und Niedergang größerer Zyklen.

▶ Die ständigen Veränderungen führen zu einer vollkommenen dynamischen Harmonie

Das Gesetz des Rhythmus besagt auch, dass Rhythmus kompensiert. Das bedeutet, dass der Ausschlag zur einen Seite gleich groß ist wie der Ausschlag zur anderen. Dies hat zur Folge, dass sich zwar alles ständig verändert, aber dennoch in vollkommener dynamischer Harmonie befindet. Deshalb wird das Gesetz des Rhythmus auch als das Gesetz von Rhythmus und Gleichgewicht oder als das Gesetz der Ordnung durch Schwankungen bezeichnet. Allen Lebensformen ist die Fähigkeit eigen, Veränderung zu entdecken und darauf in erstaunlich erfinderischer und höchst angemessener Weise zu reagieren. Wird jedoch der Rhythmus als solcher gestört, dann werden auch die Harmonie und damit das Leben gestört.

▶ Alles verändert sich, doch die Universellen Gesetze sind unveränderlich

Im wogenden Puls der Zeit werden im Universum alle Teile immer wieder manifest, verschwinden und entstehen aufs Neue. Dabei gehorchen alle Veränderungen unveränderlichen Gesetzen, durch die alles sich ewig weiterdreht, ohne Anfang und Ende. Dieses scheinbare Paradoxon steht im Einklang mit dem Gesetz der Einheit und dem Gesetz des Göttlichen Paradoxons.

▶ Zeit ist kein linearer Prozess, sondern eine unendliche Folge von Zyklen in einem sich wiederholenden Muster

Auf der physischen Realitätsebene hat Zeit anscheinend einen Anfang und ein Ende, etwa in Vergangenheit, Gegenwart und Zukunft. Auf der Realitätsebene jenseits von Raum und Zeit ist sie kein linearer Prozess, sondern eine unendliche Folge von Zyklen in einem sich wiederholenden Muster.

▶ Der Evolutionsprozess ist ein nichtlinearer, spiralförmiger Entwicklungsprozess

Diese sich endlos wiederholenden Zyklusbewegungen sind jedoch keine Wiederholung des Immergleichen. Vielmehr sind sie transformierende Zyklen steter Erneuerung, wodurch Wachstum und Entwicklung erst möglich werden. Dies bedeutet, dass Wachstum kein linearer Prozess ist, sondern sich spiralförmig entwickelt, wobei regelmäßig wiederkehrende chaotische

Momente notwendig sind, damit eine radikale Veränderung eintreten und ein nächster Zyklus entstehen kann, der im Vergleich zum vorhergehenden eine gewisse Weiterentwicklung darstellt.

Die rhythmischen Zyklen im Kleinen und im Großen

Geburt und Tod der Blätter sind die reißend schnellen Wirbel des Strudels, dessen weitere Kreise langsam zwischen den Sternen ziehen.

Rabindranath Tagore – Dichter (1861-1941)[216]

Überall in der Natur finden wir die kleineren und größeren Zyklen des Wachstumsprozesses durch Geborenwerden, Vergehen und Wiedererstehen. Das Neue entsteht aus dem Alten. Tiere werden geboren, sterben und kommen wieder auf die Welt. Manche Pflanzen sterben über den Winter ab, um im Frühjahr neu auszutreiben oder aus Samen neu zu entstehen. Es gibt Trockenzeiten und Regenzeiten, Zeiten der Fülle und Zeiten des Mangels. Das Ende des Werdens ist der Anfang des Vergehens. Das Ende des Vergehens ist der Anfang des Werdens, und nichts bleibt, wie es ist. Alles in der Schöpfung durchläuft einen Zyklus; alles entsteht, um sich zu entwickeln; und nach Vollendung seines Zyklus kehrt es wieder zum Ursprung zurück.

Wir kennen viele Zyklen unterschiedlicher Länge; alle zeichnen sich durch eine Phase relativen Niedergangs aus, auf den ein Wendepunkt und eine Zeit der Erneuerung folgen. Der Zyklus von Ebbe und Flut des Meeres hat zum Beispiel eine Länge von annähernd zwölf Stunden, der Zyklus von Tag und Nacht beträgt vierundzwanzig Stunden. Der Zyklus von Vollmond über Neumond bis wieder Vollmond dauert achtundzwanzig Tage, genau wie der Menstruationszyklus der Frau. Der Zyklus der vier Jahreszeiten beträgt annähernd ein Jahr. Außer diesen Zyklen gibt es die größeren zyklischen Bewegungen der Himmelskörper, und schließlich gibt es die Zyklen des fortwährenden Aufstiegs und Untergangs politischer Systeme, Völker, Kulturen und Zivilisationen.

Vor etwa zweitausendfünfhundert Jahren führte die Erkenntnis dieses überall und immer geltenden Gesetzes des Rhythmus den Buddha zur Erleuchtung. Er erkannte, dass alles, was eine Form hat, mithin also auch alle Lebensformen, entsteht und schließlich wieder verschwindet oder stirbt. Alles ist vergänglich. Deshalb ist die Erkenntnis des Gesetzes des Rhythmus zentraler Bestandteil des Buddhismus in seinen vielen verschiedenen Ausprägungen.

Wie die anderen Universellen Gesetze, ist auch das Gesetz des Rhythmus in unterschiedlicher Form in allen Weisheitstraditionen vorhanden. In erster Linie ist es natürlich allen indigenen Völkern, die eng verbunden mit der Natur leben, zutiefst vertraut, weil ihre gesamte Lebensart eng und harmonisch mit den Naturrhythmen verflochten ist. Taoisten kennen das *I Ching* (I Ging) oder *Das Buch der Wandlungen*. Die Grundidee dieses „Buches" lautet, dass in der Realität, so wie sie uns erscheint, alles der Veränderung unterworfen ist. Über die Erkenntnis der ständigen Veränderung und zyklischen Einheit der Natur verfügten bereits die sogenannten vorsokratischen griechischen Philosophen, zu denen auch Thales von Milet (um 624 - um 547 v. Chr.) und Pythagoras (um 570-nach 510 v. Chr.) zählen. Noch davor begegnet uns bei den alten Kulturen der Großen Göttin, der Mutter und Spenderin von allem, das Bild einer kohärenten, zyklischen Weltordnung.

Das Universum erschafft Zeit. Zeit erzeugt Entwicklung.

Auf welche Weise das Phänomen der Zeit und das Phänomen der Veränderung sich einerseits zu Ewigkeit und dauerhafter Gleichheit und andererseits zur Entwicklung verhalten, wird in der hermetischen Schrift *Der Geist an Hermes* – einem Teil des *Corpus Hermeticum* – wie folgt zusammenfassend dargestellt:

Das Wesen des Universellen Bewusstseins ist Liebe und Weisheit.
Universelles Bewusstsein wirkt durch Geist und Seele.
Universelles Bewusstsein erschafft Ewigkeit.
Das Wesen der Ewigkeit ist ewige Gleichheit.
Ewigkeit wirkt durch Unsterblichkeit und Fortbestehen.
Ewigkeit erschafft den Kosmos.
Das Wesen des Kosmos ist Ordnung.
Der Kosmos wirkt durch Umkehr und Wiederkehr.
Der Kosmos erschafft Zeit.
Das Wesen der Zeit ist Veränderung.
Zeit wirkt durch Zunahme und Abnahme.
Zeit erschafft Entwicklung.
Das Wesen der Entwicklung ist Leben.
Entwicklung wirkt durch Qualität.[217]

In dieser Beschreibung können wir die verschiedenen Realitätsebenen erkennen, auf die wir im Kapitel über das Gesetz der Entsprechung gestoßen sind. Dort haben wir gesehen, dass das Universelle Bewusstsein auf der Realitätsebene existiert, die als die Einheit oder die Leere bzw. bei David Bohm als supra-implizite Ordnung bezeichnet wird. Von dieser Ebene aus – die ihrem Wesen nach ewig und unveränderlich ist – wirken die Universellen Gesetze, und auf dieser Ebene findet gemäß diesen unveränderlichen Gesetzen alle Schöpfung statt.

Die Realitätsebene des Universums, das gemäß diesem hermetischen Text durch Ordnung gekennzeichnet ist, ist die Realitätsebene jenseits von Raum und Zeit, die auch als Geisteswelt sowie bei Carl Gustav Jung als Welt der Archetypen, bei Rupert Sheldrake als Welt der morphogenetischen Felder und bei David Bohm als die implizite Ordnung beschrieben wird. Die daraus hervorgehende Realitätsebene, die sich durch Veränderung auszeichnet und auf der die Zeit Entwicklung und Leben erschafft, ist die Ebene der Welt der *Kraft* und die Welt der Materie, die explizite Ordnung.

Wie wir das Phänomen der Zeit wahrnehmen, hängt daher von unserem Blickwinkel und der Realitätsebene ab, von der wir gerade sprechen. Gemäß der hermetischen Philosophie ist die Zeit nicht linear, sondern vielmehr als ein Kreis zu betrachten, dessen Punkte alle so miteinander verbunden sind, dass man nicht sagen kann, wo er anfängt und wo er aufhört, weil alle Punkte einander auf ewig zugleich vorangehen und nachfolgen. Doch während das Phänomen der Zeit sich kontinuierlich in denselben Kreisen wiederholt, erschafft es auch die Möglichkeit zu Veränderung und damit zu Wachstum und Entwicklung.

Ausatmen und Einatmen Brahmans

Wenn nach dem Gesetz des Rhythmus alles ständig kommt und geht, erschaffen und vernichtet wird, dann bedeutest dies, dass auch die Schöpfung als solche ein fortwährender Prozess ist. Mit anderen Worten, der Prozess ständiger Veränderung macht deutlich, dass sich alles in einem ewigen Zustand des „Werdens“ befindet. In vielen Weisheitstraditionen ist von einer sehr großen zyklischen Bewegung innerhalb des Universums als Ganzem die Rede. In der vedischen Literatur wird dieser Zyklus zum Beispiel als das Ausatmen und Einatmen Brahmans bezeichnet. Dieser Prozess des Ausatmens und Einatmens ist ein multidimensionaler zyklischer Prozess. Beim Ausatmen – auch als Involution bezeichnet – beginnen die

Manifestationen als unkörperliche Formen. Sodann erhält die Schöpfung eine immer dichtere Form, und schließlich erscheint sie auf der physischen Realitätsebene als Materie. Auf dieses Ausatmen folgt das Einatmen – oder die Evolution – womit eine Rückkehrbewegung hin zur Ebene der Einheit einsetzt. Diese Zyklen des Kommens und Gehens von Universen, die sich mit einer gewissen Regelmäßigkeit wiederholen, hört erst auf, wenn die aus dem Gleichgewicht geratenen Kräfte in ihren ursprünglichen Gleichgewichtszustand, in die Einheit, zurückkehren.

Dass zahllose Schöpfungsmythen von einem Anfang der Schöpfung sprechen, können wir uns einerseits so erklären, dass damit der Anfang eines solchen Zyklus von Ausatmen und Einatmen gemeint ist, also das Entstehen aus der Einheit und schließlich die Rückkehr zur Einheit, andererseits findet Schöpfung zwar auf der Realitätsebene jenseits von Raum und Zeit statt, die physische Manifestation als solche jedoch vollzieht sich in Raum und Zeit. Deshalb können wir für die Entstehung einer *physischen Manifestation* einen bestimmten Zeitpunkt angeben.

Rabbi David Cooper schreibt in seinem Buch *God is a Verb* (1997/1998), dass die Kabbala dazu zum Beispiel Folgendes lehrt: „... Schöpfung ist nicht etwas, das zu einem bestimmten Zeitpunkt geschehen ist; Schöpfung geschieht allezeit. Sie geschieht jetzt. (...) Wir sollten die Schöpfung niemals als ein Produkt der Vergangenheit bezeichnen, denn sie ist fortwährend und konstant, ein unaufhörliches Phänomen. Das schließt nicht aus, dass das physische Universum – aus unserer Sicht – einen Entstehungszeitpunkt hat. (...) Das Wichtige jedoch ist, dass Schöpfung als solche ein fortwährender Prozess ist. Daher ist es absurd, sie in einen Zeitrahmen einzuordnen."[218]

Die Zyklen von Involution und Evolution

Eine Evolution des Bewusstseins ist der zentrale Beweggrund irdischen Daseins. Das evolutionäre Wirken der Natur hat ein doppeltes Vorgehen: Eine Evolution der Formen und eine Evolution der Seele.

Sri Aurobindo (1872-1950)[219]

Die meisten Weisheitstraditionen besagen, dass auch die Menschheit als Ganzes einen Zyklus von Involution und Evolution durchläuft. Nachdem die Menschheit zunächst auf der nicht-physischen Realitätsebene erschaffen wird, folgt der Prozess der Involution, das heißt der Prozess, bei dem sich das Bewusstsein in Materie hüllt. Nach der Manifestation des Lebens in Gestalt von Bewusstsein in Materie beginnt der Prozess der Evolution des Bewusstseins. Während wir die Evolution unseres Körpers als Teil der biologischen Evolution betrachten können, betrifft die Evolution des menschlichen Bewusstseins die Menschheitsentwicklung auf der Seelenebene. Der Gesamtprozess der Menschheitsentwicklung auf der Seelenebene ist das Resultat der Entwicklung aller Individuen auf dieser Ebene. In diesem Zusammenhang ist das Leben jedes einzelnen Menschen als Seele in einem physischen Körper Teil eines größeren Erfahrungsganzen, das die Form einer Zyklenfolge aus Geburt, Leben, Tod und Wiedergeburt annimmt.

Die Zyklen von Geburt, Leben, Tod und erneuter Geburt

Um diesen Prozess wirklich verstehen zu können, müssen wir uns unbedingt klarmachen, dass wir – wie wir beim Gesetz der Entsprechung gesehen haben – multidimensionale Wesen sind. Als individualisierte Seele sind wir im Grunde ein formloser Geist-Körper, aus dem der *Kraft*-Körper und schließlich der physische Körper hervorgehen.[220] Während unseres Lebens in einem physischen Körper existieren wir mit diesen drei Körpern – unserem physischen Körper, unserem *Kraft*-Körper und unserem Geist-Körper – gleichzeitig auf den verschiedenen Realitätsebenen.

Aus diesem Blickwinkel können wir die Vorstellung von der „Reinkarnation“ als Teil des zyklischen Prozesses von Leben, Tod und Weiterentwicklung begreifen, der auf den verschiedenen Realitätsebenen abläuft. Die Mystiker sagen, dass unser sterblicher physischer Körper zwar während vieler Zyklen als Manifestation von *Maya* kommt und geht, unser Seelenaspekt aber unsterblich ist. Dieser unsterbliche Seelenaspekt durchläuft sämtliche Zyklen. Aus der Sicht des Mystikers sind körperliche Geburt und körperlicher Tod Manifestationen der *Maya*, der Welt der Illusion, weil die unkörperliche Seele, die bereits vor der Entstehung des physischen Körpers existiert hat, auch nach dessen Tod weiterexistieren wird.

Was also geschieht, wenn wir sterben? Wenn unser physischer Körper stirbt und wir unseren letzten Lebensatem aushauchen, dann vereinigt sich unser Lebensatem wieder mit der Lebensenergie, zu der er gehört. Unser physischer Körper wird in eine Materie umgewandelt, die anderen Lebewesen als Nahrung und Rohstoff dienen kann, und der Fokus unseres Bewusstseins verschiebt sich weg von unserem physischen Körper, hin zu unserem nicht-physischen Aspekt. Mit anderen Worten, unser unsterblicher Seelen-Aspekt vereint sich wieder mit unserem Geist-Körper oder Höheren Selbst, das dauerhaft in der Geisteswelt jenseits von Raum und Zeit lebt. Die meisten Weisheitstraditionen besagen, dass dieser nicht-physische Aspekt des Menschen in den Zeiten zwischen Tod und Wiedergeburt dort lebt. Er fungiert als eine Art Sammelplatz unserer Lebenserfahrungen, sowohl aus unserem jetzigen als auch aus unseren früheren Leben. Außerdem dient er als Quelle des nächsten Lebenszyklus in einem physischen Körper.

Was geschieht nun bei der erneuten Geburt? Wenn ein physischer Körper im Mutterleib heranwächst, existiert er zunächst getrennt von der Seele, getrennt von der persönlichen Lebensessenz, bis er sich zum ersten Mal bewegt. Diese erste Bewegung bezeichnet das Herannahen der Lebensessenz in Gestalt des unsterblichen Seelenaspekts. Dies wird auch als Involutionsprozess bezeichnet, als der Prozess, durch den Bewusstsein sich in Materie hüllt. Von diesem Augenblick an kommt und geht der Seelenaspekt – das Bewusstsein – bis er sich schließlich in den letzten Schwangerschaftsmonaten dauerhaft im wachsenden physischen Körper des Kindes einnistet. Während der physischen Geburt atmet das Kind (erneut) den Lebenshauch ein, und damit beginnt eine neue Phase des Zyklus auf der physischen Realitätsebene.

Ein spiralförmiger Entwicklungsprozess

Der große Zyklus von Leben und Tod verläuft auf diese Weise durch eine endlose Folge physischer Körper. Doch er bedeutet nicht eine endlose Wiederholung des Immergleichen, sondern vollzieht in Übereinstimmung mit dem Gesetz des Rhythmus einen spiralförmigen Entwicklungsprozess. Mit anderen Worten, jeder Mensch hat viele frühere Leben hinter sich und viele künftige Leben vor sich, wobei unser Bewusstsein sich auf der Grundlage der Erfahrungen, die wir bei diesem Mysterium unserer Existenz sammeln, stetig weiterentwickelt.

Die Weisheitstraditionen sagen, dass unsere Seele, unsere persönliche Lebensessenz, die treibende Kraft hinter diesem Entwicklungsprozess ist. Deshalb können wir unsere Lebensessenz – unsere Seele – als ein dynamisches Muster betrachten, das einen eigenen Verlauf hat. Es liegt in der

Natur unserer Seele, ein immer noch umfassenderes Wahrnehmungsvermögen und ein noch höheres Bewusstsein anzustreben. Die großen Herausforderungen für das Wachstum und die Veränderung unseres Bewusstseins liegen in der physischen Alltagsrealität. Unsere Erfahrungen und die Lektionen, die wir im Laufe unseres Lebens im physischen Körper lernen, prägen unseren nicht-physischen Aspekt in der Geisteswelt. Wachstum und Entwicklung des Höheren Selbst können als die Evolution des individuellen Bewusstseins infolge der Erfahrungen während vieler physischer Leben betrachtet werden.

Diese Bewusstseinsentwicklung ist jedoch kein linearer Prozess, sondern weist – in Übereinstimmung mit dem Gesetz des Rhythmus – ein spiralförmiges Wachstumsmuster auf, das aus größeren und kleineren Zyklen besteht, wobei sich Phasen gradueller Entwicklung mit sprunghaftem Wachstum abwechseln. Im Laufe dieses zyklischen persönlichen Wachstumsprozesses entwickeln wir mit der Zeit eine zusehends bewusstere Verbindung zu unserer Seele, unserer Lebensessenz. Dadurch, dass wir uns der ursprünglichen Essenz unserer Seele immer bewusster werden, können wir schließlich völlig mit ihr verschmelzen.

Der evolutionäre spiralförmige Wachstumsprozess der Menschheit

Die meisten Weisheitstraditionen besagen, dass dieser spiralförmige zyklische Wachstumsprozess sowohl auf der Ebene des persönlichen Selbst als auch auf der Ebene der Menschheit insgesamt stattfindet. Durch das Studium des Verlaufs vieler verschiedener zyklischer Perioden gelangten etliche alte Kulturen zu einigem Wissen über die bisherige Menschheitsentwicklung. In Übereinstimmung mit dem Gesetz des Rhythmus konnten sie in der Entwicklung der Menschheit ein spiralförmiges Wachstumsmuster erkennen, das aus größeren und kleineren Zyklen besteht. Diese Zyklen fielen allem Anschein nach mit den sich wiederholenden Mustern in der Geschichte zusammen. In den Mustern relativer Stabilität und stufenweisen Wachstums, die sich mit Phasen von Chaos und plötzlichen großen Veränderungen abwechselten, erkannten sie aufeinanderfolgende Zeiten zunehmender spiritueller Dunkelheit sowie Perioden wachsender spiritueller Erleuchtung.

Diese alten Kulturen kamen zu dem Schluss, dass es während der Dauer eines Zyklus stets eine Phase gibt, in der die Menschheit sozusagen spirituell einschläft, gerade so wie auch wir in der Nacht unseres wesentlich kürzeren Vierundzwanzig-Stunden-Zyklus schlafen. Auf diese Phasen folgt ein spirituelles Erwachen, vergleichbar unserem morgendlichen Aufwachen nach dem nächtlichen Schlaf. In diesen „langen Nächten" des spirituellen Schlafes ist sich die Menschheit der Existenz anderer Realitätsebenen weniger bewusst. Eine solche Periode endet üblicherweise in einer Zeit von Chaos und Verwirrung, woraufhin eine Phase folgt, in der die Menschheit sich der Existenz anderer Realitätsebenen wieder bewusster wird und leichter Kontakt mit ihnen aufnehmen kann. Auch dieses spiralförmige Muster der Menschheitsevolution weist also offensichtlich periodisch wiederkehrende chaotische Phasen auf, aus denen eine neue Ordnung hervorgeht, so dass also jeder nachfolgende Zyklus im Vergleich zum vorhergehenden ein gewisses Maß an Weiterentwicklung vorweisen kann.

Diese Erkenntnis findet sich in den Geschichten, die in vielen Weisheitstraditionen mündlich weitergegeben werden. Im Hinduismus zum Beispiel ist von den Yugas die Rede, den zyklischen Menschheitsperioden, die aus vier langen Phasen bestehen. Der Zyklus beginnt mit dem Satya Yuga oder dem Goldenen Zeitalter, einer Zeit der Schönheit, Harmonie und Ausgewogenheit, in der wir ein sehr umfassendes spirituelles Bewusstsein haben und in dem Männer und Frauen gleich geachtet werden und einander ergänzende Rollen ausfüllen. Auf diese Periode folgen das Treta-, das Dvapara- und das Kali-Yuga oder das Silberne, Eherne und Eiserne Zeitalter, in denen wir zusehends weniger bewusst werden. In diesen Zeiten wachsenden Unwissens konzentrieren wir uns immer mehr auf die physische Realität und fühlen uns am Ende nicht nur voneinander, sondern auch von der Natur und unserem nicht-physischen Aspekt getrennt. Schließlich erreichen wir eine Zeit, in der der größte Teil der Menschheit vergessen hat, dass wir je eine Verbindung zu anderen Realitätsebenen hatten. Paramahansa Yogananda schreibt in seiner *Autobiographie eines Yogi*, dass nach Berechnungen, die auf hinduistischen Schriften fußen, diese materialistische Periode vor etwa fünftausend Jahren, also um 3100 v. Chr., eingesetzt hat.[221] Das Kali-Yuga wird auch hier als eine Zeit des Chaos und Vorspiel einer Zeit großer Wandlungen beschrieben. Einigen Angaben zufolge gibt es ausreichend Hinweise darauf, dass wir uns gegenwärtig am Ende dieses verwirrenden Kali-Yuga befinden, was bedeutet, dass bald große, sprunghafte Veränderungen stattfinden und ein neues Goldenes Zeitalter anbrechen wird.

Geschichten über unsere fünf „Welten“

Meine Verwandten sagen, wir seien schon seit über hundertdreiunddreißigtausend Jahren hier, dies sei der Zeitraum der geistigen Entwicklung des Menschen auf diesem Land. Es gab vier Schöpfungen vor dieser, und jetzt befinden wir uns in der Fünften Schöpfung, in der Fünften Welt. Die Fünfte Schöpfung bietet, wie der fünfte Ton in der Musik, die Möglichkeit, in eine weitere Welt überzugehen. Wir können jetzt zum Pfad der Schönheit gelangen, zum Pfad des rechten Handelns, der guten Beziehungen, der klaren Absicht. Diese Entscheidung treffen wir am Ende dieses fünften Zyklus.

Dhyani Ywahoo – Weisheitshüterin der Cherokee – 1987[222]

Fast alle nord- und südamerikanischen Völker kennen Erzählungen über eine Folge von Zyklen in Form einer vier oder fünf Perioden umfassenden Menschheitsgeschichte, wobei diese Perioden „Welten“ genannt werden. Obwohl diese „Welten“ wahrscheinlich kürzere Zeitspannen umfassen als den Gesamtzyklus der vier Yugas, heißt es doch, dass jede mit einer Katastrophe endete, nach der – ähnlich dem Bild vom Phönix aus der Asche – eine neue Welt entstand. Den Weisheitshütern dieser Völker zufolge ist die Endphase einer solchen „Welt“ an allen möglichen Anzeichen zu erkennen. Sprecher der nordamerikanischen Hopi und anderer indigener Nationen sagten, sie hätten diese Anzeichen bereits beobachtet, und wir befänden uns nun wieder einmal in einer Übergangszeit.

Eine solche Zeit läutet eine Phase radikaler Veränderungen für Welt und Menschheit ein, in der der Materialismus weitgehend an ein Ende gelangt und wir in eine Periode eintreten, in der sich unser Bewusstsein relativ schnell erweitert. Mit anderen Worten, wir können sie als ein Tor zu neuen Welten voller neuer Möglichkeiten betrachten. Zahlreichen Prophezeiungen zufolge wird danach eine Zeit eintreten, die viele Weisheitstraditionen als eine Zeit der Achtung voreinander, der Zusammenarbeit, des Verständnisses, der Weisheit, des Friedens, der Harmonie und der Liebe bezeichnen.

Die Maya-Kalender und das Jahr 2012

Einige alte Kulturen, wie zum Beispiel die mittelamerikanischen Maya, verfügten über umfangreiche Kenntnisse dieses Aspekts des Gesetzes des Rhythmus. Im Zusammenhang mit einem komplexen System verschiedener Zyklen kannten sie vielfältige Kalendersysteme, die sie nebeneinander verwendeten und deren Berechnungen nicht auf Jahren, sondern auf Tagen basierten. Mit dem wichtigsten Kalendersystem, dem zweihundertsechzig Tage umfassenden *Tzolkien*, konnten sie die unterschiedlichen Zyklen zueinander ins Verhältnis setzen.

Der *Tzolkien*-Zyklus mit einer Gesamtdauer von zweihundertsechzig Tagen besteht aus dreizehn Zyklen zu je zwanzig Tagen. Ein solcher zwanzigtägiger Zyklus war ein *Uinal*. Außerdem kannten sie das *Tun*, einen Zyklus von achtzehn *Uinals* (18 x 20 = 360 Tage). Doch außer dem *Tun* mit seinen dreihundertsechzig Tagen kannten sie auch einen dreihundertfünfundsechzig Tage umfassenden Zyklus, ganz ähnlich dem Jahr des bekannten Gregorianischen Kalenders. Der zweihundertsechzig Tage umfassende *Tzolkien* konnte alle zweiundfünfzig Jahre mit diesem Dreihundertfünfundsechzig-Tages-Zyklus in Übereinstimmung gebracht werden. Denn 52 Jahre = 52 x 365 Tage = 18.980 Tage und auch 73 x 260 Tage = 18.980 Tage. Deshalb war die Periode von zweiundfünfzig Jahren, das *Hunab*, für sie ein wichtiger Zyklus.

Darüber hinaus kannten sie unter anderem das *Katun*, einen Zyklus von zwanzig Tuns (7.200 Tage), den Baktun, einen Zyklus von zwanzig Katuns (144.000 Tage) und den Großen Zyklus von dreizehn Baktuns (etwa 5.125 Jahre).

Die Maya und andere Völker sprechen außerdem von einem Zyklus von etwa 26.000 Jahren, der aus fünf Zyklen zu je 5.125 Jahren besteht, also eine Periode von 25.625 Jahren umfasst. Dieser Zyklus ist als das Kosmische oder Große Jahr, aber auch als das Platonische Jahr bekannt, und die Maya bezeichnen ihn als *Tzek'er*. Dieses Kosmische Jahr umspannt die Zeit, in der die Erde durch die zwölf Zeichen des Tierkreises wandert. Wie der Maya Hunbatz Men sagt, ist dieser Zyklus von etwa 26.000 Jahren mit den Plejaden verbunden, dem Sternbild, das auch als die *Sieben Schwestern* bezeichnet wird. Die Maya betrachten unsere Sonne als zu den Plejaden gehörig, und nach ihren Angaben folgt unsere Sonne einer Umlaufbahn, die mit den anderen Sternen dieser Konstellation in Harmonie ist.

Das Interessante ist, dass die Maya ihre Erkenntnisse dieser zyklischen Perioden auch zu Vorhersagen über die künftige Entwicklung der Menschheit nutzten. In seinem Buch *Der Maya-Kalender und die Transformation des Bewusstseins* (2004, dt. 2007) schreibt der schwedische Autor Carl Johan Calleman, die Maya-Kalender könnten als metaphysische Landkarte der Bewusstseinsentwicklung verstanden werden. Als solche schenken sie uns Erkenntnisse über die Bewusstseinsentwicklung im Laufe der Menschheitsgeschichte.

Nach Berechnungen der Maya ist das Jahr 2012 ein kritischer Wendepunkt. Sowohl der *Tzek'er* (der 25.625 Jahre umfassende Zyklus) als auch der gegenwärtige Große Zyklus von dreizehn *Baktuns* (der 5.125-Jahr-Zyklus, der ihren Berechnungen zufolge vor etwa 5.000 Jahren begann, nämlich 3114 v. Chr., um genau zu sein) und das heutige *Baktun* (der 394 Jahre währende Zyklus) enden im Dezember 2012. Das Ende dieser Zyklen bedeutet allerdings keinesfalls das Ende der Welt, sondern es bedeutet das Ende der uns bekannten Welt. Fachleute auf dem Gebiet der Maya-Kalender sagen, dass nach dem Jahr 2012 eine neue Periode von 5.125 Jahren (dreizehn *Baktuns*) einsetzt, in der die natürliche Ordnung der Dinge wiederhergestellt wird. Das bedeutet, eine Zeit, in der Integration und Verständnis eine große Rolle spielen, in der unsere intuitiven Fähigkeiten stärker werden und in der aus dem Blickwinkel, dass alles und alle miteinander verbunden sind, ein neues Weltbild hervorgeht. Dies wird die Grundlage für die Wiederherstellung des Gleichgewichts in der Welt und für eine Zeit des erweiterten Bewusstseins bilden.

Das Gesetz des Rhythmus zu unseren Gunsten anwenden

Unsere große Aufgabe ist es, Wissen zu erlangen und es durch mitfühlendes Denken, Fühlen und Handeln in Weisheit umzuwandeln.

Hank Wesselman – Anthropologe – 1995[223]

In Harmonie mit Rhythmus und Veränderung

Das Gesetz des Rhythmus lehrt uns, dass Wachstum und Entwicklung nicht graduell verlaufen. Die Zyklen von Erscheinen und Verschwinden können wir überall um uns herum beobachten, zum Beispiel auch in Form von Zeiten des Erfolgs, in denen es uns gutgeht und alles glatt läuft, und darauffolgenden Phasen, in denen alles zerrinnt oder seinen Sinn verliert. Solche Schwankungen spielen sich nicht nur ständig in unserer äußeren Umgebung ab, sondern auch in uns, zum Beispiel in Gestalt unserer rhythmischen Stimmungsschwankungen.

Wenn wir erst einmal um die Wirkungsweise dieses Gesetzes wissen, können wir entscheiden, ob wir uns dieser Bewegung entgegenstellen oder sie zu unserem Vorteil arbeiten lassen wollen. Wenn wir zum Beispiel in einem bestimmten Augenblick an etwas festhalten, das sich wandeln will, dann stellen wir uns gegen die rhythmischen Wellen des Wachstumsprozesses in unserem Leben. Je stärker wir uns dieser Wachstums- und Entwicklungsbewegung widersetzen, desto unzufriedener werden wir innerlich. Deswegen lehrt der Buddhismus, dass unsere Unzufriedenheit umso größer wird, je mehr wir an Vergänglichem festhalten. Wenn wir jedoch lieber harmonisch mit diesem Prozess von Rhythmus, Veränderung und Wachstum mitgehen wollen, dann können wir uns dafür entscheiden, dieses rhythmische Wachstumsmuster um uns und in uns anzuerkennen. Aus dem Zentrum der Stille in unserem Inneren können wir uns selbst beobachten und feststellen, an welcher Stelle des rhythmischen Kreises wir uns gerade befinden.

Auf diese Weise können wir zum Beispiel scheinbar chaotische Zeiten als Situationen erkennen, die für unsere Wachstums- und Entwicklungsprozesse eine wesentliche Rolle spielen. Sobald wir diese Situationen als Chance oder Herausforderung begreifen, können wir das zyklische Muster unseres Wachstumsprozesses erkennen und Altes, das uns nicht mehr dient, bewusst loslassen. Dies schafft den Raum, in dem Neues gedeihen kann.

Im Fluss sein

Je besser wir die rhythmischen Wellen unseres Wachstumsprozesses erkennen können, desto besser gelingt es uns, „im Fluss" zu sein und uns bei unserem Wachstumsprozess von den Wirkungsweisen der Universellen Gesetze getragen zu fühlen. Wir können lernen, ein Gefühl für den „richtigen Zeitpunkt" zu entwickeln und uns ihm gelassen anzuschließen, ohne etwas zu erzwingen, sondern dem Pfad des geringsten Widerstands folgend.

Gemäß dem Gesetz der Hingabe dem Prinzip des Weges des geringsten Widerstands zu folgen – was insbesondere im Tao ein wichtiger Aspekt ist – bedeutet unter anderem, alles, was wir tun, dem Rhythmus und Strom der Zeit anzupassen. Das Tao wird oft mit einem Fluss verglichen, der immer weiterfließt, einen Bogen um Hindernisse macht und dabei stets sich selber treu und in Harmonie mit seiner Umwelt bleibt. Ebenso wird das Tao als der Lebensweg eines Menschen beschrieben, der Veränderungen, die sich ihm stellen, mit Flexibilität und Gelassenheit angeht. So verläuft Evolution – durch Veränderung von einem Zustand in den nächsten, von Augenblick zu Augenblick und von Leben zu Leben.

Die Erkenntnis des Stroms kontinuierlicher Bewegung verändert möglicherweise auch unsere Sicht von Vergangenheit, Gegenwart und Zukunft. Viele Mystiker aus Vergangenheit und Gegenwart kamen zu dem Schluss, dass die Vergangenheit vorbei und die Zukunft noch nicht da ist und daher die einzige Realität, die wir haben, in jedem einzelnen Augenblick liegt. Es gibt nur das Jetzt. Was wir in der Gegenwart tun, bestimmt mit darüber, wie unsere Zukunft aussieht. Mit anderen Worten, im Jetzt erschaffen wir unsere Realität.

Gemäß Eckhart Tolle wird unsere authentische Kraft nur geweckt, wenn wir uns dem Jetzt ergeben. „Dies ist der Ort, wo wir unsere Freude finden, wo wir in der Lage sind, unser wahres Selbst zu umarmen. Hier entdecken wir, dass wir schon ganz und vollkommen sind."[224] Das Jetzt, so erklärt er, ist nicht nur der einzige Moment, in dem wir Freude erleben können, sondern es ist auch der einzige Moment, in dem wir uns mit voller Aufmerksamkeit auf unsere Umwelt und unser höheres Selbst einstimmen können. Deshalb spricht Tolle von der *Kraft der Gegenwart* und rät uns, jeden Schritt mit voller Aufmerksamkeit zu tun. Ihm zufolge ist jeder Schritt, den wir unaufmerksam tun, eine verpasste Gelegenheit zum Wachstum, weil der Kreis der fortwährenden Bewegung zu einer Energiequelle für das Jetzt wird.

WESTLICHE WISSENSCHAFT UND DAS GESETZ DES RHYTHMUS

Nicht nur ist alles im Wandel, sondern alles *ist* Fluss. Das, *was ist*, ist demnach der Prozess des Werdens selbst, während alle Gegenstände, Ereignisse, Wesen, Umstände, Strukturen usw. Formen sind, die von diesem Prozess abstrahiert werden können.

David Bohm – Physiker – 1980[225]

Alles ist in ständiger Veränderung begriffen

Das Gesetz des Rhythmus klingt auch in den neuesten Erkenntnissen der westlichen Wissenschaft an, vor allem seit dem Moment, in dem der Schritt vollzogen wurde, die Realität und alles in ihr nicht mehr als linear und statisch, sondern als einen Prozess mit nichtlinearer Dynamik zu betrachten.

Insbesondere die Entwicklungen im Zusammenhang mit der sogenannten Chaos-Theorie haben in den vergangenen zwanzig bis dreißig Jahren viele neue Erkenntnisse erbracht, in denen die Prinzipien des Gesetzes des Rhythmus sichtbar werden. Auf der Grundlage der Chaos-Theorie werden komplexe dynamische Systeme als ein Ganzes beschrieben, welches aus vielen verschiedenen Rhythmen und Zyklen von höchst unterschiedlicher Dauer besteht, die jedoch alle in Harmonie miteinander stehen. Auf dieser Basis wird der Evolutionsprozess dem Grunde nach tatsächlich als nichtlinearer, spiralförmiger Entwicklungsprozess betrachtet.

Zyklische Veränderungen in der Natur

Veränderungen in Form zyklischer Bewegungen in der Natur, im Großen wie im Kleinen, sind der westlichen Wissenschaft selbstverständlich bereits seit Langem bekannt. Neben den Lebenszyklen von Organismen haben die Ökologen mittlerweile eine Unzahl von Zyklen untersucht, so zum Beispiel

Nahrungsverwertungszyklen sowie den Sauerstoff - und Kohlendioxid-Zyklus, bei dem Pflanzen Kohlendioxid aufnehmen und Sauerstoff abgeben, Tiere und Menschen hingegen Sauerstoff aufnehmen und Kohlendioxid abgeben. Allem Anschein nach stehen diese Zyklen so lange in einem dynamischen Gleichgewicht, wie ihre inhärenten Rhythmen nicht gestört werden.

Physiologen haben unter anderem die zyklischen Prozesse der ständigen Zellerneuerung in Organismen untersucht. Nach neuerer Auffassung ist auch unser physischer Körper ein solcher fortwährender Prozess des Kommens und Gehens, wobei unsere Körperzellen im Laufe eines Lebens viele Male ausgetauscht werden. Ervin Laszlo fasst diese neuere wissenschaftliche Haltung in seinem Buch *Zu Hause im Universum* folgendermaßen zusammen: „Der Körper des Menschen besteht aus einer Trillion Zellen, weit mehr als die Sterne in unserer Milchstraße. Von dieser Zellpopulation sterben täglich sechshundert Milliarden, während dieselbe Anzahl jeden Tag neu erschaffen wird – über zehn Millionen Zellen pro Sekunde. Die durchschnittliche Lebensdauer von Hautzellen beträgt nur zirka zwei Wochen; Knochenzellen werden alle drei Monate erneuert ... Wie Radioisotop-Analysen der Oak Ridge Laboratorien zeigten, werden etwa 98% Prozent aller Atome, aus denen ein Organismus besteht, innerhalb eines Jahres ausgetauscht. Keine Substanz im Körper bleibt jemals, wie sie ist, wenngleich Herz- und Hirnzellen länger überleben als die meisten anderen Zellen.[226] Während dieses zyklischen Prozesses ständiger Veränderung der physischen Teile des Organismus bleibt ihr typisches Organisationsmuster jedoch dasselbe.

Außerdem haben Geologen die Zyklen untersucht, in denen sich Sedimentgestein, das am Meeresgrund entsteht, als Bestandteil großer Gebirge über den Meeresspiegel erheben und durch Erosionsprozesse anschließend wieder auf den Meeresboden absenken kann. Auch im Universum kennen Wissenschaftler viele Veränderungszyklen. Der vierundzwanzigstündige Tag- und Nachtzyklus ist die Zeit, in der die Erde sich einmal um ihre Achse dreht. Der Jahreszeitenzyklus wiederholt sich etwa alle 365,25 Tage, und die Sonne durchläuft in dieser Zeit alle zwölf Zeichen des Tierkreises. Darüber hinaus kennen Astrophysiker einen relativ kleinen Elfjahreszyklus, in dem die Sonnenflecken – die auf lokale Störungen im Magnetfeld der Sonne zurückgehen – auf der Sonnenoberfläche erscheinen und verschwinden.

Im wesentlich größeren Rahmen hat die heutige Wissenschaft auch Kenntnis von einem Zyklus von etwa 26.000 Jahren, nämlich der sogenannten astronomischen Präzession oder Präzession der Äquinoktien (Tagundnachtgleichen) bzw. der Präzession der Erdachse. Dieser Zyklus entsteht durch ein leichtes Schwanken in der Rotation der Erdachse.[227] In einem noch größeren Maßstab kennen Wissenschaftler Zyklen, in deren Verlauf Sterne und Galaxien geboren werden, reifen, altern und sterben. Seit den 1960er Jahren haben Wissenschaftler die Vorstellung von einem evolutionären Universum. Nach der Urknall-Theorie wurde das Universum vor etwa fünfzehn Milliarden Jahren durch eine gigantische Explosion erschaffen und durchläuft seither eine kosmologische Evolution. Weil die Urknall-Theorie zwar manches klären konnte, anderes mit ihr jedoch unerklärlich blieb, gibt es heute mehrere neue Theorien über die Entstehung des Universums. Einige beschreiben das Universum – ob nun angeregt durch Weisheitstraditionen oder nicht – als zyklische Folge von Kommen und Gehen.

Nichtlokalität und die Realitätsebene jenseits von Raum und Zeit

Für uns gläubige Physiker hat die Scheidung zwischen Vergangenheit, Gegenwart und Zukunft nur die Bedeutung einer wenn auch hartnäckigen Illusion.

Albert Einstein – Physiker (1879-1955)[228]

Auch das wissenschaftliche Paradigma für das Phänomen der Zeit hat sich verändert. Seit Albert Einsteins Relativitätstheorie (1915) und den Entdeckungen der Quantenphysik wird die Zeit in der westlichen Wissenschaft nicht mehr ausschließlich als linear und in einer unumkehrbaren Richtung von der Vergangenheit in die Zukunft verlaufend betrachtet; denn die Quantenphysiker mussten zu ihrer Überraschung entdecken, dass viele mathematische Gleichungen, die für die subatomaren Phänomene galten, anscheinend zeitunabhängig waren. Für ein Elektron bedeutete es offensichtlich keinen Unterschied, ob es sich „vorwärts durch die Zeit" oder „rückwärts durch die Zeit" bewegte. Wie wir bereits gesehen haben ist – seit dem französischen Physiker Alain Aspect 1982 der experimentelle Nachweis des Phänomens der Nichtlokalität auf subatomarer Ebene gelang – die Existenz einer *Zeit und Raum überwindenden* Verbindung und damit die Existenz einer Realitätsebene „jenseits von Raum und Zeit" in der Quantenphysik eine allgemein akzeptierte Vorstellung. Seither hat Nicholas Gisin von der Universität Genf in den Jahren 1998 und 2004 dieses Phänomen bestätigt. Der Physiker Henry Stapp bezeichnete das Phänomen der Nichtlokalität als die tiefgreifendste Entdeckung in der Geschichte der Wissenschaft. Wie wir ebenfalls bereits gesehen haben, ist diese Nichtlokalität nicht nur ein Aspekt der Welt der Quantenteilchen, sondern deutet darauf hin, dass tatsächlich alles, auch wir Menschen, mit allem verbunden ist, und zwar auf eine Art und Weise, die *Zeit und Raum übersteigt.* Einigen Forschern zufolge besagt diese neue Erkenntnis über die Zeit, dass Zeit und Raum lediglich Schubladen sind, in die wir die Dinge stecken, um sie einzuordnen.

Zum Beispiel schreibt Valerie Hunt auf der Grundlage ihrer umfangreichen Forschungen in ihrem Buch *Infinite Mind*: „Zeit und Raum sind Konstrukte, abgeleitet aus unserem Erleben und unserer Deutung von Ereignissen, die im Raum stattfinden und dann die Idee der Bewegung entstehen lassen. Ohne Bewegung gibt es keine Zeit. Wir haben beobachtet, dass Menschen beim Eintritt in höhere Bewusstseinszustände ihr Zeitempfinden verlieren."[229] Die Menschen verlieren jegliches Zeitgefühl, sobald ihr Bewusstsein die Realitätsebene *jenseits von Raum und Zeit* wahrnimmt.

Die Wissenschaftsjournalistin Lynne McTaggart schreibt in ihrem Buch *Das Nullpunkt-Feld*, der Astronaut Edgar Mitchell sei auf dem Rückflug vom Mond während seiner beeindruckenden Einheitserfahrung zu einer ähnlichen Erkenntnis gelangt. Er erkannte in jenem Augenblick, dass ihm nicht nur alles, was je über das Universum und das Getrenntsein von Menschen und Dingen gelehrt worden war, falsch vorkam, sondern auch, dass Zeit nur ein künstliches Konstrukt ist.[230]

Die Chaos-Theorie

Jetzt, da die Wissenschaft hinschaut, herrscht anscheinend überall Chaos. (…) Gleich bei welchem Medium, das Verhalten gehorcht denselben neu entdeckten Regeln.

James Gleick – Wissenschaftsjournalist und Schriftsteller – 1987[231]

„Chaos" als neue multidisziplinäre Wissenschaft

Jedes System, das sich im Laufe der Zeit verändert, ist ein dynamisches System. Mit der Entstehung der Chaos-Theorie bildete sich eine neue

Wissenschaft heraus, die statt statischer Dinge *Prozesse* innerhalb dieser dynamischen Systeme untersucht – mit der Folge, dass zum ersten Mal viele weitere Aspekte des Gesetzes des Rhythmus erkannt wurden. Man entdeckte, dass Muster fortwährender Veränderung keine Abweichung, sondern grundlegende Eigenschaft der Natur sind. Lange Zeit jedoch ließen sich die Verläufe dieser dynamischen nichtlinearen Prozesse nur sehr schwer untersuchen, zum Teil deshalb, weil die vorhandene Mathematik hauptsächlich für lineare Prozesse geeignet war. Nichtlineare dynamische Systeme erforderten eine andere Mathematik, und es sollte bis 1970 dauern, ehe aufgrund der wachsenden Möglichkeiten durch Computer auf allen Fachgebieten der Durchbruch gelang. Mithilfe neuer Computertechnik konnte nun auch einen neue Mathematik für nichtlineare dynamische Systeme entwickelt werden.

Dadurch, dass Wisenschaftler nun nicht mehr von linearen Systemen ausgingen, sondern stattdessen die Dynamik nichtlinearer Systeme untersuchten, machten sie die überraschende Entdeckung, dass es innerhalb der augenscheinlich unregelmäßigen und zufälligen Muster nichtlinearer Systeme Aspekte gibt, die bei allen dynamischen Systemen offenbar gleich sind. 1976 legte der nordamerikanische Physiker Mitchell Feigenbaum eine Universaltheorie zu diesem scheinbaren „Chaos" vor. Er glaubte, seine Theorie drücke ein Naturgesetz für Systeme am Übergangspunkt zwischen Ordnung und Turbulenz aus.

Mit anderen Worten, seine Theorie über das Chaos schien zu zeigen, dass das Phänomen der Bewegung *universelle Charakteristika* aufweist und komplexe Systeme sich nach relativ einfachen Gesetzen verhalten. Systeme, die für die klassische Mathematik zu komplex waren, schienen nun relativ einfachen und universellen Gesetzen zu folgen, ungeachtet der Einzelheiten der jeweiligen Situation. Erkenntnisse aus der Chaos-Theorie zeigten, dass es solche Gesetzmäßigkeiten tatsächlich gibt.

Das Revolutionäre daran war, dass diese Universalität Physikern die Möglichkeit eröffnete, durch die Lösung eines einfachen Problems zugleich auch weitaus komplexere Probleme zu lösen. Ganz ähnlich wie zuvor Mikroskope und Teleskope eröffneten Computer nun völlig neue Welten. Hinter scheinbar zufälligen Schwankungen wurden nun nicht nur beeindruckende Muster erkennbar, sondern auch eine Ganzheit, in der alles sich gegenseitig beeinflusst, denn in Wirklichkeit erschienen alle Teile als Aspekte eines großen dynamischen Ganzen.

Durch diese neue Sicht der Untersuchung nichtlinearer Systeme entdeckte man nicht nur Aspekte des Gesetzes des Rhythmus, sondern plötzlich wurden auch Aspekte des Gesetzes der Entsprechung viel klarer erkennbar. In seinem viel zitierten Buch *Chaos – die Ordnung des Universums* schildert Gleick, wie seit Anfang der 1980er Jahre in allen Wissenschaftszweigen intensiv über nichtlineare Dynamik geforscht wird. Ihm zufolge hat diese neue multidisziplinäre „Chaos"-Wissenschaft, die die Grenzen getrennter wissenschaftlicher Fachrichtungen durchbricht und die allgemeine Natur dynamischer Systeme untersucht, den Prozess zunehmender wissenschaftlicher Spezialisierung radikal umgekehrt.

Die Chaos-Theorie und das Phänomen plötzlicher Veränderung

Die Chaos-Theorie – eigentlich die erste Theorie in der Wissenschaft, die sich mit dem Phänomen plötzlicher und einschneidender Veränderungen befasst – hat gezeigt, dass es anscheinend ein wichtiges Kennzeichen dynamischer Systeme ist, dass Entwicklungsprozesse nicht in Form einer allmählichen, graduellen Evolution verlaufen. Vielmehr treten offensichtlich gelegentlich chaotische Perioden auf, welche die notwendige Voraussetzung für eine neue Ordnung bilden. Während solcher chaotischer Perioden kann die Entwicklung in verschiedene Richtungen laufen, doch welche Richtung das System einschlägt, lässt sich mit mathematischen Modellen nicht vorhersagen. Vielmehr können an solch kritischen Punkten kleine Ursachen große Wirkung haben, weshalb der Verlauf scheinbar bizarren Charakter annimmt.

Doch obwohl ein solcher Prozess zeigt, dass Entwicklungen in dynamischen Systemen nicht graduell verlaufen, sondern Veränderungen vielmehr in Gestalt plötzlicher Sprünge erfolgen, erweist sich das Ganze als stabil. Denn das Überraschende ist: Die Chaos-Theorie zeigt, dass in komplexen Systemen Chaos und Ordnung gleichzeitig existieren können, weil diese Systeme lokal zwar möglicherweise überaus chaotisch und unvorhersehbar wirken, *als Ganzes* jedoch eine stabile Dynamik aufweisen.

Außerdem hat sich gezeigt, dass die neue stabile Struktur, die sich nach einer chaotischen Phase herausbildet, oft einen höheren Organisationsgrad sowie überraschende neue Eigenschaften oder Merkmale aufweist. Sowohl bei der Entstehung einer komplexeren Organisation als auch bei der Aufrechterhaltung dieser neuen Eigenschaften scheinen Rückkopplungsmechanismen eine große Rolle zu spielen. Auf diese Weise können sich einfache

Systeme in der Natur zu dynamischen Systemen mit hoher Komplexität entwickeln. Diese Mechanismen sind wahrscheinlich die Ursache dafür, dass Organisationsstrukturen sich tendenziell zu einer stärkeren Verflechtung ihrer einzelnen Elemente sowie zu einer höheren Komplexitätsstufe entwickeln.

Die Chaos-Theorie und eine spiralförmige biologische Evolution

Statt Konkurrenz als Mittel zum Überleben zu beschwören, setzt das neue Verständnis der Natur auf Kooperation unter Arten, die in Harmonie mit ihrer physischen Umwelt leben.

Bruce Lipton – Zellbiologe – 2005[232]

Die neuen Erkenntnisse auf der Grundlage der Chaos-Theorie werfen auch ein völlig neues Licht auf die Mechanismen hinter dem Evolutionsprozess. Durch sie wird ein Evolutionsprozess erkennbar, der – im Einklang mit dem Gesetz des Rhythmus – tatsächlich als nichtlineare, spiralförmige Entwicklung verläuft, die sich durch abrupte Veränderungen auszeichnet. Seit der Einführung von Charles Darwins Evolutionstheorie im Jahr 1859 nahmen die Wissenschaftler an, dass die biologische Evolution ein gradueller und mehr oder weniger linearer Prozess ist. Diese Idee wird inzwischen von einem gänzlich anderen Verständnis verdrängt, das sich mit den neu entdeckten Prinzipien der Chaos-Theorie deckt.

Bereits 1972 entwickelten die nordamerikanischen Paläontologen Niles Eldredge und Stephen Jay Gould ihre Punktualismus-Theorie (fachsprachlich *punctuated equilibrium* = durchbrochenes Gleichgewicht), die besagt, dass die biologische Evolution sich nicht durch stetige, langsame Entwicklung auszeichnet, sondern vielmehr durch lange Phasen eines Beinahe-Stillstands (ein statisches Gleichgewicht), auf die Perioden einer sehr raschen Entwicklung neuer Formen folgen.[233] Daneben spielen gemäß der nordamerikanischen Mikrobiologin Lynn Margulis – bis zu ihrem Tod im Jahr 2011 eine der führenden Forscherinnen über mikrobielle Evolution – im Prozess der biologischen Evolution nicht nur Konkurrenz und „das Überleben des Stärkeren“ eine wichtige Rolle, sondern auch die harmonische Zusammenarbeit. In ihrem Buch *Symbiosis in Cell Evolution* (1981) beschreibt sie ihre Theorie der Zellsymbiose, die auf ihrer Entdeckung aufbaut, dass einzellige Organismen mit Zellkern (sogenannte Eukaryoten) aus kooperativ zusammenlebenden Einzellern ohne Zellkern (sogenannten Prokaryoten) entstanden sind. Ihre Theorie, die behauptet, dass harmonische Zusammenarbeit in der biologischen Evolution eine große Rolle spielt, lief den älteren, von Darwins Theorie herrührenden Auffassungen, wonach Evolution ein von Konkurrenz getriebener Wettlauf ums Überleben sei, zuwider.

In ihrem Buch *EarthDance: Living Systems in Evolution* (1999) verbindet die griechisch-amerikanische Evolutionsbiologin Elisabet Sahtouris die Entdeckungen von Lynn Margulis mit den neuen Erkenntnissen der Chaos-Theorie und beschreibt den Evolutionsprozess als einen einzigen großen gemeinschaftlichen „Tanz". Das sich daraus ergebende Bild der biologischen Evolution zeigt, dass sich alle Lebewesen in Verbindung mit allem anderen in ihrer Umwelt entwickeln. Elisabeth Sahtouris beschreibt diese Co-Evolution als einen Tanz, der Rhythmen hat wie jeder andere auch – langsame und schnelle, so dass es beinahe so wirkt, als würde eine Art abrupt zu einer anderen.

Dieser Tanz kennt Augenblicke, in denen Organismen ihr Gleichgewicht verlieren, und andere, in denen sie es wiederfinden. Der spiralförmige Evolutionsprozess, an dem sowohl Konkurrenz als auch Kooperation beteiligt sind, hat Sahtouris zufolge ein zyklisches Grundmuster, das auf allen Ebenen ähnlich funktioniert. Das Grundmuster dieses Zyklus beschreibt sie folgendermaßen: Einheit -> Individuation -> Konkurrenz -> Konflikt -> Verhandlung -> kreative Lösung -> Kooperation -> neue Ebenen der Einheit und so weiter.

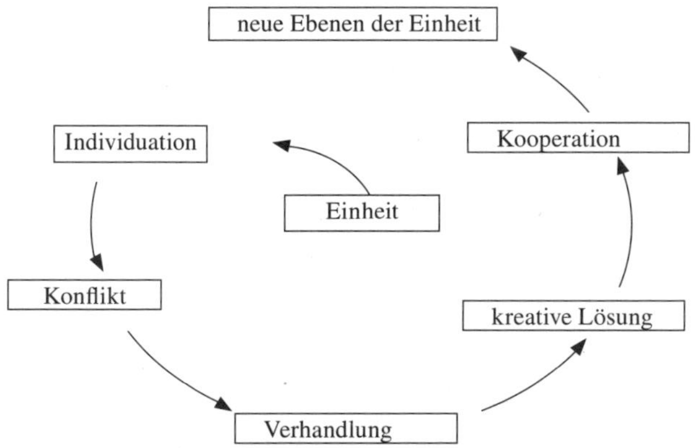

Das Muster des spiralförmigen Evolutionsprozesses nach Elisabet Sahtouris[234]

Aus dieser neuen Perspektive durchläuft der Evolutionsprozess also einen Zyklus mit periodisch auftretenden chaotischen Phasen, aus denen am Ende eine neue Ordnung hervorgeht, so dass jeder darauffolgende Zyklus im Verhältnis zum vorangegangenen einen gewissen Fortschritt darstellt. Nach Elisabet Sahtouris beginnt ein solcher Evolutionszyklus dann, wenn aus einer Situation der Einheit heraus ein Individuationsprozess einsetzt, zum Beispiel in Form von Spezialisierung. An einem bestimmten Punkt führt diese Spezialisierung zu einer gewissen Spannung und möglicherweise zum Konflikt, was schließlich in eine Zeit der „Verhandlungen" mündet. Am Ende erbringen die Verhandlungen eine neue kreative Lösung, die eine neue Form der Kooperation ermöglicht. Diese Kooperation führt erneut zu einer Situation der Einheit, allerdings auf einer höheren Ebene. Bei dieser spiralförmigen zyklischen Evolution können Konkurrenz und Kooperation als verschiedene Zyklusphasen gesehen werden.

Gewohnheiten, unerwartete Umstände und neue Möglichkeiten

Auch der britische Biologe Rupert Sheldrake entdeckte scheinbar entgegengesetzte Aspekte als unterschiedliche Phasen des Evolutionsprozesses. Er untersuchte den Evolutionsprozess von Gewohnheiten und beobachtete einerseits, wie Gewohnheiten sich entwickeln und Tiere sich daraufhin Generation um Generation entsprechend bestimmter Gewohnheiten verhalten. Andererseits müssen ihm zufolge auch andere Prozesse ablaufen, denn sonst würde die ganze Welt zu einer einzigen, überstarken, sich stets wiederholenden Gewohnheit. Angeregt durch die Entdeckungen der Chaos-Theorie kam er zu dem Schluss, dass Gewohnheiten ständig von unerwarteten Umständen durchbrochen werden. „In unserem eigenen Leben", schreibt er in seinem Buch *Denken am Rande des Undenkbaren*, „werden Gewohnheiten ständig durch entwicklungsbedingte Veränderungen und unerwartete Ereignisse unterbrochen, die Leerräume schaffen, in denen neue Bedingungen und neue Möglichkeiten entstehen können."[235] Deshalb, so schließt er daraus, muss zur Evolution, wie zu unserem Leben, eine Wechselwirkung zwischen *Gewohnheit und Kreativität* gehören. „Eine Theorie der evolutionären Gewöhnung verlangt zugleich eine Theorie der evolutionären Kreativität", folgert er, denn was sonst „lässt neue Ideen entstehen, Beethovens Symphonien, naturwissenschaftliche Theorien, neue Kunstwerke, neue Kulturformen, Instinkte in Vögeln und anderen Tieren,

Pflanzen-, Blüten- und Blattformen, die vielen Gesteins- und Kristallarten und die ganzen galaktischen, stellaren und planetarischen Organisationsformen? Welche schöpferische Kraft könnte allen diesen Vorgängen zugrunde liegen?“[236] Er kommt zu dem Schluss, dass dies eine neue evolutionäre Kreativität sein muss. Diese ereignete sich nicht nur einmal, in einem Schöpfungsakt im Anfang des Universums, sondern sie ist ein fortwährender Schöpfungsvorgang.

Die Chaos-Theorie und eine spiralförmige historische und kulturelle Evolution

Es heißt, dass wir, die wir heute leben, ein Integrales Zeitalter erschaffen müssen, in dem inneres und äußeres Leben eine höhere Synthese und Resonanz eingehen; in dem Herz und Verstand integriert sind, in dem Bildung, Medizin, Wirtschaft und Politik Spiegel einer neuen Wissenschaft vom bewussten Leben sind, das die Kraft hat, die Ernte unserer edelsten Absichten einzufahren.

James O'Dea – Direktor des Institute of Noetic Sciences – 2005[237]

Jean Gebser: Ein Entwicklungsprogramm mit plötzlichen Sprüngen

Bereits lange vor der Entstehung der Chaos-Theorie gab es Wissenschaftler, die den Evolutionsprozess des Menschen so beschrieben, dass wir die verschiedenen Aspekte des Gesetzes des Rhythmus darin wiedererkennen können. Zum Beispiel veröffentlichte der Kulturphilosoph Jean Gebser (1905-1973) bereits um 1950 sein Monumentalwerk *Ursprung und Gegenwart*, in dem er die Entwicklung des menschlichen Bewusstseins in allen Einzelheiten beschrieb. In einer intuitiven Eingebung, die ihn 1932 überkam, begriff er, dass jede Kultur und jede Epoche ihr eigenes Muster zur Deutung von Ereignissen sowie der Realität entwickelt. Er schloss daraus, dass dieses Muster mit dem Bewusstsein der jeweiligen Kultur zusammenhängt. Darüber hinaus erkannte er, dass die gewaltigen Veränderungen, die er seit Beginn des 20. Jahrhunderts in der westlichen Welt beobachtete, Manifestationen einer fundamentalen Verschiebung im Denken der westlichen Kultur waren.

In seiner Vision klingt der Prozess von Involution und Evolution wieder an; denn er betrachtete den Ursprung, die Quelle, aus der alles kommt, als etwas Spirituelles, und die Evolution des Bewusstseins als Stadien, in denen der uns allen – durch den Prozess der Involution – innewohnende spirituelle Aspekt immer weniger latent wird, sondern stattdessen zusehends klarer und deutlicher hervortritt. Außerdem verläuft die Manifestation der einzelnen Bewusstseinsstadien seiner Ansicht nach nicht im Rahmen einer langsamen Entwicklung, sondern in plötzlichen Sprüngen. Solche Entwicklungssprünge sind sehr tiefgreifend, denn sie bedeuten nicht bloß einen Perspektivenwechsel, sondern eine völlig andere Art der Realitätswahrnehmung. Nach Jean Gebser ist das Vergangene nicht verloren und vergessen, sondern es wird zu einem effektiven und aktiven Element des neu erlangten Bewusstseins. Dies läuft darauf hinaus, dass alles, was wir als Menschheit je gelernt haben, im Prinzip in unserem aktuellen Bewusstsein präsent *und* aktiv bleibt.

Aufgrund dieser Erkenntnis, wonach vorangegangene Bewusstseinsstufen weiterhin präsent, integriert und wirksam bleiben, war Jean Gebser überzeugt, dass das rationale Bewusstsein nicht das höchste Stadium des menschlichen Bewusstseins ist. Im Gegenteil, er war der Auffassung, dass durch die Dominanz des Rationalismus Fähigkeiten, die wir auf früheren Bewusstseinsstufen erworben haben, offenbar nicht in unser heutiges Bewusstseinsstadium integriert sind. Dies hat zur Folge, dass wir nicht mehr in ständigem Kontakt mit unseren intuitiveren Aspekten stehen. Diese Dominanz des Rationalismus, die im Grunde all unser früher erworbenes und womöglich zukünftig zu erwerbendes Wissen unterdrückt, sah er als ein Zeichen des Ungleichgewichts. Außerdem war er überzeugt, dass wir gerade jetzt an der Schwelle zu einem radikalen Wandel unserer Bewusstseinsstruktur, zu einer neuen Bewusstseinsstufe stehen, die er als „arational" bezeichnete.

Arnold Joseph Toynbee: Die Evolution hat zyklischen Charakter

Neben Jean Gebser, der schon vor der Zeit der Chaos-Theorie einen Entwicklungsprozess mit plötzlichen Sprüngen beschrieb und in der aktuellen Situation Anzeichen eines Ungleichgewichts sah, gab es noch einige weitere Wissenschaftler, die zu dem Schluss kamen, dass die Evolution der historischen und kulturellen Geschichte der Menschheit zyklischen

Charakter hat. Einer von ihnen war der britische Historiker Arnold Joseph Toynbee (1889-1975). Er veröffentlichte die Ergebnisse seiner Forschungen über Aufstieg und Niedergang von sechsundzwanzig Kulturen in seinem monumentalen zwölfbändigen Werk *A Study of History* (1934-1961).[238]

In der Entwicklung von Kulturen erkannte er das Muster eines spiralförmigen Wachstumsprozesses, bei dem Entscheidungen in schwierigen Phasen offensichtlich von ausschlaggebender Bedeutung sind. Seine Hypothese lautete, dass es im Grunde die Herausforderung jeder Kultur oder Zivilisation ist, in einer solchen schwierigen Phase im Hinblick auf Wachstum und Bewusstsein der Gemeinschaft einen echten Schritt vorwärts zu tun. Ihm zufolge besteht in solchen Momenten im Prinzip die Möglichkeit, vom einen Zyklus zum nächsten überzugehen, der auf einer höheren Ebene steht.

Aufgrund seiner Forschungen kam er zu dem Schluss, dass neue Kulturen nur als Reaktion auf äußerst schwierige Herausforderungen entstehen, in denen „kreative Minderheiten" die anderen zu nie dagewesenen Anstrengungen beflügeln, um die Probleme, vor denen die Gesellschaft steht, zu lösen. Konnte eine Kultur auf so kreative und innovative Weise auf die Herausforderung „antworten", dann traten tatsächlich in gewissem Maße Wachstum und Weiterentwicklung ein. Dieses Wachstum vollzog sich als abrupte Entwicklung in der Evolution des menschlichen Bewusstseins.

Spiralförmige Entwicklung und die drastischen Veränderungen vor etwa fünftausend Jahren

Zwar wurden diese Entdeckungen und Schlussfolgerungen von Jean Gebser und Arnold Joseph Toynbee zu ihrer Zeit nicht allgemein anerkannt, doch die Ähnlichkeit dieser Auffassungen mit den auf der Chaos-Theorie basierenden Prinzipien dynamischer Systeme ist bemerkenswert. Einige Stimmen in der Wissenschaft behaupten, dass erst heute, da aufgrund der neuen Erkenntnisse der Chaos-Theorie das Phänomen zyklischer Entwicklungsprozesse in dynamischen Systemen akzeptiert ist, mehr Wissenschaftler eine neue Sichtweise der historischen und kulturellen Evolution zulassen können.

In den letzten Jahrzehnten haben mehrere Forscher mit Untersuchungen zur Bedeutung der Chaos-Theorie für den Prozess der kulturellen Evolution sowie für die Sozialwissenschaften begonnen.[239] Auf der Suche nach Indizien für ein spiralförmiges zyklisches Evolutionsmuster kann man entweder nach Zyklen von mehreren hundert Jahren oder aber nach wesentlich längeren Zyklen von Tausenden oder sogar Zehntausenden Jahren Ausschau halten. Dies könnte neues Licht auf die Existenz jahrtausendealter geheimnisvoller Gebäude, Ruinen und Artefakte werfen, die überall auf der Welt entdeckt wurden. Genau wie jahrtausendealte weise Schriften oder Inschriften, deuten auch sie darauf hin, dass es zeitweise Kulturen mit einem fortgeschrittenen spirituellen Wissen gab, auf die Phasen des Niedergangs folgten, in denen anscheinend sehr viel Wissen wieder verloren ging.

Inzwischen betrachten etliche Forscher eine radikale Veränderung, die vor etwa fünftausend Jahren eintrat, als Anzeichen für einen möglicherweise zyklischen Charakter unserer historischen und kulturellen Evolution. Seit dieser großen Veränderung hat sich in immer weiteren Teilen Europas eine Kultur herausgebildet, die als indo-europäisch bezeichnet wird. Riane Eisler zeigt in ihrem Buch *Kelch und Schwert: Unsere Geschichte, unsere Zukunft* auf der Grundlage der vielen neuerdings verfügbaren Daten, dass in der Zeit vor dieser radikalen Veränderung vor etwa fünftausend Jahren über lange Zeiträume hinweg eine völlig andere Kultur geherrscht hat. Dies könnte ein Hinweis darauf sein, dass es tatsächlich mehrtausendjährige zyklische Schwankungen gibt.

Dieser wahrhaft riesige Fundus an neuem Wissen über Jahrtausende der Menschheitsgeschichte steht in deutlichem Widerspruch zu allem, was wir gelernt haben, schreibt Riane Eisler.[240] Sie spricht in diesem Zusammenhang von einer archäologischen Revolution, manche andere sogar von der Offenbarung der verborgenen Geschichte der Menschheit. Daraus ergibt sich das Bild einer blühenden Kultur, die vor über fünftausend Jahren über einen langen Zeitraum existiert hat; einer Kultur, die sich durch Frieden und Gleichberechtigung von Männern und Frauen auszeichnete. Riane Eisler bezieht sich zum Beispiel auf die umfangreichen Ausgrabungen der Archäologin Marija Gimbutas von der University of California in den 1960er, 70er und 80er Jahren in Europa.

In ihrem Buch *Göttinnen und Götter im Alten Europa: Mythen und Kultbilder* (1974-1982, aktualisiert 1996, dt. 2010) zeichnet Gimbutas diese europäische Zivilisation zwischen 6500 und 3500 v. Chr. aufgrund zahlreicher Indizien als matrilineare Kultur. Ihre Daten zeigen eine Kultur, die eine lange Zeit des Friedens und des Wohlstands kannte. Nach Riane Eisler war dies eine Jahrtausende umspannende Epoche, in der alle grundlegenden Techniken, auf denen eine Zivilisation aufbaut, von Gesellschaften entwickelt wurden, die nicht von Männern beherrscht, gewalttätig oder hierarchisch waren. Diese Kultur, die Historiker als die „Alteuropäische“ bezeichnen, wurde nach Marija Gimbutas zwischen 4300 und 2800 v. Chr. von den Indo-Europäern überwältigt. Sie kannten eine völlig andere Gesellschaftsform, gekennzeichnet durch Hierarchie, Patriarchat und Krieg. Aus unseren Geschichtsbüchern erfahren wir hauptsächlich von dieser indo-europäischen Kultur, in der die Unterdrückung der Frau, einhergehend mit der Entfremdung von der Natur, zur kulturellen Norm wurde.

Riane Eislers Theorie der kulturellen Transformation

Aus diesen archäologischen Daten und den neuen, auf der Chaos-Theorie fußenden Auffassungen entwickelte Riane Eisler eine kulturelle Evolutionstheorie, die sie als die Theorie der kulturellen Transformation bezeichnete. Dieser Theorie zufolge gibt es im Prinzip nur zwei Grundmodelle, die der großen Vielfalt menschlicher Kulturen zugrunde liegen. Das eine Modell bezeichnet sie als das dominatorische oder Herrschaftsmodell. Bei diesem Modell, das herkömmlich Patriarchat genannt wird, wird die eine Hälfte der Menschheit über die andere gestellt. Das andere Grundmodell bezeichnet sie als das Partnerschaftsmodell; dabei fußen die gesellschaftlichen Beziehungen hauptsächlich auf dem Prinzip, dass männliche und weibliche Rollen einander ergänzen und daher als gleichwertig geschätzt werden.

Angesichts des Unterschieds zwischen diesen beiden Modellen deutet offenbar vieles darauf hin, dass die weitreichende und tiefgreifende Veränderung von einem Partnerschafts- zu einem Herrschaftsmodell vor etwa fünftausend Jahren nicht nur in Europa, sondern zur selben Zeit auch in anderen Teilen der Welt stattfand. Auf dem Partnerschaftsmodell aufbauende Kulturen zeichnen sich durch Harmonie, Stabilität sowie eine blühende Kunst und Kultur aus. Diese Kulturen, in denen auch der weibliche Aspekt hoch geachtet wurde, waren über ganz Afrika sowie West-, Süd- und Ostasien verteilt. Dazu gehörte zum Beispiel die altägyptische Kultur mit der Göttin Isis, die Harappa-Kultur im Indus-Tal[241] und die Kultur der Shang in China.[242]

Riane Eisler stellt auch die Verbindung zu unserer heutigen Zeit her und weist darauf hin, was wir aus der Geschichte in Kombination mit den neueren, auf der Chaos-Theorie basierenden Entdeckungen lernen können. Chaos-Theorie und kulturelle Transformationstheorie ähneln einander in mehrerer Hinsicht auffällig, schreibt sie in ihrem Buch *Kelch und Schwert*, nämlich „in ihren Aussagen darüber, was an kritischen Verzweigungspunkten von Systemen geschehen ist – und jetzt wieder geschehen könnte – wenn eine rasche Transformation eines ganzen Systems stattfinden könnte."[243] Deshalb betont sie, wie wichtig es ist, so viel wie möglich über diese Systemtransformation herauszufinden, weil wir daraus Erkenntnisse darüber gewinnen können, was in Zeiten fundamentalen oder „chaotischen" Wandels und damit auch in der Periode großer Veränderungen, in der wir heute leben, geschehen kann.

Die Erkenntnisse der Chaos-Theorie haben gezeigt, dass in solchen Momenten kleine Ursachen große Wirkung entfalten können, dass sie darüber entscheiden können, welcher Art die Veränderung sein wird und ob daraus tatsächlich eine neue Ordnung auf höherer Ebene entsteht. Riane Eisler zufolge könnte dies bedeuten, dass wir nun erneut die Gelegenheit ergreifen und uns für ein *Partnerschaftsmodell* entscheiden könnten. Denn, so schließt sie aus ihren Forschungen, wie wir diese Beziehung zwischen Männern und Frauen gestalten, hat tiefgreifende Auswirkungen auf alle unsere Institutionen, auf unsere Werte, auf die Richtung unserer kulturellen Entwicklung und darauf, ob sie friedlich oder kriegerisch verlaufen wird.

In den Begriffen des spiralförmigen Evolutionsprozesses gesprochen – wie die Evolutionsbiologin Elisabet Sahtouris ihn beschreibt – geht es in unserer heutigen Situation darum, ob wir kreativ genug sind, die Konkurrenz- und Konflikt-Phase zu überwinden und als Weltbevölkerung durch Verhandlungen kreative und konstruktive Lösungen für eine neue Art des Zusammenlebens finden, so dass wir auf einer höheren Stufe der Einheit weltweite Stabilität erlangen. In der Terminologie des Historikers Arnold Toynbee formuliert, geht es in unserer heutigen Situation darum, ob es den „kreativen Minderheiten" gelingen wird, die Probleme, vor denen die Gesellschaft steht, durch einen nie dagewesenen kreativen Ansatz als „Antwort" auf die aktuellen schwierigen Herausforderungen zu lösen. Im Wesentlichen kommt es ihm darauf an, dass es uns als Zivilisation gelingt, im kollektiven Wachstums- und Bewusstseinsprozess einen Schritt nach vorne zu tun.

Die neue Bewusstseinsstufe, die sich im Moment ankündigt, bezeichnet Jean Gebser als *integral*. Ihm zufolge geht es nicht bloß darum, augenscheinliche Gegensätze miteinander zu vereinbaren, sondern auch darum, das Ganze anzuerkennen. Dieses Bewusstsein zeichnet sich durch Transparenz aus, wodurch wir die Dinge buchstäblich durchschauen und ihre wahre Natur erkennen können. Ihm zufolge erfordert diese neue Bewusstseinsstufe ein hohes Maß an Selbsterkenntnis und Verantwortungsbewusstsein.

Kapitel Neun

Das sechste Gesetz – Das Gesetz von Ursache und Wirkung

[Es] ist wichtig, sich immer zu vergegenwärtigen, dass die Auswirkungen unserer Handlungen von unserer Absicht oder Motivation abhängen, und nicht von ihrem scheinbaren Ausmaß.

Sogyal Rinpoche – tibetischer Buddhist – 1993[244]

Jede Ursache hat eine Wirkung, und jede Wirkung hat eine Ursache

Das sechste Universelle Gesetz ist das Gesetz von Ursache und Wirkung. Während alles im Universum aus ein und derselben Einheit oder Quelle hervorgeht und das dynamische Universum sich aus verschiedenen Realitätsebenen zusammensetzt, auf denen alles mit allem verbunden und alles in Bewegung ist, wo alles in relativer Dualität existiert und alles sich ständig verändert, besagt das Gesetz von Ursache und Wirkung, dass inmitten dieser Dynamik jede Ursache ihre Wirkung und jede Wirkung ihre Ursache hat. Deshalb bringt jede Aktion eine Reaktion hervor, und deshalb ist jede Reaktion durch eine Aktion veranlasst. Dieses Gesetz ist unter vielen weiteren Bezeichnungen bekannt, zum Beispiel als das Gesetz von Aktion und Reaktion, als das Gesetz der Wechselwirkung und als das Bumerang-Gesetz.

▶ Das Wirken der Universellen Gesetze ist die Ursache aller Wirkungen

Das Gesetz von Ursache und Wirkung besagt auch, dass das Wirken der Universellen Gesetze die Ursache aller Wirkungen ist. Da im Universum nichts außerhalb der Universellen Gesetze geschieht, können wir im Prinzip aufgrund unserer Einsicht in die Funktionsweise dieser Universellen Gesetze alle Auswirkungen verstehen.

▶ Es gibt keinen Zufall, weil alle Wirkungen eine Ursache haben

Weil nach dem Gesetz von Ursache und Wirkung alle Wirkungen eine Ursache haben und im Universum nichts außerhalb dieses Sinnzusammenhangs geschieht, passiert nichts „zufällig". Einen Zufall oder eine willkürliche Abfolge von Ereignissen gibt es deshalb nicht. Zufall ist lediglich ein Wort, das wir immer dann verwenden, wenn wir das Wirken des Gesetzes von Ursache und Wirkung nicht unmittelbar erkennen oder uns der Blick fürs „große Ganze" fehlt. Wenn es keinen Zufall gibt, dann gibt es auch keine Unfälle, und aus dieser Sicht gibt es auch keine Opfer.

▶ Wir können bewusst zur „Ursache" werden

Im Hinblick auf unser eigenes Handeln bedeutet das Gesetz von Ursache und Wirkung, dass früher oder später die Folgen aller unserer Gedanken, Worte und Werke in ähnlicher Form auf uns zurückfallen, wodurch wir die Möglichkeit erhalten zu lernen und uns weiterzuentwickeln. Wir können unser Wissen über die Wirkungsweise des Gesetzes von Ursache und Wirkung zu unseren Gunsten nutzen, indem wir unseren freien Willen darauf verwenden, zu einer bewussten „Ursache" zu werden und die Wirkungen zu erzeugen, die wir uns wünschen.

▶ Das Gesetz des Karma

Das Gesetz des Karma ist das Gesetz von Ursache und Wirkung in langfristiger Hinsicht. Es betrifft Wachstum und Entwicklung unserer Seele, unseres Bewusstseins. Gemäß dem Gesetz des Karma können wir – im Einklang mit dem Gesetz von Ursache und Wirkung – unser Bewusstsein entwickeln und zwar aufgrund der Lektionen, die wir aus den *Folgen* unseres Handelns lernen. Gemäß dem Gesetz des Karma verläuft unser Entwicklungsprozess als Seele – entsprechend dem Gesetz des Rhythmus – in multidimensionalen, spiralförmigen Zyklen von Inkarnation und Reinkarnation der Seele in einem physischen Körper.

▶ Das Relativitätsgesetz

Das Relativitätsgesetz ist das Gesetz des Karma aus der Sicht der Seele. Gemäß dem Relativitätsgesetz ist es der einzige Wunsch der Seele, sich auf höhere Bewusstseinsebenen hin zu entwickeln. Aus dieser Perspektive können wir schwierige Situationen als Chance oder Aufforderung zum Wachstum betrachten.

Die unsichtbare Welt der Ursache und die sichtbare Welt der Wirkung

Wirkungen sind komplex – unendlich komplex – aber anhand von Wirkungen kann man kein Wissen erlangen. Über Wirkungen kann man nur informiert werden. Information ist nicht Wissen. ... Alles Wissen existiert als Ursache.

Walter Russell – Maler, Bildhauer,
Architekt und Mystiker – 1926[245]

Das Wirken der Universellen Gesetze ist die Ursache aller Wirkungen

Das Gesetz von Ursache und Wirkung besagt, dass jede Ursache eine Wirkung und jede Wirkung eine Ursache hat sowie alle sichtbaren Wirkungen unsichtbare Ursachen haben. Wie wir beim Gesetz der Schwingung gesehen haben, können höhere Schwingungen gemäß dem Gesetz der Macht niedrigere Schwingungen umwandeln, jedoch nicht umgekehrt. Deshalb haben Ursachen stets eine höhere Schwingung als Wirkungen; und weil die physische Welt die niedrigste Schwingung hat, ist das, was wir als physische Realität wahrnehmen, die sichtbare Wirkung höherer Schwingungen in der unsichtbaren Welt der Ursachen. Mit anderen Worten: Jede *sichtbare* Aktivität ist die Folge einer *verursachenden* Aktivität auf den nicht-physischen, unsichtbaren Realitätsebenen. Was wir als die manifeste Welt kennen, entsteht infolge einer unsichtbaren Dynamik feinstofflicher energetischer Wechselwirkungen. Solange wir uns dieser unsichtbaren Dynamik hinter dem Manifesten nicht bewusst sind, laufen wir Gefahr, bei unserer Suche nach den Beziehungen zwischen Ursache und Wirkung zu oberflächlich zu bleiben und dabei Ursache und Wirkung zu verwechseln.

Aufgrund seiner Erfahrung des „Einsseins mit allem", erklärt Walter Russell in seinem Buch *Geheimnis des Lichtes* (1947, dt. 2002), dass Bewusstsein, Gedanken, Gefühle, Absichten, Aufmerksamkeit, Inspiration, Intuition, Wissen und alle anderen Energieformen in der unsichtbaren Ursachenwelt die sichtbare Welt der Wirkungen erschaffen. Diese Schöpfung findet im Einklang mit den Universellen Gesetzen statt. Deshalb können wir, wenn wir die dynamische Wirkungsweise der universellen Gesetze kennen, die Vielzahl scheinbar komplexer Wirkungen auf der physischen Realitätsebene verstehen.

„Was der Mensch sät, das wird er ernten“

Das Gesetz von Ursache und Wirkung besagt, dass unsere Gedanken, Worte und Werke Teil der Kette von Ursache und Wirkung sind. Das Gesetz der Anziehung machte schon als Teil des Gesetzes der Schwingung deutlich, dass die Schwingungen, die wir in Form unserer Gedanken und Gefühle an die Welt aussenden, infolge des Prinzips der Harmonischen Resonanz dazu führen, dass ähnliche Frequenzen mitzuschwingen beginnen, weshalb wir „anziehen“, was wir aussenden. Das Gesetz von Ursache und Wirkung gilt in ähnlicher Weise für unsere tatsächlich ausgesprochenen Worte und vollbrachten Taten und besagt, dass auch unsere Worte und Taten direkt oder indirekt Auswirkung auf den Lauf der Ereignisse haben. Jeder Gedanke, jedes Wort und jede Tat hat konkrete Folgen, sowohl für uns selbst als auch für das größere Ganze. Früher oder später treten unsere Gedanken, Worte und Werke durch die Taten anderer in Form vergleichbarer Wirkungen wieder in unser Leben.

Diese Erkenntnis finden wir in allen Weisheitstraditionen, zum Beispiel in Gestalt des Bibelspruches: „Was der Mensch sät, das wird er ernten.“ Wenn wir Weizen säen, werden wir auch Weizen ernten und nicht Hafer oder Roggen, und wenn wir Disteln säen, werden wir auch Disteln ernten. Wenn wir einen Apfelbaum pflanzen, werden wir nach einiger Zeit Äpfel ernten. Das, was infolge unserer ausgesäten Gedanken, Worte und Werke keimt und sich entwickelt, kommt, sobald der neue Same reif ist, als Ernte auf uns zurück.

Die goldene Regel

Weiser Mensch hab acht, denn deine Gedanken, Worte und Werke von heute treiben Wolken über den Himmel von morgen.

Dhyani Ywahoo – Weisheitshüterin der Cherokee – 1987[246]

Deshalb finden wir nicht nur in allen Weisheitstraditionen, sondern auch in allen großen Weltreligionen die goldene Regel: „Behandele andere so, wie du von ihnen behandelt werden willst.“ Dieser Rat fußt auf der Erkenntnis des Gesetzes von Ursache und Wirkung und macht uns darauf aufmerksam, dass alles, was wir anderen zufügen, am Ende zu uns zurückkommt.

Der Dalai Lama fasst die Essenz dieser Erkenntnis folgendermaßen zusammen: „Wenn du deine selbstsüchtigen Motive, wie Zorn und so weiter, überwindest und mehr Güte und Mitgefühl für andere entwickelst, wirst du letztlich selbst den größten Nutzen haben. Deshalb sage ich manchmal scherzhaft, dass ein weiser selbstsüchtiger Mensch auf diese Art und Weise vorgehen sollte. Dumme selbstsüchtige Menschen denken immer nur an sich selbst, und das Ergebnis ist negativ. Wer weise selbstsüchtig ist, denkt an andere, hilft anderen, so viel er kann, und als Ergebnis erfährt er auch selbst Nutzen.[247]

In manchen Traditionen gilt dieses Gesetz als das Gesetz der endgültigen und höchsten Gerechtigkeit. „Wer an eine höhere ausgleichende Gerechtigkeit glaubt, die … oft auf überraschende und unerwartete Weise für Vergeltung sorgt“, schreibt Paramahansa Yogananda in *Autobiographie eines Yogi*, „braucht sich nicht vorschnell über die Ungerechtigkeit der Menschheit zu beklagen. Wer dies verwirft“, so schreibt er weiter, „setzt in seinem eigenen Leben eine Kette von Ereignissen in Bewegung, die ihn zur Suche nach der Wahrheit und damit letztendlich zum Erwachen bringen.“[248] Auf diese Weise gibt uns das Gesetz von Ursache und Wirkung – eben dadurch, dass uns unsere bewussten und unbewussten Entscheidungen ständig vor Augen geführt werden – Gelegenheit, früher oder später zu lernen, wie wir uns weiterentwickeln können.

Das Prinzip der Wechselseitigkeit

Viele alte Kulturen und indigene Völker, die eng mit der Natur zusammenleben, wenden die Goldene Regel, die auch als das Prinzip der Wechselseitigkeit bekannt ist, an, und zwar offensichtlich auch in ihrer Beziehung zur Natur, weil sie sich als deren Teil verstehen. Für sie lautet die Goldene Regel daher: „Was wir mit der Natur tun, das tun wir mit uns selbst. Was wir mit uns selber tun, das tun wir mit der Welt.“ Aus einer Perspektive, wonach alles, was es gibt, Energie ist – das Gesetz der Schwingung – und alles fließt und sich in ständiger Bewegung befindet – das Gesetz des Rhythmus – werden alle Beziehungen zu einer Form des Austauschs, und die Goldene Regel wird zum Prinzip der Wechselseitigkeit.

Dieses Prinzip gilt auch für die Erkenntnis, dass jedes Festhalten an dem, was wir haben, lediglich unseren Energiezufluss blockiert. Wenn wir nicht bereit sind, auch zu geben, blockieren wir den Fluss dieser Energie und damit auch den Fluss der Fülle, die zu uns kommen will. Wenn wir jedoch jemandem einen Gefallen tun und dieser Mensch dann einem anderen wieder einen Gefallen tut, dann fließt die Energie immer weiter. Mit anderen Worten, damit dieser Energiefluss von Geben und Nehmen in unserem Leben ausgewogen sein kann, müssen wir sowohl geben als auch annehmen, damit der Fluss von Wohlstand und Fülle in unserem Leben immer weiter zirkulieren kann. Dieses Prinzip lädt uns dazu ein, mit allen anderen zu teilen und zu tauschen. Bei vielen indigenen Völkern, die eng mit der Natur zusammenleben, bedeutet die Erkenntnis dieses Prinzips auch, dass sie der Natur für alles, was sie aus ihr entnehmen, etwas zurückgeben, damit die Energie weiterfließen kann und das dynamische Gleichgewicht auf der Welt erhalten bleibt.

Nach Ansicht des peruanischen Volkes der Q'ero, die nach der alten Inka-Mystik leben, ist dieses Prinzip der Wechselseitigkeit, das sie als *ayni* kennen, eines der wichtigsten überhaupt. Ihnen zufolge leben wir in einem energetischen Universum, in dem der harmonische Energieaustausch zwischen uns und anderen sowie der Natur das Ziel allen Handelns ist. Judith Bluestone Polich zitiert in ihrem Buch *Die Wiederkehr der Kinder des Lichts* (1999, dt. 2001) die schöne Formulierung, mit der Antonio Morales die Umsetzung von *ayni* in der Praxis beschreibt: „Du machst *ayni* für Pachamama, Mutter Erde, und sie freut sich und erwidert deine Gabe mit Fruchtbarkeit und Fülle. Du machst *ayni* für die Sonne, und sie erwidert deine Gabe mit Wärme und Licht. Die Apus, die hohen Berggipfel, geben dir die Kraft, deine Arbeit zu verrichten; die Himmel schenken dir Harmonie. Mache *ayni* für alle Menschen, und sie werden dich dafür achten. Es ist ein wunderbares Prinzip. Man sagt, der Schamane lebe in vollkommenem *ayni* – das Universum erwidert jede seiner Handlungen, spiegelt ihm seine Absichten, wie auch er anderen ein Spiegel ist. Deshalb lebt der Schamane im Gleichklang mit der Natur. Die Welt des Schamanen spiegelt des Schamanen Willen und Absicht und Werke."[249]

Das Gesetz des Ausgleichs

Das *ayni*-Prinzip ist auch unter den Bezeichnungen Gesetz des Ausgleichs, Gesetz des Gebens, Gesetz von Geben und Nehmen sowie Gesetz der Fülle bekannt. Tatsächlich trifft das Gesetz des Ausgleichs immer da auf die Goldene Regel zu, wo es um Geben und Nehmen geht: „Gebt, so wird euch gegeben." Das gilt für den materiellen wie für den spirituellen „Ertrag" (Geschenke, Geld, Erbschaften, Freundschaften und Segnungen), den wir im Leben erhalten. Mit unserer Bereitschaft zu geben, was wir bekommen möchten, können wir den Energiefluss aufrechterhalten und dafür sorgen, dass die Fülle des Universums in unserem Leben weiterhin zirkuliert. Fülle bedeutet, dass wir stets mehr haben, als wir unmittelbar benötigen.

Der Schlüssel zum Gesetz des Ausgleichs ist Redlichkeit. Besonders der Buddhismus betont, dass unsere Absicht und unsere Gedanken, als Aspekte der unsichtbaren Ursachenwelt, den Worten, die wir sprechen, und den Werken, die wir tun, vorausgehen. Unsere Taten können daher nur dann Gutes bewirken, wenn zuvor unsere Gedanken mit allen anderen Aspekten in uns in Einklang gebracht worden sind, mit anderen Worten, wenn sie einer reinen Absicht entspringen. Deshalb ist es so wichtig, dass vor allen Dingen unser Geben in Harmonie mit uns selber geschieht, unsere Redlichkeit auf der Liebe zu uns selbst aufbaut. Je mehr wir uns selber lieben, desto besser und desto mehr können wir von Herzen geben. Außerdem werden wir entdecken, dass das, was wir erhalten, oft aus einer unerwarteten Richtung und in einer Form zu uns kommt, die unsere kühnsten Träume übersteigt. Dies ist insbesondere dann der Fall, wenn wir uns auf unser Höheres Selbst einstimmen oder wenn wir anderen beziehungsweise dem größeren Ganzen dienen.

Kleine Taten können große Wirkung haben

Die Wirkungsweise des Gesetzes von Ursache und Wirkung erstreckt sich nicht nur auf große Gedanken und Werke, sondern auch auf sehr kleine Taten, wobei kleine Ursachen große Wirkung haben können. Der tibetische Buddhist Sogyal Rinpoche weist in seinem Buch *Das Tibetische Buch vom Leben und Sterben* (1993) auf die großen Auswirkungen hin, die eine kleine Tat haben kann: „Die Meister sagen: Selbst eine winzige Menge Gift kann töten, und ein kleiner Same kann zu einem riesigen Baum werden. Der Buddha lehrte. ‚Übersieh negative Handlungen niemals, nur weil sie vielleicht klein sein mögen; wie klein ein Funke auch sein mag, er kann einen Heuschober von der Größe eines Berges in Flammen aufgehen lassen.' Ebenso sagte er: ‚Schau niemals auf gute Handlungen herab, nur weil sie vielleicht klein sein mögen; selbst kleinste Tropfen Wasser füllen schließlich auch den größten Behälter.'"[250]

Das Gesetz von Ursache und Wirkung und unsere Verantwortung

Dadurch, dass sie das Gesetz verstehen, werden die Menschen nicht zu Opfern des Gesetzes, denn sie lernen etwas über Selbstverantwortung und Führung.

Estcheemah – Weisheitshüterin der amerikanischen Ureinwohner – 1994[251]

Zufall gibt es nicht

Das Gesetz von Ursache und Wirkung besagt, dass alle Wirkungen eine Ursache haben, es keine willkürlich ablaufenden Ereignisse oder Zufälle gibt und nichts zufällig geschieht. Sowohl was wir als Glück als auch was wir als Unglück erleben – also Erfreuliches wie Herausforderndes – kommt zu uns, weil wir es, bewusst oder unbewusst, angezogen haben. Es kommt zu uns als Reaktion auf unsere Aktion und als Lern-Chance, damit wir lernen können, unseren freien Willen immer bewusster einzusetzen.

Das heißt jedoch nicht, dass es immer leicht ist, die Wirkungen, die uns über den Weg laufen, auch als solche zu erkennen. Die Auswirkungen unserer Gedanken, Worte und Werke kommen nicht immer sofort, sondern oft verzögert wieder auf uns zurück. Wegen der zuweilen langen Zwischenräume zwischen Ursache und Wirkung geschieht es häufig, dass wir Ereignisse nicht mehr als die Auswirkungen unseres Handelns erkennen.

Darüber hinaus ist oft nicht nur *eine* Ursache erkennbar, weil nämlich jede Situation eine äußerst komplexe Verflechtung vieler verschiedener Ursachen sein kann, die gemeinsam zu einer Auswirkung führen. Schließlich suchen wir die Ursache oft auf der physischen Realitätsebene, wohingegen Ursachen ja, wie wir bereits gesehen haben, auf den nicht-physischen Realitätsebenen angesiedelt sind. Das bedeutet jedoch, dass wir durch Experimentieren mit verschiedenen Handlungsweisen lernen können, was gutgeht und was nicht, was unsere Seele stärkt und was nicht. So haben wir die Möglichkeit, durch Versuch und Irrtum, durch unsere Erfahrungen und aufgrund unserer wachsenden Erkenntnis der Wirkungsweise des Gesetzes von Ursache und Wirkung zu lernen.

Unsere Verantwortung

Das bedeutet auch, dass eine der ersten Lektionen, die wir aufgrund unserer Erkenntnisse zum Gesetz von Ursache und Wirkung lernen, lautet: Für die Wirkungen, die wir in unserem Leben beobachten, sind wir selbst verantwortlich. Deshalb besagt das Gesetz von Ursache und Wirkung, dass es, wenn es keinen Zufall gibt, im Universum auch keine Unfälle und daher keine Opfer gibt. Selbstverständlich können wir uns in bestimmten Situationen, die sehr ernst und schmerzlich sein können, als Opfer *fühlen*. Das Gesetz von Ursache und Wirkung besagt jedoch, dass man dies auch aus einer anderen Perspektive sehen kann.

Wenn wir bereit sind, in Erwägung zu ziehen, dass wir nichts erleben, was wir nicht in gewisser Weise – ob bewusst oder unbewusst – selbst verursacht haben, dann kann man denselben Sachverhalt auch aus einem ganz anderen Blickwinkel betrachten. Die Bereitschaft, uns aus diesem Opfergefühl zu befreien, erfordert, dass wir unsere Aufmerksamkeit von außen nach innen richten, wo wir folgende zwei Dinge entdecken können: Einerseits können wir erkennen, dass das Opfer*gefühl*, solange wir es immer weiter empfinden, eben dadurch unbewusst selbst zur Ursache wird, weil wir gemäß dem Gesetz der Anziehung dann weiterhin solche Situationen anziehen. Wie wir beim Gesetz der Anziehung bereits gesehen haben, entsprechen unsere Erfahrungen oft unseren bewussten und unbewussten Überzeugungen. Andererseits können wir auf diese Weise auch entdecken, inwiefern wir möglicherweise unbewusst selbst die Ursache dieser Wirkung waren und jetzt als Lern-Chance zurückerhalten, was wir in Form von Gedanken, Worten und Werken ausgesandt haben. Auf der Seelenebene können wir schließlich erkennen, welche Entscheidungen wir einst getroffen haben, warum sie früher notwendig waren und wie wir unsere Wunden heute heilen können.

Dies erfordert in beiden Fällen unsere Bereitschaft zur Bewusstseinserweiterung, zur Selbsterkenntnis und zur Übernahme der Verantwortung für unser Leben. Deshalb kann die Erkenntnis darüber, wie dieses Gesetz wirkt, uns zunächst recht bedrohlich erscheinen, denn es wird uns dabei klar, dass wir uns dem Wirken dieses universellen Gesetzes nicht entziehen können. Wie wir es auch drehen und wenden, am Ende entkommen wir der Verantwortung für unser Denken, Fühlen und Handeln nicht. Wenn wir uns als das Opfer eines anderen oder der Umstände *fühlen*, dann bedeutet dies, dass wir – aus welchem Grund auch immer – nicht die volle Verantwortung für uns, unsere Lage oder unser Leben übernehmen wollen.

Die Erkenntnis der Wirkungsweise des Gesetzes von Ursache und Wirkung kann in uns aber auch das Gefühl wecken, dass wir für alles, was wir tun, persönlich verantwortlich sind. Aufgrund dieser Erkenntnis und der Bereitschaft, zu lernen und uns weiterzuentwickeln, können wir uns die Gewohnheit zulegen, uns regelmäßig die Frage zu stellen: Wodurch habe ich diese Situation wohl herbeigeführt? Unsere Absicht, herauszufinden, wie wir die Situation, in der wir uns gerade befinden, geschaffen haben, kann dazu führen, dass wir begreifen, welche Gründe hinter den Ereignissen in unserem Leben stehen und was wir selbst daran ändern können. So können wir unsere Fähigkeit ausbauen, die Situationen und Ereignisse in unserem Leben bewusst mitzugestalten.

Das Phänomen der Synchronizität

Nach dem Gesetz von Ursache und Wirkung gibt es nicht nur keine Opfer, sondern auch keine „Glückspilze“. Was wir als Glück erleben, kommt ebenfalls zu uns, weil wir es bewusst oder unbewusst angezogen haben. Aus dieser Perspektive ist das Phänomen der Synchronizität daher keineswegs eine zufällige Verkettung günstiger Ereignisse. Synchronizität erleben wir zum Beispiel dann, wenn unsere Bedürfnisse genau im richtigen Moment erfüllt werden. Wir schlagen in einem Buch willkürlich eine Seite auf, und dort steht genau das, was wir wissen wollten. Ein Fremder, der neben uns sitzt, beantwortet eine Frage, über die wir gerade nachgedacht haben. Oder exakt in dem Augenblick, in dem wir Geld benötigen, trudelt tatsächlich welches ein.

Das sind schöne Erlebnisse, die scheinbar zufällig über uns hereinbrechen. Aus der Perspektive des Gesetzes von Ursache und Wirkung bedeutet unsere Verblüffung angesichts solcher Situationen jedoch, dass wir uns in einem solchen Moment unseres eigenen Beitrags nicht bewusst sind; denn wir sind auch für *diese* Realität verantwortlich, weil wir sie in Form unserer Gedanken, Worte und Werke durch das Wirken des Gesetzes der Anziehung und des Gesetzes von Ursache und Wirkung erschaffen haben.

Außerdem fällt uns Synchronizität überhaupt nur aufgrund unserer selektiven und vorgefärbten Wahrnehmung der Realität auf. Warum das so ist, verstehen wir, wenn wir uns klarmachen, dass das Phänomen der Synchronizität auf der Ebene der Welt der *Kraft* andauernd vorkommt. Das bedeutet, dass wir in Situationen, in denen wir Synchronizität erleben, offensichtlich – bewusst oder unbewusst – beschlossen haben, uns unserer Empfänglichkeit für diese Realitätsebene zu öffnen, zum Beispiel durch den Kontakt zu unserer Intuition.

Auf diese Weise können wir – bewusst oder unbewusst – eine Frage oder ein Ziel formulieren und dadurch aussenden, was wir benötigen. Wenn wir es dann wieder loslassen, können wir uns – bewusst oder unbewusst – öffnen und darauf vertrauen, dass wir, auf die eine oder andere und vielleicht auf völlig ungeahnte Weise, eine Antwort auf unsere Frage erhalten werden. Dies ist die eine ideale Haltung: In völliger Zuversicht beobachten zu können, wie sich diese selbsterschaffene Realität in unserem Leben zeigt. Mit einer solchen Haltung können wir Ideen, Ressourcen, Chancen und andere Türöffner als passende Gelegenheit zum raschen Fortschritt in einer bestimmten Richtung *erkennen.* Indem wir uns auf unseren Wunsch konzentrieren und unsere Absicht ins Universum hinausschicken, werden wir selber zur Ursache einer ähnlichen Wirkung. Wenn wir danach dann die richtige Haltung einnehmen, werden wir wiederum selbst zur Ursache dafür, dass wir diese ähnliche Wirkung tatsächlich auch erkennen können.

Weil unsere inneren Überzeugungen unsere Erfahrungen „einfärben", können wir Synchronizität ganz unterschiedlich empfinden – als unglaublich, als ein Wunder oder als etwas völlig Selbstverständliches. Wenn wir glauben, dass man nichts umsonst bekommt, sondern sich alles hart erarbeiten muss, dann finden wir sie wohl unglaublich. Glauben wir, die Ursachen seien auf der physischen Realitätsebene angesiedelt, werden wir keine Erklärung für sie haben und sie daher vielleicht als Wunder bestaunen. Sind wir aber zu der Erkenntnis gelangt, dass die universellen Gesetze immer dann zu unseren Gunsten arbeiten, wenn wir dem Verlangen unserer Seele folgen, dann können wir zuversichtlich erwarten, dass sich solche Situationen in Form natürlicher Wirkungen einstellen.

Je besser wir die Bestimmung unserer Seele kennen, je stärker wir uns dafür öffnen und – in Harmonie mit dem größeren Ganzen und dem Fluss der universellen Gesetze – dem Weg des geringsten Widerstandes folgen, desto öfter werden wir das Phänomen der Synchronizität erleben.

Wir können bewusst Ursache werden

Mit reiner Absicht, mit Verantwortungsbewusstsein für unser Leben und mit der Fähigkeit, unseren freien Willen für bewusste Entscheidungen einzusetzen, können wir zu einer bewussten Ursache werden. Mit anderen

Worten, wenn uns klar wird, dass unsere Absicht über die Wirkung unseres Handelns entscheidet, dann können wir das Gesetz von Ursache und Wirkung dazu nutzen, bewusst unsere eigene Realität zu erzeugen. Wenn wir nach innen schauen und unsere Aufmerksamkeit gezielt zentrieren, dann können wir durch das Wirken des Gesetzes der Aufmerksamkeit auf sogar noch wirkungsvollere Weise zur zentrierten Ursache einer erwünschten Wirkung werden. Um es mit den Worten des tibetischen Buddhisten Sogyal Rinpoche zu sagen: „Die Zukunft liegt in unserer Hand und in unserem Herzen."[252]

Das Gesetz des Karma

Die Vorstellung von Ursache und Wirkung ist das Grundprinzip menschlicher Intelligenz. Verbunden mit der Fähigkeit, vernünftig zu überlegen und zu handeln, ist sie das Werkzeug, das dem Menschen zu seiner Entwicklung gegeben ist.

Inayat Hidayat Khan – Sufi-Mystiker – 1994[253]

Das Gesetz des Karma ist das Gesetz von Ursache und Wirkung in langfristiger Hinsicht. Nach dem Gesetz des Karma ist es möglich, dass uns in unserem physischen Leben Dinge widerfahren, die die Wirkung unserer Gedanken, Worte und Werke während einer früheren Inkarnation unserer Seele in einem physischen Körper sind. Dieser Seelenzyklus gibt der Seele die Möglichkeit, sich auf der Grundlage der Wirkungsweise des Gesetzes von Ursache und Wirkung und damit aufgrund unserer bewussten und unbewussten Entscheidungen zu entwickeln. Dieser Seelenzyklus wird auch als Pilgerreise der Seele auf dem Weg zur Quelle bezeichnet, wobei jedes Leben als ein Kapitel im Geschichtsbuch dieser Seelenreise betrachtet werden kann.

In diesem Zusammenhang sprechen die unterschiedlichen Weisheitstraditionen von einer Auswertung dessen, was man im jeweiligen Leben gelernt hat, die in der einen oder anderen Form am Ende jedes Kapitels erfolgt – also im Moment des Todes des physischen Körpers. Im Christentum und im Islam kennt man dies als den Tag des Jüngsten Gerichts, im Hinduismus und Buddhismus als die Festlegung des Karmas. Diese Auswertung gilt als Grundlage, nach der eingestuft wird, wie wir als Einzelne unseren freien Willen zur Bewusstseinsentwicklung genutzt haben. Sie dient also dazu festzustellen, ob die Seele auf der Grundlage des Gelernten auf ihrem Weg zurück zur Quelle voranschreiten kann oder ob sie noch einmal in ein neues Erdenleben zurückkehren und weitere Lektionen lernen muss, um so ihre Bewusstseinsentwicklung fortzusetzen. Im alten Ägypten wurde der Grad, bis zu dem jemand auf dem Weg zur Quelle vorangekommen war, im Moment seines Todes nach der „Leichtigkeit der Seele“ bemessen. Symbolisch ist dies auf Bildern dargestellt, auf denen das Herz des Verstorbenen gegen die Feder der Göttin Ma'at aufgewogen wird. Die „Leichtigkeit der Seele“ war das Maß, das anzeigte, in welchem Umfang der Mensch seinem höheren Selbst und den universellen Gesetzen hatte treu bleiben oder wieder treu werden können.[254]

Reinkarnations-Vorstellungen nehmen in vielen Weisheitstraditionen und Glaubenssystemen eine zentrale Stelle ein. Stanislav Grof, einer der Pioniere der Transpersonalen Psychologie, hat umfassend dazu geforscht und festgestellt, dass viele Kulturen unabhängig voneinander ein Glaubenssystem entwickelt haben, in dem Reinkarnation, einschließlich der Wiederkehr der Bewusstseinseinheit in einem weiteren physischen Leben auf der Erde, eine wichtige Rolle spielt.[255]

Das Relativitätsgesetz

Das Relativitätsgesetz ist das Gesetz des Karma aus der Sicht unserer Seele. Gemäß dem Relativitätsgesetz hat unsere Seele auf ihrer „Pilgerreise auf dem Weg zur Quelle“ nur den einen Wunsch, sich auf die höheren Bewusstseinsebenen hin zu entwickeln. Aufgrund dieses Verlangens erschafft unsere Seele oder unser Höheres Selbst so viele entsprechend geeignete Situationen wie nur möglich. In ihrem Buch *Licht-Arbeit* erklärt die hellsichtige Barbara Brennan, wie wir die Reinkarnation aus dieser Perspektive betrachten könnten: „… die zur Inkarnation bereite Seele [berät] ihren Lebensplan mit ihren geistigen Führern. Die Seele befindet mit ihren Führern darüber, welche Aufgaben für ihr Wachstum zu erfüllen sind, mit welchem Karma sie sich auseinanderzusetzen hat und welche negativen Glaubenshaltungen durch Erfahrung zu verwandeln sind. Dies stellt die persönliche Lebensaufgabe eines Menschen dar.“[256]

Sie schreibt, jeder Fall sei anders und ganz individuell, denn jede Seele komme, um ihre eigene Lektion zu lernen. Der Lebensplan enthält verschiedene Möglichkeiten, was dem freien Willen ein breites, mit der Wirkungsweise des Gesetzes von Ursache und Wirkung verflochtenes

Entscheidungsspektrum zur Verfügung stellt. „Die Seele übernimmt zum einen eine persönliche Aufgabe, … zum anderen entscheidet sie sich für eine Aufgabe in der Welt. Beides ist so aufeinander abgestimmt, dass die Erfüllung der persönlichen Aufgabe den Menschen darauf vorbereitet, seine Weltaufgabe leisten zu können. Der persönliche Prozess setzt in der Seele Energien frei, die sie dann für die Welt nutzen kann.“[257]

Aus dem Blickwinkel der Seele betrachtet, die ja nur an ihrem Wachstum interessiert ist, sagen einige Weisheitstraditionen, dass unangenehme Erfahrungen in unserem Leben aus folgenden beiden Gründen vorkommen: Einerseits gibt es, gemäß dem Gesetz von Ursache und Wirkung, unabgeschlossene Angelegenheiten, die wir klären müssen, bevor unsere Seele zu einer höheren Daseinsstufe fortschreiten kann. Die Seele verbleibt so lange auf den niedrigeren Existenzebenen, bis wir uns gewisse Einsichten und Erkenntnisse zu eigen gemacht haben. Zu diesem Zweck erschafft unsere Seele oder unser Höheres Selbst ständig bestimmte Situationen und Umstände, damit wir immer wieder Gelegenheit erhalten, eine bestimmte Lektion zu erlernen. Wenn wir unser Leben aus dieser Perspektive sehen, können wir erkennen, dass Herausforderungen Wachstumschancen sind und jedes Ereignis eine einzigartige Lektion bereithält und uns einlädt, uns zu fragen: „Was könnte ich aus dieser Situation lernen?“

Andererseits gibt es im Rahmen der spiralförmigen Evolutionszyklen Situationen, die manche Traditionen als „Initiations-Prüfungen“ bezeichnen. Ziel solcher Initiations-Prüfungen ist es, festzustellen, wo wir uns auf dem spirituellen Weg befinden oder ob unser Energiesystem tatsächlich nachhaltig transformiert ist. In geeigneten Momenten bekommt es jeder Mensch mit solchen Initiations-Prüfungen zu tun, und bei jedem Menschen verlaufen sie anders. Im Wesentlichen geht es dabei um die Frage, ob wir unsere Lektionen vollständig integriert haben und in der Lage sind, danach zu handeln. Je weiter wir auf diesem Pfad voranschreiten, desto eher können wir die positiven Aspekte unserer Erlebnisse erkennen, selbst der schwierigen.

DIE WISSENSCHAFT UND DAS GESETZ VON URSACHE UND WIRKUNG

Ich erkenne nun, dass alles aus dem Bewusstsein stammt. Ich verstehe besser, dass man seine eigene Realität erzeugt – beruhend auf dem eigenen Bewusstsein und der Intention, mit der man lebt. Ich verstehe, dass Bewusstsein die Grundlage des Lebens ist und dass Leben prinzipiell mit Mitgefühl, Einfühlungsvermögen und Liebe zu tun hat.

Pim van Lommel – Kardiologe – 2005[258]

Die wissenschaftlichen Erkenntnisse zur Kausalität haben sich in letzter Zeit ebenfalls überschlagen; und auch diese neuen Erkenntnisse stimmen immer besser mit dem Gesetz von Ursache und Wirkung überein. Seit westliche Wissenschaftler die Welt als nicht aus Materie, sondern aus Energie und Feldern bestehend betrachten, wird zusehends offenkundiger, dass Ursachen tatsächlich auf der nicht-physischen Realitätsebene zu suchen sind. Seit man die Welt als aus Prozessen bestehend betrachtet, haben die neuen Erkenntnisse der Chaos-Theorie die verborgene Kausalität in dynamischen, nichtlinearen, komplexen Systemen offenkundig gemacht. Statt des „Zufalls" spielen in dieser verborgenen Kausalität nun anscheinend umfassende Rückkopplungs-Systeme und sogenannte „seltsame Attraktoren" eine Rolle.

Auch die Vorstellung, die biologische Evolution sei hauptsächlich die Folge willkürlicher Mutationen – das heißt also „zufälliger" Veränderungen des Genmaterials – ist anscheinend überholt. Die neue Auffassung vom Ablauf des biologischen Evolutionsprozesses lautet, dass neue Formen sich sehr schnell entwickeln können, und zwar als *Reaktion* auf spürbare Umweltveränderungen. Dies führte zu der Einsicht, dass der Evolutionsprozess als „Chaos mit Rückkopplung" verstanden werden kann, das Phänomen der Synchronizität als Bestandteil eines multidimensionalen Rückkopplungs-Systems zu betrachten ist und das Bewusstsein eher als unsichtbarer auslösender Faktor gesehen werden muss.

Schließlich ist in der westlichen Wissenschaft auch ein neues Verständnis des Todes eingekehrt, zum einen unter dem Einfluss neuer Formen der Sterbebegleitung und zum anderen infolge wissenschaftlicher Untersuchungen von transpersonalen Erfahrungen, Erinnerungen an frühere Leben und Nahtod-Erfahrungen.

Die sichtbaren Wirkungen der feinstofflichen Dynamik unsichtbarer Ursachen

Alles, was wir über die Natur wissen, steht im Einklang mit der Vorstellung, dass der fundamentale Prozess der Natur außerhalb der Raum-Zeit liegt … aber Ereignisse erzeugt, die in der Raum-Zeit angesiedelt werden können.

Henry P. Stapp – theoretischer Physiker – 1977[259]

Isaac Newton und das Gesetz von Ursache und Wirkung

Die Geschichte zeigt, dass wissenschaftliche Kausalitätsvorstellungen aufgrund kultureller und gesellschaftlicher Einflüsse im Laufe der Zeit höchst unterschiedlich gedeutet wurden. Im 17. Jahrhundert, und damit zur Zeit Isaac Newtons, als die Grundlagen der modernen Wissenschaft gelegt wurden, galten mögliche unsichtbare, allem zugrunde liegende Ursachen und Ziele als Sache der Kirche und nicht als etwas, womit die westliche Wissenschaft sich zu befassen hätte. Infolgedessen verengte sich das wissenschaftliche Bild der Realität beträchtlich, und ein wesentlicher Teil des Gesetzes von Ursache und Wirkung – nämlich dass jede physische Aktivität die sichtbare Folge einer unsichtbaren Ursache ist – wurde aus der offiziellen Wissenschaft ausgeschlossen.

Dies war der Beginn einer grundsätzlichen Verwirrung bezüglich der Vorstellungen von „Ursache“ und „Wirkung“, denn in diesem Rahmen wurde ein Kausalitätssystem geschaffen, in dem Wissenschaftler die Ursachen ausschließlich auf der physischen Realitätsebene suchten. Noch größer wurde die Verwirrung, als Wissenschaftler sich *innerhalb* dieser begrenzten Realität auf die Suche nach universellen und unveränderlichen Naturgesetzen machten. Dies hatte in den vergangenen Jahrhunderten weitreichende Konsequenzen, denn man nahm an, die Gesetze, die Wissenschaftler auf der physischen Realitätsebene entdeckten, besäßen tatsächlich universelle Gültigkeit.

Im Rahmen dieses verengten Realitätsbildes formulierte Isaac Newton die Gesetze von Ursache und Wirkung in Form seiner Bewegungsgesetze. Die Allgemeingültigkeit dieser Gesetze wurde anscheinend dadurch bestätigt, dass sich ihre Anwendung auf dem Gebiet der mechanischen Physik und der Technik als sehr erfolgreich erwies.[260] Inzwischen – etliche Jahrhunderte später – wird zunehmend deutlich, dass viele der so gefundenen Gesetze eine zwar sehr beeindruckende, zugleich aber auch sehr begrenzte Gültigkeit besitzen und nur in ganz bestimmten Situationen anwendbar sind. Nur bei linearen mechanischen Systemen – also etwa bei einer Maschine oder einem technischen Gerät, bei denen die Gesamtwirkung genau gleich der Summe der Wirkungen ihrer Teile ist – haben die Gesetze der klassischen Mechanik augenscheinlich Bestand.

Felder als unsichtbare Fern-Ursachen

Die begrenzte Gültigkeit von Newtons Gesetzen – in denen es ausschließlich um eine mechanische, durch physischen Kontakt ausgelöste Verursachung geht – zeigte sich schon bald bei Ursachen, die aus der Ferne wirken. Vor gut einem Jahrhundert führten Physiker deshalb den Begriff des Feldes ein, entweder als unsichtbares Medium für Fern-Ursachen oder möglicherweise auch als unsichtbare Ursache selbst. So gibt es zum Beispiel das elektromagnetische Feld und das Schwerkraftfeld. Seither haben Wissenschaftler eine Vielzahl unterschiedlicher Felder entdeckt, die auf die eine oder andere Weise in der unsichtbaren Kausalität eine Rolle spielen. In seiner Hypothese von den morphogenetischen Feldern betrachtet der Biologe Rupert Sheldrake diese morphogenetischen Felder als formative Kausalität. Er versteht sie sowohl als Ursache von Form als auch als Ursache von Verhalten im Sinne von Gewohnheiten.[261]

Daneben lässt das Phänomen der Nichtlokalität, auf das die Quantenphysik stieß, auf die Existenz einer unsichtbaren Kausalität jenseits von Zeit und Raum schließen, durch die Objekte – ungeachtet ihrer geographischen Entfernung – einander verzögerungsfrei beeinflussen können. Außerdem zeichnet sich in der Wissenschaft gerade ein bedeutender Wandel ab, was die möglichen Auswirkungen verschiedener Felder auf Körper, Herz und Geist anbelangt. Das nordamerikanische Institute of Noetic Sciences (IONS) widmete darum kürzlich eine Ausgabe seiner Zeitschrift *Shift* speziell dieser neuen Auffassung von Feldern als unsichtbaren Kausalitätsformen. In dieser Ausgabe zur Wissenschaft der Felder schlägt das Institut vor, ein Feld zu definieren als „einen Einflussbereich, durch den Objekte aufeinander einwirken können, obwohl sie räumlich und vielleicht auch zeitlich getrennt erscheinen".[262]

Die Chaos-Theorie und seltsame Attraktoren als unsichtbare, nichtlineare Ursachen

Das Verständnis der Existenz nichtlinearer Kausalität in Form sogenannter chaotischer Attraktoren hat Grund geboten, das gesamte wissenschaftliche Konzept der Kausalität neu zu überdenken.

James Gleick – Wissenschaftsjournalist und Schriftsteller – 1987[263]

Darüber hinaus zeigte die Chaos-Theorie, dass innerhalb nichtlinearer dynamischer Systeme – in denen sich das Ganze als mehr erweist als die Summe seiner Teile – völlig andere Gesetze wirken. Weil komplexe Systeme zunächst als ein chaotisches Ganzes ohne Muster oder Ordnung betrachtet wurden, erhob sich in der Wissenschaft kurzzeitig die Vermutung, es gäbe gar kein Gesetz von Ursache und Wirkung. Durch den Einsatz neuer Computer-Technik zeigte sich jedoch, dass diese nichtlinearen Systeme statt eines willkürlichen Chaos wunderschöne zugrunde liegende Muster aufwiesen. Dadurch rückten nicht nur Aspekte des Gesetzes des Rhythmus und des Gesetzes der Entsprechung wieder stärker ins Blickfeld, sondern diese neuen Entdeckungen warfen auch ein neues Licht auf die unsichtbaren Ursachen, von denen das Gesetz von Ursache und Wirkung spricht. Die Erkenntnisse aus der Chaos-Theorie zeigen, dass hinter den scheinbar willkürlichen Schwankungen dynamischer Systeme beeindruckende Muster einer unsichtbaren Kausalität von universellem Charakter existieren.

Edward Lorenz

Das verborgene Muster nichtlinearer Kausalität wurde erstmals in den 1960er Jahren von dem Meteorologen Edward Lorenz vom Massachusetts Institute of Technology (MIT) in den Vereinigten Staaten entdeckt.[264] Bei seiner – zum ersten Mal überhaupt mit einem Computer errechneten – Analyse von Wetterdaten aus vierzig Jahren, die zunächst scheinbar keinerlei Ordnung aufwiesen, entdeckte er, dass sich ein identifizierbares Muster herausbildete. Während normalerweise zur Darstellung der Beziehung zwischen zwei Variablen in der Zeit Diagramme mit zwei Achsen verwendet werden, verwendete Edward Lorenz eine Computertechnik, mit der er die veränderlichen Beziehungen zwischen drei Variablen darstellen konnte (inzwischen bekannt als Darstellungen im Phasenraum). Das in gewisser Weise verblüffende Muster, das sich dabei herausbildete, bezeichnete er als Attraktor.

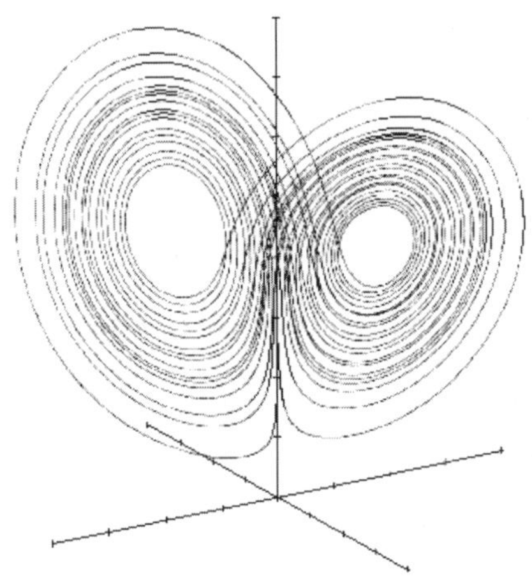

Edward Lorenz' seltsamer Attraktor, besser bekannt als der Schmetterlingseffekt (Butterfly Effect).

Das Bild von Edward Lorenz' seltsamem Attraktor zeigt, dass das Wetter als dynamisches System sich nie exakt wiederholt. Weil es eine empfindliche Abhängigkeit von Anfangsbedingungen aufweist, zeigt es unbegrenzte Abweichungen und ist daher im Grunde nicht vorhersagbar. Doch obwohl das Wetter anscheinend eine unendliche Variabilität demonstriert, zeigt Lorenz' Bild zugleich auch eine grundlegende Ordnung, die darauf hinweist, dass im Wettersystem ein gewisses Muster vorhanden ist.

Seit dieser Entdeckung suchen Wissenschaftler solche Attraktoren überall dort, wo die Natur sich scheinbar willkürlich verhält. Mithilfe des Computers wurde nun deutlich, dass es in allen nichtlinearen dynamischen Systemen ähnliche typische, identifizierbare Organisationsmuster gibt. Lebendige Systeme aller Ebenen, vom Gewebe bis zum ganzen Menschen, von Ökosystemen bis zu ganzen Gesellschaften, weisen ebenfalls das Muster dieser seltsamen Attraktoren auf. In den 1970er Jahren gelang es Wissenschaftlern, das Phänomen der seltsamen Attraktoren als grundlegende Eigenschaft nichtlinearer komplexer dynamischer Systeme mathematisch zu bestätigen.

Der Schmetterlingseffekt oder das Gesetz der empfindlichen Abhängigkeit von Anfangsbedingungen

Auch jener Aspekt des Gesetzes von Ursache und Wirkung, der besagt, dass kleine Ursachen große Wirkung haben können, wurde durch die Ergebnisse des Meteorologen Edward Lorenz bestätigt. Er stellte fest, dass in einem offenen komplexen System – wie dem Wetter – unmessbar kleine Veränderungen der Anfangsbedingungen messbare Wirkungen von dramatischem Ausmaß entfalten können. Darauf aufbauend, entwickelte er das „Gesetz von der empfindlichen Abhängigkeit von Anfangsbedingungen", das inzwischen allgemein als Schmetterlingseffekt bezeichnet wird: Die winzige Turbulenz, die der Flügelschlag eines Schmetterlings in China erzeugt, kann in der Umgebungsluft eine größere Reaktion auslösen; diese Reaktion wiederum kann die lokale Wolkenbildung beeinflussen und diese sodann zu atmosphärischen Bedingungen führen, aus denen sich ein Sturm aufbaut, der bis über den Pazifik reicht und in Nordamerika zu einem mächtigen Orkan anwächst. Mit anderen Worten: Winzige Unterschiede in den Anfangsbedingungen eines nichtlinearen Systems können zu sehr großen Veränderungen in dessen Wirkungen führen. Mit zunehmender Komplexität des Systems wird dies sogar noch wahrscheinlicher.

Wenn so eine winzige Veränderung der Anfangsbedingungen solch radikale Wirkung auf das allgemeine Wettermuster haben kann, dann erheben sich daraus Fragen nach der wissenschaftlichen Vorhersagbarkeit des Wetters, denn es erscheint unmöglich, eine nahezu unendliche Anzahl von Einflüssen einzuberechnen. Durch die Entdeckung der seltsamen Attraktoren und aufgrund seiner Analyse von Wetterdaten aus vierzig Jahren konnte Edward Lorenz jedoch zeigen, dass es, über lange Zeiträume hinweg betrachtet, beim Wetter durchaus ein mehr oder weniger vorhersagbares Muster gibt. Wie wir bereits beim Gesetz des Rhythmus gesehen haben, macht die Chaos-Theorie deutlich, dass in komplexen Systemen überraschenderweise Chaos und Ordnung nebeneinander existieren können. Dynamische Systeme sind zwar lokal chaotisch und unvorhersagbar, als Ganzes jedoch stabil.

Interaktive Kausalität

Beim Gesetz des Rhythmus haben wir bereits erfahren, dass, wie die Chaos-Theorie zeigt, hinter scheinbar willkürlichen Schwankungen nicht nur beeindruckende Muster erkennbar werden, sondern auch ein Holismus zu entdecken ist, in dem alles sich gegenseitig tatsächlich oder potenziell beeinflusst, weil nämlich alle Teile, die bislang als separat und einzeln betrachtet wurden, in Wirklichkeit Aspekte *eines* dynamischen Systems sind. So wurde also paradoxerweise die Unordnung, die die Wissenschaft lange in Bedrängnis gebracht hatte, nicht nur zu einer Wissenschaft vom Chaos, sondern auch zu einer Wissenschaft von der Ganzheit.

Biologen haben zum Beispiel entdeckt, dass ein Organismus sich in einem Prozess befindet, bei dem viele Ursachen und Wirkungen miteinander verschränkt sind. Zu dieser komplexen Dynamik gehören auch die Umwelt sowie verschiedenste, zeitgleich wirkende Rückkopplungs-Systeme. Mit anderen Worten, Ursachen wirken nicht unabhängig von-, sondern „verschränkt" miteinander, mit der Folge, dass die Kausalität nicht mehr linear ist, sondern zyklisch und/oder verschränkt. In ihrem Buch *Chaos and the Evolving Ecological Universe* (1994) bezeichnet die Systemtheoretikerin Sally Goerner diese verschränkte gegenseitige Beeinflussung organischer kohärenter Systeme als interaktive Kausalität.

Die Unwahrscheinlichkeit des Zufalls

Ich sehe die Zufalls-Lehre als eine Art unbewusster Anbetung der Göttin Fortuna. Sie gestattet kein weiteres Nachforschen. Sie ermöglicht eine billige Antwort ohne Energieaufwand oder Anstrengung. Aber ich sehe keinen besonderen Grund, warum man ihr glauben sollte.

Rupert Sheldrake – Biologe – 1989[265]

Dass das Universum per Zufall funktioniert, wird immer unwahrscheinlicher

Neuere wissenschaftliche Erkenntnisse zeigen auch, dass die Annahme, das Universum funktioniere zufällig, zunehmend unglaubhafter wird. In seinem Buch *Das intelligente Universum* (1983, dt. 1984) verglich der Astronom und theoretische Physiker Fred Hoyle die Wahrscheinlichkeit, dass die Evolution rein nach dem Zufallsprinzip abläuft, mit einem Orkan, der über einen Schrottplatz fegt und dabei ein funktionierendes Flugzeug zusammenbaut.[266] Die neue Auffassung, dass – im Einklang mit dem Gesetz der Einheit – im Universum alles mit allem verbunden ist, wirft auch ein gänzlich anderes Licht auf die Vorstellung, dass die Ereignisse im Universum zufällig – also willkürlich in ihrem Bezug zueinander – sein könnten.

Zum Beispiel weist der Psychologe und Psychiater Gary E. Schwartz (2006) darauf hin, dass in einem Universum, in dem alles mit allem verbunden ist, die Bedingungen für Zufallsereignisse einfach nicht gegeben sind, denn Voraussetzung der Zufälligkeit ist die Unabhängigkeit der Ereignisse. „Dies ist in der Wissenschaft eine allgemein akzeptierte Tatsache", schreibt er. „Wenn wir im Universum nach Unabhängigkeit suchen, dann finden wir stattdessen wechselseitige Abhängigkeit und Verbundenheit. Was Physiker das Vakuum oder die Leere nennen, ist in Wirklichkeit angefüllt mit unbegreiflich komplexen dynamischen Netzwerken hoch organisierter – und organisierender – Kraftfelder. Auch wenn die Physiker Ursprung und Aufbau dieser unsichtbaren Kraftfelder nicht kennen, sind sie doch überzeugt, dass sie definitiv existieren und in allen physikalischen Systemen eine regulierende oder führende Rolle spielen."[267]

Die biologische Evolution und die Unwahrscheinlichkeit zufälliger Mutationen

Auch die Annahme, die biologische Evolution lasse sich durch eine Kombination aus zufälligen Mutationen und natürlicher Auslese erklären, die sich auf Charles Darwins (1809-1882) Evolutionstheorie stützt, wird zusehends unwahrscheinlicher. Zufallsmutation bedeutet: Willkürlich auftretende Veränderungen im Genmaterial – mithin Fehler, von denen sich einige „zufällig" als positiv erweisen. Neue wissenschaftliche Erkenntnisse über den Ablauf der biologischen Evolution lassen diese in einem anderen Licht erscheinen.

Erstens erscheint es schon wegen des Zeitfaktors immer unwahrscheinlicher, dass der reine Zufall dabei eine wichtige Rolle spielt; denn wenn die Kombination aus zufälligen Mutationen und natürlicher Auslese der einzige Mechanismus hinter der Evolution wäre, dann, so hat man berechnet, müsste der gesamte Evolutionsprozess wesentlich länger gedauert haben als die geschätzten vier Milliarden Jahre. Darüber hinaus, so schreibt die Evolutionsbiologin Elisabet Sahtouris in ihrem Buch *Earth Dance* (2000), ist heute erkennbar, dass sich die meisten Arten immer wieder sehr schnell verändert haben müssen – wesentlich schneller als mit solchen Fehlern oder Zufällen, also den bekannten Zufallsmutationen, zu erklären wäre.

Bereits davor, nämlich in den 1950er Jahren, entdeckte die nordamerikanische Genetikerin und Nobelpreisträgerin Barbara McClintock, dass Gene – die genetischen Bausteine der DNS – auf den Chromosomen nicht unbedingt feste Positionen einnehmen. Vielmehr stellte sie fest, dass sich die Lage der Gene auf einem Chromosom im Laufe des Lebens eines Organismus‘ verändern kann. Diese Verlagerung der Gene von einer Position auf einem Chromosom an eine andere bezeichnete sie als *Transposition.* Außerdem wies sie nach, dass ein solcher Gen-Transfer als *Stressreaktion* stattfindet, und sie betrachtete diese Fähigkeit als einen der ausschlaggebenden Faktoren hinter Entwicklung und Wachstum von Organismen.[268]

„Beginnend mit Barbara McClintocks Arbeit über Maispflanzen, zeigt die wissenschaftliche Forschung seit mehr als einem halben Jahrhundert, dass sich die DNS als Reaktion auf bestimmte Probleme, die sich lebendigen Organismen stellen, intelligent neu ordnet“, stellt Elisabet Sahtouris fest.[269] Dieses intelligente Vorgehen, über das Sahtouris schreibt, wurde zum Teil auch am Phänomen der Resistenz erkennbar; denn die Forschung hat gezeigt, dass Organismen sich durch Veränderung ihrer DNS sehr schnell an veränderte Umweltbedingungen – wie etwa für sie toxische Substanzen oder ein verändertes Nahrungsangebot – anpassen können.

Allem Anschein nach spielt hier ein weiterer Mechanismus eine Rolle, denn Wissenschaftler haben entdeckt, dass Gene auch als „Schalter“ fungieren und die *Aktivität* und damit die Wirkung eines Gens davon bestimmt wird, ob das Gen „an-“ oder „abgeschaltet“ ist. Die Forschung hat nun nachgewiesen, dass Gene durch Umwelteinflüsse an- und abgeschaltet werden können. Darüber hinaus wird diese Veränderung der Aktivität offensichtlich an die nächste Generation weitergegeben. Die israelische Evolutionsbiologin Eva Jablonka von der Universität Tel Aviv beschreibt in ihrem Buch *Epigenetic Inheritance and Evolution: The Lamarckian Dimension*, inwiefern diese durch Umweltveränderungen ausgelösten „adaptiven“ Mutationen kleine Organismen wie Bakterien, Hefen, Pflanzen und Fruchtfliegen befähigen, sich sehr schnell an entsprechende Veränderungen in ihrer Umwelt anzupassen. Deshalb sollte ihrer Meinung nach der Mechanismus des An- und Abschaltens eines Gens als ein weiterer Aspekt der Vererbung betrachtet werden.[270]

Die völlig neue Perspektive der Epigenetik

Was Menschen tun, betrifft nicht mehr nur sie alleine, sondern kann in kommenden Jahrzehnten über die Gesundheit ihrer Kinder und Enkelkinder entscheiden. Wir sind alle die Hüter unseres Genoms.

Marcus Pembrey – Genetiker – 2005[271]

Inzwischen ist in der Biologie ein völlig neues Gebiet entstanden, die *Epigenetik*. Sie untersucht, inwiefern Umweltreize diese „Anpassungsmutationen" anregen können, so dass also ein Organismus aufgrund seiner Umweltwahrnehmung Verhalten und Aktivität seiner Gene verändert. Forschungen des britischen Molekularbiologen Wolf Reik (1997) vom Babraham Institut in Cambridge haben gezeigt, dass solche epigenetischen Veränderungen, die von einer Generation an die andere weitergegeben werden können, nicht auf kleine Organismen beschränkt sind, sondern auch bei Säugetieren vorkommen.[272]

Inzwischen haben der britische Genetiker Marcus Pembrey und der schwedische Forscher Lars Olov Bygren bei ihren Forschungen in der schwedischen Stadt Överkalix Indizien dafür gefunden, dass Umwelteinflüsse sich auch beim Menschen auf die Gene nachfolgender Generationen auswirken können. Ihre Forschungen sowie die der nordamerikanischen Psychologin Rachel Yehunda und des schottischen Endokrinologen Jonathan Seckl (2005)[273] zeigen, dass auch bei uns Menschen Erlebtes – etwa einschneidende oder belastende Ereignisse – bestimmte Gene an- oder abschalten kann. Weil dieser Einfluss auf die Genaktivität auch übertragbar ist, können einschneidende Ereignisse im Leben von Großeltern sich auf die Gene ihrer Kinder und Enkelkinder auswirken.[274] Dies läuft also darauf hinaus, dass wir Veränderungen, die wir in unserer Umwelt oder an uns selbst wahrnehmen, so an unsere DNS übermitteln können, dass wir diese dadurch zu verändern vermögen.

Die neue Auffassung, wonach Umwelteinflüsse wie Stress oder was beziehungsweise wie viel wir essen Gene an- oder abschalten kann, bedeutet einen Paradigmenwechsel im wissenschaftlichen Denken über Gene. Diese neue Auffassung bedeutet im Grunde, dass wir nicht ausschließlich „das Produkt unserer Gene" sind, sondern sie im Laufe unseres Lebens auch selbst beeinflussen können. Dem britischen Genetiker Marcus Pembrey zufolge heißt dies außerdem, dass unsere Gene nicht nur uns gehören, weil wir nämlich Veränderungen auch an unsere Nachkommen weitergeben. Was wir tun und erleben, kann sich also auf die Gesundheit unserer Kinder und Enkelkinder auswirken.[275] Gemäß der britischen Molekularembryologin Marylin Monk ist das, was wir heute zu diesem Thema wissen, lediglich die Spitze des Eisbergs. Sie sagt voraus, dass in Zukunft noch viele weitere Beispiele epigenetischer Vererbung entdeckt werden.

Evolution ist Chaos mit Rückkopplung

Diese neuen epigenetischen Entdeckungen stehen völlig im Einklang mit dem neuen Verständnis komplexer dynamischer Systeme, und aus der Sicht der Chaos-Theorie kann die Evolution als „Chaos mit Rückkopplung" betrachtet werden. In der neuen Biologie werden sowohl Organismen als auch Ökosysteme als organisch kohärente Systeme verstanden, in denen Einheiten wie Zellen, Organe und Organismen physisch und energetisch mit ihrer Umwelt verschränkt sind. An einem organisch kohärenten dynamischen System sind stets alle Ebenen zugleich beteiligt, vom Mikroskopischen und Molekularen bis zum Makroskopischen, denn aufgrund einer Vielzahl von Rückkopplungs-Schaltkreisen ist gewissermaßen eine ständige Kommunikation möglich, weshalb alles sich gegenseitig beeinflussen kann. Dank dieser ständigen Kommunikation der Teile können Anpassungen, Reaktionen und Veränderungen, die zum Erhalt des Ganzen notwendig sind, in allen Richtungen auf koordinierte Weise erfolgen.

Die oben beschriebenen „Anpassungsmutationen" sind in der Tat ein schönes Beispiel für eine solche Regulierung über Rückkopplungen im komplexen Netzwerk zwischen Organismus und Umwelt. Innerhalb dieses organisch kohärenten Systems ist anscheinend auch die DNS Bestandteil dieser vielschichtigen Rückkopplungs-Regulierung. Dadurch können die Genfunktionen gesteuert werden. Als flexible Reaktionen des Organismus auf Umweltveränderungen können sie neu angeordnet, transportiert und mutiert werden. „Es sieht ganz so aus, als warte das Leben nicht bloß auf glückliche Zufälle, um Probleme zu lösen und Dinge zu verbessern", schreibt Elisabet Sahtouris in *Earth Dance*, „sondern es ist recht erfinderisch, insbesondere unter Überlebensdruck."

Seltsame Attraktoren überführen ein aus dem Gleichgewicht geratenes System in einen neuen Zustand

Inzwischen haben die aufgrund der Chaos-Theorie entwickelten Auffassungen gezeigt, dass seltsame Attraktoren als unsichtbare Ursachen eine wichtige Rolle bei der Lenkung des Entwicklungs- und Evolutionsprozesses spielen. Sie haben offensichtlich einen gewissen Grad an Ordnung und üben Einfluss auf dynamische Systeme aus, sowohl indem sie ein gewisses relativ stabiles Gleichgewicht aufrechterhalten als auch durch vergleichsweise schnelle Entwicklungssprünge, wie zum Beispiel im Falle effektiver „Anpassungsmutationen".

Die Bezeichnung *Attraktor* erhielten sie deshalb, weil sie offensichtlich einerseits bei geringfügigen Störungen des Gleichgewichts das System wieder in den relativ stabilen Zustand „ziehen"; andererseits ziehen sie offenbar Systeme, die sich in einem weniger stabilen Zustand befinden – oft Chaos genannt – in Richtung eines gewissen neuen Gleichgewichtszustandes. In einem solchen ungleichgewichtigen System sind Beschaffenheit und Stärke des seltsamen Attraktors von entscheidender Bedeutung für die Art der eintretenden Veränderung und damit für die Richtung, in die das System „gezogen" wird. Attraktoren bestimmen über die Richtung, in der sich das System verändert, und bei spiralförmigem zyklischen Wachstum können Beschaffenheit und Stärke des Attraktors eine neue Ordnung sowie einen neuen Wachstumszyklus auf einer höheren Ebene herbeiführen.

Synchronizität als multidimensionales Rückkopplungs-System

Wir sind persönlich für alles in unserem Leben verantwortlich,
sobald wir erkannt haben, dass wir für alles verantwortlich sind.

Bruce Lipton – Zellbiologe – 2005[276]

Carl Gustav Jung und das Konzept der Synchronizität

Auf dem Gebiet menschlichen Erlebens und damit in der Psychologie rückte jener Aspekt des Gesetzes von Ursache und Wirkung, der besagt, dass das, was wir als physische Realität wahrnehmen, die sichtbare Wirkung dynamischer unsichtbarer Ursachen ist, bereits vor einem halben Jahrhundert ins Blickfeld. Damals belegte Carl Gustav Jung die wahrscheinliche Existenz einer solchen unsichtbaren Kausalität mit dem von ihm geprägten Begriff „Synchronizität". Er kam zu dem Schluss, dass das Newtonsche Konzept von Ursache und Wirkung – das sich nur auf die lineare Ursache-Wirkungs-Beziehung auf der physischen Realitätsebene bezieht – auf seinem Fachgebiet, der Psychiatrie, zu begrenzt war. In seinem Nachruf für den Sinologen Richard Wilhelm schreibt er: „Meine Beschäftigung mit der Psychologie unbewusster Vorgänge hat mich schon vor vielen Jahren genötigt, mich nach einem anderen Erklärungsprinzip (neben der Kausalität) umzusehen, weil das Kausalprinzip mir ungenügend erschien, gewisse merkwürdige Erscheinungen der unbewussten Psychologie zu erklären."[277] Er nahm wiederholt signifikante und sinnvolle Zufälle wahr, die er aus dem normalen Kausalitätsverständnis heraus nicht erklären konnte, aber auch nicht dem bloßen Zufall zuschreiben wollte. Ganz im Gegenteil, sie schienen sinnvoll miteinander verbunden. Um dieses Phänomen zu beschreiben, prägte er den Begriff Synchronizität.

Jung überlegte, wenn zwischen diesen Ereignissen anscheinend keine sichtbare kausale Beziehung bestand, dann waren sie möglicherweise durch eine unsichtbare Ursache in jenem Bereich der Transzendenz miteinander verbunden, den er als das kollektive Unbewusste bezeichnete. Wie wir bereits gesehen haben, befindet sich dieser transzendente Bewusstseinsbereich, den er als die Welt der Archetypen betrachtete, auf der Realitätsebene jenseits von Raum und Zeit, die der Physiker David Bohm die implizite Ordnung nennt. Dementsprechend deutet der Physiker Amit Goswami die von Jung beschriebene Synchronizität in seinem Buch *Das bewusste Universum* folgendermaßen: „Jung entdeckte empirisch, dass es … einen transpersonalen kollektiven Aspekt unseres Unbewussten gibt, der außerhalb der Raum-Zeit operieren muss, der nichtlokal sein muss, da er von geographischer Herkunft, Kultur oder Zeit unabhängig zu sein scheint."[278]

Synchronizität als Bestandteil eines multidimensionalen Rückkopplungs-Systems

Der Psychiater David Hawkins geht sogar noch einen Schritt weiter und behauptet in seinem Buch *Die Ebenen des Bewusstseins. Von der Kraft, die wir ausstrahlen* (2002)– in völliger Übereinstimmung mit dem Gesetz von Ursache und Wirkung – dass es in der physischen Realität, wie wir sie wahrnehmen, gar keine Ursachen gibt. Ihm zufolge ist die physische Realität, wie wir sie kennen, nur eine Welt der Wirkungen, während alle Wirkungen ihre Ursachen im nichtlokalen Bereich jenseits von Raum und Zeit haben. Wenn alle wahren Ursachen auf einer Realitätsebene jenseits von Raum und Zeit existieren, dann können wir David Hawkins zufolge Kausalität als etwas betrachten, was stets als Simultanität und nicht als eine Reihe aufeinanderfolgender Ereignisse eintritt.

Weil Zeit der Abstand zwischen Ursache und Wirkung ist, gibt es auf der Ebene jenseits von Raum und Zeit keine Reihenfolge. David Hawkins zufolge stellt aus diesem Blickwinkel sogar das Konzept der „Entfaltung" des Physikers David Bohm eine begrenzte Sicht der Dinge dar. Was sich entfaltet, ist nach David Hawkins vielmehr eine wachsende Wahrnehmungsfähigkeit, ein sich erweiterndes Bewusstsein. Seiner Auffassung nach ist Synchronizität der Begriff, den Jung verwendet, um dieses Phänomen der Entfaltung einer wachsenden Wahrnehmungsfähigkeit zu erklären; denn die sinnvolle „Verbindung" zwischen einer beliebigen Kombination von Ereignissen spielt sich nach Hawkins im Bewusstsein des Beobachters ab, und je stärker erweitert unser Bewusstsein ist, desto öfter werden wir diese sinnvolle Synchronizität beobachten.

Übereinstimmend damit beschreibt die Parapsychologin Serena Roney-Dougal das Phänomen der Synchronizität in ihrem Buch *Wissenschaft und Magie* (2002) als etwas, das in Wirklichkeit ständig stattfindet, weil es Teil eines multidimensionalen Rückkopplungs-Systems ist. Wenn wir das Phänomen der Synchronizität in unserem Leben häufiger *wahrnehmen*, so schreibt sie, dann heißt das nicht, dass plötzlich mehr sinnvolle Zufälle *auftreten*. „In Wahrheit", so fährt sie fort, „wissen wir nämlich so wenig vom subliminalen Verstand, dass wir uns erst der Vorstellung öffnen müssen, dass wir tatsächlich immer mediale Fähigkeiten haben – wir sind uns dessen bloß nicht bewusst."[279] Je mehr wir uns der leisen inneren Stimme unserer Intuition gewahr werden, desto häufiger werden wir Serena Roney-Dougal zufolge diese sinnvollen Zufälle in unserem Leben bemerken.

Wenn wir das Phänomen der Synchronizität immer öfter wahrnehmen, dann bedeutet dies, dass wir uns unseres eigenen multidimensionalen Rückkopplungs-Systems immer bewusster werden. Sobald dies der Fall ist, können wir unser Leben auf der Grundlage dieser sinnvollen Zufälle aufbauen. Dann dämmert uns allmählich, wie Roney-Dougal schreibt, „dass es ein Leben außerhalb der rein mechanischen Newtonschen Uhrwerk-Realität von Ursache und Wirkung gibt. Zufälle sind der offensichtliche Aspekt eines Lebens in dieser Welt, das sich auf der medialen Ebene abspielt. Jung nannte dies ‚Synchronizität'."[280]

Bewusstsein als kausaler Faktor

Der Psychobiologe und Nobelpreisträger Roger Sperry (1913-1994) gelangte bereits 1965 zu dem Schluss, dass das Bewusstsein eine ursächliche Rolle spielt. Nach Roger Sperry kann die Wissenschaft erst dann Vollständigkeit beanspruchen, wenn sie das Phänomen des inneren bewussten Gewahrseins als kausale Realität anerkennt. Seiner Ansicht nach ist die kausale Realität des Bewusstseins nicht nur für die Psychologie, sondern auch für alle anderen wissenschaftlichen Fachrichtungen von Bedeutung. Sperry bezeichnete die kausale Rolle des Bewusstseins als „Abwärtskausalität" und betrachtete sie – sogar noch vor der Zeit der Chaos-Theorie – als permanente Rückkopplung des Bewusstseins mit dem zentralen Nervensystem, was zu einem hochdynamischen Prozess komplexer Rückkopplungsschaltungen führt.

Dean Radin weist in seinem Buch *The Conscious Universe* darauf hin, dass seither eine wachsende Anzahl von Indizien, insbesondere aus dem Gebiet der Psychoneuroimmunologie, zeigt, dass es tatsächlich eine Abwärtskausalität gibt. Nach Radin wird es durch die Vorstellung von einer Abwärtskausalität möglich zu durchdenken, wie zum Beispiel der Placebo-Effekt, Synchronizität und auch die morphogenetischen Felder des Biologen Rupert Sheldrake funktionieren können.

Amit Goswami zufolge steht die Wissenschaft deshalb im eben begonnenen Jahrtausend vor der Herausforderung, zu einem besseren Verständnis des *Bewusstseins als solchem* zu gelangen. Während im Moment viele Wissenschaftler noch damit beschäftigt sind, die *Eigenschaften* des Bewusstseins zu beschreiben, gibt es ihm zufolge inzwischen mathematische Indizien und Hinweise für das Primat des Bewusstseins als kausaler Faktor hinter Geist und Materie.[281]

Das Gesetz des Karma und die Kontinuität des Bewusstseins

Die neue Reinkarnations-Wissenschaft ist das Gewächs eines neuen wissenschaftlichen Paradigmas innerhalb des Primats des Bewusstseins, das sich bereits seit einiger Zeit entwickelt.

Amit Goswami – Physiker – 2001[282]

Ein neues Verständnis vom Tod

Schließlich ist auch die Auffassung vom Tod in der westlichen Gesellschaft in rascher Veränderung begriffen. Das sich allmählich herausbildende neue Paradigma des Todes kommt durch mehrere Faktoren zustande. Neben den weitreichenden Einflüssen neuer Formen der Palliativpflege spielen auch die wissenschaftliche Erforschung von Nahtod-Erfahrungen und Erinnerungen an frühere Leben bei Kindern sowie die Forschung zu ungewöhnlichen Bewusstseinserfahrungen in der Transpersonalen Psychologie eine wichtige Rolle.

Vor allem ist dank der Arbeit der schweizerisch-amerikanischen Ärztin und Psychiaterin Elisabeth Kübler-Ross (1926-2004) der Sterbeprozess weltweit ins Blickfeld gerückt. Sie ließ erstmals sterbende Patienten für sich selber sprechen und trug damit ganz wesentlich zum Bruch des Tabus bei, das den Tod umgibt. So konnten Tod und Sterben zum Gesprächsthema werden. Unter anderem begleitete sie sterbende Kinder und entdeckte, dass sie ganz von sich aus zu wissen schienen, dass es einen Zustand nach dem Leben gibt, eine Welt jenseits dieser Welt, in die sie nach diesem Leben kommen.[283]

Forschung zu Nahtod-Erfahrungen

Zugleich lenkte der nordamerikanische Arzt und Philosoph Raymond Moody im Jahr 1975 mit seinem Buch *Leben nach dem Tod* die Aufmerksamkeit auf das Phänomen der Nahtod-Erfahrungen. Darin schreibt er, dass Patienten, die klinisch tot waren, zuweilen von einem außerkörperlichen Erlebnis und einem Lebensrückblick berichten. Inzwischen haben viele weitere Wissenschaftler, darunter Kenneth Ring, Michael Sabom, Bruce Greyson und Charles Flynn, ebenfalls über Nahtod-Erfahrungen geforscht, und 2001 veröffentlichte der niederländische Kardiologe Pim van Lommel seine umfassende Studie zu Nahtod-Erfahrungen in der medizinischen Fachzeitschrift *The Lancet*.[284]

Pim van Lommel untersuchte systematisch und umfassend die Erlebnisse von dreihundertfünfzig Patienten, die für klinisch tot erklärt worden waren und danach, teilweise auch dank moderner Wiederbelebungs-Technik, „zurückkommen" konnten. Seine Forschung zeigt, dass über zehn Prozent dieser wiederbelebten Patienten eine Nahtod-Erfahrung hatten. Ihm zufolge zeigen diese Forschungen, dass Nahtod-Erfahrungen tatsächlich in der Phase des Hirntodes stattfinden und physiologische, psychologische oder pharmazeutische Vorgänge und religiöse Einstellungen dabei keine Rolle spielen.[285] Seine Belege zeigen außerdem, wie übereinstimmend ihre Nahtod-Erfahrungen sind. Demnach berichten diese Menschen, dass sie, solange ihr Körper „tot" war, ein außerkörperliches Erlebnis hatten. Oft können sie dabei ihren leblosen Körper sehen und sehr detailliert beschreiben, was während ihres Herzstillstandes geschieht. Obwohl Herzschlag, Blutkreislauf und Gehirnaktivität zum Erliegen gekommen sind, sind diese Menschen offensichtlich doch bei vollem Bewusstsein, haben Erinnerungen, verfügen über Gefühle und kognitive Funktionen. Statt dass mit dem Tod alles aufhört, erleben sie, dass sie zu ihrem Bewusstsein *werden* und als dieses Bewusstsein weiterleben.[286]

Durch Pim van Lommels Forschungen wurde auch deutlich, dass Menschen, die ein außerkörperliches Erlebnis haben, oft berichten, dass sich ihr Bewusstsein – jetzt, wo die Begrenzungen durch den Körper aufgehoben sind – stark erweitert. Wenn sie in diesem erweiterten Bewusstseinszustand durch einen Tunnel in eine andere Dimension gelangen – wo es weder Raum noch Zeit gibt – erleben sie außerdem, dass es weder Vergangenheit noch Gegenwart noch Zukunft gibt. Stattdessen existiert alles im selben Augenblick. Diese Erfahrungen stimmen mit den neuesten Entdeckungen der Transpersonalen Psychologie bei Erlebnissen im erweiterten Bewusstseinszustand überein. Pim van Lommel kommt zu dem Schluss, dass Nahtod-Erfahrungen nur dann zu erklären sind, wenn wir nicht nur in Erwägung ziehen, dass das Bewusstsein außerhalb des Gehirns existiert, sondern auch, dass es eine Bewusstseins-Kontinuität gibt.[287]

Die Menschen, die Pim van Lommel im Rahmen seiner Studie befragte, berichteten darüber hinaus, dass in diesem erweiterten Bewusstseinszustand während ihrer Nahtod-Erfahrung ihr Leben blitzartig vor ihrem inneren Auge vorüberzog. Seinen Angaben zufolge erleben die meisten

Menschen diesen Lebensrückblick in Gegenwart eines Lichtwesens. Dieses Wesen ist voller Liebe und Akzeptanz, es urteilt nicht, verfügt aber über vollständige Erkenntnis. Dadurch, dass sie ihr ganzes Leben noch einmal an sich vorüberziehen und es dabei auch mit den Augen eines anderen sehen, erlangen die Betroffenen Erkenntnisse darüber, welche Auswirkungen ihre Gedanken, Worte und Taten auf sich und andere hatten. Außerdem geht es dabei weniger um das Tun als solches, als vielmehr um die Absicht hinter den Gedanken, Worten und Taten. Diese urteilsfreie Auswertung des eigenen Lebens mit allem Guten und weniger Guten wird als Konfrontation aber auch als Erkenntnisgewinn erlebt.[288]

Pim van Lommel untersuchte außerdem, inwieweit diese erkenntnisreichen Nahtod-Erfahrungen das Leben der Betroffenen nach zwei und acht Jahren noch beeinflussten. Bei den meisten war infolge ihrer Nahtod-Erfahrung die Angst vor dem Tod völlig verschwunden, denn sie hatten erlebt, dass ihr Bewusstsein weiterlebt und es eine Kontinuität gibt. Dennoch dauert es oft Jahre, bis sie die Erkenntnisse über sich selbst, ihre Einstellungen und ihre Lebensweise in ihren Alltag integrieren können. Viele richten ihr Leben neu aus, wobei materielle Dinge weniger wichtig, der Umgang mit anderen und der Raum, den die „Liebe" in ihrem Leben einnimmt, jedoch bedeutender werden. Außerdem ist ihnen deutlicher bewusst, dass sie für dieses Leben eine Aufgabe erhalten haben.

Erinnerungen an frühere Leben bei Kindern

Während Raymond Moodys Buch *Leben nach dem Tod* das Phänomen der Nahtod-Erfahrungen einem breiten Publikum nahebrachte, stellte in neuerer Zeit Jim B. Tucker mit seinem Buch *Life Before Life. A Scientific Investigation of Children's Memories of Previous Lives* die wissenschaftliche Erforschung der Erinnerungen von Kindern an frühere Leben einer größeren Öffentlichkeit vor.[289] Dieses Buch stützt sich auf Forschungen zum Phänomen der Erinnerung an frühere Leben bei Kindern, die an der University of Virginia bereits seit über vierzig Jahren betrieben werden. Der Psychiater Ian Stevenson widmete sich fast vierzig Jahre lang der wissenschaftlichen Dokumentation von Berichten über frühere Leben von Kindern aus der ganzen Welt. Mittlerweile hat er Tausende von Fällen spontaner Erinnerungen an frühere Leben bei Kindern gesammelt.[290] Aus diesen Geschichten wählte er jene Fälle aus, in denen die Kinder viele überprüfbare Einzelheiten nannten. Weit über zweihundertfünfzig Fälle aus dieser Kategorie hat er inzwischen eingehend untersucht, indem er den Verstorbenen, an den das Kind sich (als seine frühere Inkarnation) erinnert, ausfindig machte und dann die Erinnerungen des Kindes mit den Fakten aus dem Leben dieses Menschen abglich.

Gestützt auf seine akribische Forschungsmethode, mit der er systematisch alle möglichen „normalen" Erklärungen für die Erinnerungen des Kindes ausschloss, lautet seine Schlussfolgerung: Reinkarnation ist in diesen Fällen nicht die einzig mögliche Erklärung, aber „die beste Erklärung, die wir für die stichhaltigeren Fälle haben. Damit meine ich jene, bei denen ein Kind in beträchtlicher Anzahl (etwa zwanzig oder dreißig) zutreffende Angaben über einen Menschen macht, der in einer Familie lebt, die von der des Kindes recht weit entfernt ist und mit der die Familie des Kindes bisher keinen Kontakt hatte."[291]

Transpersonale Psychologie

Zugleich hat die systematische Forschung auf dem Gebiet der Transpersonalen Psychologie nicht nur neues Licht auf ungewöhnliche Bewusstseinszustände geworfen, sondern auch ein neues Verständnis von Geburt und Tod vermittelt. Stanislav Grof schreibt in seinem Buch *Totenbücher. Bilder vom Leben und Sterben* (1994), dass die neue wissenschaftliche Vorstellung, die sich aus der Transpersonalen Psychologie ergibt, die Existenz transpersonaler Erfahrungen, wie zum Beispiel außerkörperliche Erlebnisse, Erinnerungen an frühere Leben und Nahtod-Erfahrungen, anerkennt. Ihm zufolge hat die Forschung über Nahtod-Erfahrungen auch gezeigt, dass die Erlebnisse in lebensbedrohlichen Situationen starke Ähnlichkeit mit Schilderungen in den alten Totenbüchern aufweisen. „So wurde deutlich", schreibt er 1998, „dass die alten eschatologischen Schriften in Wirklichkeit Karten der inneren Landschaften der Psyche sind, auf die man in tiefen ungewöhnlichen Bewusstseinszuständen trifft, auch in jenen, die mit dem biologischen Sterben assoziiert sind. Die betreffenden Erfahrungen gehen offensichtlich über rassische und kulturelle Zugehörigkeiten hinaus und entstammen dem von dem Psychiater C. G. Jung beschriebenen kollektiven Unbewussten."[292]

Nach Auffassung von Charles Tart, dem nordamerikanischen Bewusstseinsforscher und Pionier auf dem Gebiet der Transpersonalen Psychologie an der University of California in Davis, gibt es inzwischen ausreichende Indizien für eine wissenschaftliche Theorie über den Fortbestand des Bewusstseins nach dem Tod: „Auch wenn wir nicht genügend direkte Forschung haben, die eine Form des Weiterlebens nach dem physischen Tod unanfechtbar beweist, so ist dieses Weiterleben doch zumindest plausibel, und zwar aufgrund dessen, dass der Geist nicht ausschließlich mit dem Gehirn gleichgesetzt werden kann.“[293]

Kapitel Zehn

Das siebte Gesetz – Das Gesetz des Dynamischen Gleichgewichts

Alle Dinge enthalten Yin, doch umarmen Yang. Sie mischen ihren Lebenshauch, um Harmonie zu erzeugen.

Laotse – chinesischer Taoist (ca. 604-531 v. Chr.)[294]

Alles ist aus zwei aktiven dynamischen Prinzipien zusammengesetzt

Das siebte Universelle Gesetz ist das Gesetz des Dynamischen Gleichgewichts. Während alles im Universum aus ein und derselben Quelle hervorgeht, miteinander verbunden ist und schließlich zur Einheit zurückkehrt, geht aus dieser Einheit ein vielschichtiges Universum hervor, in dem alles Bewegung ist; während Dualität die Beschaffenheit des Universums kennzeichnet, alles einen bestimmten Rhythmus hat, während sich alles ständig verändert und nichts gleich bleibt und in diesem dynamischen Ganzen jede sichtbare Wirkung eine unsichtbare Ursache hat, besagt das Gesetz des Dynamischen Gleichgewichts, dass alles im Universum aus zwei aktiven, dynamischen Prinzipien zusammengesetzt ist.

▶ Diese beiden aktiven Prinzipien sind die einzigen Kräfte im Universum

Nach dem Gesetz des Dynamischen Gleichgewichts sind diese beiden aktiven, dynamischen Prinzipien die einzigen Kräfte im Universum. Diese beiden aktiven Prinzipien existieren als zahllose Paare scheinbar unterschiedlicher, gegensätzlicher, einander jedoch ergänzender Kräfte mit demselben Grundprinzip von Expansion und Kontraktion, von Ausdehnung und Zusammenziehung. Diese beiden Prinzipien werden oft als das weibliche und das männliche Prinzip bezeichnet. Das männliche Prinzip – Ausdehnung – ist nach außen gerichtet, und das weibliche Prinzip – Zusammenziehung–

ist nach innen gerichtet. Das Gesetz des Dynamischen Gleichgewichts wird auch als das Gesetz des Geschlechts bezeichnet sowie als das vereinte Prinzip von Yin und Yang.

▶ Das weibliche Prinzip ist sowohl gegensätzlich als auch verbindend

Das weibliche, nach innen gerichtete Prinzip ist nicht nur der entgegengesetzte Aspekt des nach außen gerichteten männlichen Prinzips, sondern es verkörpert zugleich die Verbindung, Vereinigung und Integration dieser beiden scheinbar gegensätzlichen Kräfte, so dass sie zusammen ein Ganzes bilden.

▶ Zusammen erzeugen die beiden komplementären Kräfte einen dynamischen Gleichgewichtszustand

Darüber hinaus besagt das Gesetz des Dynamischen Gleichgewichts, dass das Zusammenwirken dieses dynamischen Kräftepaares dafür sorgt, dass alle Energien im gesamten Universum ständig einen Zustand des dynamischen Gleichgewichts anstreben.

▶ Energie und Form sind die beiden aktiven Prinzipien im Schöpfungsprozess

Während die Paare gegensätzlicher, einander aber ergänzender Kräfte auf vielerlei Art und Weise in Erscheinung treten, entstehen alle Schöpfungs- und Kreativitätsformen als dynamisches Gleichgewicht zwischen Energie und Form. In Gestalt der Beziehung zwischen Stärke und Struktur arbeiten Energie und Form darin partnerschaftlich zusammen. Während die universellen Gesetze insbesondere den dynamischen Energie-Aspekt dieses Prinzips beschreiben, beschreiben die universellen Prinzipien der heiligen Geometrie den Form-Aspekt dieser Partnerschaft.

▶ Beide aktiven Prinzipien müssen zur Geltung kommen, um zu erschaffen und zu manifestieren

Das Gesetz des Dynamischen Gleichgewichts besagt, dass beide gegensätzliche, einander aber ergänzende Prinzipien – bei denen es tatsächlich um Arbeitsteilung geht – ihre Wirkung entfalten müssen, damit erschaffen und manifest werden kann. Ohne diese beiden aktiven dynamischen Prinzipien sind Schöpfung und Leben nicht möglich. Deshalb wird das Gesetz des Dynamischen Gleichgewichts auch als das Gesetz des Erschaffens oder Erzeugens bezeichnet.

▶ Das Gesetz der Harmonischen Teilung

Das wichtigste Prinzip der heiligen Geometrie ist das Gesetz der Harmonischen Teilung. Das Gesetz der Harmonischen Teilung besagt, dass es in der Vielfalt und Unterschiedlichkeit im Universum eine Einheitlichkeit der Verhältnisse gibt. Diese Einheitlichkeit der Verhältnisse fußt auf den einzigartigen Proportionen des Goldenen Schnitts. Der Goldene Schnitt erzeugt Harmonie, weil er auf einzigartige Weise die verschiedenen Teile des Ganzen so zu vereinen vermag, dass jeder Teil seine Identität behält und sich doch harmonisch in das Muster des großen Ganzen fügt.

▶ Die Goldene Spirale ist die Form der natürlichen Bewegung der Energie

Gemäß dem Gesetz der Schwingung folgt die natürliche Bewegung von Energie dem Weg des geringsten Widerstands, damit mit geringstmöglichem Aufwand größtmögliche Wirkung erzielt werden kann. Die universellen Prinzipien der heiligen Geometrie besagen, dass die Form dieser natürlichen Bewegung der Energie die Goldene Spirale ist. Die Goldene Spirale ist der Weg, auf dem sich Schöpfung vollzieht. Die Goldene Spirale erzeugt eine Form, sie sich unbegrenzt vergrößern lässt, ohne ihre Gestalt zu verändern. So entsteht auf der gesamten Größenskala vom ganz Kleinen bis zum ganz Großen immer wieder dieselbe Form. Deshalb bewahrt diese Form ihren Bezug zu sich selbst.

▶ Der Schöpfungsprozess zeichnet sich durch Entwicklung in eine bestimmte Richtung aus

Das Gesetz des Dynamischen Gleichgewichts besagt auch, dass sich der Schöpfungsprozess durch eine Entwicklung in eine bestimmte Richtung auszeichnet. Eine solche Entwicklung in eine bestimmte Richtung ist nur möglich, wenn im dynamischen Gleichgewicht zwischen den beiden gegensätzlichen Kräften ein bestimmtes Ungleichgewicht auftritt. Ohne dieses Ungleichgewicht würde sich der Schöpfungsprozess endlos wiederholen. Das Ungleichgewicht wird durch eine Asymmetrie in den beiden aktiven Prinzipien ausgelöst.

▶ Wenn sich das Ungleichgewicht zum weiblichen Aspekt hin verschiebt, dann wird Entwicklung möglich

Die energetische Asymmetrie führt zu einer harmonischen evolutionären Entwicklung, wenn sich das Ungleichgewicht in dem dynamischen

Gleichgewicht einigermaßen zum weiblichen, integrativen Prinzip hin verschiebt.

▶ **Der Goldene Schnitt ist die optimale Proportion für Wachstum**
Diese evolutionäre Entwicklung verläuft optimal, wenn der Anteil, in dem das dynamische Gleichgewicht sich zum weiblichen, integrativen Aspekt hin verschiebt, dem Goldenen Schnitt entspricht.

▶ **Das Gesetz der Aktion**
Aufgrund unserer Erkenntnis der Wirkungsweisen des Gesetzes des Dynamischen Gleichgewichts können wir ebenfalls am Schöpfungsprozess teilhaben. Während alles im Universum die Folge des dynamischen Gleichgewichts zwischen Idee und Form ist, besagt das Gesetz der Aktion, dass außerdem physisches Handeln erforderlich ist, damit das in der unkörperlichen Realität erschaffene Bild sich in der Welt der Materie manifestieren kann.

Das Grundmuster von Ausdehnung und Zusammenziehung

In jedem Mann liegt eine Spur Weibliches und in jeder Frau eine Spur Männliches.

Hidayat Inayat Khan – Sufi-Mystiker – 1994[295]

Weil die verschiedenen universellen Gesetze nicht isoliert voneinander wirken, sondern gleichzeitig und ineinandergreifend als Teil eines großen dynamischen Netzwerks, kann man sie eigentlich nicht völlig voneinander trennen. Ist in den vedischen Schriften das Gesetz der Einheit das wichtigste, weil es die alles umfassende Einheit beschreibt, so scheint es doch zugleich, als liefen alle Gesetze im Gesetz des Dynamischen Gleichgewichts zusammen. Im Taoismus gilt das Gesetz des Dynamischen Gleichgewichts in Gestalt der Vorstellung von Yin und Yang seit Jahrtausenden als tiefste Ursache aller Phänomene und daher als das wichtigste universelle Gesetz.

Gemäß dem Gesetz des Dynamischen Gleichgewichts besteht alles aus zwei aktiven, dynamischen Prinzipien, die uns in Gestalt zahlloser, scheinbar unterschiedlicher und einander doch ergänzender Kräftepaare begegnen. Diese unterschiedlichen Paare weisen im Wesentlichen alle dasselbe

Grundmuster von Ausdehnung und Zusammenziehung auf. Ausdehnung ist das männliche Prinzip; es ist nach außen gerichtet, und seine Bewegung hat abgebende, von der Mitte wegführende Wirkung. Zusammenziehung ist das weibliche Prinzip; es ist nach innen gerichtet und hat eine zur Mitte hinführende Bewegung mit integrierender Wirkung. Im Rahmen des zyklischen Schöpfungsprozesses – und daher in Übereinstimmung mit dem Gesetz des Rhythmus – besteht eine harmonische Partnerschaft zwischen dem strukturierenden und integrierenden weiblichen Prinzip, das aufbaut und verfeinert, und dem männlichen Prinzip, das auflöst und abbricht. Außerdem ist das männliche, nach außen gerichtete Prinzip mit dem assoziiert, was wir mit unseren fünf Sinnen wahrnehmen können; das weibliche, nach innen gerichtete Prinzip hingegen mit dem, was wir wahrnehmen, wenn wir unsere Aufmerksamkeit nach innen richten.

Die unterschiedlichen Arten, in denen wir das Wissen über das Gesetz des Dynamischen Gleichgewichts in den verschiedenen Weisheitstraditionen wiederfinden, spiegeln genau dieses Grundmuster von Expansion und Kontraktion wider. So stoßen wir zum Beispiel einerseits in der Sprache der Worte, die uns auf der rationalen, intellektuellen Ebene anspricht, auf dieses männliche, nach außen gerichtete Prinzip. Andererseits begegnet uns die Erkenntnis des Gesetzes des Dynamischen Gleichgewichts in vielen Traditionen in der Sprache der Formen. Die Formensprache, die sich durch die weibliche, nach innen, zur Mitte gerichtete Bewegung auszeichnet, ist die Sprache der Bilder und Symbole. Diese Sprache wirkt auf einer tieferen Ebene als es die Sprache der Worte tut. Deshalb können wir die Bild- und Symbolsprache bewusst oder unbewusst als einen Zugang zur nicht-physischen Welt erleben. Bilder und Symbole sprechen durch unseren Körper und unsere feinstofflichere Wahrnehmung, nämlich durch Gefühle und Emotionen zu uns und bringen uns deshalb in Kontakt mit Informationen aus unserem Unbewussten, mit unseren Träumen, unserer Intuition und unserem inneren Wissen.

Die Essenz des Gesetzes des Dynamischen Gleichgewichts in den verschiedenen Weisheitstraditionen

Im Taoismus zum Beispiel begegnet uns die Essenz des Gesetzes des Dynamischen Gleichgewichts in der Bild- und Symbolsprache des allgemein bekannten Yin-Yang-Symbols. Es zeigt das dynamische, harmonische Gleichgewicht zwischen Yin und Yang; das weibliche Yin und das männliche Yang sind darin die beiden gegensätzlichen und einander ergänzenden Kräfte im Universum. Der schwarze Fleck im weißen Feld und der weiße Fleck im schwarzen Bereich zeigen auch, dass alles sowohl aus Yin als als auch aus Yang besteht.

Das Yin-Yang-Symbol aus dem Taoismus und das Hunab Ku der Maya

In seinem Buch *Der Maya-Faktor* (1987, dt. 1990) schreibt José Argüelles, dass auch die alten Maya um dieses dynamische Gleichgewicht von Yin und Yang wussten und ihr Symbol dafür das sogenannte *Hunab Ku* war.[296] Ihm zufolge wird *Hunab Ku* üblicherweise übersetzt als „Der Eine, Spender von Bewegung und Maß", wobei Bewegung Energie entspricht und mit Maß das Prinzip von Rhythmus, Periodizität und Form gemeint ist.[297]

In der vedischen Literatur stoßen wir auf die sogenannten *Gunas*, ohne die Schöpfung oder Leben nicht möglich ist. Die *Gunas* sind nicht zwei, sondern drei Eigenschaften, nämlich *Rajas*, *Tamas* und *Sattva*. *Rajas* ist die dynamische, progressive, zentrifugale Kraft, ähnlich dem Yang des Taoismus. *Tamas* ist die zurückhaltende Kraft, ähnlich dem zentripetalen Yin. *Sattva* ist der erhaltende Einfluss, der integriert sowie Gleichgewicht und Harmonie zwischen *Rajas* und *Tamas* herstellt.[298] Das gleiche Bild von der Vereinigung der Gegensätze wird in der hinduistischen Tradition in Gestalt der Göttin Shakti und des Gottes Shiva dargestellt, als das männliche und weibliche Prinzip, aufgrund dessen das Leben erschaffen wird. Ohne diese beiden gegensätzlichen Kräfte gibt es kein Leben.[299]

In den alten esoterischen Traditionen in Europa stoßen wir auf die Vereinigung der Gegensätze in Form von *Hieros gamos*, der Heiligen Hochzeit. Sie stellt die Verbindung zwischen dem Himmlischen und dem Irdischen sowie zwischen Makrokosmos und Mikrokosmos dar, außerdem die Verbindung zwischen Männlich und Weiblich. Auf diese Weise symbolisiert diese Vereinigung sowohl die äußere Hochzeit, aus der Wohlstand und Fruchtbarkeit hervorgehen, als auch die innere Hochzeit, nämlich die Integration des männlichen und des weiblichen Prinzips in uns. Als innere Hochzeit beflügelt uns *Hieros gamos*, ein dynamisches Gleichgewicht dieser beiden Prinzipien in uns anzustreben.[300]

Das weibliche Prinzip ist Gegensatz und Verbindung zugleich

Wenn das integrierende, Gleichgewicht und Harmonie erzeugende *Sattva* nicht als dritter Aspekt unterschieden wird, dann ist sowohl dieses Integrierende als auch die Tatsache, dass wir Teil eines größeren Ganzen sind, im integrierenden weiblichen Prinzip enthalten. Deshalb können wir das weibliche, formgebende Prinzip – das zusammenzieht und dessen Bewegung nach innen gerichtet ist – sowohl als den dem männlichen Prinzip der Ausdehnung und nach außen gerichteten Bewegung entgegengesetzten Aspekt als auch zugleich als das Verbindende, Vereinende und Integrierende dieser beiden scheinbar gegensätzlichen Kräfte betrachten, das dafür sorgt, dass sie zusammen ein Ganzes bilden. Mit anderen Worten: Das weibliche Prinzip betrifft auch die Beziehung zwischen dem Ganzen und den Teilen, zwischen Einheit und Vielheit.

Dieser verbindende, integrierende Aspekt der weiblichen Energie verbindet uns nicht nur als Einzelne mit den verschiedenen Teilen unserer selbst und miteinander, sondern es ist auch für unsere Verbindung mit dem Leben als Ganzem, mit der Natur, mit unserer Erde und mit allem im Universum zuständig. Dieser große vereinigende Aspekt – die Beziehung zwischen dem Ganzen und seinen Teilen – wird in vielen Traditionen und Kulturen symbolisch dargestellt als Mutter Erde, Pachamama, Mutter Natur, als die Kosmische Mutter und die Göttin, die Quelle und Spenderin von allem ist. Im hinduistischen Pantheon ist die Göttin Shakti als der heilige Strom lebensspendender und lebenserhaltender Energie, der durch die gesamte Schöpfung fließt, sowohl das Leben als auch die Spenderin des Lebens. Die Göttin als lebensspendenden und alles durchdringenden Energiefluss finden wir auch bei den alten Ägyptern in Gestalt der Göttin Sekmet und in der Kabbala als die Schechina.

Das dynamische und harmonische Gleichgewicht zwischen Energie und Form

Als Shivas kreative Macht ist Shakti die lebendige Kraft in allen Wesen; nichts auf dieser Welt existiert ohne ihre Gegenwart. Mit ihrem Leuchten erfüllt sie jeden Raum, und sie erscheint in allem, was wir sehen. Sie verbindet Atom mit Atom und Molekül mit Molekül.

Sharron Rose – Tänzerin und Kennerin vieler Weisheitstraditionen – 2002[301]

Heilige Geometrie

Wie alle gegensätzlichen und einander ergänzenden Kräftepaare im Grunde dasselbe Muster haben – Ausdehnung und Zusammenziehung – weist in ähnlicher Weise auch der Schöpfungsprozess im Wesentlichen ein bestimmtes Grundmuster auf. Die Essenz des Schöpfungsprozesses können wir als das dynamische und harmonische Gleichgewicht zwischen Energie und Form beschreiben. Aus einer Perspektive, nach der, im Einklang mit dem Gesetz der Schwingung, alles Energie ist und – in Übereinstimmung mit dem Gesetz des Rhythmus – Formen nicht statisch, sondern dynamisch sind, können wir erkennen, dass Formen nicht gesondert von der mit ihnen zusammenhängenden Energie betrachtet werden können. Während die universellen Gesetze den männlichen Schöpfungsaspekt als die energetische Dynamik beschreiben, bezeichnen die Prinzipien der heiligen Geometrie den weiblichen Schöpfungsaspekt als denjenigen, der für die Form zuständig ist. Daher schenkt uns im Grunde die heilige Geometrie, als der weibliche Aspekt der universellen Prinzipien, Erkenntnisse über den dynamischen Aspekt der Form. Das bedeutet, dass die universellen Prinzipien der heiligen Geometrie sich insbesondere mit der gestaltenden Kraft und daher mit der Entwicklung und Umsetzung von Form befassen. Während die Erkenntnis der Universellen Gesetze gemäß der hermetischen Philosophie auf Hermes Trismegistos – auch als der ägyptische Thoth oder der Schreiber bezeichnet – zurückzuführen ist, sprechen die ältesten ägyptischen Inschriften auch von Seshat, der Schreiberin. Als weibliches Pendant Thoths gilt Seshat als die Herrin des Maßes und die Architektin der Prinzipien der heiligen Geometrie.

Im Taoismus begegnet uns das Prinzip der dynamischen Umsetzung der Form als das Konzept vom *Li*. *Li* ist ein dynamisches Muster, das an sich formlos ist, aber als gestaltendes und ordnendes Prinzip des Universums aus Energie Formen erschafft. Erkenntnisse über diese Dynamik und die Wechselwirkung zwischen Energie und Form finden wir auch bei Aristoteles (384-322 v. Chr.). Er behauptete, bei gründlicher Auseinandersetzung mit der Morphologie – der Lehre von Form und Aufbau von Organismen – müsse man Form als die Folge der sie erzeugenden Prozesse betrachten. Daher können wir also das Phänomen Form als Ordnung und Gestaltung betrachten, in der die Energie fließt und Schöpfung und Verwandlung sich vollziehen.

Der Schöpfungsprozess als Produkt von Energie und Form

Aus dieser Sicht können wir den Schöpfungsprozess wie folgt beschreiben: Einerseits gibt es den männlichen Schöpfungsaspekt, der die „Idee“ dessen hervorbringt, was erschaffen werden will. Als Gedanke oder Absicht bestimmt diese männliche Energie Richtung und Ziel, ohne dem jedoch Gestalt zu geben. Andererseits geht es beim weiblichen Schöpfungsaspekt um die Fähigkeit, durch Formgebung zu erschaffen. Das Männliche „initiiert“ den Schöpfungsprozess mit der Idee. Der weibliche Aspekt „empfängt“ die Idee, den Gedanken oder die Absicht, wodurch die gegensätzlichen, einander jedoch ergänzenden Aspekte miteinander zu *einem* Ganzen verschmelzen können, um einen Lebenskeim hervorzubringen. Als Nächstes vollbringt der weibliche Aspekt das aktive, schöpferische, integrierende Werk und gibt aufgrund der „Idee“ dem erschaffenen Leben dergestalt Form, dass es sich selbst erhalten und lebendig bleiben kann. Die „Idee“ alleine ist nicht überlebensfähig, ebenso wenig allerdings eine schöpferische Gestaltungsfähigkeit, der die Richtung fehlt. Beide Prinzipien müssen vorhanden sein, wenn etwas erschaffen und manifest werden soll, wobei der weibliche Aspekt des Zusammenziehens und der nach innen gerichteten Bewegung zugleich Verbindung, Vereinigung und Integration dieser beiden scheinbar gegensätzlichen Kräfte verkörpert, damit sie zusammen ein Ganzes ergeben. Ohne das Zusammenwirken dieser beiden aktiven, dynamischen Prinzipien kann es weder Schöpfung noch Leben geben.

Die Goldene Spirale als natürliche Bewegung der Energie

Nach dem Gesetz der Schwingung folgt Energie dem Weg des geringsten Widerstands, so dass mit geringstmöglichem Aufwand größtmögliche Wirkung erzielt werden kann. Ausgehend davon, können wir Form einfach als die Folge des effizienten Umgangs der Natur mit Energie betrachten, wodurch sie jegliche Energieverschwendung minimiert. Die natürliche Bewegungsform der Energie und mithin der Verlauf des Weges des geringsten Widerstands, den die Energie nimmt – und der sich aus der dynamischen Vereinigung der gegensätzlichen, einander jedoch ergänzenden Kräfte von Zusammenziehung und Ausdehnung ergibt – ist allem Anschein nach eine Spirale. Dieser nichtlinearen Spiralbewegung als der Verlaufsform von Veränderung und Entwicklung sind wir bereits beim Gesetz des Rhythmus begegnet.

Wo Bewegung ist, bilden sich Spiralen. Weil Energiewellen sich im dreidimensionalen Raum bewegen, können wir uns ihre natürliche Bewegungsform als dreidimensionale Spirale vorstellen. Diese dreidimensionale Spirale wird auch als Vortex bezeichnet, also als Strudel, wie wir ihn zum Beispiel im Wasser als Wirbel und in der Luft als Zyklon und Orkan kennen.

Der Vortex, eine dreidimensionale Spiralbewegung wie bei einem Strudel im Wasser.

Im Einklang mit dem Gesetz der Entsprechung ist diese grundlegende Bewegung von Energiewellen auf allen Realitätsebenen die gleiche. Darüber hinaus finden wir diese spiraligen, vortex-ähnlichen Formen überall, vom Aufbau makrokosmischer Galaxien bis zu den subatomaren Bewegungen im Mikrokosmos.

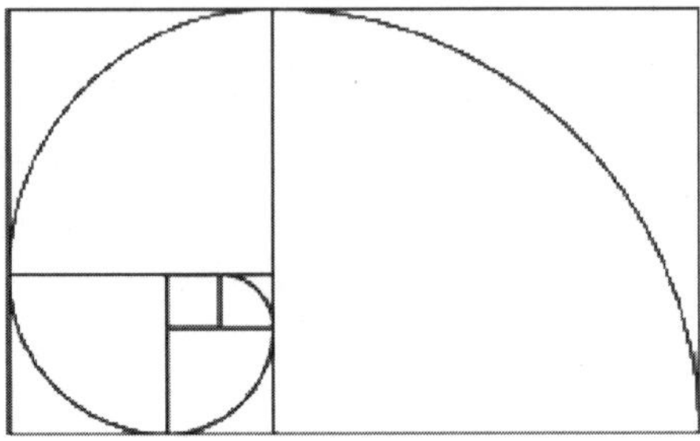

Die Goldene Spirale

Die effizienzteste Bewegungsform der Energie ist die sogenannte Goldene Spirale. Die absolute Besonderheit der Goldenen Spirale besteht darin, dass das Verhältnis der Windungen zueinander auch dann konstant bleibt, wenn die Spirale größer wird und sich mithin die Abstände der Windungen voneinander vergrößern. Ganz gleich, wie groß die Spirale wird, das Verhältnis des Durchmessers jeder Windung zu dem der nächsten ändert sich nicht. Weil eine Goldene Spirale durch diese „gleichbleibende Proportion" ihren Selbstbezug bewahrt, wird sie als sich selbst ähnliche Form bezeichnet. Kennzeichen der Selbstähnlichkeit ist, dass entlang der gesamten Größenskala, von sehr klein bis sehr groß, immer wieder dieselbe Form entsteht.

Diese besonderen Goldenen Spiralen liegen dem universellen Mechanismus der Formbildung zugrunde. So ist die Goldene Spirale die natürliche Bewegung des Lebens und an allen Wachstumsprozessen beteiligt. Dies zeigt sich zum Beispiel in der Gestalt von Ammoniten und Muscheln, in sich entrollenden Farnwedeln, in der Anordnung der Schuppen bei Kiefernzapfen, in allen rankenden Gewächsen sowie den Hörnern von Widdern und Antilopen.

Die ganz besonderen Eigenschaften des Goldenen Schnitts

Die Goldenen Spiralen beruhen auf dem Goldenen Schnitt. Dieser hat ganz besondere und absolut einzigartige Eigenschaften, und genau diese besonderen und absolut einzigartigen Eigenschaften liegen dem dynamischen und schöpferischen Gleichgewicht zwischen Energie und Form zugrunde.

Energie, die ja ständige dynamische Bewegung ist, kann ihre Form einzig und allein durch diese besonderen Eigenschaften des Goldenen Schnitts aufrechterhalten – und daher nur durch sie „am Leben" bleiben.[302]

Was sind nun diese besonderen und einzigartigen Eigenschaften? Der Goldene Schnitt erzeugt eine „Einheitlichkeit der Proportionen". Aufgrund dieser einheitlichen Proportionen stehen im Universum alle Teile im selben Verhältnis zueinander und außerdem bleibt das Verhältnis zwischen sämtlichen Teilen und dem ursprünglichen Ganzen gewahrt. Dies ermöglicht eine harmonische Resonanz zwischen allem, was es im Universum gibt. Solche einheitlichen Proportionen findet man auch in der Natur, insbesondere in Gestalt der sogenannten Fibonacci-Folge. Eine Fibonacci-Folge ist eine einfache Zahlenreihe, bei der jeweils die Summe zweier benachbarter Zahlen die folgende Zahl ergibt. Wenn wir zwei aufeinanderfolgende Zahlen dieser Reihe durcheinander teilen, erhalten wir immer ein Ergebnis, das annähernd dem Goldenen Schnitt entspricht.

Ein weiteres ganz besonderes und einzigartiges Kennzeichen des Goldenen Schnitts ist, dass er „zugleich addiert und multipliziert", mit anderen Worten, dass Addition und Multiplikation offensichtlich übereinstimmen. So können aufgrund des asymmetrischen Goldenen Schnitts dreidimensionale symmetrische „selbstähnliche" Formen entstehen, die größer werden können, ohne dabei ihre Gestalt zu verändern. Diese außergewöhnlichen, für unseren rationalen, logischen Verstand jedoch nicht ohne weiteres erkennbaren Eigenschaften werde ich im Folgenden näher erklären.

1. Das Gesetz der harmonischen Teilung oder die Herstellung von Einheit in den Proportionen

Eine Strecke heißt stetig geteilt, wenn sich, wie die ganze Strecke zum größeren Abschnitt, so der größere Abschnitt zum kleineren verhält.

Euklid – griechischer Mathematiker (365-300 v. Chr.)[303]

Das Entscheidende an der dynamischen Formensprache sind nicht absolute Größen oder Zahlen, sondern *Formen im Verhältnis zueinander*. Das bedeutet, dass es in der Formensprache immer um Proportionen im Verhältnis zueinander geht und dass – übereinstimmend mit dem Gesetz der Polarität – alles relativ ist. Das Gesetz der Harmonischen Teilung besagt, dass die wichtigste besondere und einzigartige Eigenschaft des Goldenen

Schnitts eben darin besteht, in all diesen Verhältnissen für Einheitlichkeit zu sorgen. Dies bedeutet, dass überall dieselben gleichbleibenden Proportionen auftreten.

Die Einheitlichkeit der Proportionen gilt nicht nur für die verschiedenen Teile, sondern zugleich auch für das Verhältnis zwischen den Teilen und dem Ganzen. Durch diese besondere und einzigartige Eigenschaft verkörpert der Goldene Schnitt – genau wie der weibliche Aspekt – nicht nur die Beziehung zwischen den Teilen, sondern zugleich auch die synthetisierende Kraft, die die Teile mit dem Ganzen vereint. Aufgrund der Einheitlichkeit der Proportionen sind alle Teile unlösbar mit dem Ganzen verbunden, und aufgrund dieser „gleichbleibenden Verhältnisse“ herrscht im gesamten Universum Harmonie.

Gerade so wie die universellen Gesetze in den diversen Weisheitstraditionen überall auf der Welt zu finden sind, waren auch diese universellen Form-Prinzipien in vielen verschiedenen Kulturen an vielen verschiedenen Orten und zu vielen verschiedenen Zeiten bekannt. In der Sprache der Worte finden wir diese Erkenntnis zum Beispiel im alten Griechenland. So erklärt etwa der Philosoph Platon (427-347 v. Chr.) in seinem Dialog *Timaios* – in dem er die Erschaffung der Welt beschreibt – dass dem gesamten Aufbau des Universums eine besondere Proportion zugrunde liegt. Er beschreibt dies folgendermaßen: „... nur ein vermittelndes Band kann zwischen beiden die Vereinigung bilden. Von allen Bändern ist aber dasjenige das schönste, welches zugleich sich selbst und die durch dasselbe verbundenen Gegenstände möglichst zu einem macht.“ Und er fügt hinzu, weil alle untereinander notwendigerweise im selben Verhältnis stehen, „so sind sie alle damit wahrhaft untereinander Eins“.[304] Dieses Verhältnis gilt für alle Beziehungen, sagt er in seinem Dialog.

Wir wissen allerdings auch, dass Platon sich in seinem Wissen teilweise auf Erkenntnisse von Pythagoras stützte und dieser seine Kenntnisse wiederum im alten Ägypten erlangt hatte.[305] Außerdem ist bekannt, dass die Philosophen im alten Griechenland, wie Pythagoras und später Platon, die „weltliche“ Mathematik als eine Erfindung des Menschen betrachteten. Die heilige Geometrie hingegen war für sie keineswegs eine menschliche Erfindung, sondern die tiefe Erkenntnis der der Natur zugrunde liegenden Ordnung, einer Ordnung mit einem innewohnenden Bewusstsein.

In der Formensprache ist der Goldene Schnitt zum Beispiel im Aufbau der altägyptischen Tempel und Pyramiden zu finden. Außerdem begegnet uns die Anwendung dieser Erkenntnis auch in der griechischen und römischen Architektur, wie zum Beispiel dem Athener Parthenon und dem römischen Kolosseum. Die Essenz dieses uralten Wissens der Ägypter wurde auch an die Eingeweihten islamischer, hebräischer und frühchristlicher Traditionen weitergegeben. Daher findet man in gotischen Kathedralen und islamischen Moscheen einen auf denselben Proportionen gründenden Aufbau.

Darüber hinaus ist der Goldene Schnitt an vielen weiteren Orten auf der Welt zu entdecken, zum Beispiel im Borobudur, dem größten buddhistischen Stupa der Welt auf Java, und in den Bauten der Maya in Mittelamerika.[306] In Schottland fand man Steinkugeln mit besonderen Gravuren, deren Entstehungszeit auf 3000-1500 v. Chr. datiert wurde.[307] Diese Steinkugeln weisen ebenfalls den Goldenen Schnitt auf und lassen daher vermuten, dass dieser auch einigen Völkern des neusteinzeitlichen Westeuropas bekannt war.

Der Goldene Schnitt und die Beziehung zwischen dem Ganzen, dem größeren Teil *und* dem kleineren Teil

Wenn wir uns vorzustellen versuchen, inwiefern der Goldene Schnitt für eine Einheitlichkeit der Proportionen sorgt, dann ist es hilfreich, wenn wir uns zunächst ein einfaches Beispiel ansehen, das zeigt, wie der Goldene Schnitt ein Ganzes in zwei Teile teilt.[308] Wenn wir eine gerade Strecke AB als Beispiel für das Ganze nehmen und diese Strecke im Goldenen Schnitt teilen, erhalten wir zwei Teilstrecken, die wir AC und CB nennen können.

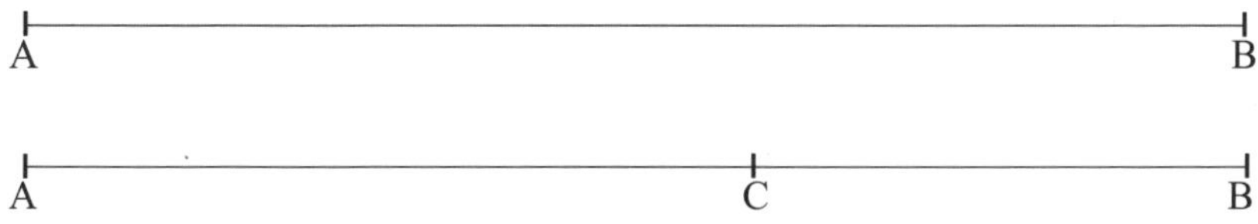

Der Goldene Schnitt – AB : AC = AC : CB

Zunächst einmal zeigt dies, dass die Harmonie, die der Goldene Schnitt erzeugt, nicht auf der Grundlage einer gleichen, sondern einer asymmetrischen Teilung entsteht. Das Außergewöhnliche am Goldenen Schnitt ist, dass die Länge der ursprünglichen Strecke AB – des Ganzen – sich im

Verhältnis zum größeren Teil AC genauso verhält wie der größere Teil AC zum kleineren Teil CB. Das bedeutet, dass das Verhältnis zwischen dem kleineren Teil CB und dem größeren Teil AC dasselbe ist wie das Verhältnis zwischen AC und *dem Ganzen, aus dem diese Teile hervorgehen und dessen Bestandteil sie bleiben*: der ursprünglichen Strecke AB. In der Sprache der Mathematik können wir sagen, dass AB sich zu AC verhält wie AC zu CB, und schreiben können wir diese harmonische Beziehung als AB : AC = AC : CB.

Auf der Strecke AB gibt es nur einen einzigen Punkt, der die Strecke so in zwei asymmetrische Teile trennt, dass AB sich zum größeren Teil AC genauso verhält wie der größere Teil AC zum kleineren Teil CB. Genau dieser einzigartige Punkt wird durch den Goldenen Schnitt bestimmt.[309] Mit anderen Worten, wir können daraus schließen, dass nur der Goldene Schnitt das Ganze so teilt, dass sich das Ganze zum größeren Teil so verhält wie der größere Teil zum kleineren.

Dass dies kein einmaliges Wunder ist, sondern sich vielmehr ständig wiederholt, wird deutlich, wenn wir danach den größeren Teil AC als das Ganze betrachten und dieses wieder im Goldenen Schnitt teilen. Jetzt stellen wir fest, dass AC sich ebenso zu AD verhält wie AD zu DC. Mit anderen Worten, die Maße haben sich geändert, aber die Proportionen bleiben dieselben.

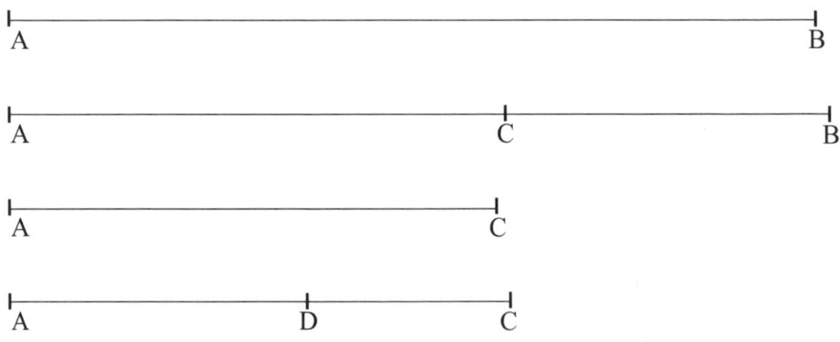

Der Goldene Schnitt AB : AC = AC : AD = AD : DC

Weil das Verhältnis gleich bleibt, können wir auch sagen: Das ursprüngliche Ganze – die Strecke AB – verhält sich zum größeren Teil AC so wie AC zu AD und zu AD wie AD zu DC. Daher gilt: AB : AC = AC : AD = AD : DC. Diese Teilung im Goldenen Schnitt ist unendlich wiederholbar.

Daher erzeugt der Goldene Schnitt eine natürliche Harmonie, denn solange wir im Goldenen Schnitt teilen, wiederholen sich die „gleichbleibenden Proportionen“ auf jeder weiteren Stufe. Das Ergebnis ist eine Vielzahl von Teilen, wobei die Proportionen stets gleich bleiben. So herrscht unter allen Teilen Einheitlichkeit in den Proportionen.

Das Ganze ist in den Teilen stets gegenwärtig

Bei diesem Beispiel nahmen wir die Gerade AB als Beispiel für das Ganze, damit das Prinzip klar wird. Wie wir zuvor beim Gesetz der Einheit gesehen haben, geht tatsächlich alles im Universum aus *einem* Ganzen hervor. Weil diese Eigenschaft des Goldenen Schnitts allen Teilungen im Universum zugrunde liegt, liegt eben jener Goldene Schnitt auch der allerersten Teilung des Ganzen zugrunde, von der das Gesetz der Schwingung und das Gesetz der Polarität sprechen. Derselbe Goldene Schnitt liegt auch allen darauffolgenden Teilungen zugrunde, mit der Folge, dass die Proportionen entlang der gesamten Größenskala gleich bleiben.

Weil gemäß dem Gesetz der Einheit alles in der Einheit und nichts außerhalb des ursprünglichen Ganzen existiert, bedeutet dies, dass aufgrund dieser einheitlichen Verhältnisse im Universum alles im gleichen Verhältnis zum ursprünglichen Ganzen steht. So verbindet der Goldene Schnitt buchstäblich oder symbolisch jede Generation mit der vorhergehenden, wodurch die Kontinuität der Proportionen gewahrt bleibt. Deshalb ist das Ganze in seinen Teilen stets gegenwärtig. In der Sprache des Herzens bedeutet dies, dass der Goldene Schnitt die einzigartige Fähigkeit besitzt, eine Harmonie zu erzeugen, die die verschiedenen Teile des Ganzen so unterteilt, dass jeder Teil seine Identität wahrt und sich doch harmonisch ins Muster des größeren Ganzen fügt.

Weil gemäß dem Gesetz der Schwingung alles im Universum Energie ist, verbindet dieses grundlegende Prinzip unauflöslicher einheitlicher Proportionen – nach dem Prinzip der harmonischen Resonanz – alle Lebewesen, also auch alle Menschen, mit allem anderen. Mehr noch, es erinnert uns ständig an unsere Beziehung zum Ganzen.

2. Der Goldene Schnitt, die irrationale Zahl Phi und die Fibonacci-Folgen

Außer dass der Goldene Schnitt auf seine ganz besondere und einzigartige Weise Einheitlichkeit in den Proportionen erzeugt, besitzt er des Weiteren die außergewöhnliche Eigenschaft, eine „irrationale" Zahl zu sein. Während es bei der einenden und synthetisierenden Dynamik des Goldenen Schnitts in erster Linie um Verhältnisse und Proportionen sowie um die nichtlineare Formensprache geht, lässt sich der Goldene Schnitt als solcher doch auch *annähernd* als Zahl ausdrücken. Diese lautet ungefähr 1,618. Die Goldene Zahl wird der Bequemlichkeit halber üblicherweise 1,618... geschrieben, womit ausgedrückt werden soll, dass es sich um eine Annäherungszahl handelt. Exakter könnte man sagen, die Goldene Zahl laute 1,618033988749895..., doch die Zahl der Stellen hinter dem Komma geht gegen unendlich. Deshalb kann man unmöglich angeben, wie groß die Zahl tatsächlich ist. Mathematisch bedeutet dies, dass die Goldene Zahl daher keine „rationale", sondern eine „irrationale" Zahl ist. Ist das Wesen der „irrationalen" Zahlen für unseren logischen, rationalen Verstand, der seiner Natur nach linear und dualistisch ist, auch schwer zu erfassen, so erscheint es doch möglich, die nichtlineare Formensprache in der Sprache der „irrationalen" Zahlen und der nichtlinearen Mathematik zu beschreiben.

Anfang des 20. Jahrhunderts schlug Mark Barr vor, diese Zahl 1,618... – die eigentlich keine Zahl, sondern eine Beziehung ist – zu Ehren des griechischen Bildhauers Phidias Phi zu nennen. Phidias wirkte im 5. Jahrhundert v. Chr. zum Beispiel am Bau des Parthenons mit und proportionierte alle seine Werke nach dem Goldenen Schnitt. In der Mathematik wird Phi durch den gleichlautenden griechischen Buchstaben Φ symbolisiert. Zwar gibt es in der Mathematik etliche „irrationale" Zahlen, doch nur für Phi gilt, dass sich das Ganze zum größeren Teil so verhält wie der größere Teil zum kleineren.

Die Fibonacci-Folgen

Die schönen harmonischen Beziehungen zwischen Einheit und Vielfalt, die auf der „irrationalen" Zahl Phi beruhen, können wir überall um uns herum in der dynamischen Architektur des Universums beobachten. In Übereinstimmung mit dem Gesetz der Entsprechung finden wir diese harmonische und dynamische Formensprache, in der sich Energie in der Natur ausdrückt, überall, vom mikroskopisch Kleinen bis hinauf zu den Formen der Galaxien. In seinem Buch *Die Kraft der Grenzen. Harmonische Proportionen in Natur, Kunst und Kultur* (1981/1994 dt. 1984/1996) zeigt György Doczi anhand vieler Zeichnungen und Messungen, dass Phi zum Beispiel in den Formen und Proportionen von Blättern, Muscheln, Krebsen, Fischen, Wirbeltieren, Fröschen, Schneeflocken, Kiefernzapfen, Käfern, Libellen, Ahornsamen, Schmetterlingen, Pferdeskeletten und natürlich auch in den Proportionen des menschlichen Körpers zu finden ist. Schon über fünfhundert Jahre früher kam der italienische Künstler Leonardo da Vinci (1452-1519) aufgrund seiner Naturstudien zum selben Schluss. In der Natur finden wir den Goldenen Schnitt unter anderem in Gestalt zweier aufeinanderfolgender Zahlen einer Fibonacci-Folge. Im 12. Jahrhundert entdeckte Leonardo da Pisa (ca. 1180-1240), besser bekannt als Fibonacci, diese Zahlenreihe, bei der jede Zahl die Summe der beiden vorangehenden Zahlen ist, zum Beispiel:

0, 1, 1, 2, 3, 5, 8, 13, 21, 34, 55, 89, 144, 233, 377, 610, 987, 1597 usw.

Eine ähnliche Reihe, nämlich 1, 3, 4, 7, 11, 18, 29, 47, 76, 123, 199 usw. wird als Luca-Folge bezeichnet. Das außergewöhnliche Merkmal beider Folgen ist, dass alle Paare aufeinanderfolgender Zahlen ebenfalls ein einheitliches Verhältnis aufweisen; denn wenn man zwei aufeinanderfolgende Zahlen durcheinander teilt, erhält man stets ein Ergebnis, das beinahe gleich der Zahl Phi ist. Je größer die beiden aufeinanderfolgenden Zahlen sind, desto stärker nähert sich das Resultat ihrer Teilung 1,618…, mithin also dem Wert von Phi, an.

Wenn wir zwei aufeinanderfolgende Zahlen einer Fibonacci-Folge durcheinander dividieren, erhalten wir immer ein Ergebnis, das der Zahl Phi (Φ= 1,618033988749895…) annähernd gleich ist.

Zum Beispiel:

1/1 = 1
2/1 = 2
3/2 = 1,5
5/3 = 1,666
8/5 = 1,6

13/8 = 1,625
21/13 = 1,615…
34/21 = 1,619…
55/34 = 1,6176…
89/55 = 1,61818…
144/89 = 1,61797…

Nach der vierzigsten Zahl der Folge stimmt die Annäherung an Phi bis auf fünfzehn Stellen hinter dem Komma überein. Allerdings wird das Ergebnis nie exakt gleich der irrationalen Zahl Phi.

3. Der Goldene Schnitt addiert und multipliziert zugleich

Im Zusammenhang mit dem Phänomen der Fibonacci-Folgen gibt es noch eine dritte, ganz besondere und einzigartige Eigenschaft des Goldenen Schnitts. Sie zeigt sich dann, wenn wir eine Fibonacci-Folge mit der Ausgangszahl Phi erstellen. Stellt die Reihe $1/\Phi$, 1, Φ, Φ^2, Φ^3, Φ^4, Φ^5, … usw. noch eine Fibonacci-Folge dar, bei der jede Zahl die *Summe* ihrer beiden Vorgängerinnen bildet, so erhalten wir die nächste Zahl allem Anschein nach auch dann, wenn wir immer weiter mit Φ *multiplizieren*. In folgendem Vergleich wird das klar erkennbar: $\Phi + \Phi^2 = \Phi^3 = \Phi \times \Phi^2$ (denn $\Phi + \Phi^2 = 1{,}618\ldots + 2{,}618\ldots = 4{,}235\ldots = \Phi^3$). Im folgenden Kasten können wir erkennen, dass für die gesamte Reihe gilt: Die jeweils folgende Zahl ist sowohl gleich der *Summe* der beiden vorangegangenen Zahlen als auch der *Multiplikation* der vorangegangenen Zahl mit Φ.

Wir erhalten die Fibonacci-Folge $1/\Phi$, 1, Φ, Φ^2, Φ^3, Φ^4, Φ^5, … usw. durch fortwährende Addition der beiden jeweils vorangehenden Zahlen:

$1/\Phi + 1$	$= \Phi$	= 1,618… (1/1,618… = 0,618…)
$1 + \Phi$	$= \Phi^2$	= 2,618…
$\Phi + \Phi^2$	$= \Phi^3$	= 4,235…
$\Phi^2 + \Phi^3$	$= \Phi^4$	= 6,853…
$\Phi^3 + \Phi^4$	$= \Phi^5$	= 11,089…

Wenn wir mit Φ multiplizieren, ergibt sich dieselbe Folge:
$\Phi \times 1 = \Phi = 1{,}618\ldots$
$\Phi \times \Phi = \Phi^2 = 2{,}618\ldots$
$\Phi \times \Phi^2 = \Phi^3 = 4{,}235\ldots$
$\Phi \times \Phi^3 = \Phi^4 = 6{,}853\ldots$
$\Phi \times \Phi^4 = \Phi^5 = 11{,}089\ldots$

Dies zeigt nicht nur, wie eng die Fibonacci-Folge und der Goldene Schnitt miteinander verbunden sind, sondern es verdeutlicht vor allem die einzigartige – und für unseren logischen, rationalen Verstand schwer begreifliche – Eigenschaft des Goldenen Schnitts, dass die Prozesse von Addition und Multiplikation zusammenfallen. Mit anderen Worten, die ganz besondere Eigenschaft des Goldenen Schnitts besteht darin, dass er *zu sich selber* sowohl bei der Addition als auch bei der Multiplikation rekursiv *im selben Verhältnis* steht. Phi ist die einzige Zahl, die „zugleich addiert *und* multipliziert".

4. Der Goldene Schnitt erzeugt Symmetrie durch Asymmetrie

Ein Gnomon ist jede Figur, durch die, wenn sie einer ursprünglichen Figur hinzugefügt wird, die daraus resultierende Figur der ursprünglichen ähnlich bleibt.

Heron von Alexandria (1. Jahrhundert v. Chr.)[310]

Selbstähnliche Formen erhalten ihre Beziehung zu sich selbst aufrecht

Wegen dieser ganz besonderen und einzigartigen Eigenschaften stellt der Goldene Schnitt nicht nur die Einheitlichkeit der Proportionen her, sondern er erzeugt auch eine Symmetrie der Form, die auf Asymmetrie beruht. Auch diese Fähigkeit, sich in sich selbst so widerzuspiegeln, dass sich selbst ähnliche Formen entstehen, ist für unseren logischen, rationalen Verstand schwer fassbar.

Was dies auf der zweidimensionalen Ebene bedeutet, lässt sich jedoch leicht anhand eines Pentagramms veranschaulichen. Ein Pentagramm ist ein fünfzackiger Stern, wobei in der Mitte des Pentagramm-Sterns ein sogenanntes Pentagon, also ein Fünfeck, entsteht. Die Länge der Linien, die die Spitzen bilden, und die Länge der Linien des Pentagons stehen zueinander im asymmetrischen Verhältnis des Goldenen Schnitts. Daher besteht in der Pentagramm-Pentagon-Figur eine Einheitlichkeit der Proportionen. Aufgrund dieser Einheitlichkeit der Proportionen passt in die Mitte eines Pentagons stets ein kleineres Pentagramm, und in der Mitte dieses kleineren Pentagramms entsteht wiederum stets ein Pentagon. Die im Einklang mit dem Goldenen Schnitt stehende Asymmetrie der Linienlängen erzeugt eine schöne Harmonie der Form, durch die das Pentagramm eine unendliche Reihe selbstähnlicher Formen aufweist, wobei es zugleich den Selbstbezug bewahrt.

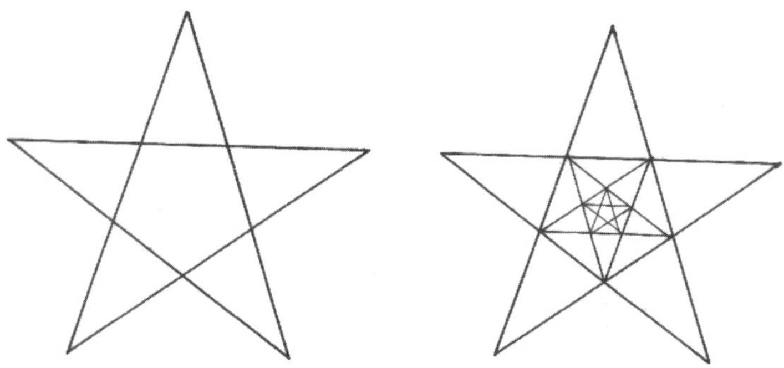

Im Pentagramm besteht Einheitlichkeit der Proportionen. Daher weist es eine unendliche Folge selbstähnlicher Formen auf, wobei es zugleich den Selbstbezug bewahrt.

Selbstähnlichkeit ist die häufigste Wachstumsform in der Natur

Das Beispiel des Pentagramm-Pentagons zeigt eine sich selbst ähnliche, auf dem asymmetrischen Goldenen Schnitt beruhende Form auf der zweidimensionalen Ebene. Doch aufgrund der einzigartigen Eigenschaft des Goldenen Schnitts, der „zugleich addiert und multipliziert", und aufgrund seiner Asymmetrie, können auch dreidimensionale sich selbst ähnliche Formen entstehen. Das haben wir bereits bei der Goldenen Spirale als der effizientesten Bewegungsform von Energie gesehen. Aufgrund seiner besonderen Eigenschaft, seinen Selbstbezug auch in veränderter Größenordnung zu bewahren, kann der Goldene Schnitt – als effizienteste Energiebewegung – eine dreidimensionale Form erzeugen, die unendlich an Größe zunehmen kann, ohne ihre Form zu verändern.

Solche sich selbst ähnliche Formen, die ihren Selbstbezug aufrechterhalten, sind in der Natur die häufigsten Wachstumsformen. Das bekannteste Beispiel für ein Wachstumsmuster, das durch die Asymmetrie des Goldenen Schnitts eine dreidimensionale symmetrische Form bildet, ist die Meeresschnecke Nautilus. Die Nautilus-Schnecke ist ein Cephalopode, also ein Kopffüßler, der in einem in Kammern unterteilten spiralförmigen Gehäuse lebt. Die Wachstumsform der Nautilus-Schnecke folgt der effizientesten Energiebewegung – und daher der Form der Goldenen Spirale. Sie verläuft von innen nach außen, wobei die Proportionen gewahrt bleiben. Die wunderschön geformte Schnecke zeigt, dass in diesem Fall eines dreidimensionalen symmetrischen Wachstums die Windungen nach und nach nicht nur größer, sondern auch weiter werden, so dass also die räumliche Form erhalten bleibt, während sich die Größe verändert.

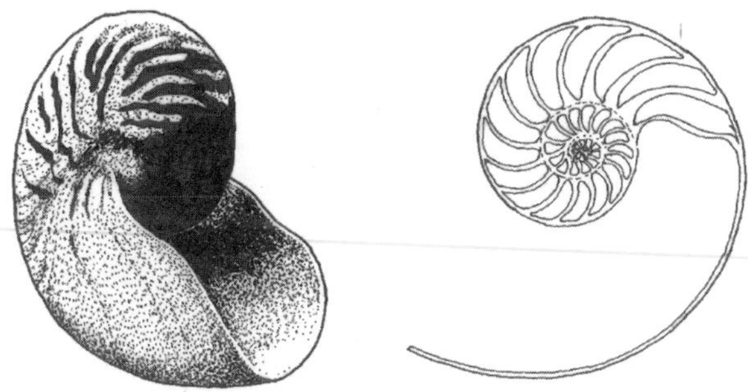

Nautilus-Schnecke und Querschnitt durch das Schneckengehäuse

Robert Lawlor, Experte auf dem Gebiet der heiligen Geometrie, schreibt in seinem Buch *Sacred Geometry Philosophy and Practice* (1982/2001), dass dieses Phänomen sich selbst ähnlicher Formen, die den Bezug zu sich selbst aufrechterhalten, bereits den Mathematikern im alten Griechenland bekannt war. Sie sprachen in dieser Hinsicht von *Gnomonen* und bezeichneten ein auf diesem Phänomen beruhendes Wachstum als *gnomonische Erweiterung*. Wenn wir uns eingehend mit solchen Formen, in denen die alte Form in der neuen enthalten ist, beschäftigen, dann werden wir laut Robert Lawlor in ihnen eine der häufigsten Wachstumsformen in der Natur erkennen können.[311]

Wenn zwei gegenläufige Goldene Spiralen miteinander verschmelzen, entsteht Leben

Die heiligen Schriften der Hindus sprechen nicht nur vom *Anu*, dem Atom, von *Paramanu*, „dem was jenseits des Atoms liegt", das heißt den feineren elektronischen Energien, sondern auch von *Prana*, der „schöpferischen biotronischen Lebenskraft". Atome und Elektronen sind blinde Kräfte, während Prana von Natur aus intelligent ist.

Paramahansa Yogananda (1893-1952)[312]

Das Gesetz des Dynamischen Gleichgewichts besagt: Wenn erschaffen werden soll, müssen sowohl der männliche Aspekt der nach außen gerichteten Bewegung als auch der weibliche Aspekt der nach innen gerichteten Bewegung wirksam sein. Wenn eine nach außen und eine nach innen gerichtete Goldene Spirale partnerschaftlich zusammenarbeiten, wird nicht nur Stabilität erzeugt, sondern durch diese Vereinigung wird auch *Lebensenergie* angezogen. Die Ordnung, die der Art und Weise, in der alles erschaffen wird, zugrunde liegt, ist die Folge dieser magischen Vereinigung komplementärer Wirbel-Bewegungen im Goldenen Schnitt, durch die Lebensenergie angezogen wird.

Diese Erkenntnis der Dynamik, die sich auf atomarer und subatomarer Ebene abspielt und aufgrund derer Lebensenergie angezogen wird, war bereits in uralter Zeit in vielen Weisheitstraditionen vorhanden. In der Sprache der Wörter, die unsere rationale, intellektuelle Ebene anspricht, schreibt Paramahansa Yogananda in seiner *Autobiographie*, dass die essenzielle Bedeutung dieser Dynamik, die dem universellen Mechanismus zur Erschaffung von Leben zugrunde liegt, Hindu-Mystikern bereits vor Jahrtausenden bekannt war.

In der Bild- und Symbolsprache begegnen wir der Doppelspirale in Kulturen auf der ganzen Welt als Symbol für die grundlegende Einheit der Dualität aus erschaffender und zerstörerischer Kraft in der Natur sowie als Symbol für den Ausgleich einander entgegengesetzter Energien im Allgemeinen. In vielen Kulturen finden wir außerdem Spiralmuster, die sich anscheinend endlos ineinander kehren, die nach innen und von der Mitte aus wieder nach außen laufen. Diese Darstellungen gelten als Symbol für die

Kontinuität von Schöpfung und Tod und in diesem Sinne als ein Symbol für das Leben an sich.[313]

Doppelspirale

Auch die natürliche Bewegungsform der Energie, nach der Wachstum verläuft, ist das Ergebnis zweier eng miteinander verflochtener, im Goldenen Schnitt aufgebauter Vortices, die sich in entgegengesetzter Richtung drehen. So kann die erzeugte Form weiterhin entlang des Weges des geringsten Widerstandes wachsen und sich dabei ähnlich bleiben. Daher können wir den Goldenen Schnitt als die Essenz unserer Existenz betrachten. Nach Jill Purce, der Verfasserin des Buches *Die Spirale. Symbol der Seelenreise* (1974/2000) ist die einfache Spirale in vielen Kulturen das Symbol für diese natürliche Wachstumsform.

Kiefernzapfen und Sonnenblumen

Ein Beispiel aus der Natur, an dem dies klar erkennbar wird, ist der Kiefernzapfen. Die symmetrische Gestalt von Kiefernzapfen beruht auf zwei gegenläufigen, aber komplementären Spiralbewegungen. Weil diese gegenläufigen Spiralen bei Kiefernzapfen gut zu sehen sind, ist die ihrem symmetrischen Aufbau zugrunde liegende Asymmetrie leicht zu entdecken. Man braucht einfach nur zu zählen, wie viele Spiralen in die eine und wie viele in die andere Richtung laufen; denn ihre Anzahl ist nie gleich, sondern es handelt sich dabei stets um zwei aufeinanderfolgende Zahlen der Fibonacci-Folge. Daher finden wir bei einem Kiefernzapfen manchmal eine Kombination aus fünf in die eine und acht in die andere Richtung laufenden Spiralen, meistens jedoch handelt es sich um eine Kombination aus acht und dreizehn Spiralen. Da das Verhältnis zwischen zwei Zahlen der

Fibonacci-Folge immer in etwa dem Goldenen Schnitt entspricht, beruht die symmetrische Form des Kiefernzapfens auf der Asymmetrie des Goldenen Schnitts. Und weil gemäß dem Gesetz des Dynamischen Gleichgewichts das weibliche Prinzip gegensätzlich und verbindend zugleich ist, bedeutet dies nach Auffassung einiger Autorinnen und Autoren zum Thema, dass diese asymmetrische Teilung zur formgebenden weiblichen Energie hin neigt. Mit anderen Worten: Es gibt fünf männliche und acht weibliche oder acht männliche und dreizehn weibliche Spiralen.

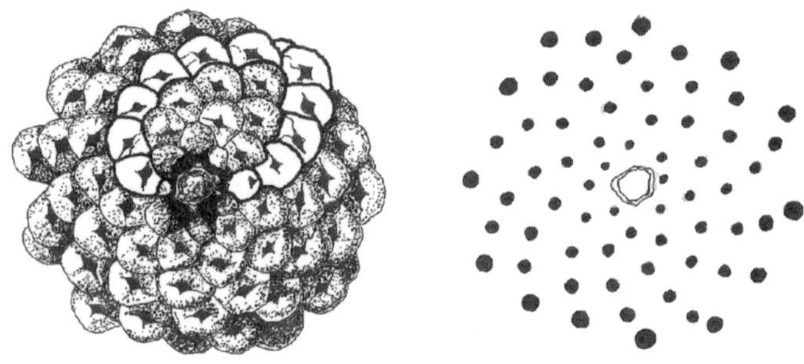

Kiefernzapfen – Beispiel mit acht und dreizehn Spiralen

Die Annahme, dass die gegenläufigen Spiralen eines Kiefernzapfens womöglich tatsächlich die physische Manifestation der gegenläufigen männlichen und weiblichen Energiespiralen sind, wird durch die Tatsache untermauert, dass genau an den Stellen, an denen sich diese Spiralen überschneiden, die Schuppen der Kiefernzapfen zu finden sind, und wie jedes Eichhörnchen weiß, wird hinter den Schuppen der Same einer künftigen Konifere gebildet. Mit anderen Worten, da wo die physischen Manifestationen dieser gegenläufigen männlichen und weiblichen Energiespiralen sich kreuzen, scheinen die beiden entgegengesetzten, einander jedoch ergänzenden Energien zu verschmelzen, und es manifestiert sich lebendige Materie.[314] Auch in diesem Fall ist es augenscheinlich so, dass – angesichts der ungleichen Anzahl der Spiralen – diese Asymmetrie im dynamischen Gleichgewicht zwischen den beiden entgegengesetzten männlichen und weiblichen Kräften der Entstehung neuen Lebens zugrunde liegt.

Dies ist nicht nur bei Kiefernzapfen deutlich erkennbar, sondern zum Beispiel auch im Wachstumsmuster von Sonnenblumenkernen. Auch hier finden wir gegenläufige Spiralen, und auch hier treten sie stets in ungleicher Zahl auf, wobei die Anzahl der in die eine beziehungsweise in die andere Richtung laufenden Spiralen jeweils zwei aufeinanderfolgende Zahlen der Fibonacci-Folge darstellt. Bei einer Sonnenblume finden wir die Kombinationen einundzwanzig und vierunddreißig, vierunddreißig und fünfundfünfzig und manchmal sogar fünfundfünfzig und neunundachtzig. In seinem Buch *Die Kraft der Grenzen. Harmonische Proportionen in Natur, Kunst und Kultur* zeigt György Doczi, dass bei allen Korbblütlern (sonnenblumenähnlichen Blumen) die in der Mitte sitzenden Samen tatsächlich an den Stellen gebildet werden, an denen die beiden gegenläufigen Spiralen sich kreuzen. Haben wir erst einmal ein Auge dafür entwickelt, können wir dies auch bei den Samen vieler anderer Pflanzen feststellen. Zum Beispiel zeigt es sich sehr deutlich in der Anordnung der Samen einer Erdbeere, im Aufbau einer Ananas sowie bei verschiedenen Kakteen. Mit anderen Worten, neues Leben entsteht anscheinend durch ein harmonisches Gleichgewicht, das wiederum die Folge einer asymmetrischen Teilung im Goldenen Schnitt ist.

Die Goldene Spirale ist der Pfad, entlang dem Schöpfung verläuft

Lebendige Natur entsteht, indem sie sich in die Manifestation hineinwirbelt.

Michael Schneider – Mathematiklehrer und Experte der heiligen Geometrie[315]

Die Goldene Spirale ist unendlich

Eine weitere Eigenschaft der Goldenen Spirale ist, dass sie weder Anfang noch Ende hat; denn wo die Spiralbewegung nach außen verläuft, dehnt sich die Spirale ins Unendliche aus, und wo die Spiralbewegung nach innen gerichtet ist, wird sie auf geheimnisvolle Weise immer kleiner, ohne jedoch jemals den Wert Null zu erreichen. Die Goldene Spirale bewegt sich endlos zwischen zwei Unendlichkeiten, sowohl nach innen, zum unendlich Kleinen hin, als auch nach außen, auf das unendlich Große zu. Deshalb könnten wir die Goldene Spirale auch als Verbindung zwischen dem Endlichen und dem Unendlichen sowie als direktes Bindeglied zwischen der physischen Welt und der unendlichen Quelle betrachten, aus der alles hervorgeht.[316]

Wie wir in den vorangegangenen Kapiteln bereits gesehen haben, findet

Schöpfung auf den Realitätsebenen jenseits von Raum und Zeit statt, und diese Schöpfung entfaltet sich dann als die uns bekannte sichtbare Manifestation auf der physischen Realitätsebene. Die „Idee" als der männliche Schöpfungsaspekt, die auf der als die Leere oder Quelle bekannten Ebene die „Ursache" ist, erhält aufgrund des weiblichen Schöpfungswirkens in der Geisteswelt „Form". Platon bezeichnete diese Realitätsebene als die „Ideenwelt", in der für ihn die in Begriffe gefasste „Idee" zugleich auch „Form" bedeutete. Hier, auf dieser Realitätsebene jenseits von Raum und Zeit, entsteht durch die Asymmetrie des Goldenen Schnitts eine in alle Richtungen vollkommene geometrische Symmetrie, die als kosmische Matrix für die Planung von Form dient.[317] Auf dieser Realitätsebene jenseits von Raum und Zeit wird aufgrund einer „Idee" ein „Plan" ausgeformt.

Schließlich findet auf der physischen Realitätsebene, also in der uns vertrauten Welt von Raum und Zeit, nach diesem Plan die physische Manifestation als sichtbarer Ausdruck dieser Kräfte statt. So ist die physische Form – in Übereinstimmung mit dem Gesetz der Entsprechung – die äußere Widerspiegelung einer inneren energetischen Form und als solche die Sekundärwirkung der Ursache auf der Realitätsebene jenseits von Raum und Zeit.

Das „ruhige Auge" der Goldenen Spirale als Tor zwischen den Dimensionen

Das Gesetz des Dynamischen Gleichgewichts zeigt auch, dass die Goldene Spirale, als die ununterbrochene Verkörperung des Weges des geringsten Widerstands, die Verbindung, die Beziehung und den Weg zwischen den verschiedenen Realitätsebenen bildet. Als dynamische Bewegung, die sich ausdehnt *und* zusammenzieht, verwebt die Goldene Spirale diese verschiedenen Realitätsebenen miteinander. Die zusammenziehende Spiralbewegung erzeugt eine Mitte, die, als das „ruhige Auge" der Drehbewegung, eine anziehende, ansaugende Kraft entstehen lässt – wie man es bei Wasser über einem Abfluss beobachten kann. Dadurch verkörpert dieses „ruhige Auge" oder der ruhende Punkt das interdimensionale Tor zwischen den verschiedenen Realitätsebenen.

Durch diesen ruhenden Punkt der dynamischen Bewegung kommt die Idee als Plan aus der Geisteswelt in die Welt der physischen Manifestation. Die natürliche Bewegung der Goldenen Spirale verkörpert als das „ruhige Auge" ein Tor zwischen den Dimensionen, durch das der Plan – der im Muster der Schwingungsfrequenzen der Energie aus der Geisteswelt enthalten ist – in die Welt der Materie tritt. Dadurch, dass die Goldene Spirale auf allen Realitätsebenen Einheitlichkeit der Proportionen erzeugt und völlig im Einklang mit dem Gesetz der Entsprechung steht, ändern sich bei diesem Übergang zwar die Schwingungsfrequenzen, die Verhältnisse jedoch bleiben unverändert. Man kann dies mit den Tönen einer Oktave in der Musik vergleichen: Die Höhe verändert sich, aber der Ton bleibt der gleiche. Ähnlich fungiert die Goldene Spirale als der Pfad, entlang dem Schöpfung verläuft, und zwar so, dass die ursprüngliche Idee – übereinstimmend mit dem Plan – sich als physische Form in der Welt der Materie manifestieren kann.

Die Goldene Spirale umspannt sowohl die Manifestation aus der nichtphysischen in die physische Welt, als auch die entgegengesetzte Bewegung des Verschwindens aus der physischen und der Rückkehr in die nicht-physische Welt. Dieses interdimensionale Tor zwischen den verschiedenen Realitätsebenen nehmen viele Menschen mit außerkörperlichen oder Nahtod-Erfahrungen als den „Tunnel“ wahr. Im Laufe dieser Erfahrung verschiebt sich der Brennpunkt ihrer Aufmerksamkeit aus der physischen Welt durch dieses Tor zwischen den Dimensionen in die Welt jenseits von Raum und Zeit.

Dreifach-Spirale

In der uralten, stillen Symbolsprache der keltischen Kunst finden wir das Symbol der Triskele oder Dreifach-Spirale sowohl als Sinnbild des ewigen Kreislaufs von Geburt, Tod und Wiedergeburt als auch als Sinnbild der Dreieinigkeit von Körper, Geist und Seele. Weil diese Dreier-Spirale sich auch an der Schwelle des Megalith-Tempels im irischen Newgrange befindet, nimmt man an, dass die Triskele ebenso den Übergang von einer Dimension zur anderen symbolisiert und daher als Symbol für das Tor zwischen den Dimensionen verwendet wurde.[318]

Die Goldene Progression

Eine asymmetrische Teilung ist erforderlich, damit die notwendige Dynamik für Progression und Extension aus der Einheit entstehen kann. ... Der Goldene Schnitt ist das unbestreitbare proportionale Indiz sowohl für die Möglichkeit einer bewussten Evolution als auch für die Möglichkeit einer Evolution des Bewusstseins.

Robert Lawlor – Experte der heiligen Geometrie – 1982/2001[319]

Entwicklung in eine bestimmte Richtung

Im Kapitel über das Gesetz des Rhythmus haben wir erfahren, dass alles in einem ständigen Veränderungsprozess begriffen ist und diese Veränderungen sich als spiralförmige Bewegung vollziehen, wobei jeder Zyklus im Vergleich zum vorangegangenen eine gewisse Weiterentwicklung aufweist. Wie wir bereits gesehen haben, hat dieser Prozess zwei Aspekte, nämlich die Entwicklung hin zu einer zunehmend komplexeren physischen Form sowie die zu einem immer stärker erweiterten Bewusstsein.

Das Gesetz des Dynamischen Gleichgewichts macht deutlich, dass diese zweifache Entwicklung in eine bestimmte Richtung das Ergebnis eines gewissen *Ungleichgewichts* im dynamischen Gleichgewicht ist, das durch eine Asymmetrie in den beiden aktiven Prinzipien entsteht. Ohne Asymmetrie und mithin ohne dieses Ungleichgewicht herrschte eine statische Balance, durch die sich alles endlos wiederholen und keine Entwicklung in einer bestimmten Richtung stattfinden würde. Weil sich alles in einem dynamischen Gleichgewicht mit einem gewissen Ungleichgewicht befindet, bewegt sich das ganze Universum insgesamt in eine bestimmte Richtung.

Darüber hinaus besagt das Gesetz des Dynamischen Gleichgewichts, dass ein Fortschritt des Evolutionsprozesses hin zu höherer Qualität – sowohl im Hinblick auf eine zunehmend komplexere Form als auch auf Bewusstseinserweiterung – dann stattfindet, wenn in dieser Asymmetrie der weibliche, nach innen gerichtete Anteil überwiegt. Dies folgt daraus, dass das weibliche Prinzip – wie wir zuvor bereits gesehen haben – dem männlichen, nach außen gerichteten Prinzip nicht nur entgegengesetzt ist, sondern beide Aspekte auch miteinander verbindet und integriert und damit die notwendigen Bedingungen schafft, damit Wachstum und Entwicklung weitergehen können.

Ohne ein solches, dem weiblichen Prinzip zugeneigtes Ungleichgewicht kommt das Wachstum – im Sinne einer integrierenden Entwicklung – zum Stillstand. Theoretisch müsste dies schon geschehen noch bevor der Prozess überhaupt begonnen hat, denn die nach außen gerichtete männliche Energie ist eine abbauende und auflösende Bewegung.

Darüber hinaus besagt das Gesetz des Dynamischen Gleichgewichts, dass ein optimales Fortschreiten dieses Wachstums- und Entwicklungsprozesses dann möglich ist, wenn der Grad der Gleichgewichtsverschiebung hin zum weiblichen Aspekt dem Goldenen Schnitt entspricht. Deshalb bezeichnet Robert Lawlor diesen optimalen Fortschritt der Evolution, der auf einem labilen, dem Goldenen Schnitt entsprechenden Gleichgewicht beruht, in seinem Buch *Sacred Geometry* als „Goldene Progression". Aus demselben Grund heißt dieses besondere Verhältnis auch „Goldener Schnitt für das ideale Gleichgewicht des Lebens".

Der Goldene Schnitt als unsere Essenz

Das Gute ist das Wahre und beide sind schön.

Platon – griechischer Philosoph (427-347 v. Chr.)[320]

Wir erkennen den Goldenen Schnitt mit unserer erfühlend-spürenden Intuition

Zum Glück können wir die Eigenschaften des Goldenen Schnitts persönlich erleben, ohne das oben Erwähnte intellektuell verstehen zu müssen. Weil das Gesetz des Dynamischen Gleichgewichts besagt, dass alles im Universum aus zwei aktiven dynamischen Prinzipien besteht, gilt dies auch für uns Menschen, und zwar für jeden einzelnen. Dies bedeutet, dass in uns allen, in jeder Frau und in jedem Mann, sowohl das nach außen gerichtete männliche Prinzip als auch das nach innen orientierte weibliche Prinzip vorhanden sind. Wir finden dies in Form zahlloser, scheinbar unterschiedlicher, einander entgegengesetzter, sich aber ergänzender Aspekt-Paare in uns vor.

Das bekannteste derartige Gegensatzpaar ist die Paarung zwischen unserem rational-logischen Verstand und unserer erfühlend-spürenden Intuition. Der nach außen gerichtete rational-logische Verstand in uns verlässt sich auf absolute Maße und Zahlen und kann daher einen linearen, sequenziellen Aufbau begreifen. Die ergänzende intelligente Fähigkeit unserer nach innen gerichteten erfühlend-spürenden Intuition hingegen vermag in räumlichen Mustern eine Ordnung zu erkennen. Richtet sich der rational-logische Verstand hauptsächlich auf Äußeres, so konzentriert sich die erfühlend-spürende Intuition nicht nur auf die Situation im Inneren, sondern auch auf gegenseitige Verbindungen und Beziehungen.

Daher ist also unsere erfühlend-spürende Intuition – in völliger Übereinstimmung mit dem Gesetz des Dynamischen Gleichgewichts – nicht nur das Gegenteil unseres rational-logischen Verstandes, sondern zugleich auch der Aspekt, der die beiden miteinander verbindet. Durch diesen synthetisierenden Aspekt kann unsere erfühlend-spürende Intuition ein wirksames Instrument zur Vereinigung vieler scheinbar gegensätzlicher Aspekte in uns sein, etwa von Rationalem und Intuitivem, Innen und Außen, Kopf und Herz, Quantität und Qualität und so weiter. Unsere erfühlend-spürende Intuition vermag im scheinbar Gegensätzlichen die Einheit zu erkennen, was unserem rational-logischen Verstand irrational erscheint. Diesen ureigenen synthetisierenden Aspekt unserer erfühlend-spürenden Intuition bezeichneten die alten Griechen als Reinen Verstand und die alten Ägypter als Herzensintelligenz.[321]

Durch unsere erfühlend-spürende Intuition können wir die Wirkung des Goldenen Schnitts erleben, denn die Sprache der Harmonien des Goldenen Schnitts spricht sie unmittelbar an und geht völlig an unserem rational-logischen Verstand vorbei. Im Alltag bedeutet dies: Wenn wir mit Formen in Berührung kommen, die auf dem Goldenen Schnitt basieren, dann kann uns dies auf einer tiefen Ebene berühren, auch wenn wir keinerlei rationale Kenntnisse darüber haben. Dies liegt daran, dass wir bewusst oder unbewusst auf körperlich erspürende Weise auf die Wahrnehmung des Goldenen Schnitts reagieren, wie er zum Beispiel in der Natur oder in Kunst und Architektur vorkommt. Wir haben dann vielleicht das Gefühl, etwas „Besonderes“ zu sehen, etwas, das uns wohltut und schön aussieht, ohne dass wir jedoch in Worte fassen könnten, was dieses „Besondere“ eigentlich ist. Weil der Goldene Schnitt die Verkörperung harmonischer universeller Verhältnisse ist, hat diese Reaktion nichts mit unserem persönlichen Geschmack, unseren Vorlieben oder Trends zu tun. Zwar fällt diese Reaktion ihrer Intensität nach bei jedem Menschen anders aus, ihrer Art nach ist sie jedoch mehr oder weniger universell. Die Intensität wird hauptsächlich davon bestimmt, wie offen wir mit unseren Gefühlen und Sinneswahrnehmungen in Kontakt stehen, und dies ist bei jedem Menschen anders.

Der Grund, weshalb diese Reaktion bei allen Menschen mehr oder weniger dieselbe ist, liegt darin, dass anscheinend alle Menschen über die gleiche einzigartige Fähigkeit verfügen, unbewusst die Einheitlichkeit der Proportionen im Goldenen Schnitt zu erkennen, weil wir uns darin eigentlich selbst erkennen. Auch wir sind, wie das gesamte Universum und alles in ihm, nach dem Goldenen Schnitt aufgebaut. Deshalb herrscht dieselbe Einheitlichkeit der Proportionen, die überall im Universum vorhanden ist, auch in uns, und zwar sowohl in unserem physischen Körper als auch in unserem Wesen. Anders herum und in Übereinstimmung mit dem Gesetz der Entsprechung ausgedrückt, behaupteten die alten Griechen, der Mensch sei das Maß aller Dinge.

Es ist die Seele, die Schönheit erkennt

Dass eine sorgfältige Analyse der Maße unseres menschlichen Körpers an Tausenden von Stellen den Goldenen Schnitt offenbart, wurde bereits vor Jahrhunderten von Leonardo da Vinci nachgewiesen. Auf seiner Suche nach den Proportionen des idealen Menschen erstellte er die klassische Proportionen-Skizze des menschlichen Körpers.[322] Außerdem hat gemäß vielen Weisheitstraditionen unsere Seele die unfehlbare Gabe, in der Harmonie des Goldenen Schnitts unser Wesen zu erkennen. So schreibt zum Beispiel der Neuplatoniker Plotin in seinen *Enneaden* über dieses Wiedererkennen: „… es gibt ein solches, was sich gleich beim ersten Anblick wahrnehmen lässt. Die Seele bezeichnet es so als etwas ihr längst Bekanntes, sie erkennt es wieder als etwas ihr Zusagendes, sie tritt gleichsam in harmonische Beziehung zu ihm. … Unsere Behauptung geht nun dahin, dass die Seele …, wenn sie etwas Verwandtes oder eine Spur des Verwandten erblickt, sich freut, in heftige Bewegung gerät, den gesehenen Gegenstand in Beziehung zu sich setzt, sich ihres Wesens wieder bewusst wird."[323] Für unsere Seele bedeutet der Goldene Schnitt die Rückerinnerung an die Einheit, und wir erleben dies als Erkennen von Schönheit.

Weil die harmonischen Proportionen der heiligen Geometrie allen Formen in der Natur zugrunde liegen und daher in der Natur überall vorhanden sind, kann auch unsere Seele von der Schönheit der Natur berührt werden. Die Wahrnehmung der Natur kann deshalb auch ein Schlüssel zu unserem eigenen inneren Wesen sein. Ähnlich können uns dieselben harmonischen Proportionen in Musik, Kunst und Architektur berühren.

Weil der Goldene Schnitt aufgrund seiner einzigartigen Eigenschaften nicht nur unter den verschiedenen Teilen, sondern auch zwischen den Teilen und dem Ganzen eine Einheitlichkeit der Proportionen herstellt, können diese auch an unseren unbewussten Wunsch nach Ganzheit rühren. Wenn wir zum Beispiel die Schönheit der Natur in uns aufnehmen oder einen Tempel oder eine Kathedrale betreten, die gänzlich in den Proportionen des Goldenen Schnitts erbaut wurden, dann kann dies in uns auf unaussprechliche Weise ein Gefühl der Heiligkeit oder des Heimkommens anklingen lassen. So können Bauweisen, die die universelle Ordnung und Harmonie widerspiegeln, uns helfen, mit unserem innersten Wesen in Kontakt zu kommen, weshalb die heilige Geometrie als Brücke zwischen der Welt des Geistes und der Materie, zwischen Himmel und Erde gilt. Dies wiederum liegt auf der ganzen Welt der Anwendung der heiligen Geometrie in Architektur und Kunst zugrunde. Aus diesem Grund wurden viele Tempel aus alter Zeit, aber auch viele gotische Kathedralen, wie zum Beispiel im französischen Chartres, nach den Prinzipien der heiligen Geometrie erbaut.

Unser persönliches Tor zwischen den Dimensionen

Diese Brücke zwischen der Welt des Geistes und der Materie gibt es auch in uns, und zwar in Gestalt der nach innen gerichteten Goldenen Spiralbewegung. Wie wir bereits gesehen haben, trägt nicht nur jeder Mensch sowohl den männlichen als auch den weiblichen Aspekt in sich, sondern als Lebewesen sind wir alle die Verschmelzung einer Seele mit einem physischen Körper. Gemäß vielen Weisheitstraditionen ist unser Herz derjenige „Ort“ in unserem Inneren, an dem Körper und Seele sich vereinen. Unsere Seele hat sozusagen ihren Anker in unserem Herzen, weshalb das Herz des Menschen auch als der „Sitz der Seele“ bezeichnet wird.[324]

Wie wir bereits gesehen haben, bildet die Mitte der Goldenen Spirale das Tor zwischen den Dimensionen, und dieser „Sitz der Seele“ in unserem Herzen fungiert als das Zentrum der nach innen gerichteten Bewegung, mithin als unser ganz persönliches Tor zwischen den Dimensionen. Durch die von Natur aus nach innen und zu unserer Herzensmitte hin gerichtete Spiralbewegung können wir nicht nur mit Informationen aus unserem Unbewussten, unseren Träumen und unserer Intuition in Kontakt kommen, sondern dieser „Sitz der Seele“ bildet zugleich auch das Tor zu anderen Realitätsebenen. Der „Sitz der Seele“ in unserem Herzen ist daher unser ureigener Zugang zu allen Formen inneren Wissens.

So hat unser Herz, als der „Sitz der Seele“, die verbindende, integrierende

Fähigkeit, die verschiedenen Aspekte in uns an- und aufzunehmen sowie uns als Einzelne miteinander zu verbinden; außerdem ist es zuständig für unsere Beziehung zum Leben, zur Natur, zu unserer Erde und zum größeren Ganzen. In der Seele in unserem Herzen sitzt die Intelligenz, die unsere verschiedenen Aspekte auf allen Existenzebenen miteinander verbindet und uns zwischen dem Endlichen und dem Unendlichen einbettet. Sie ist unsere persönliche Verbindung, durch die – übereinstimmend mit dem Gesetz der Einheit – jeder einzelne Mensch mit der Quelle verbunden ist. Wie der Goldene Schnitt hat auch unsere Seele die Fähigkeit, eine Harmonie zu erzeugen, welche die unterschiedlichen Teile des Ganzen so miteinander vereint, dass alles und jedes seine Identität bewahrt – wobei alles absolut einzigartig und unersetzlich ist – und sich zugleich harmonisch in das Muster des größeren Ganzen fügt.

Unser Streben nach einem dynamischen Gleichgewicht in uns

Jesus sagte: Wenn ihr aus zwei eins macht, wenn ihr das Innere wie das Äußere, das Äußere wie das Innere und das Obere wie das Untere macht; wenn ihr Männliches und Weibliches vereinigt, so dass das Männliche nicht mehr männlich und das Weibliche nicht mehr weiblich ist, … dann kommt ihr ins Reich.

Thomas-Evangelium, Logion 22 (wahrscheinlich 1. Jahrhundert n. Chr.)[325]

Die Integration der Gegensätze in uns

Ein dynamisches Gleichgewicht ist das Ergebnis vieler verschiedener Aspekte und daher hoch komplex. Wenn wir versuchen, uns mit unserem analytischen und linearen Verstand einen solchen dynamischen Gleichgewichtszustand in uns vorzustellen, dann könnte er als ein Ding der Unmöglichkeit erscheinen. Dennoch besagt das Gesetz des Dynamischen Gleichgewichts, dass alle dynamischen Kraftpaare in Partnerschaft miteinander wirken und, *wenn sie ungestört bleiben*, einen Zustand harmonischen, dynamischen Gleichgewichts erzeugen. Das bedeutet: Es ist gar nicht notwendig, dass unser rational-logischer Verstand dies begreift, weil nämlich Gleichgewicht aller Realität und allen Lebenssystemen inhärent und der vorherrschende Zustand jedes dynamischen Systems ist. Gleichgewicht ist auch der Zustand, der alle einzelnen Lebenssysteme miteinander und mit dem größeren Ganzen verbindet. Im Prinzip gilt das ganz genauso für jeden Menschen.

Eine Einschränkung gibt es hier allerdings, nämlich die, dass wir Menschen den freien Willen haben und durch dessen Gebrauch dieses Gleichgewicht gehörig stören können, zum Beispiel indem wir unserem Ego das Feld überlassen oder einfach dadurch, dass wir fest davon überzeugt sind, von allem abgetrennt zu sein. Leider kommt das bei uns Menschen ziemlich häufig vor. Sollte es uns jedoch gelingen, den natürlichen Prozess nicht zu stören, so befänden wir uns in einem dynamischen Gleichgewichtszustand mit dem gesamten Universum. Dann sind wir uns der Beziehungen zueinander und zum größeren Ganzen vollkommen bewusst und geben dem mit all unserem Sein und Tun Ausdruck. Dies würde bedeuten, dass wir in einer natürlichen Ordnung leben und handeln, in der Freude und Harmonie unsere normale Daseinsform sind. Gemäß dem Taoismus kann ein solcher dynamischer Gleichgewichtszustand eines Menschen, der „in" seinem *Tao* lebt, nicht mehr gestört werden. Deshalb ist ein Leben in einem solchen unerschütterlichen Gleichgewicht, in einem solchen dauerhaften Zustand der Harmonie, das große Ideal des Taoismus. Andere Weisheitstraditionen besagen, dass wir tief im Inneren alle dieses Gleichgewicht der gegensätzlichen, einander aber ergänzenden Kräfte anstreben. Der Wunsch nach innerem Gleichgewicht geht hauptsächlich von unserer Seele aus, und je bewusster wir mit unserer Seele im Kontakt stehen, desto stärker werden wir den inneren Antrieb dazu verspüren.

Wie wichtig es ist, diese gegensätzlichen männlichen und weiblichen Kräfte in uns ins Gleichgewicht zu bringen, wird in den verschiedenen Weisheitstraditionen auf vielfältige Weise dargestellt, zum Beispiel als dynamische Beziehung zwischen einem Gott und einer Göttin, zwischen Sonne und Mond oder Himmel und Erde. Im alten Ägypten bezeichnete man dies als „die Quadratur des Kreises"; das heißt die Vereinigung oder die Herbeiführung der Übereinstimmung von Quadrat (das für die physische Welt der Materie steht) und Kreis (dem Symbol der nichtdualen Welt).[326]

Auch im frühen esoterischen Christentum galt das Ziel, die Trennung zwischen äußerer und innerer Welt aufzuheben. Als Symbol für die Integration dieser beiden gegensätzlichen Aspekte in uns verwendete man das Bild der *Vesica Pisces*. Dieses mandelförmige Gebilde entsteht aus der Schnittmenge zweier Kreise und wird durch die beiden Mittelpunkte sowie die Schnittpunkte der Kreise definiert. Dieser Bereich, der Himmel und Erde miteinander verbindet, wurde mit dem universellen Prinzip verbunden, für das Jesus stand: Die Integration von Leib und Seele.[327]

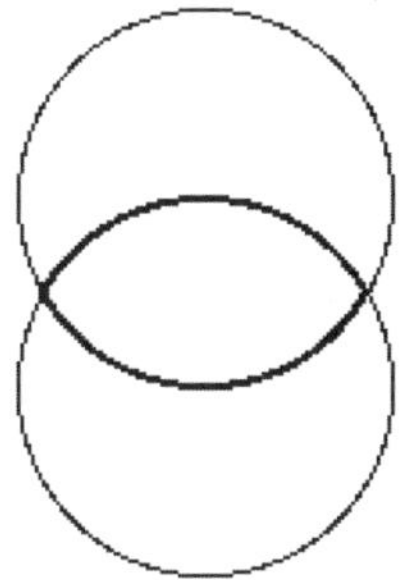

Die Vesica Pisces als Symbol für die Integration von Leib und Seele

Viele nordamerikanische indigene Völker sind Experten auf dem Gebiet der Erkenntnis über das Gleichgewicht zwischen einander ergänzenden Kräften. Diese Erkenntnis wird oft in Gestalt des sogenannten Medizinrades dargestellt, jenem Kreis, der die Beziehungen unter und die Integration von allem in der Schöpfung zeigt.

In seinem Buch *Lightningbolt* (1994) beschreibt Hyemeyohsts Storm den tiefen Sinn und die vielfältigen Anwendungsbereiche des Medizinrades, wie sie ihm die indianische Weisheitshüterin Estcheemah übermittelt hat. Sein Wissen beruht auf Erkenntnissen, die über Jahrtausende mündlich weitergegeben wurden. Der Kreis gilt als das Symbol der Quelle, aus der alles hervorgeht und zu der alles zurückkehrt und daher auch als das Symbol der Ganzheit. Zugleich steht er aber ebenso – im Einklang mit dem Gesetz des Dynamischen Gleichgewichts – für die gegensätzlichen Kräfte, die in allem Existierenden vorhanden sind. Im Kreis sind diese sich ergänzenden Kräfte einander gegenüber angeordnet, und die Kreismitte steht für den Zustand, in dem sich sämtliche Aspekte vollkommen im Gleichgewicht miteinander befinden.

Es gibt viele verschiedene Medizinräder, aber alle spiegeln im Wesentlichen die vier Himmelrichtungen wider, wobei die einander gegenüberliegenden Richtungen jeweils gegensätzliche, einander aber ergänzende Eigenschaften darstellen. Zum Beispiel liegt der Norden als der Ort von Wissen und Weisheit dem Süden gegenüber, der als der Ort der Unschuld, des Unwissens, des Vertrauens und der Gefühle gilt. Der Westen ist der Ort der Innenschau; er liegt gegenüber dem Osten als dem Ort der Erleuchtung, an dem wir die Dinge klar, weit und umfassend erschauen können.[328]

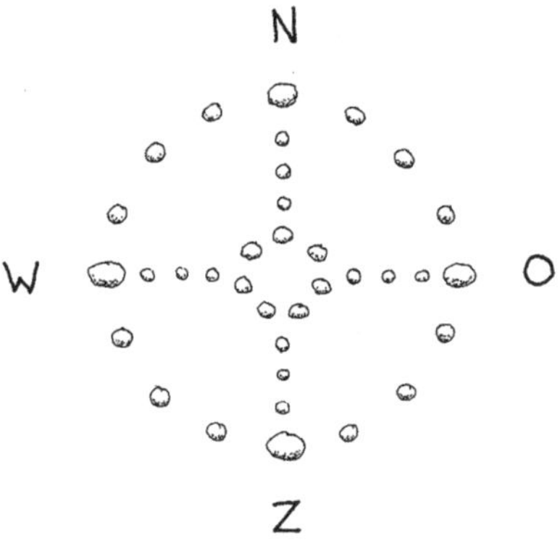

Medizinrad – die vier Himmelrichtungen mit dem Ort des Selbst in der Mitte

Estcheemah beschreibt eines der Medizinräder als das Medizinrad der vier Kräfte des menschlichen Selbst. In diesem Kreis finden wir die Gegensatzpaare Körper (Westen) und Geist (Osten) sowie Verstand (Norden) und Gefühle (Süden). Der Aufbau des Medizinrads veranschaulicht, dass wir mehr sind als nur Körper, Gefühle, Verstand und Geist, denn in der Mitte des Kreises finden wir das Selbst, in dem sich alle vier Aspekte miteinander im Gleichgewicht befinden. Aus dieser Perspektive lautet die Herausforderung unseres Lebens hier auf Erden, dieses Selbst ins Gleichgewicht zu bringen, indem wir die einander ergänzenden Kräfte miteinander in Übereinstimmung führen – Westen und Osten als Innenschau und klare, weitsichtige Erkenntnis sowie als Körper und Geist; ebenso Norden und Süden als Weisheit und Unschuld sowie Verstand und Gefühl. Wenn uns dies gelingt, dann befinden wir uns gemäß dem Lipan-Apachen Großvater Stalking Wolf im Zustand des Einsseins, in dem wir zugleich die Realität der physischen Welt und, durch einfaches Verschieben unserer Aufmerksamkeit, der nicht-physischen Welt wahrnehmen können.

Entwicklung wird möglich, wenn sich das Ungleichgewicht zum weiblichen Aspekt hin verschiebt

Auch im Westen wird der Tag kommen, da man die innere Kunst der Selbstbeherrschung für ebenso notwendig erachten wird wie die äußere Unterjochung der Natur.

Paramahansa Yogananda (1893-1952)[329]

In der westlichen Kultur wurde das Gleichgewicht schwer gestört

Wie wir im vorangegangenen Kapitel über das Gesetz des Rhythmus gesehen haben, wurde das dynamische Gleichgewicht zwischen dem männlichen und dem weiblichen Prinzip in den letzten drei- bis fünftausend Jahren in unserer westlichen Kultur durch den nach außen gerichteten männlichen Aspekt dominiert. Die Liste der scheinbar gegensätzlichen, einander aber ergänzenden Kräfte, die in unserer westlichen Kultur aus dem Gleichgewicht geraten sind, ist endlos. Die folgenden Beispiele für solche Paare, die im Wesentlichen alle auf dem Grundmuster von Ausdehnung und Zusammenziehen beruhen, zeigen rasch die heute vorherrschende männliche Dominanz.

Beispiele für Paare gegensätzlicher, einander jedoch ergänzender Kräfte mit dem Grundmuster eines nach außen gerichteten männlichen und eines nach innen gerichteten weiblichen Aspekts:

Nach außen gerichteter männlicher Aspekt	&	nach innen gerichteter weiblicher Aspekt
Rational-logischer Verstand	&	erfühlend-spürende Intuition
Sprache der Worte	&	Bildsprache
Linearer Aufbau	&	nichtlineare räumliche Muster
Absolute Maße und Zahlen	&	Proportionen und Beziehungen
Intellektuelles Verständnis	&	persönliche Erfahrung
Idee	&	Vorstellung

Kopf	&	Herz
Bewegung	&	Innehalten
Tun	&	Sein
Materie	&	Energie
Körper	&	Geist
Quantität	&	Qualität
Analyse	&	Synthese
Getrenntheit und Vereinzelung	&	Verbindungen und Beziehungen zwischen Teilen
Teil	&	Ganzes
Ich	&	Wir
Freier Wille	&	Verantwortungsbewusstsein
Individualität	&	Universalität
Ausschließliches Außen	&	Wechselbeziehungen zwischen Außen und Innen
endlich	&	unendlich

In unserer westlichen Kultur lernen wir, unsere Aufmerksamkeit nur nach außen zu richten, und wir gewöhnen uns an den Gebrauch unseres rational-logischen Verstandes, an die Sprache der Worte, an absolute Maße und Zahlen, einen linearen Aufbau, die Welt der Materie und unseren Körper, an Analyse und die Betrachtung der Dinge als voneinander getrennt. Im Gegensatz dazu sind uns die entgegengesetzten Aspekte meist viel weniger vertraut, etwa die Bildsprache, das Erkennen nichtlinearer räumlicher Muster sowie die Verbindungen und Beziehungen zwischen Teilen. Wir haben den Kontakt zu unseren Gefühlen, unserer Intuition, unserer Kreativität, unserer Vorstellungskraft und unseren Träumen verloren. Außerdem ist uns unser Kontakt zur Welt der Energie, zu unserem Herzen, unserer Seele und unserer inneren Führung weit weniger bewusst. Oft erkennen wir gar nicht, welche Verantwortung es mit sich bringt, dass wir uns frei entscheiden können. Weder schätzen wir Dinge wie Qualität, Synthese und unsere Integrationsfähigkeit noch sind wir uns der Beziehungen unter den Teilen, zwischen den Teilen und dem Ganzen sowie zwischen Einheit und Vielfalt bewusst.

Zusammenfassend können wir sagen, dass wir den Kontakt zur synthetisierenden Herz-Intelligenz verloren haben. Deshalb wurde der Mechanismus, der das dynamische Gleichgewicht zwischen beiden Prinzipien aufrechterhält, bei vielen Menschen grundlegend gestört. Gemäß der Weisheitshüterin Estcheemah sind Schönheit, Mutter Erde und das Leben ein und dasselbe, nämlich der einende und integrierende Aspekt, durch den wir nicht nur Individuen, sondern zugleich auch Teil des größeren Ganzen sind. Dass wir aus dem Gleichgewicht geraten sind, liegt ihr zufolge vor allem darin begründet, dass wir diesen einen Aspekt völlig aus den Augen verloren und das weibliche Prinzip sowie auch das Leben *und* unsere Erde zu unserem Feind erklärt haben. Nur wenn die Menschen „das Gleichgewicht des Selbst achten", sagt Estcheemah, „werden sie lernen, etwas so Großartiges und Mächtiges wie das Leben zu achten."[330]

Die Wiederherstellung des Gleichgewichts und die Goldene Progression

Der eine Aspekt ist nicht besser oder wichtiger als der andere, denn beide bilden einen wesentlichen Teil unseres dynamischen Gleichgewichts. Nimmt jedoch der nach außen gerichtete maskuline Aspekt eine dominante Stellung ein, dann arbeitet das am Ende gegen uns. Wir können das gestörte Gleichgewicht in und zwischen uns sowie zwischen uns und unserer Umwelt wiederherstellen, wenn wir zulassen, dass die gegensätzlichen, einander ergänzenden Aspekte partnerschaftlich zusammenarbeiten.

Weil aber gemäß dem Gesetz des Dynamischen Gleichgewichts eine Asymmetrie erforderlich ist, damit die Dynamik für Wachstum und Entwicklung entstehen kann, ist ein solches relatives Ungleichgewicht auch zur Erweiterung unseres Bewusstseins notwendig. Wenn wir nicht nur im Gleichgewicht sein, sondern uns auch entwickeln wollen, dann sollte unser inneres Gleichgewicht sich zum nach innen gerichteten, integrierenden Aspekt hin verschieben. Damit wir unser Bewusstsein erweitern können, brauchen wir ein Ungleichgewicht zugunsten des weiblichen Aspekts. Das Gesetz des Dynamischen Gleichgewichts besagt, dass eine solche Entwicklung dann optimal möglich wird, wenn das Ausmaß dieses Ungleichgewichts mit dem Goldenen Schnitt übereinstimmt.

Betrachten wir zum Beispiel das Paar gegensätzlicher, einander aber ergänzender Kräfte „Analyse und Synthese", so erkennen wir in der Analyse den nach außen gerichteten und in der Synthese den einenden, integrierenden Aspekt. Nimmt die Analyse eine vorherrschende Stellung ein, so führt diese nach außen gerichtete Bewegung am Ende dazu, dass alles auseinanderfällt oder aber separat und für sich betrachtet wird. Unser bekanntes Denken in „Oder"-Gegensätzen – wonach etwas immer so *oder* so sein muss – ist ein Aspekt des nach außen gerichteten Prinzips, das alle Dinge separat betrachtet, mit der Folge einer zusammenhanglosen Zersplitterung.

Hat aber andererseits der entgegengesetzte, jedoch ergänzende weibliche Aspekt die Oberhand, so entsteht in diesem dynamischen Gleichgewicht *zwischen* beiden Kräften nicht nur Raum für die wechselseitigen Verbindungen und Beziehungen unter den Teilen, sondern es werden auch die wechselseitigen Verbindungen und Beziehungen zum größeren Ganzen erkennbar. Dies bedeutet nicht, dass ein solches Gleichgewicht zwischen Analyse und Synthese die Form eines Kompromisses annimmt, sondern es erzeugt vielmehr eine Situation, in der etwas völlig Neues entstehen kann. Aus dieser Sicht muss das Gleichgewicht bei allen Paaren gegensätzlicher und einander ergänzender Kräfte wie Kopf und Herz, freier Wille und Verantwortungsbewusstsein, rational-logischer Verstand und erfühlend-spürende Intuition, Quantität und Qualität sowie Körper und Seele stets zugunsten des letzteren Aspekts des jeweiligen Paares verschoben werden, wenn wir eine Situation herbeiführen wollen, in der Wachstum und Bewusstseinserweiterung stattfinden können.

Unser freier Wille und unsere Seele

Wie wir bereits gesehen haben, gibt der Goldene Schnitt das ideale Verhältnis für die Entwicklung unseres Bewusstseins an, was ja dem starken Verlangen unserer Seele entspricht, auf dem Pfad der Bewusstseinsentwicklung voranzuschreiten. Wenn wir mit unserer Seele im Kontakt stehen, können wir dieses zielgerichtete, sinnsuchende Gefühl spüren. Mit unserem freien Willen vermögen wir jederzeit und immer wieder aufs Neue zu entscheiden, ob und in welchem Maße wir der Richtung, die unsere Seele uns vorgibt, folgen wollen. Unsere Seele fordert uns zwar dazu auf, Erfahrungen zu sammeln, damit wir durch sie wachsen und uns entwickeln können, doch mit unserem freien Willen entscheiden wir, ob wir diese Erfahrungen wirklich machen und aus ihnen lernen wollen, um unser Bewusstsein zu erweitern und uns selbst näher zu kommen. Bei alledem ist unser Verantwortungsbewusstsein – als die unseren freien Willen ergänzende und ausgleichende Kraft – *der Schlüssel schlechthin* zu einem ausgewogenen Umgang mit unserem freien Willen.[331]

Mit dieser Erkenntnis können wir in allem, was wir tun, unsere Entscheidungen so bewusst wie möglich fällen. Wenn wir sie nicht nur mit der Intelligenz unseres Kopfes, sondern auch mit der unseres Herzens treffen, dann handeln wir aus einer inneren Kohärenz heraus und daher aus innerer Redlichkeit. Indem wir uns fragen, ob unsere Entscheidungen im Einklang mit der natürlichen Bewegung der universellen Prinzipien stehen, können wir uns bewusst dem Lauf dieser Dynamiken anschließen. Dann haben wir Rückenwind und werden in all unserem Tun Unterstützung erfahren. Die Weisheitstraditionen sagen, so finde man den Weg des geringsten Widerstandes, denn die Energie, die stets dem Weg des geringsten Widerstandes folgt, fließt nicht nur außerhalb von uns, sondern auch in uns. Wir finden diesen Weg, indem wir unsere Aufmerksamkeit nach innen richten und auf die innere Stimme unseres Herzens sowie die Wünsche unserer Seele hören.

Auch wenn uns dieser Weg möglicherweise zu Entscheidungen führen kann, die kaum „rational“ oder „logisch“ wirken, so kann aufgrund dieser scheinbar „irrationalen“ Entscheidungen doch etwas Schönes und Unerwartetes entstehen, das nicht auf linearer Logik beruht. Dabei werden wir entdecken, dass viel mehr möglich ist, als wir mit unserem rational-logischen Verstand meinen. Wenn wir uns, getragen von unserer inneren Redlichkeit, bewusst auf unsere höchsten Ideale ausrichten, dann werden unsere aus freiem Willen getroffenen Entscheidungen allmählich deckungsgleich mit den Wünschen unserer Seele. Als ein mächtiger innerer Antrieb vermittelt uns unsere Seele nicht nur das starke Gefühl, dass unser Leben Ziel, Sinn und Richtung hat, sondern auch ein inneres Streben, den Drang nach Wissen und Erkenntnis sowie den Impuls zur Suche nach den tiefsten Wahrheiten. Die Weisheitstraditionen sagen, dass dieser Prozess, an dem wir alle teilhaben, sich letztendlich in Richtung auf ein optimales Gleichgewicht zwischen Weisheit und Liebe hin entwickelt, wobei es der Liebe bedarf, um Weisheit zu erlangen und sich der Besitz von Weisheit durch Liebe ausdrückt.

Das Gesetz der Aktion

Es erfordert stets eine physische Tat, wenn in unserer Welt unfassliche Kräfte aktiviert werden sollen.

Yehuda Berg – Kabbalist – 2004[332]

Idee und Form und Aktion

Wenn wir Erkenntnisse über das Wirken der universellen Gesetze erlangt haben und das Grundmuster der Schöpfung verstehen, können wir selbst am Schöpfungsprozess teilnehmen. Wie wir bereits gesehen haben, ist alles im Universum das Ergebnis des dynamischen Gleichgewichts zwischen Idee und Form. Mithilfe des männlichen Aspekts in uns – unserer Intention hinsichtlich Richtung und Ziel – können wir den Schöpfungsprozess mit einer „Idee" in Gang setzen. Wenn der weibliche Aspekt in uns diese Idee aufnimmt, können wir uns – indem wir unsere Aufmerksamkeit auf diese Idee richten sowie unsere Vorstellungskraft und Kreativität einsetzen – ein Bild von ihr machen. Jede Künstlerin und jeder Künstler weiß, dass beide Aspekte notwendig sind; denn eine „Idee" allein ist nicht genug, und dasselbe gilt für eine lebhafte Vorstellungskraft ohne Richtung oder Ziel. Wenn etwas erschaffen werden soll, müssen beide Aspekte vorhanden sein.

Das Gesetz der Aktion besagt, dass es darüber hinaus einer physischen Handlung bedarf, damit „ein Bild von einer Idee", das in unserer Vorstellung existiert, sich in der Welt der Materie manifestieren kann.[333] Damit also die Manifestation auf der physischen Realitätsebene stattfinden kann, ist außer Idee und Form – außer Absicht und Aufmerksamkeit – auch ein bestimmtes physisches Handeln im Einklang mit unserem erwünschten Ergebnis notwendig.

Das bedeutet nicht, dass wir immer unbedingt „alles selber machen" müssen, doch dieses physische Handeln soll die Manifestation des „Bildes von einer Idee" in der Welt der Materie einleiten und unterstützen. Die Weisheitstraditionen besagen, dass ohne ein solches physisches, auf die Manifestation des Zieles ausgerichtetes Handeln die Bewegung der Energie, die notwendig ist, damit die gewünschten Ergebnisse angezogen werden können, nicht in Gang gesetzt werden kann. Das liegt daran, dass ein solches physisches Handeln zur Erdung dient, zur Verwurzelung der entgegengesetzten, einander aber ergänzenden Kräfte Absicht und Aufmerksamkeit. Bei aller schöpferischen Tätigkeit und Manifestation muss in der Welt der Materie ein erster Schritt getan werden, durch den der Anziehungsprozess der gewünschten Ergebnisse erst in Gang gesetzt wird. Dieses physische Handeln, durch das wir zwischen den Frequenzen unserer Absicht und Aufmerksamkeit und denen der Welt der Materie eine Verbindung herstellen, kann viele verschiedene Formen annehmen. Es kann vom lauten Aussprechen von Worten, die im Einklang mit dem gewünschten Ergebnis stehen, über den Vollzug einer Zeremonie im Hinblick auf das Wunschziel bis zum einfachen und praktischen Anfangen mit konkreten ersten Schritten reichen, wobei nie der geringste Zweifel bestehen sollte, dass das gewünschte Ergebnis tatsächlich erzielt wird.

Der Grad, bis zu dem es uns gelingt, unsere Wünsche in der Welt der Materie zu manifestieren, wird mehr oder weniger davon bestimmt, wie gut sich die verschiedenen Aspekte in uns miteinander im Gleichgewicht befinden. Wenn wir darüber hinaus zur Wiederherstellung des Gleichgewichts des größeren Ganzen beitragen wollen, dann müssen wir unbedingt die männlichen und weiblichen Aspekte in uns ins Gleichgewicht bringen, wodurch wir uns bei unserer schöpferischen Tätigkeit mit einer höheren Ebene verbinden können. Wenn wir aus der Polarität unseres rational-logischen Verstandes heraus erschaffen, wird auch unser Erschaffenes Polarität sein. Wenn wir jedoch aus dem Herzen heraus erschaffen, können wir diese Dualität überwinden. Wenn wir von unserem Höheren Selbst aus erschaffen, dann wird unser Erschaffenes sowohl mit uns als auch mit dem größeren Ganzen im Gleichgewicht sein.

Kapitel Elf

Die westliche Wissenschaft und das Gesetz des Dynamischen Gleichgewichts

Die Bewegungsform, die erschafft, entwickelt, veredelt und aufbaut, ist die zykloide Raumkurvenbewegung, eine spiralige Bewegung von außen nach innen in Richtung eines Bewegungszentrums – eine zentripetale Bewegung. Wir finden sie überall in der Natur, dort, wo aufbauende Kräfte am Werk sind …. Die zersetzende, auflösende Bewegungsform dagegen ist zentrifugal. Sie zwingt das Bewegungsmedium von einem Zentrum hinaus in Richtung Peripherie. Es ist eine „gerade" Bewegung. … Diese Bewegung verwendet die Natur, um verbrauchte Komplexe aufzulösen. … In der Natur findet eine ständige Wechselwirkung zwischen beiden Bewegungsformen statt, aber die aufbauende Bewegung muss überwiegen, um eine Entwicklung überhaupt ablaufen lassen zu können.

Viktor Schauberger – Förster und Forscher (1885-1958)[334]

Einsame Pioniere, die ihrer Zeit weit voraus waren

Lange Zeit war das Gesetz des Dynamischen Gleichgewichts in der westlichen Wissenschaft praktisch unbekannt. Doch es gab einzelne Forscher, die die Muster dieses universellen Gesetzes entdeckten und diese Erkenntnisse sogar in ihren Erfindungen umsetzen konnten. Einer war der Amerikaner John Worrell Keely (1827-1898).[335] In der zweiten Hälfte des 19. Jahrhunderts waren seine Ideen so revolutionär, dass einige seiner innovativen Erkenntnisse erst in jüngerer Zeit ein wenig Beachtung fanden. John Keely untersuchte Naturphänomene, insbesondere Klang, und entdeckte und bewies bereits vor über einem Jahrhundert – in Übereinstimmung mit dem Gesetz der Schwingung – dass Schwingung die fundamentale Grundlage aller Naturerscheinungen ist. Außerdem entdeckte er, im Einklang mit dem Gesetz des Dynamischen Gleichgewichts, dass es zwei grundlegende Energietypen oder Kraft- und Energiephasen gibt. Die eine beschreibt er als den expandierenden Energiezustand, wie etwa bei einer Explosion, bei der alles nach außen geschleudert wird. Den zweiten, entgegengesetzten Zustand beschreibt er als eine anziehende oder zentralisierende Kraft, die die Dinge zusammenzieht.[336] Nach John Keely gibt es außerdem noch eine dritte Kraft, die dafür sorgt, dass zwischen den beiden ein Gleichgewicht entsteht und erhalten bleibt.

Ein halbes Jahrhundert später kam der österreichische Förster und Erfinder Viktor Schauberger aufgrund seiner ausgedehnten Beobachtungen in der damals noch unberührten österreichischen Natur zu einem bemerkenswert ähnlichen Schluss.[337] Insbesondere aufgrund seiner Beobachtungen zur Bewegung des Wassers erkannte er die Existenz eines universellen Prinzips in der Natur, wonach es zwei miteinander kooperierende Bewegungsformen gibt. Das Leben erhält sich ihm zufolge durch eine sammelnde, spiralförmig nach innen führende implosive Bewegung, die aufbaut und verbessert. Diese existiert in einem dynamischen Gleichgewicht mit einer entgegengesetzten, sich erweiternden, explosiven Bewegung, die zerbricht und auflöst und zur Auslöschung von Leben führt. Die implodierende Bewegung bringt Kühle, Sog, Wachstum und Gesundheit mit sich. Die explodierende Kraft führt zu Hitze, Druck, Fragmentierung, Krankheit und Tod.

Viktor Schauberger stellte fest, dass die bekannte westliche Industrietechnik seiner Zeit – also in der ersten Hälfte des 20. Jahrhunderts – auf dem Verständnis lediglich *einer* Hälfte der Wirklichkeit beruhte. Nur die nach außen gerichtete Bewegung, die mit Explosion und der Freisetzung von Hitze einhergeht sowie Ausdehnung und Druck erzeugt, kommt in der modernen Industrietechnik zur Anwendung, damit eine Maschine Arbeit verrichten kann. Diese zentrifugale Bewegungsform ist durch Auflösung und Verfall und daher sinkende Qualität gekennzeichnet. Die andere, spiralförmig nach innen verlaufende Kraft, die Leben, Wachstum und Gesundheit zugrunde liegt – und die er als die „implosive Kraft" bezeichnete – ist in der westlichen Wissenschaft offenbar nahezu unbekannt. Die Implosionskraft – die kühlt, um Sog und ein Vakuum zu erzeugen – ist Schauberger zufolge eben jene Kraft, mit der die Natur Arbeit verrichtet, wie etwa bei einem Tornado.

Sowohl für John Keely als auch für Viktor Schauberger waren diese Erkenntnisse und Auffassungen nicht bloß eine Annahme oder eine Philosophie. Beide konnten sie auf vielfältige Weise bei der Entwicklung von Maschinen anwenden, die zu ihrer Zeit noch vollkommen unbekannte energetische Kräfte nutzten. Weil ihre Erkenntnisse und Auffassungen weit außerhalb des konventionellen wissenschaftlichen Weltbildes lagen, gab es zu ihrer Zeit nur sehr wenige Wissenschaftler-Kollegen, die sich diesen revolutionären neuen Auffassungen öffnen konnten. Infolgedessen erfuhren ihre großen Erkenntnisse über energie-effiziente und nachhaltige Technologien, die sie unabhängig voneinander gewonnen hatten, nicht die verdiente Anerkennung.

Das Gesetz des Dynamischen Gleichgewichts wird allmählich offenbar

Seit die Untersuchung dynamischer, komplexer, nichtlinearer Systeme weithin Aufmerksamkeit findet, werden nach und nach auch in der westlichen Wissenschaft verschiedene Aspekte des Gesetzes des Dynamischen Gleichgewichts erkennbar. Aufgrund eines neuen, multidisziplinären Verständnisses wird zunehmend deutlich, dass fast alles, was es in der Natur gibt, ein dynamisches System ist. Das bedeutet, alles sind – übereinstimmend mit dem Gesetz des Rhythmus – sich permanent verändernde Systeme. Die neue Auffassung über die Wirkungsweisen dieser dynamischen Systeme macht zunehmend plausibel, dass die bekannte, durch Explosion, Verfall und Auflösung gekennzeichnete Kraft tatsächlich nur „die eine Hälfte der Wirklichkeit“ ist und in einem dynamischen Gleichgewicht mit einer entgegengesetzten, relativ unbekannten zweiten Kraft existiert. Diese Entwicklung fällt mit einem wachsenden wissenschaftlichen Interesse am Goldenen Schnitt zusammen, der infolgedessen seither an immer mehr Stellen in der Natur und im Universum entdeckt wird.

Mit diesem neuen Verständnis ist auch ein wiedererwachendes Interesse an den Ideen und Auffassungen der Pioniere verbunden, die ihrer Zeit weit voraus waren. Dadurch wird einerseits deutlich, dass viele ihrer Erkenntnisse und Auffassungen, insbesondere jene über die relativ unbekannte „andere Hälfte der Wirklichkeit“, in der westlichen Wissenschaft bis heute relativ unbekannt sind. Was der Grund dafür sein mag, warum bis jetzt nur ein kleiner Zipfel des Schleiers gelüftet wurde, der Existenz und Wirkungsweise des Gesetzes des Dynamischen Gleichgewichts verhüllt. Andererseits zeigt das im Folgenden dargestellte Mosaik miteinander zusammenhängender, vielversprechender neuer Entdeckungen und Vermutungen in den verschiedenen wissenschaftlichen Fachrichtungen, dass sich in der heutigen Wissenschaft nach und nach endlich diverse Aspekte des Gesetzes des Dynamischen Gleichgewichts herausschälen.

Das Gesetz des Dynamischen Gleichgewichts und die Theorie der dissipativen Strukturen

Die Newtonsche Wissenschaft sollte ein sehr wichtiger, aber auch ein sehr spezieller Zweig der Physik werden. Sie ist jener Zweig, der anwendbar ist, wenn man Teile vom Ganzen isolieren kann. Doch die reale Natur kann dies nicht. Um der Natur nahe zu kommen, braucht man einen holistischen Ansatz, der jeglichen Reduktionismus überwindet. Dies ist ein neues Paradigma.

Ilya Prigogine – Chemiker – 1997[338]

Ilya Prigogine und die Dynamik offener Systeme

Auf das Gesetz des Dynamischen Gleichgewichts stoßen wir in der neueren westlichen Wissenschaft in erster Linie in Gestalt der Theorie dissipativer Strukturen des russisch-belgischen Chemikers Ilya Prigogine (1917-2003).[339] Mit seiner Theorie, für die er 1977 den Nobelpreis in Chemie erhielt, war er einer der Ersten, der die Aufmerksamkeit auf die Existenz der relativ unbekannten „anderen Hälfte der Wirklichkeit“ richtete. In seiner Theorie dissipativer Strukturen zeigte Ilya Prigogine, wie sich das Leben erhalten und zu immer komplexeren Systemen und größerer Kohärenz entwickeln kann, ohne mit dem zweiten thermodynamischen Gesetz der Physik in Konflikt zu geraten. Das zweite Gesetz der Thermodynamik besagt nämlich, dass in allen (geschlossenen) Systemen Ordnung unweigerlich zerfällt und *Entropie* – Unordnung – so lange zunimmt, bis schließlich ein Gleichgewichtszustand erreicht ist, in dem alles zerfallen ist und das System zur Ruhe kommt. Das heißt, dass der Zustand, der in der Thermodynamik als Gleichgewicht bezeichnet wird, in Wirklichkeit ein Zustand völliger Auflösung ist. Daher bedeutet dieser thermodynamische Gleichgewichtszustand bei allen lebenden Organismen den Tod. Aufgrund dieses zweiten thermodynamischen Gesetzes kamen einige Physiker zu dem Schluss, dass sich alles, und daher auch das Universum selbst, am Ende auflöst.

Zwar sind tatsächlich alle Strukturen oder Systeme diesem zweiten thermodynamischen Gesetz unterworfen und weisen daher eine zunehmende Entropie auf, doch die Bedeutung von Ilya Prigogines Werk besteht gerade darin, dass er deutlich machte, dass dieses Verständnis in Wirklichkeit nur auf einer Hälfte der Wirklichkeit beruht. Er zeigte, dass offene Systeme – im Gegensatz zu geschlossenen – neben dieser zerrüttenden Kraft der Entropie auch durch die entgegengesetzte und sie ergänzende Kraft der *Syntropie* (auch als *umgekehrte Entropie*, *Negentropie* oder *Zentropie* bezeichnet) gekennzeichnet sind. Zunehmende Entropie führt bei diesen offenen dissipativen Strukturen nicht zum Zusammenbruch oder Tod des Systems, weil sie über ein inneres Ungleichgewicht verfügen, wodurch ein gewisser Zufluss von Energie und Information aus ihrer Umgebung erhalten bleibt. Deshalb neigen diese dissipativen Strukturen zu einer Selbstorganisation, bei der ein dynamisches Gleichgewicht zwischen der Kraft der Entropie und der entgegengesetzten, aber ergänzenden Kraft der Syntropie entsteht. Wegen dieses dynamischen Gleichgewichts zwischen den gegensätzlichen, einander aber ergänzenden Kräften von Entropie und Syntropie, Chaos und Ordnung, Zerfall und Wachstum, weisen diese Systeme trotz eines gewissen Ungleichgewichts eine hohe Stabilität auf.

In seinem Buch *Dialog mit der Natur. Neue Wege wissenschaftlichen Denkens*[340] macht Ilya Prigogine deutlich, dass die auflösende Kraft der Entropie in offenen dissipativen Strukturen tatsächlich ein ausgesprochen notwendiger Teil des Prozesses ist, mit dem lebende Systeme ihre Strukturen an eine sich ständig verändernde Umwelt anpassen. Als Reaktion auf Umweltveränderungen können offene Systeme einerseits aufgrund der auflösenden Kraft der Entropie alte, nicht mehr angemessen funktionierende Muster durchbrechen; andererseits können sie sich dank vorhandener Syntropie neu organisieren, wodurch sie sich auf eine neue Ordnung zuzubewegen und neue Formen zu erzeugen vermögen. Auf diese Weise verschafft das Kräftegleichgewicht zwischen Entropie und Syntropie offenen Systemen weitgehende Flexibilität bei der Anpassung an Umweltveränderungen und damit auch bei der Entwicklung zunehmender Komplexität und Kohärenz. Lebende Systeme sind in erster Linie offene dissipative Systeme, die mit ihrer Umwelt im Energie- und Informationsaustausch stehen. Das Vorhandensein von Syntropie wurde überdies bei einer Vielzahl von Systemen – von Elektronengruppen bis zu komplexen biologischen Systemen – klar nachgewiesen. Auf das Grundmuster von Ausdehnung und Zusammenziehen in Form des Gleichgewichts zwischen Entropie und Syntropie stoßen wir zum Beispiel beim Metabolismus des Körpers, also beim Stoffwechsel, und zwar in Gestalt der gewebeauflösenden Kraft (Katabolismus) und der gewebebildenden Kraft (Anabolismus).

Selbstorganisierende Systeme weisen ein Gleichgewicht zwischen Entropie und Syntropie auf

Während Ilya Prigogine auf der Grundlage von Chemie und Physik zu seiner Auffassung gelangte, kamen die chilenischen Biologen Humberto Maturana und Francisco Varela durch die Biologie zu ähnlichen Schlüssen. Obwohl Biologen insbesondere die lebendige Natur studieren, blieb die Frage „Was genau ist Leben?“ lange unbeantwortet. 1974 unternahmen jedoch Humberto Maturana und Francisco Varela erste Schritte zu einer Antwort und entwickelten eine neue Definition des Lebens. Sie beschrieben Leben als Selbstorganisation oder *Autopoiesis* (wörtlich: Selbsterschaffung).[341] Ihnen zufolge sind lebende Systeme aufgrund dieser Selbstorganisation zu ständiger Selbsterneuerung fähig, damit sie sich in einer sich ständig verändernden Umwelt erhalten können. Ihre Organisationsstruktur bleibt dabei allerdings gleich. Deshalb liegt nach Maturana und Varela das Konzept der Selbstorganisation als dynamisches Prinzip allen lebenden Systemen zugrunde. Selbstorganisation findet sich auf sämtlichen Organisationsebenen, mithin also sowohl in Zellen und Organismen als auch in Ökosystemen und sozialen sowie kulturellen Strukturen.[342] Nach dieser Definition erhält die Vorstellung von „Leben“ eine weitaus umfassendere Bedeutung. „Das ganze Universum, von Atomen bis zu Galaxien, ist nach dieser Definition ein selbsterschaffendes lebendiges System“, schreibt die Evolutionsbiologin Elisabet Sahtouris (2006), „da alle universellen Objekte sich aus dem Vakuumfeld erschaffen und erhalten können …“[343]

Die Erkenntnisse von Ilya Prigogine zeigen, dass in dieser selbstorganisierenden Dynamik lebender Systeme stets Entropie *und* Syntropie am Werk sind. In diesen Systemen ist Entropie die zentrifugale, nach außen gerichtete Bewegung zum Chaos (größerer Unordnung) hin und Syntropie die zentripetale, nach innen gerichtete Bewegung hin zu größerer Ordnung.[344] Diese neue Erkenntnis macht deutlich, dass das Universum sich keineswegs auflöst, weil nämlich die Wirkung der Entropie durch die Kraft der Syntropie ausgeglichen wird.

Offene Systeme weisen ein inneres Ungleichgewicht auf

Darüber hinaus zeigte Ilya Prigogine, dass das Gleichgewicht zwischen Entropie und Syntropie in offenen dissipativen Systemen im Gegensatz zum thermodynamischen Gleichgewicht kein statisches ist. In Systemen, die im ständigen Energieaustausch mit ihrer Umgebung stehen, ist das Gleichgewicht ein dynamisches, und dieses zeichnet sich wiederum durch ein gewisses Ungleichgewicht aus. Erich Jantsch beschreibt diese Dynamik im Austausch mit der Umwelt in seinem Buch *Die Selbstorganisation des Universums. Vom Urknall zum menschlichen Geist* (1979) wie folgt: „Mithilfe dieses Energie- und Materieaustauschs mit der Umwelt erhält das System sein inneres Nichtgleichgewicht, und das innere Nichtgleichgewicht wiederum erhält den Austauschprozess …" Mit anderen Worten: Lebendige Systeme sind dynamische Systeme, die sich durch eine ständige Tendenz zur Aufrechterhaltung eines labilen Gleichgewichts auszeichnen. Auf diese Weise, so schreibt Erich Jantsch, erneuert sich eine dissipative Struktur ständig selbst und erhält dabei zugleich einen bestimmten dynamischen Ablauf aufrecht, eine ganzheitlich stabile Raum-Zeit-Struktur. Diese Balance – die im Zusammenhang mit der Thermodynamik als „gleichgewichtsferne" Situation bezeichnet wird – zeichnet sich nach Prigogine außerdem durch eine Evolution in eine bestimmte Richtung aus.[345]

Solitone als Manifestation des Gleichgewichts zwischen Entropie und Syntropie

Weil nach heutiger wissenschaftlicher Erkenntnis alles im Universum aus Energie besteht und daher schwingt, muss man, wenn man begreifen will, was dem Gleichgewicht zwischen Entropie und Syntropie zugrunde liegt, unbedingt die Dynamiken und fundamentalen Bewegungen der Energiewellen betrachten. Wie wir beim Gesetz der Schwingung gesehen haben, können nur stehende Wellen sich selbst erhalten. Physiker bezeichnen stehende Wellen, die sich unbegrenzt selbst erhalten können und ubiquitär, in der Natur allgegenwärtig, auftreten, als *Solitone*.[346]

In der Physik wurde deutlich, dass ein Soliton nicht nur aus einer Welle besteht, sondern vielmehr eine Manifestation zweier entgegengesetzter Wellen ist. Die eine ist eine Welle mit niedriger Amplitude, linear und nach außen gerichtet. Diese Wellen neigen zu allmählicher Auflösung, beispielsweise so wie wenn wir einen Kiesel in einen Teich werfen und dann beobachten, wie die Wellen sich ausbreiten und allmählich verschwinden. Wellen mit hoher Amplitude hingegen verhalten sich nichtlinear. Diese Wellen neigen zur Kompression und lösen damit leicht eine kritische Situation aus, etwa Wildwasser oder Turbulenzen. Genau wie Wellen niedriger Amplitude, lösen sich auch diese Wellen tendenziell rasch auf und verschwinden.

Solitone entstehen, wenn exakt ein labiles Gleichgewicht zwischen den gegensätzlichen linearen, nach außen gerichteten Effekten und den konzentrierenden, nach innen gerichteten Effekten der Nichtlinearität besteht. Solitone werden durch dieses Gleichgewicht aufrechterhalten, denn wenn eine der beiden gegensätzlichen Wirkungen verloren geht, ist auch das Soliton verschwunden.[347] Während also alle anderen Wellen aufgrund der Entropie-Wirkung (destruktive Interferenz) verschwinden, bleiben nur Wellen, in denen die gegensätzlichen Wirkungen vollkommen im Gleichgewicht sind, erhalten. Die enorme Vielfalt biologischer Prozesse, an denen Solitone vermutlich beteiligt sind, verleiht dem Gedanken Gewicht, dass sie ein gemeinsames Merkmal aller lebendigen Prozesse sein könnten. (Fortsetzung im Kasten auf Seite 301)

Kritikalität am „Rande des Chaos"

Systeme im Gleichgewicht sind nicht komplex.

Per Bak – theoretischer Physiker – 1996[348]

Ein dynamisches Gleichgewicht kennt Stabilität und Flexibilität

Weil offene dissipative Strukturen dynamische nichtlineare Systeme sind, stehen die Entdeckungen von Ilya Prigogine im Einklang mit neueren Erkenntnissen bei der Untersuchung dynamischer Systeme. Die Chaos-Theorie hat gezeigt, dass aus komplexen nichtlinearen Systemen sowohl Turbulenz als auch Kohärenz entstehen kann, wobei zwischen den Kräften von Turbulenz und Kohärenz ein dynamisches Gleichgewicht besteht. Gemeinsam verdeutlichen die neuen Einsichten – sowohl aus der Theorie der dissipativen Strukturen, aus dem aus der neuen Biologie hervorgegangenen Mechanismus der Selbstorganisation als auch aus der Chaos-Theorie – dass dissipative Systeme zusätzlich die gegensätzlichen Komplementärkräfte Stabilität und Flexibilität aufweisen. In diesem Zusammenhang bedeutet Stabilität die Eigenschaft, sich „gleich zu bleiben" und Flexibilität die Fähigkeit, sich mit den Umständen verändern zu können.

Dank ihrer Rückkopplungs-Mechanismen weisen diese Systeme einerseits eine gewisse Stabilität auf und haben bei kleineren Störungen in ihrer Umwelt die Tendenz – wie ein Stehaufmännchen – zu ihrem Ausgangspunkt zurückzukehren. Deshalb kann ein offenes dynamisches System bei geringfügigen Störungen immer noch „gleich" bleiben. Besäße ein dynamisches System jedoch *nur* diese Eigenschaft, so wäre es im Falle größerer Störungen zu starr, um sich ausreichend an veränderte Bedingungen anpassen zu können.[349] Aufgrund ihrer der Stabilität entgegengesetzten und sie zugleich ergänzenden Eigenschaft der Flexibilität haben offene dynamische Systeme andererseits aber auch die Fähigkeit, sich zu einer höheren Organisationsebene zu entwickeln und sich so an grundlegend neue Situationen anzupassen.

Der besondere Punkt am „Rande des Chaos"

Mehrere Forscher unterschiedlicher wissenschaftlicher Fachrichtungen entdeckten in den 1980er Jahren, dass dynamische Systeme einen kritischen Punkt haben, nämlich im Gleichgewicht zwischen den gegensätzlichen, einander aber ergänzenden Kräften. Die Computerwissenschaftler Norman Packard und Chris Langton gaben diesem spezifischen Gleichgewichtspunkt zwischen Entropie und Syntropie, Verfall und Wachstum, Katabolismus und Anabolismus, Chaos und Ordnung, Stabilität und Flexibilität den Namen „Rand des Chaos".[350] Dieser kritische Punkt am „Rand des Chaos" ist für komplexe Systeme anscheinend der optimale Aufenthaltsort, damit sie in geeigneter Weise auf eine sich ständig verändernde Welt reagieren können.[351]

Genau diese Situation auf der Grenze zwischen den Extremen vollständiger, rigider Ordnung einerseits und völliger Unordnung andererseits ist *der* Ort für neue Möglichkeiten und Kreativität. Weil das System am Rande des Chaos eine nicht länger geeignete Ordnung leicht auflösen und Muster entdecken kann, die den sich verändernden Umständen angemessen sind, ist diese Lage für ein dynamisches System in einer sich verändernden Umwelt optimal. Hier können außerdem kleine Unterschiede große Folgen haben. Dieser sogenannte Schmetterlingseffekt macht es möglich, dass wunderbare Dinge geschehen und neue Eigenschaften – *emergente Eigenschaften* – entstehen können. Nach Chris Langton ist der Rand des Chaos außerdem die Stelle, an der Information einen Fuß in die Tür der physischen Welt setzt.[352]

Die Theorie der selbstorganisierten Kritikalität

Dieser kritische Punkt am „Rand des Chaos" findet sich in einer Vielzahl dynamischer Systeme und wird in den verschiedenen Wissenschaftsdisziplinen mit unterschiedlichen Begriffen bezeichnet.[353] Der dänische theoretische Physiker Per Bak (1948-2002)[354] prägte für den „Rand des Chaos" den Begriff *selbstorganisierte Kritikalität.* In völliger Übereinstimmung mit dem Gesetz des Dynamischen Gleichgewichts entwickelte er die Theorie von der selbstorganisierten Kritikalität, die besagt, dass dynamische Systeme – wenn sie nicht gestört werden – die Tendenz haben, sich spontan auf eine ganz besondere und kritische Situation hin zu entwickeln. Allem Anschein nach ist eben diese ganz besondere und kritische Situation der optimale Zustand einer relativ stabilen Instabilität, in dem Selbstorganisation stattfindet.[355]

In seinem Buch *How Nature Works: The Science of Self-Organized Criticality* (1996) schildert Per Bak, wie er zu dieser Auffassung gelangte, nämlich durch Beobachtung des Verhaltens eines kleinen Sandhaufens, dem er und seine Kollegen so lange immer wieder ein weiteres Sandkorn hinzufügten, bis sich eine Lawine löste. Zwar konnte man unmöglich vorhersagen, welches Sandkorn die Lawine auslösen würde, aber die Gruppe entdeckte, dass der Sandhaufen sich folgendermaßen entwickelte: Die Seiten wurden steiler, bis sie schließlich einen sehr kritischen Zustand erreichten. In dieser ganz besonderen Situation genügte anscheinend schon ein einziges hinzugefügtes Sandkorn – in Übereinstimmung mit dem Schmetterlingseffekt – um eine Lawine auszulösen. Mit dem Begriff „selbstorganisierte Kritikalität" beschreibt Per Bak die natürliche Entwicklung der Abhänge des Sandhaufens hin zu dieser labilen Gleichgewichtssituation.[356]

Weiter zeigte Per Bak, dass sich viele komplexe Systeme spontan in ähnlicher Weise auf ein solches optimales dynamisches Gleichgewicht zwischen Chaos und Ordnung hin entwickeln. Offensichtlich ist dies die bemerkenswerte Eigenschaft aller dynamischen Systeme, und zwar träger Systeme ebenso wie angeregter, nicht lebendiger wie lebendiger, und selbst die Entstehung von Verkehrsstaus und die Entwicklung von Aktienkursen scheinen dieser selbstorganisierten Kritikalität unterworfen.

Es ist anscheinend eine universelle Eigenschaft komplexer Systeme, sich so zu organisieren, dass sie sich spontan zu dieser kritischen Situation eines *relativ stabilen Gleichgewichts* entwickeln. Für Mathematiker bedeutet dies, dass hier ein Attraktor am Werk ist, eine (unbekannte) Kraft, die diese dynamischen Systeme zu der sehr speziellen Situation am „Rande des Chaos" hinzieht.[357]

Die selbstorganisierte Kritikalität ist die kreativste Situation

Genau wie Ilya Progogine weist auch Per Bak in seinem Buch *How Nature Works* darauf hin, dass dies bedeutet, dass Gleichgewichte in der Natur nicht statisch, sondern dynamisch sind. „Die Vorstellung von einem ausgewogenen Zustand, der zwischen einem erstarrten und einem ungeordneten, chaotischen Zustand operiert, ergibt ein ansprechendes Bild für die Evolution", schreibt er. „Ein erstarrter Zustand kann sich nicht entwickeln. Ein chaotischer Zustand kann sich nicht an die Vergangenheit erinnern. Somit verbleibt der kritische Zustand als einzige Alternative."

Diese Entdeckungen veränderten das allgemeine Bild komplexer dynamischer Systeme. Seither wurde deutlich, dass komplexe dynamische Systeme als Ganzes nicht chaotisch sind, sondern eine eigene, nichtlineare Ordnung haben. Deshalb sind sie allem Anschein nach tatsächlich optimal in der Lage, eine chaotische, das heißt völlig willkürliche Situation zu vermeiden. Per Bak betonte, dass die ganz besondere selbstorganisierte Kritikalität des optimalen dynamischen Gleichgewichts ganz im Gegenteil eine maximale Komplexität aufweist, was sie zum Ort unbegrenzter Möglichkeiten macht. Während die selbstorganisierte Kritikalität für das dynamische System als Ganzes anscheinend die stabilste Situation darstellt, ist sie für dessen Teile zugleich die kreativste. Deshalb spielen sich ihm zufolge genau hier, in dieser kritischen Situation, interessante Dinge ab – Leben zum Beispiel.

Diese neuen Erkenntnisse und Auffassungen über den Einfluss dynamischer Systeme auf das Gleichgewicht zwischen Stabilität und Flexibilität werfen laut Elisabet Sahtouris (2006) auch ein neues Licht auf den Evolutionsprozess. Wenn wir die Geschichte rückblickend betrachten, dann sehen wir, dass auf jede Katastrophe auf unserem Planeten – sei es ein weltweites Aussterben, eine Eiszeit oder ein zerstörtes lokales Ökosystem – stets ein plötzliches Auftauchen vieler neuer Arten folgte. „Wenn alles gut läuft, ist die Natur konservativ, aber wenn nicht, dann ist sie radikal kreativ ...“[358]

Hochstabile, selbstorganisierende Solitone in der kritischen Situation

(Fortsetzung des Kastens von Seite 297.) Solitone sind nicht nur eine Manifestation zweier verschiedener Wellen, sondern sie kommen exakt in der kritischen Situation des dynamischen Gleichgewichts vor. Das Überraschende ist nämlich, dass genau auf der Grenze zwischen den linearen, nach außen gerichteten Wellen und den nichtlinearen, nach innen gerichteten Wellen, keine destruktiven Interferenzmuster auftreten. Dieses dynamische Gleichgewicht an der Grenze zwischen beiden Wellenarten garantiert nicht nur, dass Solitone entstehen, sondern auch, dass sie sich „am Leben“ erhalten können, weil Solitone praktisch reibungslos und durch eine bemerkenswerte Stabilität gekennzeichnet sind. Außerdem sind Solitone Informationsträger.

Wie wir beim Gesetz der Schwingung gesehen haben, haben Quantenphysiker entdeckt, dass Materie – im Wesentlichen Elektronen – aus Quantenwellen in Gestalt spiraliger Vortex-Bewegungen zusammengesetzt ist. Diese Vortex-Bewegungen, aus denen die Materie besteht und die „ständig im Kreis rotieren“, sind ein Beispiel für Solitone und bestehen aus zwei gegensätzlichen Spiralbewegungen.

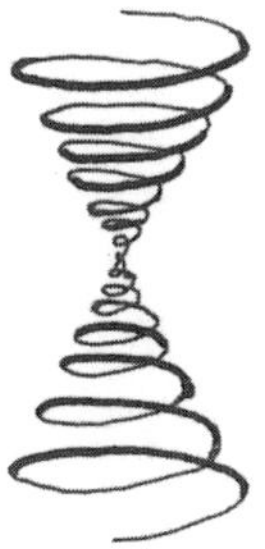

Zwei gegenläufige Vortex-Bewegungen

Weil die entgegengesetzten Wellenbewegungen der Quantenwellen miteinander phasengleich sind, heben sie sich nicht gegenseitig auf, sondern ihr Aufeinandertreffen bewirkt vielmehr, dass beide Wellenbewegungen einander verstärken. (So erzeugen zwei phasengleiche Wellen eine Welle, die vier Mal so stark ist wie eine einzelne Welle. Drei phasengleiche Wellen erzeugen eine neue Welle mit der neunfachen Stärke der Ausgangswelle und so weiter.) Das Ergebnis ist eine komplexe kugelförmige Spiralbewegung, die sich ständig von innen nach außen dreht.

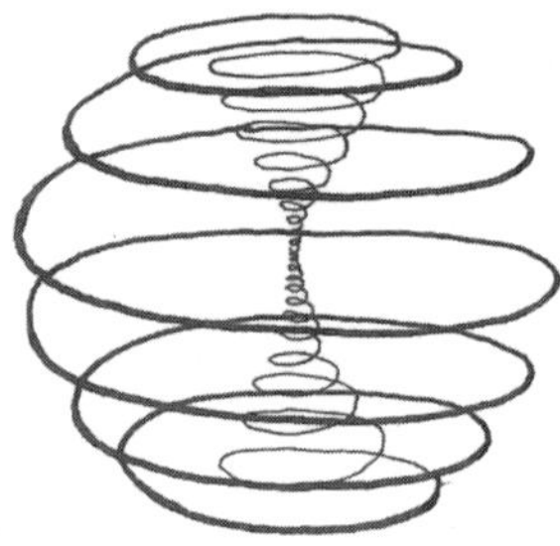

Wirbelnde Torus-Bewegung, die ständig wieder in sich selbst eintritt und sich verstärkt.

Wissenschaftler bezeichnen eine solche wirbelnde Donut-Form – also eine Kugel mit einem Loch in der Mitte – zusammen mit ihrer Umgebung und dem eingeschlossenen Feld als *Torus.* Ein Torus hat eine negative Ladung und einen magnetischen Spin, was bedeutet, dass jedes Elektron sich wie ein kleiner Magnet verhält, dass es in der Mitte des sich drehenden Torus eine Achse gibt sowie an deren Enden einen Nord- und einen Südpol. Der Torus selbst ist wiederum in ein größeres System aus Vortex-Bewegungen eingebettet und tatsächlich sogar ein interdimensionaler Vortex, der – genau wie eine Zwiebel – aus vielen Schichten besteht, so dass es also Tori innerhalb von Tori gibt. Ein Torus speichert Energie und Information und wandelt diese um. Tori ähneln dem, was russische Forscher als Torsionswellen bezeichnen.

Es gibt immer mehr Indizien dafür, dass Photonen – die kleinste Lichtenergie-Einheit – als Spiralbewegungen zu betrachten sind, die sich mit anderen Photonen in unterschiedlichen Kombinationen und Konfigurationen zu Elektronen, Protonen und Neutronen verbinden können. Diese Vermutung wurde 1997 experimentell gestützt. Damals gelang es einem Team aus zwanzig Physikern der Universitäten Rochester, Princeton, Tennessee und Stanford am Stanford Linear Accelerator Centre (SLAC) zum ersten Mal, aus Photonen Elementarteilchen zu erzeugen, nämlich Elektronen und Protonen.[359]

Ein Torus gilt als sehr stabile, selbsterhaltende Energieform, die, einmal erzeugt und in Gang gesetzt, zum Selbsterhalt neigt.[360] Seither zeigte sich, dass eine solche Struktur nicht nur als kleinste Form auf subatomarer Ebene, sondern auch im Makrokosmos, zum Beispiel in Galaxienformen, zu finden ist. Manche Wissenschaftler betrachten die Torus-Form als eine Art Ur-Grundstruktur des selbstorganisierenden Prinzips aller Energiesysteme von der atomaren bis zur universellen Ebene. (Fortsetzung im Kasten auf Seite 309)

Die dynamische Morphologie der Pflanzen

Morphologie ist nicht nur die Lehre von den materiellen Dingen und den Formen der materiellen Dinge, sondern hat auch einen dynamischen Aspekt (...)in Form von Kraft, dem Wirkprinzip von Energie.

D'Arcy Wentworth Thompson – Zoologe, Biologe und Mathematiker – 1917[361]

D'Arcy Wentworth Thompson und das Gesetz der unveränderlichen Proportionen

In jüngerer Zeit findet das Gesetz des Dynamischen Gleichgewichts in seinem das Gleichgewicht zwischen Energie und Form beschreibenden Aspekt in der Wissenschaft zunehmend Aufmerksamkeit, auch wenn das Thema als solches den Wissenschaftlern gewiss nicht neu ist. In der ersten Hälfte des 20. Jahrhunderts legte der schottische Zoologe, Biologe, Mathematiker und Altphilologe D'Arcy Wentworth Thompson (1860-1948) mit seinem Buch *On Growth and Form* (1917) einen ersten umfassenden Ansatz zu einer dynamischen Morphologie vor. Ihm zufolge ist Form nicht getrennt von der mit ihr verbundenen Energie zu betrachten, denn für ihn waren Formen das Ergebnis ihrer Entstehungsprozesse. Deshalb widmete er sich der Erklärung der mathematischen und physikalischen Kräfte, die der Dynamik der Formen zugrunde liegen. [362]

Aufgrund seiner jahrelangen akribischen Forschung und vor dem Hintergrund seiner umfassenden humanistischen Bildung kam er zu dem Schluss, dass diese zugrunde liegende Dynamik universelle Formen erzeugt. Ihm zufolge lag der Ursprung der Formenvielfalt organischer Strukturen in den geometrischen Gesetzen des Universums, und er deutete eine direkte Verbindung zum Goldenen Schnitt an. „Die Göttliche Proportion und die Fibonacci-Folge sind zur Beschreibung organischen Wachstums besser geeignet, weil sie die Eigenschaft besitzen, eine einfache Addition, den Zuwachs identischer Teile oder eine Folge ähnlicher Formen hervorzubringen, was als 'gnomonisches Wachstum' bezeichnet wurde", schreibt er in *On Growth and Form.*

D'Arcy Wentworth Thompsons Entdeckungen erregten zunächst kaum Aufmerksamkeit, doch in neuerer Zeit ist das Interesse an seiner Arbeit wieder gestiegen, *On Growth and Form* gilt mittlerweile als Klassiker und wurde verschiedentlich neu aufgelegt. Das neuerliche Interesse ist sowohl eine Folge der jüngeren Erkenntnisse über dynamische Systeme als auch des neuerdings wachsenden wissenschaftlichen Interesses an der Fibonacci-Folge und dem Goldenen Schnitt.[363]

Zwischenzeitlich haben die neuen Auffassungen von dynamischen Systemen deutlich gemacht, dass Formen in der Natur tatsächlich dynamische Prozesse in physischer Gestalt sind. Was D'Arcy Wentworth Thompson als „das Gesetz beständiger Ähnlichkeit der Form auf der Grundlage unveränderlicher Proportionen" oder „gnomonisches Wachstum" bezeichnete, war allem Anschein nach dasselbe, was der Mathematiker Benoît Mandelbrot mit dem Namen *Fraktal* belegte und was heute als sich selbst ähnliche Struktur jeder Größenordnung oder Skaleninvarianz bekannt ist. Wie wir beim Gesetz der Entsprechung gesehen haben, beschreibt die fraktale Organisation nicht nur statische Formen und Strukturen, sondern auch die dynamischen Veränderungen und Umwandlungen von Energie.

Die Phyllotaxis als dynamischer selbstorganisierender Prozess

Die neuere Forschung hat gezeigt, dass die häufigste Anordnung von Blättern und Knospen bei Pflanzen die spiralförmige Stellung ist.[364] (Phyllotaxis ist die Lehre von der Blattstellung.) Zählt man bei einer solchen spiralförmigen Stellung die Anzahl der Spiralen, so hat es den Anschein, als habe die Natur eine starke Vorliebe für die Kombination zweier aufeinanderfolgender Fibonacci-Zahlen. In der Wissenschaft wird dieses verbreitete Muster mittlerweile als Fibonacci-Phyllotaxis bezeichnet. Bei Pflanzen mit einer solchen Fibonacci-Phyllotaxis nähert sich der Winkel zwischen aufeinanderfolgenden Blättern (oder anderen botanischen Elementen) stark dem sogenannten Goldenen Winkel – etwa 137,5° - an, der wiederum in Bezug zum Goldenen Schnitt steht.[365]

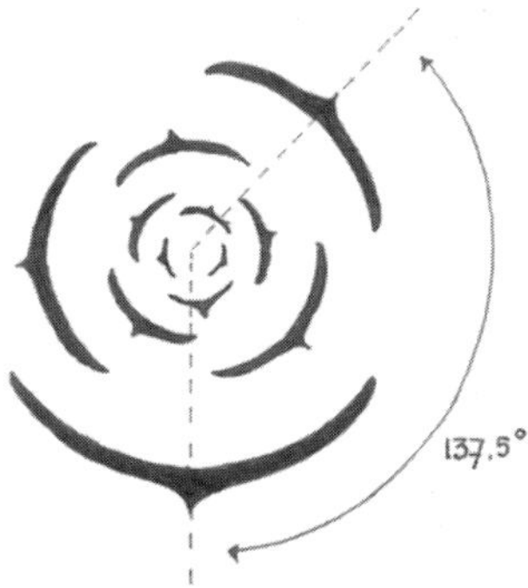

Der Goldene Winkel von 137,5° in der Blattstellung

Dass diese durch den Goldenen Schnitt gekennzeichnete Wachstumsform nicht lediglich auf einige wenige Pflanzen begrenzt ist, zeigen die umfassenden Literaturstudien des kanadischen Bio-Mathematikers Roger V. Jean.[366] Er schätzte, dass etwa zweiundneunzig Prozent aller weltweit untersuchten Pflanzen eine Fibonacci-Phyllotaxis aufweisen, wobei der Winkel zwischen zwei aufeinanderfolgenden Blättern oder Knospen 137,5° beträgt. Computer-Simulationen zeigen, dass sich das typische Muster gegenläufiger Spiralen im Inneren einer Sonnenblume nur bei einem Winkel von 137,5° entwickelt, aber zum Beispiel nicht bei 136,5° oder 138°.[367]

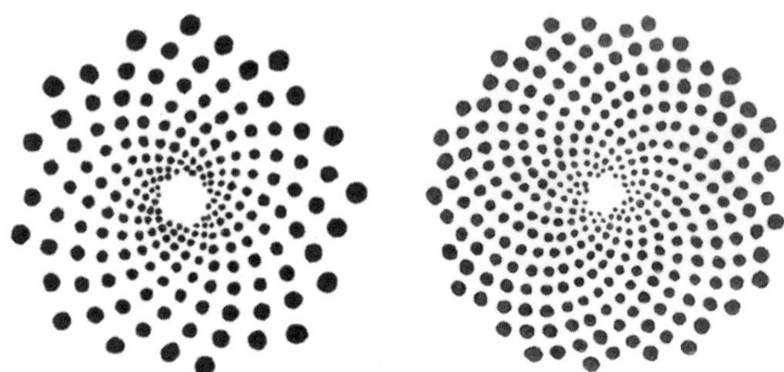

Das typische Muster zweier gegenläufiger Spiralen im Zentrum einer Sonnenblume. Links mit dreizehn und einundzwanzig, rechts mit einundzwanzig und vierunddreißig Spiralen.

Mittlerweile wird auch deutlicher erkennbar, warum die Dynamik des Pflanzenwachstums zu einer Fibonacci-Folge führt. Die französischen Physiker Stephane Douady und Yves Couder nahmen an, dass diese phyllotaktischen Muster die Folge einfacher physikalischer Gesetze sind, und 1996 gelang es ihnen tatsächlich, die Bildung von Spiralmustern experimentell nachzuweisen.[368] Darüber hinaus gelang es ihnen, mithilfe eines Computersimulations-Modells, das auf der Grundlage von Beobachtungen des deutschen Botanikers Wilhelm Hofmeister (1824-1877) erstellt worden war, dieselben Spiralmuster zu erzeugen.

Bereits im 19. Jahrhundert und fünfzig Jahre vor D'Arcy Wentworth Thompson kam Wilhelm Hofmeister aufgrund seiner mikroskopischen Beobachtungen zu dem Schluss, dass sich neue Knospen bei einer spiralförmigen Phyllotaxis jeweils nacheinander bilden, wobei die jüngste immer an der am wenigsten besetzten Stelle entsteht. Mit anderen Worten, an den Sprossspitzen der Pflanze (dem Meristem), wo sich die Zellen ständig teilen, entsteht jede neue Knospe exakt an der Stelle, an der es im Moment den meisten Platz dafür gibt. Doch wie D'Arcy Wentworth Thompson war auch er seiner Zeit weit voraus, und seine Entdeckungen fanden kaum Beachtung.[369]

Heute ist unter starken Elektronen-Mikroskopen deutlich erkennbar, dass die spiralförmige Fibonacci-Anordnung schon mit dem allerersten Auftauchen der Knospen begonnen wird. Die französischen Physiker Stephane Douady und Yves Couder erstellten auf der Grundlage von Wilhelm Hofmeisters Beobachtungen und Erkenntnissen ihr Computersimulations-Modell und zeigten, dass dies bereits genügte, damit spontan das Fibonacci-Spiralmuster entstand.

Aufbauend auf dem Modell von Douady und Couder sowie den Entdeckungen von Wilhelm Hofmeister haben die amerikanischen Mathematiker Paul Atela, Chris Golé und Scott Hotton inzwischen an einem dynamischen Systemmodell der Phyllotaxis nachgewiesen, dass die Fibonacci-Phyllotaxis die stabilste Anordnung ist.[370] Sie vermuten, dass eben diese Stabilität der Anordnung der Grund für die spiralförmige Phyllotaxis in der Natur ist. Außerdem führt diese dazu, dass die Blätter spiralförmig angeordnet sind, was offensichtlich maximale Lichtinterzeption (Aufnahme und Speicherung von Sonnenenergie) bei minimaler Überlappung ermöglicht.

Hans Meinhardt vom Max-Planck-Institut für Entwicklungsbiologie in Tübingen zeigte, dass – übereinstimmend mit dem Gesetz des Dynamischen Gleichgewichts – bei diesem Prozess zwei verschiedene Antagonisten, also zwei gegensätzliche, einander aber ergänzende Kräfte, in Gestalt zweier unterschiedlicher chemischer Substanzen eine Rolle spielen.[371] Darüber hinaus vermuten Patrick D. Shipman und Alan C. Newell, Mathematiker an der University of Arizona, dass die Spiralmuster und das Fibonacci gemäße Verhältnis der Anzahl der Spiralen bei der Anordnung von Blättern und Knospen – im Einklang mit dem Gesetz der Schwingung – aufgrund einfacher mechanischer Kräfte entstehen, die auf eine wachsende Pflanze einwirken, wodurch sich genau solche Muster herausbilden, die energie-minimierend wirken.[372] Mit anderen Worten: das Auftreten Fibonacci-artiger Reihen und des Goldenen Winkels ist die natürliche Folge dessen, dass Energie den Weg des geringsten Widerstands nimmt. Einigen Wissenschaftlern zufolge ist es möglicherweise auch auf die kombinierte Auswirkung dessen, dass zwei Antagonisten am Werk sind und Energie den Weg des geringsten Widerstandes nimmt, zurückzuführen.

Das Fraktal als universelles Prinzip für die Beziehung zwischen Energie und Form

Die wichtigste Botschaft der Fraktale ist, dass einfache Regeln komplizierte Formen hervorbringen können.

Ian Stewart – Mathematiker – 2002[373]

Seither hat man im Universum an vielen verschiedenen Stellen und in den unterschiedlichsten Größenordnungen auf Phi basierende logarithmische Wachstumsmuster entdeckt. Allmählich entsteht ein Bild, wonach die auf dem Goldenen Schnitt beruhenden spiralförmigen Wachstumsmuster sich in allen Größenordnungen als Fraktale endlos wiederholen. Anscheinend dreht sich alles um Spiralen in Spiralen in Spiralen, sowohl auf der Makro-Ebene des Universums als auch auf der Mikro-Ebene der subatomaren Teilchen.

Wie wir bereits gesehen haben, sind Fraktale zwar nicht statisch, doch kamen Wissenschaftler, die über dynamische Systeme forschen, nun zu dem Schluss, dass sie auch nicht chaotisch sind. Anscheinend existieren Fraktale genau zwischen diesen beiden Zuständen, an dem Punkt relativ stabiler Instabilität zwischen statischer Ordnung und Chaos – an jenem Punkt also, den Per Bak als selbstorganisierte Kritikalität bezeichnet hat – und mithin genau dort, wo komplexes Verhalten und Selbstorganisation auftreten. Einige Wissenschaftler stellen daher bereits erste Vermutungen an, wonach es wahrscheinlich nur *ein* einziges universelles Prinzip gibt, das dem Phänomen der Fraktale in Form einer Beziehung zwischen Kraft und Struktur zugrunde liegt. Sie spekulieren, dass dieses eine universelle Prinzip – mathematisch gesprochen – möglicherweise als Attraktor wirken könnte, durch den in der kritischen Situation des dynamischen Gleichgewichts zwischen Kraft und Struktur fraktale Formen entstehen.[374]

Fraktale sind allem Anschein nach nicht nur durch ein dynamisches Gleichgewicht zwischen Chaos und Ordnung gekennzeichnet, sondern eine fraktale Organisation zeichnet sich offensichtlich auch durch ein Gleichgewicht zwischen Endlichkeit und Unendlichkeit aus. Aufgrund ihrer „unendlichen Länge in einem endlichen Raum" weisen fraktale Formen einen hohen Grad an Energie-Effizienz auf, was zugleich die Eigenschaft der selbstorganisierten Kritikalität im dynamischen Gleichgewicht ist. Ein bekanntes und einfaches Beispiel für ein Fraktal von „unendlicher Länge in einem endlichen Raum" ist die sogenannte *Kochsche Schneeflocke*, benannt nach dem schwedischen Mathematiker Niels Fabian Helge von Koch (1870-1924), der sie beschrieb.

Während die Länge des Umfangs des Schneeflocken-Fraktals gegen Unendlich geht, wenn diese sogenannte Iteration fortgesetzt wird, bleibt die eingenommene Fläche doch endlich und wird tatsächlich nicht viel größer als das ursprüngliche Dreieck. Aus der Sicht der klassischen Mathematik ist dies höchst ungewöhnlich.

Theoretische Biologen stellten allerdings fest, dass die fraktale Organisation, die endlichen Raum und unendliche Länge miteinander vereint, in der Natur allgegenwärtig und energetisch hoch effizient ist. In unserem Körper zeichnet sich zum Beispiel unser Blutgefäß-System durch eine riesige Oberfläche aus, so dass in den meisten Geweben keine einzige Zelle mehr als drei oder vier Zellen von einem Blutgefäß entfernt liegt. Zugleich nehmen die Blutgefäße nur sehr wenig Raum ein (nicht mehr als etwa fünf Prozent des Körpers). Auch das Verdauungssystem und die Lungen weisen die größtmögliche Oberfläche im kleinstmöglichen Raum auf.[375]

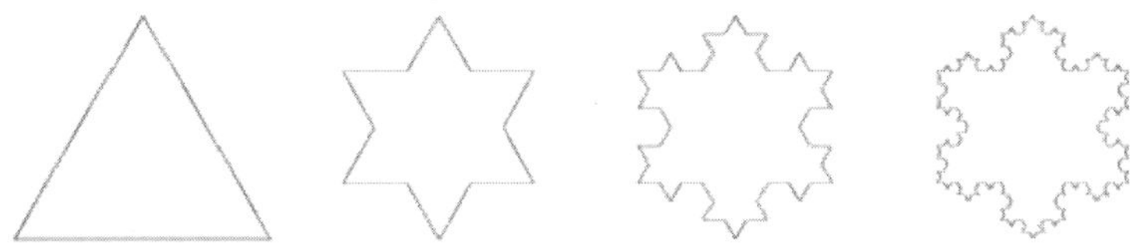

Die ersten vier Stufen des Kochschen Schneeflockenfraktals

Es wird also zusehends wahrscheinlicher, dass dynamischen Systemen die Tendenz innewohnt, ständig eben jene Organisationsstrukturen zu finden, die sowohl stabil sind als auch dem optimalen Weg des geringsten Widerstandes folgen. In jüngerer Zeit zeigt sich immer deutlicher, dass diese Phänomene so lange unverständlich bleiben, wie Kraft und Strukturform als voneinander getrennt betrachtet werden und das dynamische Gleichgewicht zwischen Kraft auf der einen und Strukturform auf der anderen Seite unbeachtet bleibt. All dies lässt offensichtlich darauf schließen, dass das Prinzip des geringsten Aufwands das universelle Prinzip ist, das dem Phänomen der Fraktale zugrunde liegt. In diesem Fall würde das Prinzip des geringsten Aufwands als Attraktor auf die kritische Situation des dynamischen Gleichgewichts hinwirken.

Der Torus als resonierendes Fraktal, das den Weg der kleinsten Aktion nimmt

(Fortsetzung des Kastens von Seite 303) Weil die Bewegung der Wellenstruktur der Energie auf subatomarer Ebene erzeugt wird, vermuten manche Physiker, dass Erkenntnisse über das Verhalten der Energiewellen auf Mikro-Ebene uns womöglich auch Einblicke in einen universellen Mechanismus zur Erzeugung von Form gewähren könnten. Einigen

Physikern zufolge können wir die nichtlineare Wellenform des Torus als kugelförmiges Fraktal betrachten. Solche kugelförmigen Fraktale gibt es in vielen verschiedenen Größenordnungen von unendlich groß bis unendlich klein, und sie sind ineinander eingebettet. Wir könnten die Welt als aus ineinander verschachtelten Torus-Fraktalen bestehend betrachten, als scheinbar getrennt und doch wiederholt mit dem Ganzen verbunden.

Wie wir bereits gesehen haben, verdanken Solitone und Torus-Wellenbewegungen ihre Stabilität der Tatsache, dass alle beteiligten Wellenbewegungen miteinander auf harmonische Weise phasengleich sind, so dass sich alle Wellenbewegungen gegenseitig verstärken. Die Phasengleichheit von Wellen hängt von ihren Schwingungsfrequenzen ab. Beim Gesetz der Schwingung haben wir gesehen, dass der Schweizer Wissenschaftler und Arzt Hans Jenny aufgrund seiner Experimente zu dem Schluss kam, dass bestimmte Schwingungsfrequenzen eine stabile Struktur und ein Muster hervorbringen, das „am Leben bleibt", dass dies bei anderen Schwingungsfrequenzen hingegen nicht geschieht. Er stellte fest, dass jede Schwingungsfrequenz, die ein Muster erzeugt, das „am Leben bleibt", eine harmonische Schwingung ist; denn nur Schwingungsfrequenzen, die Wellen in einem besonderen harmonischen Verhältnis erzeugen, das für Phasengleichheit sorgt, können einander gegenseitig verstärken und sich erhalten.

Jede formerzeugende Schwingungsfrequenz ist offensichtlich eine harmonische Schwingung, und Solitone können sich einzig und allein deshalb selbst erhalten, weil ihre komplexen Wellen durch Einheitlichkeit der Proportionen und damit Phasengleichheit gekennzeichnet sind. Aufgrund dieser einheitlichen Proportionen kann ein Torus Resonanz maximal nutzen, und aus diesem Grund ist ein Torus – energetisch betrachtet – gemäß dem universellen Prinzip des geringsten Aufwands optimal organisiert. Darüber hinaus ist der Resonanzprozess fundamental für den Prozess, durch den alles im Universum miteinander verbunden ist. Deshalb könnte der Torus eben jene Fraktal-Struktur sein, die das unendlich Große mit dem unendlich Kleinen verbindet. (Fortsetzung im Kasten auf Seite 318.)

Der Goldene Schnitt als zugrunde liegendes universelles Prinzip

Der Goldene Schnitt wäre somit vielleicht die Proportion, die Gliederungs- und Gestaltungsdynamik, Kurve, Linie, Gesetzmäßigkeit, der pendelnde Rhythmus schlechthin zwischen Chaos und Ordnung, zwischen dem Ganzen und dem Teil, dem Unendlichen und Endlichen, dem Universellen und Individuellen, Chiffre und Signatur dessen, was wir „Leben" nennen.

Alexander Lauterwasser – Kymatik-Forscher – 2002[376]

Der Goldene Schnitt verkörpert das Prinzip des geringsten Aufwands

Viele jüngere Entdeckungen der neuen multidisziplinären Komplexitäts-Wissenschaften deuten in Richtung einer Beziehung zwischen Fraktalen, selbstorganisierter Kritikalität und dem Prinzip des geringsten Aufwands auf der einen sowie dem Goldenen Schnitt auf der anderen Seite. Aus mathematischer Sicht hat Phi allem Anschein nach nicht nur eine intrinsische Beziehung zu dynamischen Systemen, sondern insbesondere zu der kritischen Situation des dynamischen Gleichgewichts. Der Mathematiker Benoît Mandelbrot entwickelte die neue fraktale Geometrie, um die Rückkopplungs-Mechanismen nichtlinearer dynamischer Systeme zu untersuchen. Er entdeckte, dass dies mathematisch relativ einfach mit einer Gleichung zu beschreiben ist, die wiederholt statt aufgelöst wird. So wird die Gleichung zum Prozess und die Mathematik dynamisch statt statisch.[377]

Der Brite Nigel Reading beschreibt den Goldenen Schnitt sogar als archetypische Variation eben desselben Rückkopplungs-Systems, das Benoît Mandelbrot entwickelt hat und durch das ein archetypisches Fraktal entsteht, das seine Beziehung zu sich selbst auf mathematisch robuste, ökonomische, aber auch elegante Weise bewahrt. In seinem Artikel „Dynamical Symmetries: Mathematical Synthesis between Chaos Theory (Complexity), Fractal Geometry and the Golden Mean" („Dynamische Symmetrien: Mathematische Synthese zwischen Chaos-Theorie (Komplexität), fraktaler Geometrie und dem Goldenen Schnitt") kommt Nigel Reading zu dem Schluss, dass eine Möglichkeit der mathematischen Darstellung der Verhaltensweise, mit der die Natur Energieverschwendung minimiert, offensichtlich dem dynamischen Verhalten des Goldenen Schnitts entspricht. Ihm zufolge erscheint es deshalb plausibel, dass Phi nicht nur ein Rückkopplungs-System beschreibt, das die einzigartige optimale Beziehung mit und zwischen dem Ganzen und *sich selbst* aufrechterhält, sondern als Attraktor verkörpert Phi obendrein seiner Auffassung nach das Prinzip des geringsten Aufwands.[378]

Darüber hinaus wird Phi nicht nur als *eine* irrationale Zahl, sondern als *die irrationalste Zahl überhaupt* betrachtet, weil sie mathematisch die am schwierigsten zu nähernde Zahl ist. Interessanterweise ist Phi genau deshalb auch die stabilste Zahl. Der deutsche Molekularbiologe Friedrich Cramer beschreibt diese besondere Situation in seinem Buch *Chaos und Ordnung. Die komplexe Struktur des Lebendigen* folgendermaßen: „In Beschreibungen von komplexen dynamischen Systemen breitet sich mit wachsender Nichtlinearität das Chaos immer stärker aus. Zum Schluss bleiben als Trennlinien zwischen den Chaos-Bereichen nur wenige Kurven, und diese schrumpfen schließlich auf eine allerletzte. Diese lässt sich mit dem Goldenen Schnit … in Verbindung bringen. … Die irrationalsten Bahnen, das heißt diejenigen, die nach dem Zahlverhältnis der Goldenen Zahl gebaut sind, haben bei Störungen die höchste Chance zu überleben. Sie können dem Einbruch des Chaos am längsten standhalten."[379]

Unser Herz und der spiralförmige, energie-effiziente Weg des geringsten Widerstands

Ein Beispiel für die natürliche spiralförmige Bewegung der Energie als energie-effizienter Weg des geringsten Widerstandes ist die Funktion unseres physischen Herzens. Die Herzspezialisten Ralph Marinelli, Branko Fuerst, Hoyte van der Zee, Andrew McGinn und William Marinelli schreiben in ihrem Artikel „The Heart is not a Pump"(1995) („Das Herz ist keine Pumpe")[380], das Herz wäre von sich aus gar nicht in der Lage, den Blutkreislauf aufrechtzuerhalten, wenn dieser ausschließlich auf einer Pumpfunktion unseres Herzens beruhen würde. Um das Blut durch die viele Kilometer langen Blutgefäße in unserem Körper zu treiben, wäre mit einer mechanischen Methode eine unvorstellbare Energiemenge erforderlich.

Darüber hinaus beginnt das rhythmische Pulsieren der Herzzellen offensichtlich „automatisch" in einem sehr frühen Entwicklungsstadium des Embryos. In ihrem Artikel schreiben Ralph Marinelli und Kollegen, dass das Blut beim ganz frühen Embryo durch Selbstantrieb in spiraligen Strömen zirkuliert, bevor das Herz seine Funktion aufnimmt. Das inhärente System für die Beschleunigung der Blutbewegung ist ihnen zufolge das Ergebnis einer Kombination der gegensätzlichen Kräfte rhythmischer Expansion und Kontraktion der hoch aktiven Kapillaren, durch die im Blut wirbelnde Vortex-Beschleunigungen entstehen. Diese periodischen Spiralstrudel erzeugen eine eigene biologische Beschleunigung, vergleichbar der Beschleunigung in einem spiralförmigen Wasserstrudel im Ausguss. Der Blutfluss durch Herz und Arterien hängt von dieser Spiralbewegung ab, die zu einer Steigerung der Beschleunigung des Blutes führt. Das spiralige Muster, mit dem das Blut durch unseren Körper fließt, ist das Ergebnis der gegensätzlichen Kräfte Expansion und Kontraktion, Ausdehnen und Zusammenziehung, und zwar sowohl im Herzen als auch in den Arterien.[381]

Im Einklang mit dem Gesetz des Dynamischen Gleichgewichts schlossen Ralph Marinelli und Kollegen daraus, dass unser Blut damit dem Weg des geringsten Widerstands folgt, so dass mit minimalem Energieaufwand ein maximales Ergebnis erzielt wird. Weil Form und Energie zusammen eine dynamische Einheit bilden, liegt ihnen zufolge eben diese Spiralbewegung der Form und Funktion von Herz und Arterien zugrunde. In ihrem Artikel weisen sie darauf hin, dass sich diese Spiralbewegung tatsächlich an vielen Stellen in physischer Form wiederfindet, denn die Muskulatur des Herzens und der Arterien bis hinunter zu den feinsten Kapillaren ist spiralförmig ausgerichtet.

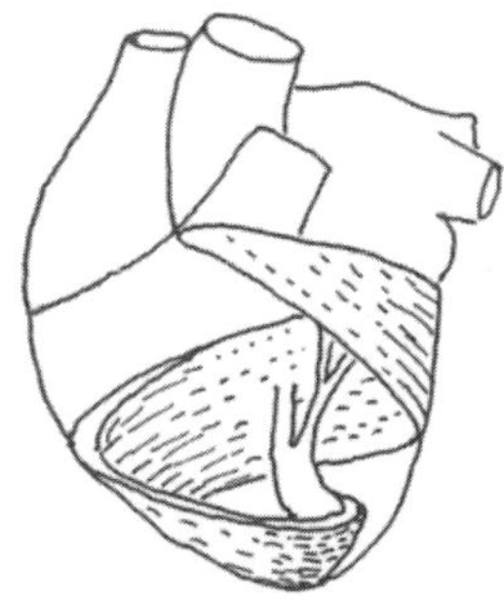

Der spiralförmige Herzmuskel

In ihrem Artikel kommen sie daher zu dem Schluss, dass der spiralförmige Herzmuskel statt einer Pumpfunktion vielmehr eine regulierende Funktion hat, mit der er das dynamische Gleichgewicht zwischen den gegensätzlichen Kräften Expansion und Kontraktion aufrechterhält. Ihnen zufolge müssen wir in unserem Verständnis der Lebensphänomene auf eine völlig neue Ebene gelangen – in den biologischen Wissenschaften im Allgemeinen, aber auch im Hinblick auf die Funktion der Blutgefäße und insbesondere des Herzens. Diese neue Perspektive beschreiben sie wie folgt: Biologische Prozesse korrespondieren mit der natürlichen spiralförmigen Bewegung der Energie und folgen damit dem energie-effizienten Weg des geringsten Widerstandes.

Der Goldene Schnitt als Grundlage für eine optimale Herzfunktion

Während Ralph Marinelli und Kollegen die Funktion des Herzens – in Übereinstimmung mit dem Gesetz des Dynamischen Gleichgewichts – als auf der natürlichen, dem Weg des geringsten Widerstandes folgenden Spiralbewegung beruhend beschreiben, stellte der russische Biologe V. D. Zvetkov vor nicht allzu langer Zeit fest, dass der Funktion unseres Herzens der Goldene Schnitt zugrunde liegt. 1977 veröffentlichte er in seinem Buch, dessen Titel übersetzt lautet *Herz, Goldener Schnitt und Symmetrie*, die Ergebnisse seiner umfangreichen Forschungen auf dem Gebiet der Anwendung des Goldenen Schnitts auf die Herzaktivität von Säugetieren.[382] Er nahm an, dass auch wir als offenes dynamisches System gemäß der Theorie der selbstorganisierten Kritikalität eine optimale Herzaktivität anstreben. Da der Goldene Schnitt ein Kennzeichen dieser optimalen Situation ist, lautete seine Hypothese, er müsse deshalb in der Aktivität unseres Herzens zu finden sein.

Tatsächlich konnte er die Rolle des Goldenen Schnitts und der Fibonacci-Zahlen bei der Wirkungsoptimierung und der Minimierung des Energieverbrauchs unserer Herzaktivität nachweisen. Er entdeckte dieses optimale Verhältnis zum Beispiel in den gegensätzlichen Kräften von Expansion und Kontraktion unserer Blutgefäße. Wird der dadurch erzeugte Blutdruck gemessen, so wird dieser durch zwei Zahlen ausgedrückt, nämlich den höchsten (systolischen) und den geringsten (diastolischen) Druck. Der höhere Wert zeigt den Druck während der Kompression des Herzmuskels an, der niedrigere Wert den Druck bei entspanntem Herzmuskel. Zvetkov stellte fest, dass unser Herz dann optimal funktioniert, wenn das Verhältnis zwischen höchstem und geringstem Druck im Durchschnitt gleich 1,6 ist, was sehr nahe an den Goldenen Schnitt von 1,618… herankommt.

Diese Entdeckungen des russischen Biologen Zvetkov sind auch mit dem Werk seines Landmannes und Forscherkollegen A. G. Subbota aus St. Petersburg kompatibel. In seinem Buch, dessen Titel übersetzt lautet *Der Goldene Schnitt (Sectio Aurea) in der Medizin* (1996), weist er die Universalität des Goldenen Schnitts in der Konstitution der Organe und Systeme im menschlichen Körper sowie in den Parametern ihrer optimalen Funktion nach. Abweichungen vom Goldenen Schnitt können ihm zufolge entweder Auswirkungen ungünstiger Umweltfaktoren sein oder bei Krankheit auftreten.[383]

Der Goldene Schnitt und die Emergenz unerwarteter neuer Eigenschaften

Der Goldene Schnitt verkörpert nicht nur das Prinzip des geringsten Aufwands, sondern anscheinend ist auch die Emergenz unerwarteter neuer Eigenschaften „am Rande des Chaos" mit dem Goldenen Schnitt verbunden. Die optimale Situation der selbstorganisierten Kritikalität ist durch die Möglichkeit gekennzeichnet, dass sich unerwartete neue Eigenschaften herausbilden. Das bedeutet, dass „am Rande des Chaos" in Gestalt *emergenter Eigenschaften* – unerwarteter neuer Eigenschaften, die aus dem Verständnis der beteiligten Komponenten nicht zu erklären sind – etwas völlig Neues auftauchen kann.[384]

Deshalb kann in komplexen nichtlinearen Systemen das Ganze Eigenschaften haben, die völlig anders geartet sind als die seiner Teile, aus denen sie ja hervorgegangen sind. Diese sogenannten *emergenten Eigenschaften* können sich ebenso auf neue Strukturen wie auf ein neues Verhalten beziehen. Eine solche Emergenz unerwarteter neuer Eigenschaften tritt bei einer Vielzahl unterschiedlicher dynamischer Systeme auf, zum Beispiel beim Wetter, in der embryonalen und evolutionären Entwicklung, in der Ökologie, in der sozialen Organisation und im Wachstum sowohl der Wirtschaft als auch von Städten.

Emergente Eigenschaften hängen allem Anschein nach mit der einzigartigen Eigenschaft des Goldenen Schnitts zusammen, dass Addition und Multiplikation zum selben Ergebnis führen. Aufgrund dieser einzigartigen Eigenschaft des „simultanen Addierens und Multiplizierens" wird eine lineare Akkumulation plötzlich zur Multiplikation ($\Phi^2 + \Phi = \Phi^2 \text{ x } \Phi = \Phi^3$). Mit anderen Worten: Sie ermöglicht Entwicklungssprünge.[385] Mathematisch befindet sich Phi exakt auf der Grenze zwischen Addition und Multiplikation, also zwischen dem linearen und dem nichtlinearen Bereich, und bildet eine effektive Brücke zwischen beiden. Nach Meinung vieler Forscher werden mithilfe dieser bemerkenswerten Eigenschaft viele Phänomene und Prozesse in dynamischen Systemen erklärbar.

Das Ganze ist mehr als die Summe seiner Teile

Auch das Phänomen, dass das Ganze mehr ist als die Summe seiner Teile, scheint eine Verbindung zum Goldenen Schnitt zu haben. In offenen dynamischen Systemen lassen die Transformation des Ganzen aufgrund von Selbstorganisation sowie die Emergenz unerwarteter neuer Eigenschaften darauf schließen, dass das Ganze mehr ist als die Summe seiner Teile. Durch seine Experimente mit Sandhaufen kam Per Bak zu dem Schluss, dass die Lawine nicht nur durch den Einfluss der einzelnen Teile, nämlich der Sandkörnchen, ausgelöst wird, sondern dass auch das Ganze dabei eine Rolle spielt. Die Lawine wird nicht nur durch ein einziges Ereignis – das eine Sandkörnchen mehr, das hinzugefügt wurde – ausgelöst, sondern auch durch die gesamte Geschichte des Systems, das sich selbst in einen kritischen Zustand hinein organisiert. Selbstorganisation ist anscheinend nicht nur die Selbstorganisation der Teile, sondern sie entsteht vielmehr offensichtlich aus dem Dialog zwischen den Teilen und dem Ganzen, wobei das Ganze sich in den Teilen widerspiegelt. Der Goldene Schnitt kann mathematisch auch in Form eines unendlichen Fraktals geschrieben werden, das die Widerspiegelung des Ganzen in den Teilen zeigt.

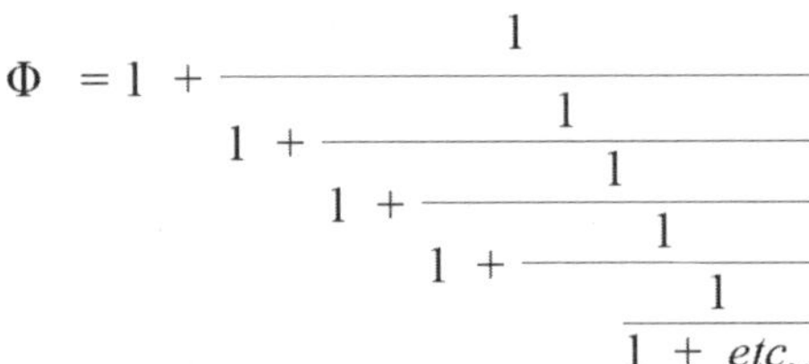

$$\Phi = 1 + \cfrac{1}{1 + \cfrac{1}{1 + \cfrac{1}{1 + \cfrac{1}{\cfrac{1}{1 + \mathit{etc.}}}}}}$$

Der Goldene Schnitt als unendliches Fraktal ($\Phi = 1{,}618\ldots$):

Mathematisch befindet sich Phi an der Grenze zwischen dem Endlichen und dem Unendlichen und verbindet als solches die Teile mit dem Ganzen. Deshalb haben Werke, die auf dem Goldenen Schnitt basierend entstanden sind, einerseits die Eigenschaft der stabilsten Struktur, halten aber andererseits die Verbindung zum Ganzen stets offen, wodurch dieses flexibel bleibt.

Schöpfung findet auf einer anderen Realitätsebene statt

Die Grenze zwischen dem Endlichen und dem Unendlichen mit einer offenen Verbindung zum Ganzen, an der mathematisch Phi zu finden ist, ist die Grenze zwischen der Welt in Raum und Zeit einerseits und der Welt jenseits von Raum und Zeit andererseits. Sie ist die Grenze zwischen den verschiedenen Realitätsebenen, die sich in der Terminologie von David Bohm einerseits als die explizite Ordnung und andererseits als die implizite Ordnung jenseits von Raum und Zeit darstellen. Dies lässt darauf schließen, dass offene dynamische Systeme eine offene Verbindung nicht nur zu ihrer physischen Umgebung, sondern auch zu jener nicht-physischen impliziten Ordnung jenseits von Zeit und Raum unterhalten.

Wie wir bereits gesehen haben, beschreibt David Bohm die Schöpfung als Entfaltung aus jener nicht-physischen Realität heraus, in der Muster in der supra-impliziten Ordnung ihren Ursprung finden und sich daraufhin aus der impliziten – noch nicht manifesten – Ordnung in die allgemein bekannte explizite Ordnung hinein entfalten. Außerdem spielen, wie wir beim Gesetz der Schwingung gesehen haben, gemäß der Theorie der Morphischen Resonanz des britischen Biologen Rupert Sheldrake unsichtbare morphogenetische Felder durch morphische Resonanz eine ursächliche Rolle bei Emergenz und Entwicklung charakteristischer Formen, zum Beispiel eines Embryos. Diese morphogenetischen Felder existieren allem Anschein nach auf der Realitätsebene, die David Bohm als implizite Ordnung und der Psychiater Carl Gustav Jung als Welt der Archetypen bezeichnet hat.

So entsteht ein Bild, wonach zunächst auf der impliziten Realitätsebene eine Schöpfung in Form einer archetypischen Blaupause stattfindet. Die Energie in den Mustern dieser morphogenetischen Felder passiert dann die kritische Situation an der Grenze zwischen den beiden Realitätsebenen, wo mathematisch Phi angesiedelt ist. Danach manifestiert sich die Energie in völliger Übereinstimmung mit dem Gesetz der Entsprechung in Form von Fraktalen auf der expliziten Ebene der physischen Realität.

Schwarze Löcher und der Weg, entlang dem Schöpfung sich vollzieht

(Fortsetzung des Kastens von Seite 310.) Schwarze Löcher haben Torus-Form, und die Mitte eines Torus oder schwarzen Loches ist anscheinend ein Tor zu anderen Dimensionen. Das Konzept der schwarzen Löcher wurde 1916 von Karl Schwarzschild in die Astronomie eingeführt, und 1963 ergänzte es der Mathematiker Roy P. Kerr um die Vorstellung, dass schwarze Löcher möglicherweise über eine sehr schnelle Rotation verfügen. Das Zentrum eines schwarzen Loches ist der Singularitätspunkt, der sich durch andere Eigenschaften auszeichnet als seine rotierende Umgebung. Weil sich das Zentrum schwarzer Löcher der unendlichen Dichte annähert, muss es eine extrem schnelle Rotation haben. 1935 nutzten Albert Einstein und Nathan Rosen Karl Schwarzschilds Konzept des schwarzen Loches als Modell für ein subatomares Elementarteilchen. Sie entdeckten, dass das „Loch" in der Mitte, der Singularitätspunkt dieser „Mini-Schwarzen-Löcher", jenseits von Raum und Zeit existiert und tatsächlich einen anderen Raum eröffnet und mit diesem verbindet. Daraus ergibt sich die Mutmaßung, dass das Zentrum eines Torus oder schwarzen Loches, also der Singularitätspunkt, sowohl auf der makrokosmischen als auch auf der mikrokosmischen Ebene, durch Unendlichkeit gekennzeichnet ist und über den ruhenden Punkt in der Rotationsbewegung verschiedene Realitätsebenen miteinander verbindet. Weil die gesamte physische Welt im Grunde aus subatomaren Teilchen mit solchen Mini-Schwarzen-Löchern besteht, ist alles, was in der physischen Realität existiert, durch eine unendliche Anzahl dieser „Mini-Singularitäten" dauerhaft mit anderen Realitätsebenen verbunden.

Inzwischen sprechen Wissenschaftler nicht nur von schwarzen, sondern auch von weißen Löchern. Alles, was in einem schwarzen Loch geschieht, spielt sich auch in einem weißen Loch ab, aber umgekehrt. Ein schwarzes Loch ist ein „Körper", dessen Wellenbewegung integrierend, nach innen führend und anziehend ist. Die Wellenbewegung eines weißen Loches ist ausstrahlend und nach außen gerichtet. Mathematisch ist es möglich, dass ein schwarzes Loch über einen Tunnel mit einem weißen Loch verbunden ist, wodurch Eintritts- und Austrittspunkte in andere Dimensionen entstehen. Während die Singularität eines schwarzen Loches alle Materie (oder Energie) „absorbiert", ist die Singularität eines weißen Loches der Ort, durch den alle Materie (und Energie) in die physische Realitätsebene eintritt. Dies weckt die Vermutung, dass im Universum auf einer anderen – impliziten – Realitätsebene eine permanente Schöpfung stattfindet, die spiralig über das weiße Loch in die – explizite – physische Realitätsebene eintritt. (Fortsetzung im Kasten auf Seite 320.)

Der Goldene Schnitt als universelle Konstante

Es genügt wohl, wenn man sagt, dass am Rande des Chaos über selbstorganisierte Kritikalität maximale Komplexität zu finden ist, was durch den Goldenen Schnitt als die emergente geometrische Manifestation des Prinzips der kleinsten Aktion versinnbildlicht wird: Daher ist seine volle raumzeitliche Aktion analog zur Schöpfung als solcher.

Nigel Reading – 1994[386]

Der Ingenieur Mohamed El Naschie [387] hat die multidisziplinäre Komplexitätswissenschaft und die neueren Erkenntnisse über den Goldenen Schnitt auf das Gebiet der Quantenphysik ausgeweitet; denn er entdeckte, dass er mithilfe seiner Kenntnisse über nichtlineare dynamische Systeme, Komplexitätstheorie und fraktale Geometrie in Verbindung mit seinem Wissen auf dem Gebiet der Hochenergie-Teilchenphysik schwierige Probleme der Quantenphysik erstaunlich einfach lösen konnte. Darauf aufbauend, entwickelte er die Hypothese von einem fraktalen Universum, das nicht nur selbstähnlich ist, sondern in dem auch der Goldene Schnitt als universelle Konstante eine grundlegende Rolle spielt.

Die Idee drängt sich auf, dass das *eine* universelle Prinzip, das möglicherweise der Beziehung zwischen Kraft und Struktur zugrunde liegt, die Verkörperung des Prinzips des geringsten Aufwandes sowie die (unbekannte) Kraft, die in der Mathematik als *Attraktor* bezeichnet wird und dynamische Systeme in Richtung der optimalen und relativ stabilen selbstorganisierten Kritikalität zieht, sehr wohl die Dynamik des Goldenen Schnitts sein könnte. Das universelle Prinzip, das als das Gleichgewicht zwischen Endlichkeit und Unendlichkeit, Stabilität und Flexibilität selbstähnlichen fraktalen Formen, die sich „am Rande des Chaos" herausbilden, zugrunde liegt, scheint in der Tat die Goldene Spirale zu sein.

Nigel Reading schreibt in seinem Artikel „Dynamical Symmetries: Mathematical Synthesis between Chaos Theory (Complexity), Fractal Geometry and the Golden Mean", dies alles lasse daher darauf schließen, dass der Goldene Schnitt die Basis jener Situationen selbstorganisierender Systeme ist, in denen Schöpfung stattfindet. Darüber hinaus vermutet er, dass der Goldene Schnitt als die geometrische Manifestation des Prinzips des geringsten Aufwands der Morphologie zunehmender Komplexität und daher der System-Evolution zugrunde liegt.

Der russische Mathematiker, Computerwissenschaftler und Architekt Alexey Stakhov fasste die neuesten wissenschaftlichen Entwicklungen auf diesem Gebiet kürzlich (2003) auf seiner Website www.goldenmuseum.com wie folgt zusammen: „Das wachsende Interesse an den Fibonacci-Zahlen, am Goldenen Schnitt und an den Problemen von Harmonie und Symmetrie zeigt die Konformität im Entwicklungsverlauf der modernen Wissenschaft, die kurz vor der Entdeckung der Harmonie-Gesetze, der Schaffung eines neuen wissenschaftlichen, auf Harmonie, Symmetrie und dem Goldenen Schnitt beruhenden Weltbildes und der Wiederherstellung der tiefen Beziehungen zwischen Wissenschaft und Kunst steht …."[388]

Torus im Goldenen Schnitt

(Fortsetzung von Seite 319) Die Dynamik des Goldenen Schnitts betrifft in erster Linie Wellenbewegungen. Wegen der ganz besonderen, einzigartigen Beziehung zwischen dem Ganzen und den Teilen erzeugt der Goldene Schnitt, wie wir gesehen haben, Einheitlichkeit der Proportionen. Außerdem kann die Goldene Spirale größer oder kleiner werden, bleibt dabei jedoch immer „selbstähnlich". Für Wellenbewegungen heißt dies, dass die Rhythmen sich zueinander einheitlich verhalten, was zur Herausbildung harmonischer Schwingungsfrequenzen führt. Deshalb stehen die verschiedenen Wellenbewegungen in Resonanz zueinander, erhalten dabei aber zugleich ihre Resonanz zum Ganzen aufrecht.

Wenn die Wellen-Wechselwirkungen zweier gegenläufiger Vortices aufeinandertreffen, können sie nur dann „am Leben" bleiben, wenn sie sich so organisieren, dass sie immer wieder zum selben Zentrum zurückkehren und perfekt aufeinandertreffen, also die höchste konstruktive und die geringste destruktive Interferenz erzeugen, denn letztere würde zur gegenseitigen Auslöschung führen. Gemäß Daniel Winter sind die einzigen Spiralbewegungen, die dazu in der Lage sind, Bewegungen in Form der Goldenen Spirale, denn nur Phi lässt zu, dass konvergierende Wellen sich zugleich addieren und multiplizieren.[389] Solche Wellen sind einander nicht nur phasengleich und addieren sich konstruktiv, sondern darüber hinaus ist das Ergebnis ihres Aufeinandertreffens gleich ihrem Quadrat, wodurch sie nicht zweimal, sondern viermal so stark werden. Infolgedessen erhöht sich die Geschwindigkeit der nach innen gerichteten Spiralbewegung rasch, ähnlich wie bei Wasser, das einen Abfluss hinunterfließt. Aus diesem gleichzeitigen Addieren und Multiplizieren geht eine stabile und haltbare Struktur in Form eines reibungslosen Solitons – einer stehenden Welle – hervor. Darüber hinaus erzeugt der immer schneller rotierende, spiralig nach innen laufende Vortex einen Sog, und aufgrund dieser Fähigkeit zur Erzeugung eines Sogs wird zusätzliche Energie angezogen. Deshalb neigt ein Torus im Goldenen Schnitt, wenn er erst einmal erzeugt und in Gang gesetzt ist, zum Selbsterhalt, wobei er sich unendlich wiederholt und dabei seine Form bewahrt. In der Physik gelten diese Stehwellen-Tori als die Energieformen mit der höchsten selbstorganisierten Stabilität, für welche die geringste Energiemenge benötigt wird.

Tori im Goldenen Schnitt sind mit dem Unendlichen verbunden und können sich nicht nur selbst erhalten, sondern auch wachsen und doch „selbstähnlich“ bleiben. Mit anderen Worten: Sie können nicht nur am Leben bleiben, sondern auch wachsen. Diese Prinzipien sind anscheinend Eigenschaften von Wellenbewegungen, die sich in unserer Alltagsrealität in der Atmosphäre und im Wasser sowie auf subatomarer Ebene zeigen. Deshalb vermuten einige Physiker, dass der Torus im Goldenen Schnitt ein universeller Mechanismus zur Hervorbringung von Form und der Goldene Schnitt das der Schöpfung und räumlichen Wachstumsmustern zugrunde liegende Prinzip ist. (Fortsetzung auf Seite 327.)

Wir tragen alle das männliche und das weibliche Prinzip in uns

In … der Kultur ist eine „Lockerung“ starrer intellektueller Inhalte der stillschweigenden Infrastruktur des Bewusstseins sowie auf Seiten des Gefühls ein „Schmelzen“ der „Härte des Herzens“ nötig. Das „Schmelzen“ auf der emotionalen Seite könnte vielleicht als Anfang echter Liebe bezeichnet werden, während die „Lockerung“ des Denkens der Anfang des Erwachens der kreativen Intelligenz ist. Die zwei gehören unbedingt zusammen.

David Bohm – Physiker – 1987[390]

Animus & Anima

Gemäß dem Gesetz des Dynamischen Gleichgewichts sind die beiden gegensätzlichen, einander aber ergänzenden dynamischen Prinzipien mit dem Grundmuster einer nach außen und einer nach innen gerichteten Bewegung auch in uns zu finden. In der westlichen Wissenschaft begegnen uns in jüngerer Zeit ebenfalls häufiger solche Aspekte. In der Psychologie stoßen wir in erster Linie bei Jung darauf, und zwar in Form von „Animus“ und „Anima“. Mit diesen Begriffen wollte er deutlich machen, dass auch wir aus zwei aktiven, dynamischen Prinzipien bestehen. Die Anima ist das weibliche Element in der männlichen Psyche, und der Animus ist das männliche Element in der weiblichen Psyche. Im Wesentlichen ist unser Animus mit dem rationalen Verstand verbunden; so nimmt er Einfluss auf unsere Gefühle und steht in scheinbarem Gegensatz zur Anima, die er jedoch ergänzt. Die Anima ist mit unseren Gefühlen verbunden, die unseren rationalen Verstand beeinflussen.[391]

Die Beschreibung der Anima von Marie-Louise von Franz in *Der Mensch und seine Symbole* macht deutlich, dass die Anima sich auf mehr bezieht als nur auf unsere Gefühle: „Die Anima verkörpert alle weiblichen Seeleneigenschaften im Manne, Stimmungen, Gefühle, Ahnungen, Empfänglichkeit für das Irrationale, persönliche Liebesfähigkeit, Natursinn und als Wichtigstes die Beziehung zum Unbewussten.“[392] Carl Gustav Jung erwähnte, wie wichtig die Integration beider komplementärer Aspekte ist, denn wenn es uns gelingt, uns völlig mit dem Animus beziehungsweise der Anima in uns zu identifizieren, dann können wir ihm zufolge mit dem Selbst in Berührung kommen, dem inneren Kern der Psyche.

Der italienische Psychologe Roberto Assagioli (1888-1974) beobachtete, dass Menschen nicht nur nach Macht und Vorherrschaft streben, sondern auch nach Harmonie mit sich selbst und der Welt, in der sie leben. Ihm zufolge erhielt dieser letztere, nach innen gerichtete, vereinende und harmonisierende Aspekt des Menschen in der Psychoanalyse, wie sie von Sigmund Freud und Carl Gustav Jung entwickelt wurde, nicht genügend Aufmerksamkeit. Deshalb entwickelte er eine neue, integrative Psychologie, die er als *Psychosynthesis* bezeichnete. Psychosynthesis hat die harmonische Integration aller scheinbar gegensätzlichen Aspekte zum Ziel, mithin praktisch die Integration unseres biologischen, emotionalen, mentalen und spirituellen Wesens.[393]

Der rational-logische Verstand und unsere erfühlend-spürende Intuition

Wie wir gesehen haben, begegnen wir den beiden scheinbar gegensätzlichen, einander jedoch ergänzenden Aspekten in uns auch als dem rational-logischen Verstand und unserer erfühlend-spürenden Intuition. In jüngerer Zeit wurden diese beiden Aspekte insbesondere in Gestalt der populären Vorstellung von den beiden Gehirnhälften bekannt. Dieses Konzept beruht auf den Annahmen des nordamerikanischen Psychobiologen Roger W. Sperry (1913-1994), wonach sowohl die linke als auch die rechte Gehirnhälfte gleichzeitig bewusst an unterschiedlichen, einander sogar widersprechenden, parallel ablaufenden mentalen Erlebnissen beteiligt sein können. Zu seiner Annahme gelangte er aufgrund seiner Entdeckung, dass *beide* Hälften oder Hemisphären und nicht nur – wie man bis dahin glaubte – die linke mit unserem Bewusstsein befasst sind. Seine Untersuchungen zur funktionalen Spezialisierung der zerebralen Hemisphären trugen ihm 1981 den Nobelpreis für Medizin ein.

Nach populärer Vorstellung sind die Funktionen der linken Gehirnhälfte mit dem nach außen gerichteten analytischen und rationalen Aspekt und die der rechten Gehirnhälfte mit dem nach innen gerichteten, eher kreativen und intuitiven Aspekt verbunden. Neuere Forschungen zur Lateralisation des Gehirns zeigen jedoch, dass diese scheinbar gegensätzlichen Aspekte nicht so eindeutig der rechten oder linken Hemisphäre zuzuordnen sind, denn die Funktionsweisen des Gehirns und des menschlichen Bewusstseins sind offensichtlich sehr viel komplizierter.

So ist inzwischen bekannt, dass das Verständnis unserer Gehirnfunktionen nicht nur eine Frage funktionaler Spezialisierung von linker und rechter Hirnhälfte ist. Vielmehr unterscheidet man heute in jeder Hemisphäre vier verschiedene, untereinander verbundene und miteinander im Informationsaustausch stehende Neurosysteme, die jeweils eine eigene Rolle spielen.[394] Darüber hinaus wurde durch die neue Disziplin der Neurokardiologie deutlich, dass wir auch ein Gehirn in unserem Herzen haben. Hinzu kommt, dass die Bewusstseinsforschung in jüngerer Zeit zu wahren Höhenflügen angesetzt hat. Aufgrund all dessen vermuten immer mehr Wissenschaftler, dass Bewusstsein nicht von unserem Gehirn erzeugt wird, wie man lange Zeit angenommen hat. Stattdessen scheint vielmehr das Bewusstsein allem anderen zugrunde zu liegen, während das Gehirn als Verarbeitungszentrum für Bewusstsein und Information fungiert.

Der relativ unbekannte Aspekt, der unseren rational-logischen Verstand ergänzt

Während also der analytische und rationale Aspekt auf der einen und der eher kreative und intuitive Aspekt auf der anderen Seite offensichtlich gar nicht so eindeutig jeweils einer Hirnhemisphäre zuzuordnen sind, wird zusehends deutlicher, dass der rational-logische Verstand tatsächlich nur eine Hälfte zweier komplementärer Aspekte ist. Zum Teil dank der in neuerer Zeit schnell wachsenden neuen Disziplin der Bewusstseinswissenschaften entstehen auch in diesem Fall ganz allmählich Vermutungen, dass es neben der bekannten „einen Seite der Realität" auch eine „andere Seite der Realität" geben muss, und zwar in Form des relativ unbekannten Phänomens des „noetischen" oder „inneren Wissens". Einige Aspekte unseres Bewusstseins sind allem Anschein nach nicht auf die physische Realitätsebene begrenzt, sondern deuten vielmehr auf dessen multidimensionalen Charakter hin. Dieser andere, multidimensionale Aspekt unseres Bewusstseins verschafft uns direkten und unmittelbaren Zugang zu Wissen jenseits unserer normalen Sinne und unseres rationalen Denkens.[395]

Schon jetzt gibt es zahlreiche Artikel über das Phänomen des nichtlokalen Bewusstseins, womit jener Teil unseres Bewusstseins gemeint ist, der offensichtlich jenseits von Raum und Zeit funktioniert. Der Psychologe Dean Radin und mit ihm eine wachsende Anzahl von Neurowissenschaftlern, Psychologen und Physikern glauben, dass dieser Aspekt unseres Bewusstseins eine gewisse Verbindung zum größeren Ganzen darstellen könnte – möglicherweise in Form einer Quantenverschränkung.[396] In seinem Buch *Entangled Minds: Extrasensory Experiences in a Quantum Reality* (2006) erklärt er, dass die Vorstellung von einem Quanten-Denken – und insbesondere von der Quantenverschränkung – eine neue Sicht auf paranormale Phänomene wirft. Empirische Indizien lassen darauf schließen, dass es so etwas wie eine Bio-Verschränkung geben könnte, was wiederum auf die Existenz einer Form der Beeinflussung hindeutet, die durch keinen Faradayschen Käfig aufgehalten werden kann. Ein Faradayscher Käfig bildet einen Schutzschild vor elektromagnetischen Wellen. Dies bedeutet also, dass der nichtlokale Einfluss nicht auf elektromagnetischem Wege, sondern auf andere Weise stattfindet.[397] Nach Dean Radin gibt es inzwischen substanzielle empirische Indizien dafür, dass viele Formen nichtlokaler Informationsübermittlung nicht mehr als anomal zu betrachten sind, sondern vielmehr als Widerspiegelung der holistischen, verschränkten Realität, in der wir leben.

Klassische und Quanten-Informationsverarbeitung

In Übereinstimmung mit dieser Vorstellung vom Quanten-Denken und von nichtlokaler Quantenverschränkung haben die nordamerikanische Psychiaterin Diane Powell und der Quantenphysiker Ken Hennacy bei einer internationalen Konferenz im Jahr 2005 ein neues Bewusstseins-Modell vorgestellt.[398] In diesem neuen Modell ist ebenso Platz für unseren rational-logischen Aspekt wie für unser scheinbar entgegengesetztes, das Rational-Logische aber ergänzende Bewusstsein, das direkten Zugang zu Wissen jenseits unserer normalen Sinne und unseres logischen Verstandes vermittelt. Diane Powell und Ken Hennacy vermuten, dass unser Gehirn auf zwei Realitätsebenen operiert – auf der Quanten- und auf der klassischen Ebene. Diese beiden Arten der Informationsverarbeitung bezeichneten sie als die „klassische“ und die „Quanten“-Variante. Ein wichtiger Unterschied zwischen beiden besteht darin, dass die „klassische“ Art der Informationsverarbeitung lokal, die „Quanten“-Art jedoch nichtlokal erfolgt. Beide Arten finden in unserem Gehirn statt, weshalb das Gehirn Informationen sowohl lokal als auch nichtlokal verarbeiten kann.

Die „klassische" Art der Informationsverarbeitung ist der Prozess, den wir alle kennen. Diane Powell beschreibt diese rational-logische Art in ihrem Artikel „We Are all Savants" folgendermaßen: „Sie ist langsam, linear und kommt nur mit einer begrenzten Informationsmenge zurecht. Sie löst Probleme durch Anwendung abstrakter Denkmodelle … ."[399] Ihr zufolge ist die „Quanten"-Methode der Informationsverarbeitung im Vergleich dazu extrem schnell und parallel – sie arbeitet nicht linear und sequenziell, sondern simultan. Mit ihr kann im Vergleich zur klassischen Methode ein Vielfaches an Informationen verarbeitet werden, sie operiert allerdings normalerweise außerhalb unserer bewussten Wahrnehmung. Nach ihren Angaben wird diese Quanten-Methode der Informationsverarbeitung dann offensichtlich, wenn die klassische Methode nicht vorherrscht, sondern vielmehr unterdrückt oder ausgeschaltet ist.

Diane Powell schreibt, dass sie aufgrund von Phänomenen, die mit herkömmlichen Theorien über Bewusstsein und Hirnfunktionen nicht zu erklären sind, zu diesem neuen Bewusstseins-Modell kam. Dazu gehören die bemerkenswerten Fähigkeiten der sogenannten *Savants* – Menschen wie Raymond in dem Film *Rain Man* – sowie mancher Autisten. Die erstaunliche Geschwindigkeit, mit der das Bewusstsein mancher Menschen augenscheinlich funktioniert, ist mit der „klassischen" lokalen Methode der Informationsverarbeitung nicht erklärbar. Sie wird jedoch verständlich, sobald man die Existenz einer nichtlokalen „Quanten"-Methode der Informationsverarbeitung auf der Ebene jenseits von Raum und Zeit in die Überlegungen einbezieht, weil auf dieser Ebene sehr große Informationsmengen gleichzeitig verarbeitet werden können.

Während bei den meisten Menschen das Gleichgewicht zwischen lokaler und nichtlokaler Informationsverarbeitung fast vollständig zur rationalen, „klassischen" lokalen Verarbeitung hin verschoben ist, neigt es ihr zufolge bei manchen Savants fast völlig dem nichtlokalen Quanten-Bewusstsein zu. Weil die linke Gehirnhälfte über den *Corpus callosum*, den sogenannten Hirnbalken, die rechte Hirnhälfte hemmt, lassen diese Entdeckungen darauf schließen, „dass die Fähigkeiten der Savants sich deshalb entwickeln, weil die linke Gehirnhälfte die rechte nicht bremsen kann".[400] So gesehen zeigt sich: Wenn es uns gelingt, lokale und nichtlokale Informationsverarbeitung miteinander ins Gleichgewicht zu bringen, können wir höchstwahrscheinlich beide bewusst einsetzen. Powell zufolge können wir auf dieses Gleichgewicht zwischen lokaler und nichtlokaler Informationsverarbeitung hinarbeiten, indem wir zunächst üben, die Dominanz der klassischen Verarbeitungsmethode zu verringern, etwa durch Entspannungsübungen und Meditation. Wenn wir erst lernen, immer öfter die nichtlokale Methode der Informationsverarbeitung anzuwenden, werden wir die Welt zunehmend weniger abstrakt betrachten, schließt Diane Powell in ihrem Artikel „We Are all Savants". Wir sehen sie dann eher so, wie sie wirklich ist.

Zugang zum nichtlokalen Bewusstsein durch unseren Körper

(Fortsetzung von Seite 321.) Wie die gesamte physische Welt sind auch wir im Grunde aus einem komplexen System *toroidaler Fraktale* in Form subatomarer Teilchen aufgebaut. Wie wir gesehen haben, verfügen alle diese rotierenden Strudel als „Mini-Schwarze-Löcher" über einen eigenen Singularitätspunkt. Dieser existiert jenseits von Raum und Zeit und fungiert als Tor zwischen den Dimensionen, das die verschiedenen Realitätsebenen miteinander verbindet. So ist jedes physische Phänomen ständig mit der Quanten-Realitätsebene verbunden und daher auch mit dem Phänomen der nichtlokalen Quantenverschränkung. Das bedeutet, dass auch wir über die zahllosen Mini-Singularitätspunkte in unserem Körper ständig mit den anderen Realitätsebenen verbunden sind. Über diese „Mini-Schwarzen-Löcher" ist unser gesamter Körper mit jenem Teil unseres Bewusstseins verbunden, der jenseits von Raum und Zeit und normalerweise außerhalb unserer bewussten Wahrnehmung operiert.

Durch diese Verbindung verfügt unser Körper über ein eigenes „Wissen" und eine nicht-physische Wahrnehmung der physischen Welt um uns. Mit anderen Worten, so „weiß" unser Körper – genau wie alle anderen lebenden Zellen – auf eine Art und Weise, die unsere physische Sinneswahrnehmung übersteigt, so dass er sich ohne Beteiligung des rationalen Verstandes angemessen an eine veränderte Umgebung anpassen kann. Über den Muskeltest macht sich die Kinesiologie die Tatsache zunutze, dass unser Körper durch diese Verbindung „weiß", was für ihn und im erweiterten Sinne auch für uns als Ganzes gut ist und was nicht. Dieser Prozess spielt sich hauptsächlich außerhalb unserer bewussten Wahrnehmung ab. Wenn es uns jedoch gelingt, unser vorherrschendes rationales Denken vorübergehend zum Schweigen zu bringen und uns zu entspannen, dann können wir lernen, ihn bewusster wahrzunehmen. Deshalb können wir eine gewisse Sensitivität entwickeln, mit der wir bestimmte Dinge „spüren" oder intuitiv erfassen können, ohne dass wir jedoch in der Lage wären zu erklären, woher wir dies wissen.

Die Herz-Intelligenz

Mit der Kraft des Herzens können wir die nächsten Schritte tun auf dem Weg zu den hoch bewussten Menschen, die wir sein wollen und die die Welt so dringend benötigt.

Howard Martin – Institute of HeartMath – 2005[401]

Eine neue Intelligenzform in unserem Herzen

Neuere Forschungen zeigen, dass wir Menschen nicht nur als ein komplexes Ganzes aus toroidalen Mini-Fraktalen aufgebaut sind, sondern dass daneben auch unser Herz als Tor zwischen den Dimensionen fungiert. Forschungen des nordamerikanischen Institute of HeartMath (IHM) und der Universität Utah haben gezeigt, dass unser Herz ein elektromagnetisches Feld in Form eines Torus erzeugt, das unseren Körper umgibt. Die Achse dieses Herz-Torus' verläuft der Länge nach durch unseren Körper. Unter Verwendung eines neuen magnetischen bildgebenden Verfahrens konnte die University of Utah nachweisen, dass diese elektromagnetischen Energiewellen spiralig von unserem Herzen ausgehen, sich bogenförmig in alle Richtungen ausbreiten und schließlich wieder in einem kurvenförmigen Verlauf zu unserem Herzen zurückkehren.[402] So entsteht ein elektromagnetisches toroidales Feld, das sich bis zu einer Entfernung von dreieinhalb bis viereinhalb Metern um unseren Körper herum erstreckt. Gemäß den Forschern am IHM ist dies das stärkste und ausgedehnteste rhythmische elektromagnetische Feld, das der Körper erzeugt.[403] Die Singularität dieses Torus liegt in unserem Herzen.

Aufgrund dieses elektromagnetischen Feldes um uns herum sind wir offensichtlich nicht nur durch die subatomaren „Mini-Schwarzen-Löcher" überall in unserem Körper mit dem nichtlokalen Quanten-Bewusstsein verbunden, sondern auch durch den Singularitätspunkt in unserem Herzen.

Howard Martin vom IHM zufolge haben wir es allem Anschein nach mit einer neuen Intelligenz zu tun[404], denn die neuen Ergebnisse von Rollin McCraty, Raymond Trevor Bradley und Dana Tomasino vom IHM deuten offensichtlich darauf hin, dass das torusförmige Energiefeld des Herzens unmittelbar mit unserer intuitiven Wahrnehmung verbunden ist. In ihrem Artikel „The Resonant Heart" schreiben sie dazu Folgendes: „Durch einen sehr strengen experimentellen Aufbau fanden wir zwingende Beweise dafür, dass sowohl das Herz als auch das Gehirn Informationen über ein künftiges Ereignis empfangen und darauf reagieren, *noch bevor dieses tatsächlich eintritt.* Sogar noch überraschender war unsere Entdeckung, dass das Herz diese „intuitive" Information offensichtlich noch vor dem Gehirn empfängt. Dies lässt darauf schließen, dass das Feld des Herzens mit einem feinstofflicheren Energiefeld verbunden sein könnte, das Informationen über Objekte und Ereignisse enthält, die räumlich fern oder zeitlich voraus sind."[405]

Auch andere Entdeckungen aus jüngerer Zeit werfen ein neues Licht auf diese Herz-Intelligenz sowie die Beziehung zwischen Herz und Gehirn. So zeigen zum Beispiel Forschungen auf dem neuen Gebiet der Neurokardiologie, dass wir neben den vier Neurozentren im Gehirn auch ein Gehirnzentrum im Herzen haben. Als hochentwickeltes Informationsverarbeitungszentrum kann unser Herz darum unabhängig vom Gehirn fühlen, lernen, erinnern und funktionale Entscheidungen treffen.[406]

Darüber hinaus zeigen die Forschungen am Institute of HeartMath, dass unser Herz nicht nur ein Informationsverarbeitungs-, sondern auch ein Koordinationszentrum ist. Unser Herz koordiniert unsere biologischen, emotionalen, mentalen und spirituellen Aspekte und bringt sie miteinander ins Gleichgewicht. In Übereinstimmung mit dem Gesetz des Dynamischen Gleichgewichts ist unser Herz als Koordinationszentrum nicht nur der gegenteilige Aspekt zu unserer Kopfintelligenz; denn zugleich bildet das Herz auch die Verbindung zwischen den beiden scheinbar gegensätzlichen, einander jedoch ergänzenden Intelligenzen des Kopfes und des Herzens, damit sie durch die integrierende Funktion des Herzens ein Ganzes bilden können.

Die Herz-Intelligenz in anderen Kulturen

Weil bei den meisten Menschen, die in der westlichen Kultur leben, die Kopf-Intelligenz dominant ist, waren sich viele der Herz-Intelligenz lange nicht oder kaum bewusst, weshalb sie für die meisten ein unbekanntes oder relativ neues Gebiet ist. Das gilt jedoch nicht für zahlreiche indigene Völker und alte Kulturen. Die Herz-Intelligenz ist zum Beispiel in den Beschreibungen der indigenen Sichtweisen durch den französischen Anthropologen Claude Lévi-Strauss in seinem Buch *Das wilde Denken* (1966, dt. 1973)[407] klar erkennbar. Aufgrund seiner intensiven Beschäftigung mit indigenen Völkern in Nord- und Südamerika kam er zu dem Schluss, dass die schamanische Art des Wissenserwerbs und die westlich-wissenschaftliche Art der Informationsgewinnung zwei parallele Arten sind, Erkenntnisse über das Universum zu erlangen.

Darüber hinaus schloss er, dass die westliche Methode der indigenen nicht überlegen ist, sondern dass beide, nebeneinander betrachtet, verblüffend komplementär wirken. Aus zwei fundamental unterschiedlichen Denk- und Wahrnehmungsweisen sind ihm zufolge zwei verschiedene Wissenschaften entstanden, die beide ein Bild von der Natur vermitteln und im physischen Universum einen ordnenden Sinn zu entdecken suchen.[408] Aus dieser Sicht beschrieb er die indigene Perspektive als holistisch, multisensoriell und grenzenlos in ihrer Reichweite, indem sie sich nämlich den sinnlich wahrnehmbaren Aspekten der Realität ebenso wie ihren persönlich erfahrenen nicht-physischen Aspekten als einem Ganzen annähert. So kann die Totalität der Welt angenommen werden und nicht nur der am leichtesten fassbare oder zugängliche Teil des Ganzen.

Gregory Cajete, Tewa-Indianer und Lehrer an der University of New Mexico, bestätigt diese Erkenntnis und erklärt in seinem Buch *Native Science: Natural Laws of Interdependence* (2000), dass durch indigenes Denken vor allem Erkenntnisse über Beziehungen gewonnen werden. Insbesondere das Verständnis der Teile des Ganzen als Beziehungen, die alle Lebensformen miteinander verbinden, war grundlegende Voraussetzung dafür, dass indigene Völker Jahrtausende lang in spiritueller und physischer Harmonie mit dem Land leben konnten. Gregory Cajete bemerkt außerdem, dass diese uralte, auf der indigenen Sichtweise beruhende Erkenntnis der Prinzipien gegenseitiger Beziehungen allem Anschein nach verblüffende Ähnlichkeit mit den neueren, aufgrund der Chaos-Theorie gewonnenen Erkenntnissen über komplexe dynamische Systeme aufweist.[409]

Inzwischen ist die grundsätzliche Haltung, wonach das Herz eine Intelligenz besitzt, nicht nur bei indigenen Völkern, sondern auch in vielen anderen Kulturen und Gesellschaften akzeptiert. Viele Lehren der großen mystischen Traditionen, die wir in diesen alten Kulturen und Gesellschaften widergespiegelt finden, scheinen durch die Ergebnisse neuerer systematischer Untersuchungen zu nichtgewöhnlichen Bewusstseinszuständen Bestätigung zu erfahren. „Die moderne Bewusstseinsforschung hat daher gezeigt, dass die alten heiligen Schriften (…) nicht das irrelevante Produkt von Aberglauben und primitiver Fantasie sind. Vielmehr sind es offensichtlich akkurate Beschreibungen der Erfahrungsgebiete, die in nichtgewöhnlichen Bewusstseinszuständen durchschritten werden", schreibt der nordamerikanische transpersonale Psychologe Stanislav Grof in seinem Werk *Totenbücher. Bilder vom Leben und Sterben* (1994).[410]

Aufgrund dieser neueren Entdeckungen kommt er zu dem Schluss, dass das Modell des menschlichen Bewusstseins, das in der klassischen Psychiatrie und Psychologie lange galt, in Wirklichkeit zu begrenzt ist. Er schreibt, die wachsende Erkenntnis unseres Bewusstseins und der Welt der nichtphysischen Realität sei von höchster Bedeutung, denn, so sagt er: „… der Grad, in dem wir mit ihnen vertraut werden und uns darin zurechtfinden, kann weitreichende Konsequenzen für unsere Lebensqualität und auch für unser Sterben haben."

Der Hunger der Seele und unser Streben nach dem dynamischen Gleichgewicht in uns

Wenn die kulturelle Evolution so verläuft wie andere Modelle evolvierender Systeme, dann sind schnelle Übergänge von einer Organisationsebene zur nächsten zu erwarten.

Stuart Kauffman– theoretischer Biologe – 1992[411]

Der Verlust des Kontakts mit unserem innersten Wesen und der Hunger der Seele

In den letzten paar tausend Jahren wurde in der westlichen Kultur überwiegend die Kopf-Intelligenz benutzt, und der Wert der Intuition sowie der Herz-Intelligenz wurde unterschätzt. Albert Einstein soll dies folgendermaßen in Worte gefasst haben: „Der intuitive Verstand ist eine heilige Gabe, und der rationale Verstand ist ein treuer Diener. Wir haben eine Gesellschaft erschaffen, die den Diener ehrt und die Gabe vergessen hat."[412] Die Folge ist nicht nur, dass unsere Gesellschaft heute dramatisch aus dem Gleichgewicht geraten ist, sondern auch, dass bei vielen Menschen in der westlichen Kultur der Dialog zwischen Verstand und Herz zusammengebrochen ist. Der Verlust des Kontakts zu unserem Herzen bedeutet, dass wir den Kontakt zu jenem Aspekt in uns verloren haben, der eine koordinierende und integrierende Funktion ausübt, und er bedeutet auch den Verlust des Kontakts zu unserem innersten Wesen. Mehrere Psychologen erklären, wenn wir das Gespür für unsere Essenz verlieren und vergessen, wie wir Zugang zu ihr finden, dann verspürten wir buchstäblich ein Loch, eine Leere oder einen Mangel in uns. Dies löst ein tiefes und anscheinend unersättliches Verlangen nach „etwas“ aus.

In ihrem Buch *Die Wolfsfrau. Die Kraft der weiblichen Urinstinkte* bezeichnet die Jungianische Psychoanalytikerin Clarissa Pinkola Estes dieses Verlangen als Seelenhunger. Er ist das Verlangen nach der reinen, authentischen, bedingungslosen Essenz unseres Seins, nach unserer wahren Natur, die stets da und grundlegender und tiefer verankert ist als unsere Persönlichkeit. Clarissa Pinkola Estes beschreibt in ihrem Buch, wie wir alle, insbesondere aber die Frauen, über dem Versuch der westlichen Gesellschaft, uns zu „zivilisieren“, den Kontakt mit unserer Essenz ganz oder zum Teil verloren haben. Sobald wir uns nur noch mit unserer Persönlichkeit identifizieren, erkennen wir unsere Essenz und ihre Eigenschaften nicht mehr ohne weiteres und fangen an zu glauben, diese leere Persönlichkeit, so ganz ohne unser authentisches Selbst, sei alles, was wir sind. Wir vergessen, wer wir sind, und auch, warum wir hier sind.

In diesem Zustand ohne Selbstausdruck, Seelenausdruck und seelische Sättigung hungert unsere Seele, so sagt Clarissa Pinkola Estes, und es entbrennt in uns ein Hunger nach allem, was dafür sorgt, dass wir uns wieder lebendig fühlen. Weil wir aber nicht mehr genau wissen, was uns fehlt, versuchen wir, diesen Hunger mit irgendetwas X-beliebigem zu stillen, das dem ursprünglichen kostbaren Schatz *ähnlich scheint*, egal ob es uns gut tut oder nicht. In diesem Zustand greifen wir zu jeder Nahrung, ungeachtet ihres Zustandes oder ihrer Folgen, schreibt sie, denn die Hungersnot trübt das Urteilsvermögen. Außerdem schreibt sie, dass ein vom Seelenhunger getriebener Mensch nicht mehr weiß, wann etwas genug ist. Daher besteht die Gefahr, dass wir uns zu Exzessen hinreißen lassen. Als Beispiel nennt sie Alkohol, Drogen, Wut, „ungesunden Liebeskonsum“, Fast Food, Kontrollsucht und Unterdrückung anderer. Der Verlust des Kontakts zu unserem innersten Wesen und der tiefe Seelenhunger können ihr zufolge sogar dazu führen, dass wir uns mit dem Verstand einreden, diese Exzesse seien wünschenswert. „Ein Übermaß an Exzessen oder exzessivem Verhalten zeigen

Frauen, die nach einem Leben hungern, das Bedeutung und einen Sinn für sie hat."[413]

Doch trotz dieser schrecklichen Situation, schreibt Clarissa Pinkola Estes, versucht unser innerstes Wesen immer wieder, uns zu retten: „Es flüstert, wimmert, ruft (...), bis wir uns unseres Zustandes bewusst werden und Schritte unternehmen, um den Schatz zurückzufordern."[414] Diesen „Schatz", die Essenz in unserem Inneren beschreibt sie – im Einklang mit dem Gesetz der Entsprechung – als ein inneres Herz, als unseren inneren Regulator, der genauso wirkt wie das physische Herz den physischen Körper reguliert. Und wenn es uns gelingt, die Beziehung zu diesem inneren Herzen wiederherzustellen, dann haben wir ihr zufolge alles wieder: Einen dauerhaften inneren Hüter, unsere Intuition, unser inneres Wissen, eine Inspirationsquelle, Kreativität, Authentizität, Respekt, Würde und Integrität.

Der Seelenhunger und die Tendenz, sich an den „Rand des Chaos" zu begeben

Wenn wir uns und unser Bewusstsein als offenes dynamisches System betrachten, dann bedeutet das, dass auch für uns der beste Ort oder die beste Situation, damit wir in einer sich ständig verändernden Umwelt optimal funktionieren können, der „Rand des Chaos" wäre. Die Beschreibung von Clarissa Pinkola Estes lässt darauf schließen, dass auch wir trotz alledem bewusst oder unbewusst ständig nach diesem dynamischen Gleichgewicht streben; denn in ihrer Schilderung des unablässigen Flüsterns, Wimmerns und Rufens der hungrigen Seele können wir das unaufhörliche Wirken von Per Baks Theorie der selbstorganisierten Kritikalität erkennen.

Nach einem auf der Chaos-Theorie basierenden Verständnis wäre die Situation, in der wir optimal funktionieren können, das dynamische Gleichgewicht, weil wir dabei sowohl die Kopf-Intelligenz als auch die komplementäre Herz-Intelligenz nutzen können. In den Momenten, in denen wir uns im labilen Gleichgewicht am „Rand des Chaos" befinden, können wir über die Singularität bewusst eine Verbindung zum nichtlokalen Bewusstsein herstellen, um direktes Wissen zu erlangen. Wenn wir sowohl unser „klassisches" lokales als auch unser nichtlokales „Quanten"-Bewusstsein nutzen können, vermögen wir sämtliche Elemente zugleich sowie außerdem in Beziehung zueinander und zum größeren Ganzen zu berücksichtigen. In indigenen Kulturen stehen Menschen, die dieses dynamische

Gleichgewicht zwischen nach außen und nach innen gerichtetem Wissen erfahren haben, in sehr hohem Ansehen.[415]

In der westlichen Kultur beobachten wir, dass sehr viele Kinder heute die Fähigkeit besitzen, beide Arten der Informationsgewinnung und -verarbeitung auf ausgewogene Weise zu nutzen. Der Kinderpsychologe Tobin Hart schreibt in seinem Buch *Die spirituelle Welt der Kinder* (2003, dt. 2007), dass in der Kindheit alle Menschen über diesen Zugang zu Weisheit und Staunen verfügen: „Man könnte sagen, dass diese Experimente allmählich eine 'spirituelle Intelligenz' offenbaren. Wie die intellektuellen, sind auch die spirituellen Fähigkeiten unterschiedlich verteilt. Bis zu einem gewissen Grad besitzen wir alle spirituelle Intelligenz. Sie kann sich zu unterschiedlichen Zeiten zeigen und erfordert wahrscheinlich Pflege, um zu voller Blüte zu gelangen. Leider haben wir sie in unserer Betrachtung der Kinder bisher vernachlässigt und sogar unterdrückt, deshalb sind wir als Erwachsene oft entwicklungsverzögert."[416]

Eckhart Tolle schreibt in seinem Buch *Jetzt!*, dass er den Zustand der Dominanz der Kopf-Intelligenz vollständig überwunden hat. Die neue Situation beschreibt er wie folgt: „…deinen rationalen Verstand [nutzt du] dann sehr viel konzentrierter und effektiver als früher. Du nutzt ihn hauptsächlich in praktischen Dingen, bist jedoch befreit von dem unfreiwilligen inneren Dialog, und es tritt eine innere Stille ein. Wenn du dann deinen rationalen Verstand gebrauchst, und insbesondere, wenn du eine kreative Lösung suchst, wechselst du alle paar Minuten vom Denken zur Stille, zwischen dem rationalen Verstand und dem ‚No Mind'. ‚No Mind' ist Bewusstsein ohne Denken. Nur so ist kreatives Denken möglich."[417]

Das labile Gleichgewicht „am Rand des Chaos" ist auch die Situation in der – im Einklang mit dem Schmetterlingseffekt – infolge relativ kleiner Anstrengungen große Veränderungen eintreten können. Es ist die Situation, in der Wunderbares geschehen kann, weil wir die Realität auf subtile Weise zu beeinflussen vermögen. Es ist auch die Situation, in der sich spontan überraschende neue Eigenschaften herausbilden können und mithin der beste Ort, Neues zu erschaffen.

Möge Ihr Verständnis dieser Dinge dazu führen, dass Sie an der Schöpfung mitwirken wollen.

Ilya Prigogine – Chemiker – 1998[418]

Nachwort

Ein Buch wie dieses ist nie abgeschlossen, das liegt auf der Hand. Deshalb mag es als ein *erster Schritt* oder als „in Arbeit" gelten. Sie können es als Einführung in die universellen Prinzipien sowie als Überblick, als Destillat der Essenz der vielen Perspektiven in den Weisheitstraditionen und der entsprechenden Auffassungen der modernen Wissenschaft benutzen. Darüber hinaus kann es Ihnen als Ausgangspunkt dienen, diese zugrunde liegenden Muster auch an anderer Stelle zu erkennen und die Einzelheiten näher auszuarbeiten. So finden wir wahrscheinlich viele weitere Puzzle-Teile und können das Bild vom größeren Ganzen weiter vervollständigen. Die Erkenntnis dieser Gesetze lässt sich immer noch mehr vertiefen.

Sobald wir einen groben Umriss des größeren Ganzen gewonnen haben, können wir stets aufs Neue überprüfen, ob etwas im Einklang und daher in Harmonie mit der Dynamik des größeren Ganzen steht. So können wir diesen Umriss als einen Bezugsrahmen nutzen, an dem eigentlich *alles* gemessen werden kann. Die Erkenntnis dieser universellen Prinzipien bietet uns daher eine nützliche Referenz in der Auseinandersetzung mit den Herausforderungen, die sich uns heute in einer Zeit großen Ungleichgewichts und weltweiter Veränderungen stellen. Wie dieses Buch zeigt, haben wir Menschen die Wahl, ob wir *gegen* diese Gesetze oder *im Einklang* mit ihnen handeln wollen. In seiner Rede vor den Vereinten Nationen in New York im Jahr 1992 wies Thomas Banyacya, der Sprecher der nordamerikanischen Hopi, darauf hin, dass das Ungleichgewicht, das wir in unserer Umwelt wahrnehmen, wahrscheinlich die Folge unseres bewussten oder unbewussten Verstoßes gegen die universellen Gesetze ist, und zwar in der Vergangenheit *und* heute. Das Wissen über die Wirkungsweisen dieser universellen Gesetze hilft uns zu verstehen, was notwendig ist, um das Gleichgewicht und die Harmonie sowohl in uns selbst als auch weltweit wiederherzustellen.

Weil diese grundlegenden Gesetze universellen Charakter haben, sind sie auf alle Aspekte unseres persönlichen und gesellschaftlichen Lebens anwendbar. Deshalb können wir dieses Wissen eigentlich als Bezugsrahmen für alle individuellen und gesellschaftlichen Neuerungen heranziehen, die zu größerer Harmonie mit uns selbst und mit dem größeren Ganzen führen sollen. Bei allem, was wir entwickeln und erschaffen, können wir aufgrund dieses Wissens beurteilen, ob es zu unserem Wohlergehen *und* dem unserer Umwelt beiträgt. Darüber hinaus schenkt uns dieses Wissen einen klaren Blick dafür, was für eine optimale Entwicklung unseres Bewusstseins in diesem ganz besonderen Moment der Menschheitsgeschichte notwendig ist.

Die Verfasserin schreibt gerade an einem zweiten Buch über „Gesellschaften im Gleichgewicht", das heißt über Gesellschaften mit einer auf der Erkenntnis der universellen Gesetze beruhenden Kultur. Weitere Informationen über die Verfasserin und ihre Arbeit finden Sie auf ihrer Website unter www.marjadevries.nl.

Bibliographie

Alexandersson, Olof, *Lebendes Wasser. Über Viktor Schauberger und eine neue Technik, unsere Umwelt zu retten*, Ennsthaler, 9. Auflage 1999 (Erstauflage 1993)

Anonymous, *The Kybalion: A Study of the Hermetic Philosophy of Ancient Egypt and Greece*, The Yogi Publication Society 1908/1940; auf Deutsch als PDF verfügbar bei www.hermetics.org

Argüelles, José, *Der Maya-Faktor: Geheimnisse einer außerirdischen Kultur*, aus dem Amerikanischen von Swami Prem Nirvano, Goldmann 1990

Assagioli, Roberto, *Handbuch der Psycho-Synthesis: angewandte transpersonale Psychologie*, hrsg., bearbeitet und mit einem Vorwort versehen von Erhardt Hanefeld; übersetzt von Erhardt Hanefeld und Gudrun Schibel, Aurum 1978 (sowie neu übersetzt und aktualisiert als *Handbuch der Psychosynthese: Grundlagen, Methoden und Techniken*, hrsg., überarbeitet, aktualisiert und mit einleitenden Texten versehen von U. Pfluger-Heist, Nawo, Zürich 2004

Die Schulung des Willens: Methoden der Psychotherapie und der Selbsttherapie, aus dem Amerikanischen von Michael Sauerbrei, Junfermann 1982.

Atela, P.; Golé, C. und Hotton, S., „A Dynamical System for Plant Pattern Formation: A Rigorous Analysis“, in *Journal of Nonlinear Science*, Vol.12; Nr. 6 Januar 2003, S. 614-676

Sri Aurobindo, *The Future Evolution of Man*, Lotus Light 2002

Bak, Per, *How Nature Works: The Science of Self-Organized Criticality*, Springer 1996

Bartholomew, Alick, *Das Verborgene in der Natur: Wasser, Naturkräfte und das Wirken des Menschen. Die wegweisenden Einsichten von Viktor Schauberger*, AT-Verlag 2006

Berendt, Joachim, *Nada Brahma – die Welt ist Klang*, Insel 1983

Berg, Yehuda, *Die 72 Namen Gottes. Technologie für die Seele*, aus dem Amerikanischen von Silvia Authenrieth, Nietsch 2005

Bluestone Polich, Judith, *Die Wiederkehr der Kinder des Lichts. Prophezeiungen der Inkas und Mayas für eine neue Welt*, Silberschnur 2001

Bohm, David, *Die implizite Ordnung*, aus dem Englischen von Johannes Wilhelm, Dianus Trikont 1985

Der Dialog, aus dem Englischen von Anke Grube, Klett-Cotta 1998, „On Dialogue“ in *Noetic Sciences Review*, Nr. 23, 1992, S. 16 ff

Bowlby, John, *Bindung und Verlust*, Band 2: *Trennung*, aus dem Englischen von Erika Nosbüsch, E. Reinhardt 2006.

Braud, William und Schlitz, Marilyn, „Psychokinetic Influence in Electrodermal Activity“, *Journal of Parapsychology*, 1983, 47, S. 95-119

Brennan, Barbara Ann, *Licht-Arbeit. Heilen mit Energiefeldern*, aus dem Amerikanischen von Gabriele Kuby, Goldmann 1989

Brown, Tom jun., *Das Vermächtnis der Wildnis*, aus dem Amerikanischen von Thomas Lindquist, Ansata 1992
Großvater, aus dem Amerikanischen von Thomas Lindquist, Ansata 1994
Leben aus dem Geist der Wildnis, aus dem Amerikanischen von Annemarie Döring, Ansata 1995
Cajete, Gregory, *Native Science: Natural Laws of Independence*, Clear Light Publishers 2000
Calleman, Carl Johan, *Der Maya-Kalender und die Transformation des Bewusstseins*, aus dem Englischen von Alois Dreizehnter, EU-Verlag 2007
Capra, Fritjof, *Das Tao der Physik*, aus dem Amerikanischen von Fritz Lahmann und Erwin Schuhmacher, Scherz 1984/Knaur 1997
Wendezeit, aus dem Amerikanischen von Erwin Schumacher, Scherz 1985
Chopra, Deepak; *Die sieben geistigen Gesetze des Erfolgs*, aus dem Amerikanischen von Annette von Charpentier, Allegria, Neuausgabe 2004
Clark, Glenn, *Walter Russell – Vielfalt im Einklang*, aus dem Englischen von Dagmar Neubronner, Genius 1999
Coats, Callum, *Naturenergien verstehen und nutzen: Viktor Schaubergers geniale Entdeckungen*, aus dem Englischen von Martin Meier und Gisela Bongart, Omega Verlag 1999
Cooper, David, *God is a Verb. Kabbalah and the Practice of Mystical Judaism*, Riverhead 1998
Cooperrider, David L. und Srivastava, Suresh, *Appreciative Management and Leadership: The Power of Positive Thinking and Action in Organizations*, Jossey-Bass 1990
Cramer, Friedrich, *Chaos und Ordnung: Die komplexe Struktur des Lebendigen*, Insel 1989
Dalai Lama, *Der Pfad des Glücks: Erfülltes Leben durch Bewusstseinsänderung*, aus dem Englischen von Klaus Bloch, Herder 2001. (Neuauflage 2005: *Wie man besser leben kann. Der Pfad des Glücks*)
D'Angelo, James, *Healing with the Voice: Creating Harmony through the Power of Sound*, Thorsons 2000
D'Arcy, Thompson Wentworth, *On Growth and Form*, Cambridge University Press, gekürzte Ausgabe 1992 (ungekürzte Erstauflage 1917), Dt. *Über Wachstum und Form*, übersetzt von Ella M. Fountain und Magdalena Neff, Eichborn 2006.
Doczi, György, *Die Kraft der Grenzen. Harmonische Proportionen in Natur, Kunst und Kultur*, aus dem Englischen von Uta und Stefan Szyszkowitz, Engel 1996 (dt. Erstauflage Dianus-Trikont 1984).
Dossey, Larry, *Recovering the Soul: A Scientific and Spiritual Search*, Bantam Books 1989
Reinventing Medicine, Harper Collins 1999
„Unsolved Mystery of Healing: Distant Healing: Healing Mediated by Nonlocal Mind" in *Shift, At the Frontiers of Consciousness*, Nr. 5 Dezember 2004-Februar 2005, S. 25-26.
Douady, Stéphane und Couder, Yves, „Phyllotaxis as a Dynamical Self-Organizing Process (Part I, II, III) in *Journal of Theoretical Biology* Vol. 139, 1996, S. 178-312.

Eisler, Riane, *Kelch & Schwert. Unsere Geschichte, unsere Zukunft. Weibliches und männliches Prinzip in der* Geschichte, aus dem Amerikanischen von Christel Rost, Arbor 2005; erstmals erschienen als *Von der Herrschaft zur Partnerschaft: weibliches und männliches Prinzip in der Geschichte*, Bertelsmann 1989

Ferguson, Marilyn, *Die sanfte Revolution. Gelebte Visionen für eine menschlichere Welt*, aus dem Amerikanischen von Karin Petersen, Kösel 2007

Fox Keller, Evelyn, *Barbara McClintock. Die Entdeckerin der springenden Gene*, aus dem Amerikanischen von Gerald Bosch, Birkhäuser 1995

Freke, Timothy und Gandy, Peter, *The Hermetica: The Lost Wisdom of the Pharaohs*, Penguin Putnam 1997

Friedman, Norman, *Bridging Science & Spirit. Common Elements in David Bohm's Physics, the Perennial Philosophy and Seth*, Living Lake Books 1990/1994

The Hidden Domain, Home of the Quantum Wave Function, Nature's Creative Source, The Woodbridge Group 1997

Gebser, Jean, *Ursprung und Gegenwart*, DVA 1949-1953; sowie Band 2-4 der *Gesamtausgabe*, Novalis 1999.

Getty, Adele, *Göttin. Mutter des Lebens*, aus dem Englischen von Jürgen Saupe, Kösel 1993

Gimbutas, Marija, *Göttinnen und Götter im Alten Europa: Mythen und Kultbilder*, aus dem Englischen von Baal Müller, Arun 2010

Gleick, James, *Chaos – die Ordnung des Universums. Vorstoß in Grenzbereiche der modernen Physik*, aus dem Englischen von Peter Prange, Droemer Knaur 1988

Goswami, Amit, *Das bewusste Universum*, aus dem Amerikanischen von Thomas Niehaus, Lüchow 1995

Physics of the Soul: The Quantum Book of Living, Dying, Reincarnation and Immortality, Hampton Roads Publishing 2001

Grof, Stanislav, *Totenbücher. Bilder vom Leben und Sterben*, aus dem Englischen von Susanne Schaupp, Kösel 1994

„Alternative Cosmologies and Altered States" in *Noetic Sciences Review* Nr. 32, Winter 1994, S. 21-29

Haisch, Bernie, Ruedo, Alfonso und Puthoff, Hal, „Inertia as a zero-point-field Lorentz force" in *Physical Review A*, 1994; 49 (2), S. 678-694

Hart, Tobin, *Die spirituelle Welt der Kinder. Wie Sie ihre verborgenen Fähigkeiten verstehen und fördern*, aus dem Amerikanischen von Andrea Panster, Kailash 2007

Harvey, Andrew, *The Essential Mystics: The Soul's Journey into Truth*, Castle Books 1996

Hawkins, David R., *Die Ebenen des Bewusstseins. Von der Kraft, die wir ausstrahlen*, aus dem Englischen von Michaela Bach, VAK 1997

Ho, Mae-Wan, *The Rainbow and the Worm: The Physics of Organisms, World Scientific, 1993*

Hunt, Valerie, *Infinite Mind. Science of the Human Vibrations of Consciousness*, Malibu Publishing 1996

„The Human Energy Field and Sound Therapy", 2001, www.awaken.com/2013/03/the-human-energy-field-and-sound-therapy/

„Bioscalar Energy: The Healing Power", www.biodisc-energy.com/ebooks/Bioscalar%20Energy.pdf

Inayat Khan, Hidayat, *Sufi Teachings: Lectures from Lake O'Hara*, Ekstasis Editions 1994

Inayat Khan, Pir Vilayat, *Auf der Suche nach dem verborgenen Schatz*, edition nada 2011

Inayat Khan, Pir Zia, „The Paradox of 'Universal Sufism'", 2000, auf www.centrum-universel.com/paradoxe.htm

Jablonka, Eva und Lamb, Marion, *Epigenetic Inheritance and Evolution: The Lamarckian Dimension*, Oxford University Press 1992

Jaffé Aniela (Hrsg.), *Erinnerungen, Träume, Gedanken von C. G. Jung*, Walter Verlag 1992

Jahn, Robert und Dunne, Brenda, *An den Rändern des Realen: über die Rolle des Bewusstseins in der physikalischen Welt*, mit Beiträgen von Harald Atmanspacher und Eberhard Bauer, aus dem Amerikanischen von Michael Zillgitt, M-TEC-Verlag 2006

„The Science of the Subjective" in *Journal of Scientific Exploration*, 1997, 11 (2), S. 201-224

Jantsch, Erich, *Design for Evolution. Self-Organization and Planning in the Life of Human Systems,* G. Braziller 1975

Die Selbstorganisation des Universums. Vom Urknall zum menschlichen Geist, Hanser 1979

Jean, Roger V., *Phyllotaxis: A Systemic Study in Plant Morphogenesis*, Cambridge University Press 1994

Jenny, Hans, *Kymatik: Wellenphänomene und Schwingungen*, AT-Verlag 2009

Jung, C. G., Franz, Marie-Louise von, Henderson, Joseph L., Jacobi, Jolande und Jaffé, Aniela, *Der Mensch und seine Symbole*, Walter-Verlag 1999

Keepin, William, „David Bohm: A Life of Dialogue between Science and Spirit", *Noetic Sciences Review*, Nr. 30 1994, S. 10 ff

Koestler, Arthur, *Der göttliche Funke. Der schöpferische Akt in Kunst und Wissenschaft*, aus dem Englischen von Agnes von Cranach und Willy Thaler, Scherz 1966

Kryder, Rowena Pattee, *Source: Visionary Interpretations of Global Creation Myths*, Golden Point Productions 2000

Kübler-Ross, Elisabeth, *Was der Tod uns lehren kann*, aus dem Amerikanischen von Jens Fischer, Knaur 2010 (Neuausgabe, früherer Titel *Reif werden zum Tode*)

Über den Tod und das Leben danach, hrsg. und übersetzt von Tom Hockemeyer, Silberschnur 2012 (Jubiläumsausgabe)

Kuhn, Thomas, *Die Struktur wissenschaftlicher Revolutionen*, Suhrkamp, die Übersetzung von Kurt Simon ist ab der zweiten Auflage revidiert von Hermann Vetter, 23. Auflage 2012 (Erstauflage 1967)

Laotse, *Tao Te King*, übersetzt und mit einem Kommentar von Richard Wilhelm, Diederichs 1998 (Erstausgabe 1978)

Laszlo, Ervin, *Zu Hause im Universum. Eine neue Vision der Wirklichkeit*, aus dem Amerikanischen von Bernd Seligmann, Allegria 2005

Lauterwasser, Alexander, *Wasser, Klang, Bilder,* AT-Verlag 2002

Lawlor, Robert, *Sacred Geometry: Philosophy and Practice*, Thames & Hudson 2001

Lewin, Roger, *Die Komplexitätstheorie. Wissenschaft nach der Chaosforschung*, aus dem Amerikanischen von Hainer Kober, Droemer Knaur 1996

Lévi-Strauss, Claude, *Das wilde Denken*, aus dem Französischen von Hans Naumann, Suhrkamp 1973

Lipton, Bruce, *Intelligente Zellen. Wie Erfahrungen unsere Gene steuern*, aus dem Englischen von Nayoma de Haën, Koha 2006

„Embracing the Immaterial Universe" in *Shift. At the Frontiers of Consciousness*, Nr. 9 Dezember 2005, S. 8-12

Lommel, Pim van et al., „Near-Death Experience in Survivors of Cardiac Arrest: A Prospective Study in the Netherlands", *The Lancet*, Vol. 358, 15. Dezember 2001, S. 202-204

Lommel, Pim van, „Het leven gaat door" (Das Leben geht weiter), Interview von Tijn Touber in *Ode* Nr. 82, Dezember 2005, S. 28-33. Der Artikel von Tijn Touber ist in deutscher Übersetzung nachzulesen in: Tijn Touber, „Ein neuer Lebensvertrag" in *Theosophie* Nr. 4/2006, S. 147-154; online unter www.theosophie.de/images/stories/pdf/42006-5.pdf

Magueijo, João, *Schneller als die Lichtgeschwindigkeit. Der Entwurf einer neuen Kosmologie*, aus dem Englischen von Hainer Kober, Bertelsmann 2003

Margulis, Lynn, *Symbiosis in Cell Evolution, Freeman* 1981

Marinelli, Ralph; Fuerst, Branko; Zee, Hoyte van der; McGinn, Andrew und Marinelli, William, „The Heart is not a Pump: A Refutation of the Pressure Propulsion Premise of the Heart Function", in *Frontier Perspectives* (Zeitschrift des Center for Frontier Sciences an der Temple University in Philadelphia), Vol. 5 Nr. 1, Herbst/Winter 1995

Maturana, Humberto R. und Varela, Francesco J., *Der Baum der Erkenntnis. Die biologischen Wurzeln menschlichen Erkennens*, aus dem Spanischen von Kurt Ludewig, Scherz 1987

McArthur, Bruce, *Your Life: Understanding the Universal Laws*, A. R. E. Press 1993

McCraty, Rollin; Bradley, Raymond Trevor und Tomasino, Dana, „The Resonant Heart", in *Shift, At the Frontiers of Consciousness* Nr. 5, Dezember 2004-Februar 2005, S. 15-19

McFadden, Steven, *Stimmen der Weisheit. Indianerälteste sprechen über Mutter Erde*, Arun 2000

McFarlane, Thomas, *Einstein and Buddha: The Parallel Sayings*, Ulysses Press 2002

McTaggart, Lynne, *Das Nullpunkt-Feld*, aus dem Englischen von Gisela Kretzschmar, Goldmann 2003

Medicine Eagle, Brooke, *Buffalo Woman Comes Singing*, Ballantine Books 1991

Milanovich, Norma und McCune, Shirley, *The Light Shall Set You Free. Athena Publishing* 1996

Moody, Raymond, *Leben nach dem Tod*, aus dem Englischen von Hermann Gieselbusch, Lieselotte Mietzner und Thorsten Schmidt, Rowohlt Taschenbuch Verlag 11. Auflage 2009 (Erstausgabe Rowohlt 1977, erweiterte Neuausgabe Rowohlt Taschenbuch Verlag 2001)

Nichol, Lee (Hrsg.), *The Essential David Bohm*, Routledge 2003

Orloff, Judith, *Positive Energie: Wie Sie Stress und Angst in Vitalität und Liebe verwandeln*, aus dem Englischen von Rita Höner, Goldmann 2005

Paramahansa Yogananda, *Autobiographie*, aus dem Amerikanischen von Marie-Therese Hartogs und Ursula Rahn-Huber, Nietsch 2006

Pearce, Joseph Chilton, *Biologie der Transzendenz. Neurobiologische Grundlagen für die harmonische Entfaltung des Menschen*, aus dem Englischen von Ute Weber, Arbor Verlag 2004

Penrose, Roger, *Computerdenken: Des Kaisers neue Kleider oder die Debatte um künstliche Intelligenz, Bewusstsein und die Gesetze der Physik*, mit einem Vorwort von Martin Gardner und einem Vorwort zur deutschen Ausgabe von Dieter Wandschneider, aus dem Englischen von Michael Springer, Spektrum Akademischer Verlag 1991/2002

Pert, Candace, *Moleküle der Gefühle, Körper, Geist und Emotionen*, aus dem Englischen von Hainer Kober, Rowohlt 1999

Pinkola Estes, Clarissa, *Die Wolfsfrau. Die Kraft der weiblichen Urinstinkte*, aus dem Englischen von Mascha Rabben, Heyne 1993.

Platon, *Timaios*, z.B. unter www.zeno.org/Philosophie/M/Platon/Timaios

Polak, Fred, *The Image of the Future*, Oceana Publications 1961

Pond, Dale; Keely, John; Tesla, Nikola; Cayce, Edgar and seven others, *Universal Laws Never Before Revealed: Keely's Secrets*, Infotainment World Books, revidierte Auflage 1995

Pond, Dale; Cayce, Edgar; Keely, John; Steiner, Rudolf und Tesla, Nikola, *The Physics of Love: The Ultimate Universal Laws*, The Message Company 1996

Powell, Diane, „We are all Savants" in *Shift. At the Frontiers of Consciousness*, Nr. 10, Dezember 2005-Februar 2006, S. 14-17

Das Möbius-Bewusstsein: Warum es paranormale Fähigkeiten gibt und wie wir sie trainieren können, aus dem Englischen von Elisabeth Liebl, Goldmann 2009

Prigogine, Ilya und Stengers, Isabelle, *Dialog mit der Natur. Neue Wege wissenschaftlichen Denkens*, aus dem Englischen von Friedrich Griese, Piper 1980

Purce, Jill, *Die Spirale. Symbol der Seelenreise*, aus dem Englischen von Hans-Ulrich Möhring, Kösel 1993

Puthoff, Hal E., „Searching for the Universal Matrix in Metyphysics" in Research News and Opportunities in Science No. 8/2002 S. 22 ff. sowie auf http://earthtech.org/publications/RNOST_v2_p22.pdf

Radin, Dean, *The Conscious Universe: the Scientific Truth of Psychic Phenomena,* Harper*Edge* 1997

„The Emperor's New Media. Science, Psi and Skeptics. Breaking the Silence", in *Shift. At the Frontiers of Consciousness* Nr. 2 März-Mai 2004, S. 34-37

„Dishing up Entanglement" in *Shift. At the Frontiers of Consciousness* Nr. 10, März-Mai 2006, S. 36-38

Entangled Minds: Extrasensory Experience in a Quantum Reality, Paraview 2006

Ravindra, Ravi, *Science and the Sacred: Eternal Wisdom in a Changing World*, Quest Books 2002

Ray, Paul, „The Rise of Integral Culture" in *Noetic Sciences Review* Nr. 37, Frühjahr 1996

Reading, Nigel, „Dynamical Symmetries: Mathematical Synthesis between Chaos Theory (Complexity), Fractal Geometry and the Golden Mean" in *Architectural Design* 64: 11/12, S. xii-xv

Reik, Wolf und Surani, Azim, *Genomic Imprinting*, Oxford University Press 1997

Roney-Dougal, Serena, *Wissenschaft und Magie*, aus dem Englischen von Dagmar Kreye, Zweitausendeins 1993

Rose, Sharron, *Der Weg der Priesterin: Die Rolle der Frau als Weise, Heilerin und Verkörperung der Göttin*, aus dem Englischen von Martina Kempff, Ansata 2003

Rosen, Eliot Jay (Hrsg.), *Experiencing the Soul*, Hay House 1998

Rosenthal, Robert und Jacobson, Lenore, *Pygmalion im Unterricht: Lehrererwartungen und Intelligenzentwicklung der Schüler*, aus dem Amerikanischen von Ingeborg Brinkmann, Beltz 1971

Rosenthal, Robert, „Covert Communications in Classrooms, Clinics and Courtrooms" in *Eye on Psi Chi* Vol. 3, Nr. 1 1998, S. 18-22, herausgegeben von *Psi Chi – Gesellschaft für herausragende Leistungen in der Psychologie*, Chattanooga, Tennessee, USA

Russell, Peter, *Quarks, Quanten und Satori: Wissenschaft und Mystik – zwei Erkenntniswege treffen sich*, aus dem Englischen von Barbara Diederichs, Kamphausen 2002.

Russell, Walter, *The Science of Thinking and Action*, 1935; Quelle: www.philosophy.org/articles

Geheimnis des Lichtes. Das universale Partnerprinzip, aus dem Englischen von Dagmar Neubronner, Genius-Verlag 2002

Sadhguru Jaggi Vasudev, *Mystic Musings: Sadhguru, a profound Mystic of our times*, Wisdom Tree, New Delhi 2003.

Sahtouris, Elisabet, *Earth Dance: Living Systems in Evolution*, University Press New York 2000

„A Tentative Model for a Living Universe", Part Two (2003), www.sahtouris.com (articles), inzwischen durch eine überarbeitete Version ersetzt: „Prologue to a New Model of a Living Universe", Beitrag für: Trish Pfeiffer, John E. Mack (Hrsg.), *Mind Before Matter*, John Hunt Publishing 2007

Schneider, Michael S., *The Beginner's Guide to Constructing the Universe*, Harper Perennial 1995

Shah, Idries, *Tales of the Dervishes, Teachings of the Sufi Masters over the Past Thousand Years*, Penguin Compass 1970/1993

Shearer, Alistair und Russell, Peter, *The Upanishads*, Bell Tower 1978/2003; in deutscher Übersetzung sind einige wesentliche Upanischaden erschienen als: Walter Slaje, *Upanischaden. Arkanum des Veda*, Verlag der Weltreligionen im Insel Verlag 2009

Sheldrake, Rupert, *Das schöpferische Universum. Die Theorie des morphogenetischen Feldes*, aus dem Englischen von Waltram Landmann und Klaus Wessel, Meyster 1983; aktualisierte und erweiterte Neuausgabe Ullstein 2009

Der siebte Sinn des Menschen. Gedankenübertragung, Vorahnungen und andere unerklärliche Fähigkeiten , aus dem Englischen von Michael Schmidt, Scherz 2003

„Cause and Effect in Science: A Fresh Look", in *Noetic Sciences Review*, Nr. 11, Sommer 1989, S. 8 ff

„Fields of Form" in *Shift, At the Frontiers of Consciousness* Nr. 5, Dezember 2004-Februar 2005, S. 27-31

Sheldrake, Rupert; McKenna, Terence und Abraham, Ralph H., *Denken am Rande des Undenkbaren*, aus dem Englischen von Hans-Ulrich Möhring, Scherz 1993

Sicher, Fred und Targ, Elisabeth et al., „A Randomized Double-blind Study of the Effect of Distant Healing in a Population with Advanced AIDS: Report of a Small-scale Study“, *Western Journal of Medicine*, 1998, 168 (6), S. 356-363

Slavenburg, Jacob, *Die geheimen Worte. Eine Entdeckungsreise durch 25 Jahrhunderte Gnosis*, aus dem Niederländischen von Konrad Dietzfelbinger, DRP-Rosenkreuz-Verlag 2001

Sogyal Rinpoche, *Das Tibetische Buch vom Leben und Sterben*, überarbeitete und aktualisierte Neuausgabe, Fischer 2006 (Erstauflage 2004)

Stapp, Henry P., *Mind, Matter and Quantum Mechanics,* Springer 1993

Stewart, Ian, *Das Rätsel der Schneeflocke. Die Mathematik der Natur*, aus dem Englischen von Andrea Kamphuis, Spektrum Akademischer Verlag 2002

Storm, Hyemeyohsts, *Lightningbolt. Die Weisheit der Medizinräder*, aus dem Amerikanischen von Norbert Schachner, Hugendubel 1997

Strohmeier, John und Westbrook, Peter, *Divine Harmony: The Life and Teachings of Pythagoras,* Berkeley Hills Books 1999/2003

Suzuki, David und Knudston, Peter, *Wisdom of the Elders. Sacred Native Stories of Nature*, Bantam 1992

Tagore, Rabindranath, *Verirrte Vögel*, nach der von Tagore selbst besorgten englischen Ausgabe ins Deutsche übertragen von Helene Meyer-Franck, Hyperion 2001 (Erstauflage 1960)

Talbot, Michael, *Das holographische Universum. Die Welt in neuer Dimension*, aus dem Amerikanischen von Siegfried Schmitz, Droemer Knaur 1992

Tiller, William A., *Science and Human Transformation: Subtle Energies, Intentionality, and Consciousness*, Pavior Publishing 1997

Tiller, William A.; Dibble, Walter jun. und Kohane, Michael, *Conscious Acts of Creation. The Emergence of a New Physics,* Pavior Publishing 2002

Tolle Eckhart, *Jetzt! Die Kraft der Gegenwart*, aus dem Amerikanischen von Christine Bolam und Marianne Savita Nentwig, Kamphausen 2011 (Erstauflage 2000)

Toynbee, Arnold Joseph, *Der Gang der Weltgeschichte,* nach der gekürzten, von Toynbee autorisierten Somervell-Ausgabe übersetzt von Jürgen von Kempski, Europa Verlag 1949/1958

Tucker, Jim B., *Life Before Life. A Scientific Investigation of Children's Memories of Previous Lives*, St. Martin's Press 2005

Villoldo, Alberto, *Das geheime Wissen der Schamanen. Wie wir uns selbst und andere mit Energiemedizin heilen können*, aus dem Amerikanischen von Burkhard Hickisch, Goldmann 2001

Visscher, Marco, „Het pilletje om eigen bestwil“ in *Ode* Magazine, 2006, Nr. 86, S. 27-33. Die komplette Studie ist nachzulesen auf http://archpsyc.jamanetwork.com/article.aspx?articleid=481982&resultClick=3)

Waters, Frank, *Das Buch der Hopi. Nach den Berichten der Stammesältesten aufgezeichnet von Kacha Hónaw (Weißer Bär)*, aus dem Englischen von Silvia Dorn, Diederichs 1990

Wehr, Gerhard (Hrsg.), *Die Gottesgeburt im Seelengrund. Vom Adel der menschlichen Seele*, Herder 1990

Wesselman, Hank, *Die zwölf Wahrheiten des Nainoa*, aus dem Englischen von Monika Curths, Scherz 1995

West, John Anthony, *Die Schlange am Firmament*, aus dem Amerikanischen von Xenia Osthelder, Zweitausendeins 2000

Winter, Daniel, *Implosion's Grand Attractor*, E-Book im Eigenverlag, überarbeitete Version 2012, herunterzuladen von http://www.goldenmean.info/newbook/

Wolf, Fred Alan, *Mind into Matter. A New Alchemy of Science and Spirit*, Moment Point Press 2001

Ywahoo, Dhyani, *Am Feuer der Weisheit. Die geheimen Überlieferungen der Tsalagi-Indianer*, aus dem Amerikanischen von Peter Hübner, Theseus 2001 (Erstauflage 1988)

Zopa Rinpoche, Lama, *Probleme umwandeln. Wie Du glücklich sein kannst, wenn Du es nicht bist*, aus dem Englischen von Gabriele Hildebrandt und Claudia Wellnitz, Diamant-Verlag 1997

Anmerkungen

1 Bruce McArthur, *Your Life: Understanding the Universal Laws*, A. R. E. Press 1993, S. 4.

2 Idries Shah, *Tales of the Dervishes, Teachings of the Sufi Masters over the Past Thousand Years*, Penguin Compass 1970/1993, S. 25-26.

3 Dhyani Ywahoo, *Voices of Our Ancestors*, 1987, S. 88. (Dt.: *Am Feuer der Weisheit. Die geheimen Überlieferungen der Tsalagi-Indianer*, aus dem Amerikanischen von Peter Hübner, Theseus 2001 [Erstauflage 1988]).

4 Walter Russell, *The Science of Thinking and Action*, 1935; Quelle: www.philosophy.org/articles

5 Das mechanistische Weltbild fußt auf der Prämisse, dass alles im Universum wie eine Maschine funktioniert und aus Einzelteilen besteht.

6 Thomas Kuhn, *The Structure of Scientific Revolutions*, 1962. Dt.: *Die Struktur wissenschaftlicher Revolutionen*, Suhrkamp, Übersetzung von Kurt Simon, ab der zweiten Auflage revidiert von Hermann Vetter, 23. Auflage 2012 (Erstauflage 1967).

7 Zitiert in Thomas J. McFarlane, *Einstein and Buddha: The Parallel Sayings*, Ulysses Press 2002, S. 36; zitiert aus Goddard, Dwight (Hrsg.), *A Buddhist Bible*, Boston, Beacon Press 1970, S. 293.

8 Zitiert in Valerie Hunt, *Infinite Mind*, 1996, S. 105, aus Shakyamuni Buddha, *The Dhammapada*, Dharma Publications 1985.

9 Ravi Ravindra, *Science and the Sacred: Eternal Wisdom in a Changing World*, 2002, S. 37, S. 29 und S. 37-38.

10 Aus einem Interview mit Sadhguru Jaggi Vasudev für die Zeitschrift *Evolve* nach Erscheinen des Buches *Mystic Musings: Sadhguru, a profound Mystic of our times*, Wisdom Tree, New Delhi 2003.

11 Helmut Hille, „*Könntet Ihr mit meinem Herzen denken*" *Der philosophische Kern der Lehre Meister Eckharts anhand seiner deutschen Texte*, www.helmut-hille.de/eckhart2.html. Von Hille verwendete Quellen: *Meister Eckharts deutsche Predigten und Traktate*, Ausgewählt, übertragen und eingeleitet von Friedrich Schulze-Maizier, Leipzig Insel-Verlag 1927/28 und *Meister Eckhart, Ein Breviarium aus seinen Schriften*, Ausgewählt und in unser Deutsch übertragen von Alois Bernt, Insel-Verlag 1951

12 Ravi Ravindra in seinem Artikel „Truth and Love" im Textbuch zur Konferenz *Paths to Peace – Soul in Education*, Budapest, Oktober 2004, S. 47-51.

13 Andrew Harvey, *The Essential Mystics*, Castle Books 1996, S. xi.

14 R. van den Broek & G. Quispel, *Corpus Hermeticum*, 1990/2003, S. 27-35. Eine deutsche Version findet sich z.B. in *Die Traktate des Corpus Hermeticum*, hrsg. und übers. von Maria Magdalena Miller, Novalis 2004, S. 97-105

15 Glenn Cark, *Walter Russell – Vielfalt im Einklang. „Der Mann, der Zugang zu den Geheimnissen des Universums hatte"*, aus dem Engl. von Dagmar Neubrunner, Genius Verlag, Erstausgabe 1999, S. 9-11.

16 Ebendort S. 55-56.
17 Ebendort S. 56-57.
18 Ebendort S. 58-59.
19 Aus einem Interview mit Sadhguru Jaggi Vasudev für die Zeitschrift *Evolve* nach Erscheinen des Buches *Mystic Musings: Sadhguru, a profound Mystic of our times*, Wisdom Tree, New Delhi 2003.
20 Hans Stolp in seinem Artikel *De Nag Hammadi-geschriften voor het leven van alledag* in der Zeitschrift *Prana* Nr. 147, Februar/März 2005, S. 36. In seinem Artikel betont Hans Stolp, dass die Schriften von Nag Hammadi Vorboten einer Revolution im Christentum, wie es heute in den Kirchen gepredigt wird, sind und uns ein völlig neues Bild des menschlichen Daseins vermitteln. „Nach klassischer kirchlicher Lehre haben wir uns daran gewöhnt, dass es vier Evangelien gibt: Matthäus, Markus, Lukas und Johannes. Wir haben uns auch daran gewöhnt, dass diese Evangelien eine Beschreibung des Lebens Jesu enthalten: seiner Geburt, seines Leidens, seines Todes und seiner Auferstehung. Doch dann wurde 1945 das fünfte Evangelium entdeckt: das Thomas-Evangelium. Und in diesem Evangelium finden wir nicht ein einziges Wort über Jesu Geburt, Leiden und Tod. Hier lesen wir etwas völlig anderes. Wir finden hundertvierzehn Aussagen oder mit anderen Worten hundertvierzehn Anweisungen, die uns zeigen, wie ein Mensch leben sollte, der den Weg nach innen gehen will. Das wahre Evangelium oder das Original-Evangelium ist daher nichts anderes als eine Zusammenstellung hilfreicher Wegweisungen, wie wir – auch heute – den Weg nach innen finden können."
21 Andrew Harvey, *Essential Mystics*, S. 169.
22 Bruce McArthur, *Your Life: Understanding the Universal Laws*, 1993, S. 119. Edgar Cayce wurde insbesondere durch seine medizinischen Diagnosen berühmt, die er in einer Art Trancezustand erteilte und die sich ausnahmslos als zutreffend erwiesen.
23 Alistair Shearer und Peter Russell, *The Upanishads*, Bell Tower 1978/2003, S. 100.
24 Zitiert in Thomas J. McFarlane, *Einstein and Buddha: The Parallel Sayings*, 2002, S. 68; zitiert aus Goddard, Dwight (Hrsg.), *A Buddhist Bible*, Boston, Beacon Press 1970, S. 104.
25 Siehe zum Beispiel die Cherokee Dhyani Yawoo in ihrem Buch *Voices of Our Ancestors*, 1987 (Dt.: *Am Feuer der Weisheit. Die geheimen Überlieferungen der Tsalagi-Indianer*, Theseus 2001); die Zero-Häuptlingsfrau Estcheemah in dem Buch *Lightningbolt* von Hyemeyohsts Storm, 1994 (dt. *Lightningbolt. Die Weisheit der Medizinräder*, aus dem Amerikanischen von Norbert Schachner, Hugendubel 1997); die Hopi in dem Buch *Book of the Hopi: The first Revelation of the Hopi's Historical and Religious Worldview of Life* von Frank Waters 1963 (Dt.: *Das Buch der Hopi. Nach den Berichten der Stammesältesten aufgezeichnet von Kacha Hónaw (Weißer Bär)*, aus dem Englischen von Silvia Dorn, Diederichs 1990); der Maya Hunbatz Men, unter anderem in *Profiles in Wisdom: Native Elders Speak About the Earth* von Steven McFadden 1991, S. 225-241 (Dt: *Stimmen der Weisheit. Indianerälteste sprechen über Mutter Erde*, Arun 2000).

26 Zitiert auf www.goldenmuseum.com aus Losev, A. F. „Antiker Kosmos und moderne Wissenschaft" in *Sein – Name – Kosmos*, Moskau 1993, veröffentlicht auf Russisch.

27 *Kybalion* S. 16, als PDF verfügbar bei www.hermetics.org.

28 João Magueijo, *Faster Than the Speed of Light*, 2003 (Dt.: *Schneller als die Lichtgeschwindigkeit. Der Entwurf einer neuen Kosmologie*, aus dem Englischen von Hainer Kober, Bertelsmann 2003).

29 Wo die Grenze zwischen beidem liegen sollte, blieb jedoch unklar.

30 So wurde zum Beispiel der britische Biologe Rupert Sheldrake nach der Veröffentlichung seiner Theorie der morphogenetischen Felder im Jahr 1981 vom Verleger der britischen Wissenschaftszeitschrift *Nature* wortwörtlich der Ketzerei beschuldigt

31 Glenn Cark, *Walter Russell- Vielfalt im Einklang. „Der Mann, der Zugang zu den Geheimnissen des Universums hatte"*, aus dem Engl. von Dagmar Neubrunner, Genius Verlag 1999.

32 Rupert Sheldrake, Terence McKenna und Ralph H. Abraham, *Denken am Rande des Undenkbaren*, aus dem Englischen von Hans-Ulrich Möhring, Piper 2007, S. 51 (Erstausgabe Scherz 1993)

33 Marilyn Ferguson, die Verfasserin des berühmten Buches *The Aquarius Conspiracy* (1980; dt. *Die sanfte Verschwörung: persönliche und gesellschaftliche Transformation im Zeitalter des Wassermanns*, aus dem Amerikanischen von Thomas Reichau, Sphinx 1982) schlägt in ihrem späteren Werk *Aquarius Now! – Radical Common Sense and Reclaiming Our Personal Sovereignty* (2005, dt. *Die sanfte Revolution. Gelebte Visionen für eine menschlichere Welt*, aus dem Amerikanischen von Karin Petersen, Kösel 2007) dafür den Begriff „radical common sense" vor – in diesem Sinne mit „radikaler gemeinsamer Sinn" zu übersetzen, d.Ü. – Diesen gemeinsamen Sinn beschreibt sie nicht als Gedanken, sondern als die Fähigkeit, neu und zielgerichtet zu denken. Es geht nicht darum, was wir wissen, sondern wie wir es wissen. Das Wort „radikal" stammt vom Lateinischen *radix* und bedeutet „Wurzel". Sie schreibt: „Radikal bedeutet nicht 'weit draußen', sondern 'weit drinnen'. Wenn wir beim Radikalen anlangen, dann kommen wir der Essenz – der Wurzel des Problems – nahe. Wahrer gemeinsamer Sinn ist Körper, Geist und Herz, wahrgenommen im Moment. Es ist Zeit, dass wir diese beiden zentralen Begriffe, des 'Radikalen' und des 'gemeinsamen Sinnes', für uns wieder einfordern."

34 Siehe www.goldenmuseum.com

35 Zitiert in Thomas J. McFarlane, *Einstein and Buddha: The Parallel Sayings*, 2002, S. 43; dort zitiert aus Shankara's Crest Jewel of Discrimination (*Viveka-Chudamani*), übers. von Christopher Isherwood, Vedanta Press 1971, S. 98

36 Timothy Freke und Peter Gandy, *The Hermetica: The Lost Wisdom of the Pharaohs*, 1997, S. 46.

37 Laotse, *Tao Te King*, übersetzt und mit einem Kommentar von Richard Wilhelm, Diederichs 1998 (Erstausgabe 1978); Wilhelm übersetzt Tao mit SINN, deshalb dort wörtl.: „Der SINN, der sich aussprechen lässt, ist nicht der ewige SINN."

38 Timothy Freke und Peter Gandy, *The Hermetica: The Lost Wisdom of the Pharaohs*, Penguin Putnam 1997, S. 46-47.

39 Brooke Medicine Eagle, *Buffalo Woman Comes Singing*, Ballantine Books 1991, S. 6.

40 Ravi Ravindra in seinem Artikel ,"Truth and Love" im Handbuch zur Konferenz *Paths to Peace – Soul in Education*, Budapest, Oktober 2004, S. 47-51.

41 Deepak Chopra, *Die sieben geistigen Gesetze des Erfolgs*, aus dem Amerikanischen von Annette von Charpentier, Allegria, Neuausgabe 2004, S. 17.

42 Ebendort S. 20.

43 Fred Alan Wolf, *Mind into Matter. A New Alchemy of Science and Spirit*, Moment Point Press, 2001, S. 7.

44 Hal Puthoff in Lynne McTaggert, *Das Nullpunkt-Feld. Auf der Suche nach der kosmischen Ur-Energie*, Goldmann 2007, S. 41-55.

45 Das Michelson-Morley-Experiment von 1887.

46 Um ein gewisses Bild dafür zu vermitteln, was wir unter einem reibungslosen Energiemeer von extrem hoher Dichte zu verstehen haben, wird zuweilen der Vergleich zu supergekühltem Helium gezogen. Wird das Gas Helium allmählich heruntergekühlt, wird es zunächst flüssig. Bei weiterer Kühlung wird diese Flüssigkeit suprafluide (superflüssig). Ervin Laszlo schreibt in seinem Buch *Zu Hause im Universum. Eine neue Vision der Wirklichkeit* (Allegria 2010, S. 69), dass supergekühltes Helium, obwohl es superdicht ist, Gegenständen, die es durchdringen wollen, keinen Widerstand entgegensetzt. Es fließt reibungslos durch Risse und Öffnungen, die so klein sind, dass nichts anderes, noch nicht einmal ein dünneres Gas, sie passieren kann – zumindest nicht ohne messbare Reibung. Genau wie suprafluides Helium tritt das grundlegende Energiefeld sowohl in suprafluider als auch in superdichter Form auf.

47 In Form des sogenannten Casimir-Effekts.

48 Hal Puthoff, „Searching for the Universal Matrix in Metyphysics" in Research News and Opportunities in Science No. 8/2002 S. 22 ff. sowie auf http://earthtech.org/publications/RNOST_v2_p22.pdf

49 Dean Radin, *Entangled Minds: Extrasensory Experiences in a Quantum Reality*, Paraview 2006, S. 1.

50 Die Quantenverschränkung wurde von dem irischen Physiker John S. Bell vorhergesagt und später durch den französischen Physiker Alain Aspect experimentell bestätigt. In dem Experiment zeige Aspect, dass subatomare Teilchen einander unter bestimmten Umständen gegenseitig unmittelbar – das heißt ohne jeglichen Zeitverlust - beeinflussen können, selbst wenn sie sich in großer Entfernung zueinander befinden. Diese Entdeckungen haben weitreichende Konsequenzen, weil sie nämlich mit Albert Einsteins These, dass nichts schneller sein kann als das Licht, im Konflikt stehen. Dies zeigt, dass es tatsächlich eine Realitätsebene gibt, die „jenseits von Raum und Zeit" existiert. 1998 und 2004 wurde dasselbe Phänomen durch Nicholas Gisin von der Universität Genf erneut bestätigt.

51 Ervin Laszlo, *Zu Hause im Universum. Eine neue Vision der Wirklichkeit*, aus dem Amerikanischen von Bernd Seligmann, Allegria 2005, S. 57.

52 Gary E. Schwartz, „Intelligent Evolution" in *Shift. At the Frontiers of Consciousness*, Zeitschrift des Institute of Noetic Sciences (IONS), Nr. 11 Juni-August 2006, S. 10-14.

53 Mehr darüber im nächsten Kapitel.

54 Stanislav Grof, „Alternative Cosmologies and Altered States" in *Noetic Sciences Review* Nr. 32, Winter 1994, S. 21-29.

55 Forschungsergebnisse, die Ervin Laszlo in *Zu Hause im Universum. Eine neue Vision der Wirklichkeit*, Allegria 2010, S. 195 zitiert.

56 John Hagelin, zitiert in *A Reason to Vote*, Kapitel 12: „Science, Consciousness, and Public Policy" unter http://weblife.org/vote/chapter12.hmtl

57 Dean Radin, „The Emperor's New Media. Science, Psi and Skeptics. Breaking the Silence", in *Shift. At the Frontiers of Consciousness*, Zeitschrift des Institute of Noetic Sciences (IONS), Nr. 2 März-Mai 2004, S. 34-37.

58 Herbert G. Lebherz, Professor für Biochemie an der San Diego State University; Auszug aus seiner Empfehlung für das Buch *The Hidden Domain* von Norman Friedman (1997). Er bezeichnet dieses Buch, das auf seriöser wissenschaftlicher Forschung (einschließlich Quantenbiologie und Quantenphysik) beruht und einen nichtmaterialistischen, quantenphysikalischen Blick auf die bewusste Energie am Ursprung aller Schöpfung wirft, als von hohem Wert. Siehe http://brassring-books.com/store4/normbk2.htm.

59 Die Entdeckungen der Quantenphysik zeigen, dass Moleküle und Atome im Grunde nicht aus Materie, sondern aus „Wellenfunktionen" bestehen. „Wellenfunktionen" sind Möglichkeiten, und allem Anschein nach hat Bewusstsein einen Einfluss auf diese „Wellenfunktionen". Unter dem Einfluss von Bewusstsein können aus subatomaren Möglichkeitswellen Atome entstehen und daher theoretisch Materie. Infolgedessen stellt Amit Goswami die Frage, was dann Bewusstsein erschafft. Die alte Vorstellung, wonach Bewusstsein durch das Gehirn erzeugt wird, ist seiner Meinung nach ein Paradoxon, wenn man bedenkt, dass das Gehirn aus Materie besteht. Seiner Ansicht nach muss es daher so sein, dass die grundlegende Beschaffenheit der Wirklichkeit Bewusstsein ist und Materie ein Phänomen ist, das durch Bewusstsein erzeugt wird.

60 Siehe „The Primacy of Consciousness" von Peter Russell auf seiner Website www.peterussell.com

61 Fred Alan Wolf in Eliot Jay Rosen (Hrsg.) *Experiencing the Soul*, Hay House 1998, S. 250-251

62 Die Inschrift auf der Smaragdtafel wird dem Hermes Trismegistos, dem Ägypter Thoth, zugeschrieben. Siehe zum Beispiel „De Tabula Smaragdina" von Heleen de Jong in *Prana* Nr. 147, Februar-März 2005 S. 86-87 und „Zo binnen, zo buiten" von Peter Huijs in derselben Ausgabe von *Prana*, S. 58-68.

63 *Kybalion* S. 39, als PDF verfügbar bei www.hermetics.org.

64 Im nächsten Kapitel, über das dritte Universalgesetz – das Gesetz der Schwingung – werden wir detailliert darauf eingehen und sehen, dass der „Dichtegrad" auch als höhere oder niedrigere Schwingungsfrequenz bezeichnet werden kann.

65 Tom Brown jun. hat in mehreren Büchern über das außergewöhnliche Leben von Großvater Stalking Wolf berichtet, zum Beispiel in *Das Vermächtnis der Wildnis*, aus dem Amerikanischen von Thomas Lindquist, Ansata 1992; *Großvater*, übers. von Thomas Lindquist, Ansata 1994 und *Leben aus dem Geist der Wildnis*, aus dem Amerikanischen von Annemarie Döring, Ansata 1995.

66 David Cooper, *God is a Verb. Kabbalah and the Practice of Mystical Judaism*, Riverhead 1998, S. 36.
67 Siehe zum Beispiel Hank Wesselman, *Die zwölf Wahrheiten des Nainoa*, 1997 – nach Angaben von Serge Kahili King.
68 Dokumentarfilm *The Great Dance: A Hunter's Story*, USA/Südafrika 2000, von Craig und Damon Foster, mit Karohe Langwane, Xlhoase Xlhokhne und !Nqate Wqamxebe. Der Jäger !Nqate ist der Erzähler und hat die Hauptrolle. Der Dokumentarfilm wurde ausgezeichnet mit dem WWF Golden Panda Award und dem Publikumspreis „Delegates Choice" beim Naturfilmfestival Wildscreen 2000. Die Aufnahmen wurden an Original-Schauplätzen in der Kalahari-Wüste in Botswana gemacht.
69 Tom Brown jun., *Tom Brown's Field Guide to Nature Observation and Tracking*, 1983, S. 63.
70 Hank Wesselman, *Die zwölf Wahrheiten des Nainoa*, aus dem Englischen von Monika Curths, Scherz 1995, S. 171.
71 Sri Yukteswar in Paramahansa Yogananda *Autobiographie*, aus dem Amerikanischen von Marie-Therese Hartogs und Ursula Rahn-Huber, Nietsch 2006, S. 288-289.
72 Nicht alle Traditionen beschreiben die Seele gleich. Einigen Traditionen zufolge setzt sich diese Lebensessenz, diese Seele der Menschen aus drei Aspekten zusammen. Der erste Seelenaspekt ist der Geistkörper. Der zweite ist der Lebensatem oder Lebensodem; er ist Teil der allgegenwärtigen Lebensenergie. Nur Menschen und Tiere verfügen über diesen Aspekt des Lebensodems. Pflanzen und Steine besitzen den Geistaspekt der Seele, nicht jedoch den Aspekt des Odems. Die Seele des Menschen unterscheidet sich von den Seelen anderer Lebensformen dadurch, dass sie noch einen dritten Aspekt hat, nämlich unser Selbst-Bewusstsein. Zwar haben auch Pflanzen und Tiere eine Seele, jedoch verfügen Tiere nur über zwei Seelenaspekte – den Geistkörper und den Lebensodem – und Pflanzen und Steine haben nur einen Seelenaspekt, den Geistkörper.
73 David Cooper, *God is a Verb. Kabbalah and the Practice of Mystical Judaism*, Riverhead 1998, S. 37.
74 Im *Yajurveda*, einem der vier Bücher der Veden.
75 David Cooper, *God is a Verb. Kabbalah and the Practice of Mystical Judaism*, Riverhead 1998, S. 37.
76 Charles Tart in Eliot Jay Rosen (Hrsg.) *Experiencing the Soul*, Hay House 1998, S. 229.
77 1971 erhielt Dennis Gabor den Nobelpreis für seine Konstruktion des ersten Hologramms.
78 Fred Alan Wolf in Eliot Jay Rosen (Hrsg.) *Experiencing the Soul*, Hay House 1998, S. 246.
79 In *Shift. At the Frontiers of Consciousness*, Zeitschrift des Institute of Noetic Sciences (IONS), Nr. 2 März-Mai 2004, S. 8. Richard Sadler zitierte aus *The Scotsman*, 11. Sept. 2003.
80 Das Prinzip der Interferenzmuster von Wellen kann kurz gefasst als das Phänomen beschrieben werden, das beim Aufeinandertreffen von Wellen entsteht: Manche Wellen verstärken sich gegenseitig (konstruktive Interferenz), wohinge-

gen andere sich gegenseitig auslöschen (destruktive Interferenz). Daraus entsteht ein neues Wellenmuster, das Informationen über die Herkunftsgeschichte enthält und holografisch ist, das heißt, dass jeder Teil des Schwingungsmusters die Information des Ganzen enthält.

81 Kenneth Ring in Eliot Jay Rosen (Hrsg.) *Experiencing the Soul*, Hay House 1998, S. 237-244.

82 Pim van Lommel et al., „Near-Death Experience in Survivors of Cardiac Arrest. A Prospective Study in the Netherlands“, in *The Lancet* Vol. 358, 15. Dezember 2001, S. 2039-2045.

83 In einem Interview von Tijn Touber, „Het leven gaat door“ (Das Leben geht weiter) in *Ode* Nr. 82, Dezember 2005, S. 28-33, sagt Pim van Lommel: „Früher wurden diese Erlebnisse physiologischen, psychologischen, pharmakologischen oder religiösen Ursachen zugeschrieben. Etwa: Sauerstoffmangel, Endorphinausschüttung, Blockade bestimmter Rezeptoren, Todesangst, Halluzinationen, religiösen Erwartungen oder einer Kombination dieser Faktoren. Unsere Forschungen deuten jedoch darauf hin, dass keiner dieser Faktoren einen Einfluss darauf hat, ob jemand eine Nahtod-Erfahrung hat oder nicht.“

84 Aus einem Interview von Tijn Touber, „Het leven gaat door“ (Das Leben geht weiter) in *Ode* Nr. 82, Dezember 2005, S. 28-33: „Van Lommel weist darauf hin, dass der amerikanische Computerwissenschaftler Simon Berkovich und der holländische Gehirnforscher Herms Romijn unabhängig voneinander zu der gleichen Schlussfolgerung kamen: Dass es für das Gehirn unmöglich ist, alles zu speichern, was man in seinem Leben denkt und erfährt. Das würde eine Verarbeitungsgeschwindigkeit von 1024 bits pro Sekunde verlangen. Allein eine Stunde Fernsehen wäre für unser Gehirn bereits zu viel. ... Anatomisch und funktionell ist eine solche Verarbeitungsgeschwindigkeit unserem Gehirn einfach unmöglich. Der Artikel von Tijn Touber ist in deutscher Übersetzung nachzulesen in: Tijn Touber, „Ein neuer Lebensvertrag“ in *Theosophie* Nr. 4/2006, S. 147-154; online unter http://www.theosophie.de/images/stories/pdf/42006-5.pdf

85 In *Shift. At the Frontiers of Consciousness*, Zeitschrift des Institute of Noetic Sciences (IONS), Nr. 2 März-Mai 2004, S. 8. Richard Sadler zitierte aus *The Scotsman*, 11. Sept. 2003.

86 James Gleick, *Chaos. Making a New Science*, 1987, S. 116 (dt. *Chaos. Die Ordnung des Universums: Vorstoß in Grenzbereiche der modernen Physik*, Droemer Knaur 1988).

87 Zum Beispiel in dem Muster, in dem die Äste eines Baumes abzweigen, in den Mäandern von Flüssen und Nebenflüssen und zum Beispiel auch in den Verzweigungen der Bronchien in unserer Lunge.

88 Um 1990 nahmen die amerikanischen Astronomen Margaret Geller und John Huchra an, dass die Verteilung der Materie im Universum eher fraktal als gleichförmig sein könnte.

89 Bruce Lipton, *The Biology of Belief*, 2005, S. 37 (dt. *Intelligente Zellen: Wie Erfahrungen unsere Gene steuern*, Koha 2006).

90 Ebendort S. 89.

91 Jean Houston in Eliot Jay Rosen (Hrsg.) *Experiencing the Soul*, Hay House 1998, S. 78.

92 Stanislav Grof, „Alternative Cosmologies and Altered States" in *Noetic Sciences Review* Nr. 32, Winter 1994, S. 21-29.

93 Tätige Gehirnzellen senden elektrische Aktivität aus, und diese kann durch Anlegen empfindlicher Elektroden an den Kopf gemessen werden.

94 Im Allgemeinen zeigt ein EEG eine Kombination dieser vier Wellen, doch das Verhältnis, in dem diese verschiedenen Hirnströme auftreten, kann von einem Moment zum anderen und von Proband zu Proband stark abweichen. Deshalb wird normalerweise nur der in einem bestimmten Augenblick überwiegende Hirnstrom genannt.

95 Zum ersten Mal habe ich das von Tom Brown jun. erfahren, der im Alter von acht Jahren dem Lipan-Apachen Großvater Stalking Wolf begegnete und in seiner Kindheit und Jugend von ihm lernte. Als Tom Brown von Hirnströmen erfuhr, kam ihm sofort die Idee, dass es möglicherweise einen Zusammenhang geben könnte zu den verschiedenen Realitätsebenen, die er durch Großvater Stalking Wolf kennengelernt hatte. Aus eigener Erfahrung wusste er, dass unsere Fähigkeit, die verschiedenen Realitätsebenen wahrzunehmen, untrennbar mit unseren unterschiedlichen Bewusstseinszuständen verbunden ist. Deshalb mietete er sich Neurofeedback-Geräte und konnte selbst feststellen, was er bereits angenommen hatte: Die unterschiedlichen Bewusstseinszustände, in denen er die verschiedenen Realitätsebenen wahrnehmen konnte, stimmten in etwa mit den verschiedenen Hirnströmen überein. Aufgrund seiner eigenen Erfahrungen kam er zu dem Schluss, dass Theta-Wellen auch dann auftraten, wenn er sich in dem Bewusstseinszustand befand, in dem er die Welt des Geistes wahrnehmen konnte. Delta-Wellen wurden außerdem immer dann gemessen, wenn sein Bewusstsein mit dem „Land des Schamanen", wie Großvater Stalking Wolf es nannte, verschmolz.

96 Der bulgarische Psychiater Georgi Lozanov entdeckte Ende der 1960er, Anfang der 1970er Jahre, dass Studenten in diesem Alpha-Zustand in geringerer Lernzeit pro Tag fünfmal mehr Informationen aufnehmen konnten. Außerdem stellte er fest, dass sie die Informationen, die sie im Alpha-Zustand aufgenommen hatten, länger im Gedächtnis behalten konnten.

97 Der deutsche Physiker Winfried Otto Schumann entdeckte um 1930, dass in dem Raum zwischen der Erdoberfläche und dem Beginn der Ionosphäre ein elektromagnetisches Feld existiert und dass die Frequenz dieses Feldes 7,83 Hz beträgt. Diese auf der gesamten Erdoberfläche vorhandene Frequenz wurde nach ihm benannt und heißt nun Schumann-Frequenz.

98 Ervin Laszlo, *Zu Hause im Universum. Eine neue Vision der Wirklichkeit*, Ullstein 2005, S. 118.

99 Aus einem Interview von Tijn Touber, „Het leven gaat door" (Das Leben geht weiter) in *Ode* Nr. 82, Dezember 2005, S. 28-33. Der Artikel von Tijn Touber ist in deutscher Übersetzung nachzulesen in: Tijn Touber, „Ein neuer Lebensvertrag" in *Theosophie* Nr. 4/2006, S. 147-154, hier zitiert S. 150; online unter www.theosophie.de/images/stories/pdf/42006-5.pdf

100 Jacobo Grindberg-Zylberbaum und Julieta Ramos, „Patterns of Interhemispheric Correlation During Human Communication" in *International Journal of Neuroscience* 1987, 36, S. 41-53 sowie ein Artikel von Jacobo Grinberg-Zylberbaum

in *Physics Essays*, Vol. 7, 1994, S. 422-428. Seine Forschungen werden außerdem erwähnt in Lynne McTaggert, *Das Nullpunkt-Feld. Auf der Suche nach der kosmischen Ur-Energie*, Goldmann 2007, S.207-208; Ervin Laszlo, *Zu Hause im Universum. Eine neue Vision der Wirklichkeit*, Allegria 2010, S. 55 ff.; Pim van Lommel, *Endloses Bewusstsein*, Patmos 2009, S. 288.

101 In *IONS Noetic Sciences Review* (Zeitschrift des Institute of Noetic Sciences), Nr. 62, Dezember 2002/Februar 2003.

102 *Kybalion* S. 47, als PDF verfügbar bei www.hermetics.org.

103 Dhyani Ywahoo, *Voices of Our Ancestors*, 1987, S. 9 (Dt.: *Am Feuer der Weisheit. Die geheimen Überlieferungen der Tsalagi-Indianer*).

104 Verschiedene Quellen, darunter Robert Lawlor, *Sacred Geometry: Philosophy and Practice*, Thames & Hudson 2001, S. 21-22, Timothy Freke und Peter Gandy, *The Hermetica: The Lost Wisdom of the Pharaohs*, 1997, S. 43-63; Rowena Pattee Kryder, *Source: Visionary Interpretations of Global Creation Myths*, Golden Point Productions 2000, S. 8 ; James D'Angelo, *Healing with the Voice: Creating Harmony through the Power of Sound*, Thorsons 2000, S. 8 und die Bibel.

105 Ebendort.

106 Timothy Freke und Peter Gandy, *The Hermetica: The Lost Wisdom of the Pharaohs*, 1997, S. 146.

107 Paramahansa Yogananda, *Autobiographie,* aus dem Amerikanischen von Marie-Therese Hartogs und Ursula Rahn-Huber, Nietsch 2006, S. 496.

108 Sri Yukteswar in Paramahansa Yogananda, *Autobiographie,* S. 211-212.

109 Barbara Brennan, *Licht-Arbeit. Heilen mit Energiefeldern*, aus dem Amerikanischen von Gabriele Kuby, Goldmann 1989, S. 120.

110 Fritjof Capra, *The Turning Point*, 1982, Dt.: *Wendezeit*, aus dem Amerikanischen von Erwin Schumacher, Scherz, 1985, S. 97

111 Aus: Thomas J. McFarlane, *Einstein and Buddha: The Parallel Sayings*, Ulysses Press 2002, S. 120. Erster Satz: David Bohm in Renée Weber, *Wissenschaftler und Weise*, Rowohlt 1992, S. 86; Neuausgabe als *Alles Leben ist eins: Die Begegnung von Quantenphysik und Mystik*, Crotona 2012; zweiter Satz: David Bohm, *Quantum Theory*, Dover 1989, S. 161.

112 Bernie Haisch, Alfonso Ruedo und Hal Puthoff, „Inertia as a zero-point-field Lorentz force“ in *Physical Review A*, 1994; 49 (2), S. 678-694.

113 Norman Friedman, *Bridging Science & Spirit. Common Elements in David Bohm's Physics, the Perennial Philosophy and Seth*, Living Lake Books 1990/1994, S. 317

114 William A. Tiller, „Some Science Adventures with Real Magic“, Abstract eines Vortrags anlässlich der *Prophets Conference* vom 4.-6. Februar 2005 im kalifornischen Santa Monica, erschienen im *Prophets Newsletter* vom 4. Januar 2005 der Organisation The Great Rethinking (überreicht von Axiom Conferences), www.greatmystery.org

115 David R. Hawkins, *Power versus Force: The Hidden Determinants of Human Behaviour*, 2002, S. 27 (dt.: *Die Ebenen des Bewusstseins. Von der Kraft, die wir ausstrahlen*, aus dem Englischen von Michaela Bach, VAK 1997).

116 „Wirkung“ hat hier nichts mit dem allgemeinen Verständnis wie in „Ursache und Wirkung“ zu tun, sondern bezeichnet eine physikalische Größe der Dimension

„Energie mal Zeit." Mit „kleinster Wirkung" ist der „geringste Aufwand" gemeint, weshalb dieses physikalische „Prinzip der kleinsten Wirkung" in diesem Buch zum besseren Verständnis „Prinzip des geringsten Aufwands" genannt wird.

117 Verschiedene Quellen, darunter Thomas A. Moore, „Least-Action-Principle" in John Rigden (Hrsg.), *Macmillan Encyclopedia of Physics*, Simon & Schuster Macmillan, 1996, Band 2, S. 840; João Magueijo, *Schneller als die Lichtgeschwindigkeit: Hat Einstein sich geirrt?*, Bertelsmann 2003.

118 Lynne McTaggart, *Das Nullpunkt-Feld*, aus dem Englischen von Gisela Kretzschmar, Goldmann 2003, S. 109-110.

119 Das einfachste Beispiel dafür ist ein Radio. Wenn wir ein Radio auf eine bestimmte Wellenlänge einstellen, dann erklingt nur die Radiowelle, deren Frequenz derjenigen gleich ist, die wir eingestellt haben. Daher hören wir nur die Sendungen des Senders, der auf dieser Frequenz sendet. Dadurch kann der Radio-Empfänger sich zuverlässig auf Signale der gewünschten Frequenz einstellen, selbst wenn es kleine Schwankungen in der Senderfrequenz gibt (Lock-in-Effekt).

120 Inzwischen ist es den Mathematikern Steve Strogatz und Renato Mirollo gelungen, diese Feststellungen mathematisch zu untermauern: Renato E. Mirollo und Steve H. Strogatz, „Synchronisation of Pulse-Coupled Biological Oscillators", *SIAM Journal on Applied Mathematics* 1990, Vol. 50, Nr. 6, S. 1645-1662. Abstract online einsehbar unter http://epubs.siam.org/doi/abs/10.1137/0150098?prevSearch=%28Strogatz%29+and+%5BFulltext%3A+Strogatz%5D&searchHistoryKey=

121 Rupert Sheldrake, *A New Science of Life: the Hypothesis of Formative Causation*, Blond and Briggs 1981; dt.: *Das schöpferische Universum. Die Theorie des morphogenetischen Feldes*, aus dem Englischen von Waltram Landmann und Klaus Wessel, Meyster 1983; aktualisierte und erweiterte Neuausgabe Ullstein 2009.

122 Rupert Sheldrake, „Fields of Form" in *Shift, At the Frontiers of Consciousness*, Zeitschrift des Institute of Noetic Sciences (IONS) Nr. 5, Dezember 2004-Februar 2005, S. 27-31.

123 Bruce Lipton, *The Biology of Belief*, 2005, S. 111; dt.: *Intelligente Zellen: Wie Erfahrungen unsere Gene steuern*, Koha 2006. Er schreibt, bestimmte Frequenzen und Muster elektromagnetischer Strahlung steuerten nahezu die gesamten Zellfunktionen, einschließlich Zellteilung, DNS-, RNS- und Protein-Synthese; sie verändern Form und Funktion von Proteinen, Zellteilung, Zell-Differenzierung, Morphogenese (der Vorgang, bei dem sich Zellen zu Organen und Geweben zusammenschließen), Regeneration, Wachstum und Funktion von Nerven.

124 Bruce Lipton, „Embracing the Immaterial Universe" in *Shift. At the Frontiers of Consciousness*, Zeitschrift des Institute of Noetic Sciences (IONS) Nr. 9, Dezember 2005-Februar 2006, S. 9-12 (dt.: *Intelligente Zellen: Wie Erfahrungen unsere Gene steuern*, Koha 2006).

125 Bruce Lipton, *The Biology of Belief*, 2005, S. 110-117, 125, 84.

126 Joachim-Ernst Berendt, *Nada Brahma. Die Welt ist Klang,* Insel 1983. Die Verfasserin zitiert aus: der niederländischen Übersetzung: *Nada Brahma. De Wereld is Geluid,* Synthese Uitgeverij 1988, S. 94. In der 1985 im Rowohlt Taschenbuchverlag erschienenen überarbeiteten Neuausgabe sind die letzten beiden Sätze des Zitats nicht enthalten.

127 Bruce Lipton, *The Biology of Belief*, 2005, S. 100, 117.

128 Der Wellencharakter des Elektrons wurde experimentell 1927 von C. J. Davisson, C. H. Kunsman und L. H. Germer in den Vereinigten Staaten und 1928 von G. P. Thomson im schottischen Aberdeen bestätigt. De Broglies Doktorarbeit trägt den Titel *Recherches sur la théorie des quanta* (Untersuchungen zur Quantentheorie).

129 Charles Tart in Eliot Jay Rosen (Hrsg.) *Experiencing the Soul*, Hay House 1998, S. 233.

130 Valerie Hunt, *Infinite Mind. Science of the Human Vibrations of Consciousness*, Malibu Publishing 1996, S. 93.

131 Ebendort S. 112.

132 Valerie Hunt, „The Human Energy Field and Sound Therapy“, 2001, Quelle: http://www.awaken.com/2013/03/the-human-energy-field-and-sound-therapy/

133 Zitiert aus „The Ultimate Partnership: Understanding the Relationship Between Heart, Mind and Body,“ Abstract eines Vortrags anlässlich der Konferenz *Just For The Health Of It!*, 3.-5. Februar 2006 In Marina del Rey, Kalifornien; Text im *Prophets Conference Newsletter* vom 10. Januar 2006 der Organisation The Great Rethinking (überreicht von Axiom Conferences), www.greatmystery.org

134 Rollin McCraty, Raymond Trevor Bradley und Dana Tomasino, „The Resonant Heart“, in *Shift, At the Frontiers of Consciousness*, Zeitschrift des Institute of Noetic Sciences (IONS) Nr. 5, Dezember 2004-Februar 2005, S. 15-19.

135 Aus Adams Buch *Dreamhealer 2: Guide to Self-Empowerment*, 2005 (dt. *Selbstheilung durch Visualisierung*, Arbor 2008), zitiert im Abstract eines Vortrags anlässlich der Konferenz *Just For The Health Of It!*, 3.-5. Februar 2006 In Marina del Rey, Kalifornien; Text im *Prophets Conference Newsletter* vom 10. Januar 2006. Der Newsletter wird vertrieben von der Organisation *The Great Rethinking (Axiom Conferences)*, www.greatmystery.org.

136 Zitiert in Gregg Braden, *Walking Between the Worlds – the Science of Compassion*, Radio Bookstore Press 1997, S. 104 (dt. *Zwischen Himmel und Erde. Der Weg des Mitgefühls*, Koha 2001); dort zitiert aus James M. Robinson, *The Nag Hammadi Library in English*, Harper San Francisco 1990, S. 126.

137 Übersetzt nach der von De Vries ins Englische übersetzten niederländischen Fassung: *De Kracht van het NU*, 1997/2001, S. 34.

138 Alberto Villoldo in einem Interview mit Juriaan Kamp in der Zeitschrift *Ode* vom September 2004. Nachzulesen unter http://odewire.com/48820/we-are-here-to-grow-god.html

139 Lama Zopa Rinpoche, *Transforming Problems into Happiness*, Wisdom Publications 2001, S. 8-9. (Dt.: *Probleme umwandeln. Wie Du glücklich sein kannst, wenn Du es nicht bist*, aus dem Englischen von Gabriele Hildebrandt und Claudia Wellnitz, Diamant-Verlag 1997.)

140 Brooke Medicine Eagle, *Buffalo Woman Comes Singing*, 1991, S. 90.

141 Joey Klein, „Voice of the Turtle. An Indigo Speaks Out“ in *Children of the New Earth*, Vol. 1, Ausgabe 2, 2003, S. 90-93.

142 Aus einem Interview mit Sadhguru Jaggi Vasudev für die Zeitschrift *Evolve* nach Erscheinen des Buches *Mystic Musings: Sadhguru, a profound Mystic of our times*, Wisdom Tree, New Delhi 2003.

143 Laotse, *Tao te king*, übersetzt und mit einem Kommentar von Richard Wilhelm, Eugen Diederichs 1998 (Erstausgabe 1978), Abschnitt 48, S. 91.

144 Dhyani Ywahoo, *Voices of Our Ancestors*, 1987, S. 9 (Dt.: *Am Feuer der Weisheit. Die geheimen Überlieferungen der Tsalagi-Indianer*).

145 Barbara Ann Brennan, *Licht-Arbeit. Heilen mit Energiefeldern*, Goldmann 1998, S. 260. [das englische Original erschien 1988, eine dt. Erst-Übersetzung 1989, AO].

146 Aus einem Interview von Tijn Touber, „Het leven gaat door" (Das Leben geht weiter) in *Ode* Nr. 82, Dezember 2005, S. 28-33. Der Artikel von Tijn Touber ist in deutscher Übersetzung nachzulesen in: Tijn Touber, „Ein neuer Lebensvertrag" in *Theosophie* Nr. 4/2006, S. 147-154; online unter www.theosophie.de/images/stories/pdf/42006-5.pdf

147 Dt. *Pygmalion im Unterricht. Lehrererwartungen und Intelligenzentwicklung der Schüler,* übersetzt von Ingeborg Brinkmann, Beltz 1971

148 Der Begriff Pygmalion-Effekt ist nach einer Geschichte des römischen Dichters Ovid (43 v. Chr. -17 n. Chr.) benannt. Der Bildhauer Pygmalion erschafft eine Statue der idealen Frau und verliebt sich in sie. Er fleht die Göttin Venus an, der Statue Leben einzuhauchen. Venus ist davon so gerührt, dass sie die Statue tatsächlich lebendig werden lässt.

149 Robert Rosenthal, „Covert Communication in Classrooms, Clinics and Courtrooms" in *Eye on Psi Chi* Band 3, Nr. 1 1998, S. 18-22, herausgegeben von Psi Chi – Gesellschaft für herausragende Leistungen in der Psychologie, Chattanooga, Tennessee, USA.

150 Lynne McTaggart, *Das Nullpunkt-Feld. Auf der Suche nach der kosmischen Ur-Energie*, Goldmann 2007, S. 197-199; W. Braud et al., „Further Studies of Autonomic Detection of Remote Staring: Replications, New Control Procedures and Personality Correlates", *Journal of Parapsychology* 1993, 57: S. 391-409. Der Biologe Rupert Sheldrake trägt in seinem Buch *Der siebte Sinn des Menschen: Gedankenübertragung, Vorahnungen und andere unerklärliche Fähigkeiten* (aus dem Englischen von Michael Schmidt, Scherz 2003), die zahllosen Indizien für die Existenz dieses und anderer Phänomene zusammen.

151 Rollin McCraty, Raymond Trevor Bradley und Dana Tomasino, „The Resonant Heart", in *Shift, At the Frontiers of Consciousness*, Zeitschrift des Institute of Noetic Sciences (IONS) Nr. 5, Dezember 2004-Februar 2005, S. 15-19.

152 Valerie Hunt, „The Human Energy Field and Sound Therapy", 2001, Quelle: http://www.awaken.com/2013/03/the-human-energy-field-and-sound-therapy/

153 Etliche Wissenschaftler vermuten, dass die komplexe Dynamik des Energiekörpers besser zu verstehen ist, wenn die Auffassungen der Chaos-Theorie und der Komplexität in die Überlegungen mit einbezogen werden. In diesem Zusammenhang können „Ladungen" in unserem Energiefeld in Gestalt individueller, etwa durch Kindheitstraumata ausgelöster emotionaler Empfindsamkeiten als chaotische Attraktoren betrachtet werden. Im Kapitel über das Gesetz von Ursache und Wirkung wird das Konzept des „chaotischen Attraktors" näher erklärt.

154 Lynne McTaggart, Das Nullpunkt-Feld, S. 93-94.

155 Ebendort S. 78.

156 Die Theorie von den Torsionsfeldern (im Deutschen auch als „Torkelnde Felder“ bezeichnet) hat ihren Ursprung in der zweiten Hälfte des 20. Jahrhunderts. Heute gibt es über Torsionsfelder weltweit etwa zehntausend Artikel von über hundert Verfassern. Über die Hälfte von ihnen arbeiten in Russland. Bis in die 1970er Jahre hinein ging man davon aus, dass Torsionseffekte, selbst wenn sie in der Natur vorkämen, zu schwach wären, um eine messbare Auswirkung auf das beobachtete Phänomen zu haben. Noch in den 1970ern wurde jedoch deutlich, dass dies nur für statische Torsionsfelder gilt, die von rotierenden Quellen *ohne Strahlung* ausgehen. In den 1980er Jahren wurden in Russland für weitere Experimente zu den Effekten von Torsionsfeldern Torsionsfeld-Generatoren gebaut. Infolgedessen sind in den letzten zwanzig Jahren zahlreiche Artikel zur Theorie dynamischer Torsionsfelder aus einer rotierenden Quelle mit Emission erschienen. Anatoly Akimov betrachtet das Nullpunktfeld als ein universelles Torsionswellen-Medium. Dieses Torsionsfeld durchdringt alles, bleibt jedoch so lange nicht wahrnehmbar, wie es nicht gestört wird. Störungen rufen allerdings Unterschiede und damit im Prinzip wahrnehmbare Dinge hervor. Das Leben ist eine Manifestation der fortwährenden subtilen Wechselwirkung zwischen den rotierenden Wellen und dem zugrundeliegenden Nullpunktfeld. Anatoly E. Akimov, G. I. Shipov, „Torsion Fields and their Experimental Manifestation“ in *Proceedings of International Conference: New Ideas in Natural Science*, 1996, teilweise einsehbar auf www.eskimo.com/~billb/freenrg/tors/tors.html.

157 Marie Luise von Franz in ihrem Beitrag zu C. G. Jung, *Der Mensch und seine Symbole*, Walter 1991 (Erstausgabe 1968), S. 167 und 172.

158 John Bowlby, *Bindung und Verlust*, Band 2: Trennung, aus dem Englischen von Erika Nosbüsch, E. Reinhardt 2006.

159 Paul Ray, „The Rise of Integral Culture“ in *Noetic Sciences Review* Nr. 37, Frühjahr 1996.

160 Robert Jahn und Brenda Dunne, „The Science of the Subjective“ in *Journal of Scientific Exploration*, 1997, 11 (2), S. 201-224.

161 David L. Cooperrider und Suresh Srivastava, Appreciative Inquiry: Toward a Methodology for Understanding and Enhancing Organizational Innovation, 1986; und David Cooperrider in „What is Appreciative Inquiry?“ auf http://connection.cwru.edu/ai/video/iCohere021603/replay.htm
(Dr. Suresh Srivastava war Cooperriders wissenschaftlicher Betreuer, unter dessen Führung er die ersten Ansätze von *Appreciative Inquiry* entwickelt hat. Auf allen heute erhältlichen Büchern wird Diana Whitney als Co-Autorin angegeben. A.d.Ü.)

162 Paul Ray, „The Rise of Integral Culture“ in *Noetic Sciences Review* Nr. 37, Frühjahr 1996, S. 4.

163 Ebd.

164 Fred Polak, *The Image of the Future*, Oceana Publications 1961.

165 Paul Ray, „The Rise of Integral Culture“ in *Noetic Sciences Review* Nr. 37, Frühjahr 1996, S. 4.

166 Larry Dossey, *Reinventing Medicine*, Harper Collins 1999, S. 227 – allerdings mit abweichendem Wortlaut im letzten Satz. In der hier wiedergegeben Form kursiert das Zitat im Internet. (A.d.Ü.)

167 Lynne Mc Taggart, *Das Nullpunkt-Feld*, S. 191.

168 Bruce Lipton, *Intelligente Zellen*, Koha 2006, S. 121-143.

169 Candace Pert, *Moleküle der Gefühle, Körper, Geist und Emotionen*, aus dem Englischen von Hainer Kober, Rowohlt 1999.

170 Bruce Lipton, *Intelligente Zellen*, S. 135ff.

171 Ebendort. Er bezieht sich auf Untersuchungen von G. Greenberg, „Is It Prozac? Or Placebo?" *Mother Jones* 2003, S. 76-81.

172 J. B. Moseley, K. O. Malley et al., „A Controlled Trial of Arthroscopic Surgery for Osteoarthritis of the Knee", *New England Journal of Medicine* 2002, 347 (2), S. 81-88.

173 Bruce Lipton, *Intelligente Zellen*, Koha 2006, S. 138. 2004 veröffentlichte die Gesundheitspsychologin (University of Denver) Cynthia McRae die Ergebnisse ihrer Forschungen zur Wirkung von Placebo-Operationen bei Patienten mit Morbus Parkinson. (C. McRae, E. Cherin et al., „Effects of Perceived Treatment on Quality of Life and Medical Outcomes in a Double-blind Placebo Surgery Trial", Archives of General Psychiatry, 2004, 61 (4), S. 412-420. Diese Forschung wurde mit dem Einverständnis der Patienten durchgeführt. Die Patienten mit der Placebo-Operation hatten bei Bekanntgabe ein Jahr nach Versuchsbeginn das Anrecht auf eine echte Operation. Nach der Operation wurden die teilnehmenden Patienten mehrfach von einem medizinischen Team untersucht und von Psychologen nach ihren Erfahrungen befragt. Die Ergebnisse zeigten, dass die Patienten, die (fälschlicherweise) davon ausgegangen waren, dass sie die echte Operation erhalten hatten, ihre Lebensqualität als besser empfanden und bei den körperlichen Tests besser abschnitten als die Patienten, die wirklich operiert worden waren aber glaubten, dass sie leider zur Kontrollgruppe gehörten. (Marco Visscher, „Het pilletje om eigen bestwil" in *Ode Magazine*, 2006, Nr. 86, S. 27-33. Die komplette Studie ist nachzulesen auf http://archpsyc.jamanetwork.com/article.aspx?articleid=481982&resultClick=3) Nach Cynthia McRae spielt die Kraft von Optimismus und Hoffnung eine wichtige Rolle. Je stärker das Vertrauen des Patienten auf ein gutes Endergebnis, desto größer die Chance, dass die Behandlung erfolgreich verläuft.

174 Marco Visscher, „Het pilletje om eigen bestwil" in *Ode Magazine*, 2006, Nr. 86, S. 27-33.

175 Lynne McTaggart, *Das Nullpunkt-Feld*, S. 199-200. William Braud und Marilyn Schlitz, „Psychokinetic Influence in Electrodermal Activity", *Journal of Parapsychology*, 1983, 47, S. 95-119.

176 Lynne McTaggart, *Das Nullpunkt-Feld*, S. 286.

177 Bruce Lipton, *Intelligente Zellen*, S. 140 f.

178 Larry Dossey, „Unsolved Mystery of Healing: Distant Healing: Healing Mediated by Nonlocal Mind" in *Shift, At the Frontiers of Consciousness*, Zeitschrift des Institute of Noetic Sciences (IONS) Nr. 5, Dezember 2004-Februar 2005, S. 25-26.

179 Lynne McTaggart, *Das Nullpunkt-Feld*, S. 275-284. Sie bezieht sich auf F. Sicher, E. Targ et al., „A Randomized Double-blind Study of the Effect of Distant Healing in a Population with Advanced AIDS: Report of a Small-scale Study", *Western Journal of Medicine*, 1998, 168 (6), S. 356-363.

180 Hank Wesselman, *Die zwölf Wahrheiten des Nainoa*, S. 166.
181 Lynne McTaggart, Das Nullpunkt-Feld, S. 285.
182 A. E. Akimov und V. Ya. Tarasenko, „Models of Polarized States oft he Physiocal Vacuum and Torsion Fields, Interdisziplinäres wissenschaftlich-technologisches Zentrum für Zukunftstechnologien: übersetzt aus *Izvestiya Vysshikh Uchebnykh Zavedenii, Fizika,* Nr. 3, März 1992, S. 13-23
183 Valerie Hunt, *Infinite Mind*, 1996, S. 36
184 L. N. Pyatnitsky und V. A. Fonkin, „Human Consciousness Influence on Water Structure", *Journal of Scientific Exploration* Vol.9 Nr. 1, 1995, S. 89-105. Einsehbar auf http://www.scientificexploration.org/journal/jse_09_1_pyatnitsky.pdf
185 William A. Tiller, „Some Science Adventures with Real Magic", Abstract einer Präsentation bei der *What the Bleep Do We Know!?* Prophets Conference in Santa Monica, Kalifornien, 4.-6. Februar 2005; nachzulesen im Newsletter der Prophets Conference vom 4. Januar 2005. Der Newsletter wird vertrieben von der Organisation *The Great Rethinking (Axiom Conferences)*, www.greatmystery.org.
186 Ebd.
187 Valerie Hunt, „Bioscalar Energy: The Healing Power" Quelle: http://www.biodisc-energy.com/ebooks/Bioscalar%20Energy.pdf
188 Yan Xin ist ein Arzt, der sowohl in westlicher als auch in Traditioneller Chinesischer Medizin ausgebildet wurde. Artikel von Dr. Yan über Wissenschaftliche Qigong-Forschung: http://homepages.ihug.co.nz/~sai/DrYan_qi.htm; Kenneth M. Sancier; „Medical Applications of Qigong" in *Alternative Therapies*, 1996; Kenneth M. Sancier, „The Effect of Qigong on Human Body Functions", Vortrag vor dem Fünften Internationalen Qigong-Symposion in Shanghai 1994; Gloria Alvino, „The Human Energy Field in Relation to Science, Consciousness, and Health" auf http://homepages.ihug.co.nz/~sai/energ.html
189 Anatoly E. Akimov, G. I. Shipov, „Torsion Fields and their Experimental Manifestation" in *Proceedings of International Conference: New Ideas in Natural Science*, 1996, teilweise einsehbar auf www.eskimo.com/~billb/freenrg/tors/tors.html.
190 Zitiert in Thomas J. McFarlane, *Einstein and Buddha. The Parallel Sayings*, 2002, S. 50; dort zitiert aus Dwight Goddard (Hrsg.), *A Buddhist Bible*, Beacon Press 1970, S. 292.
191 Sadhguru Jaggi Vasudev, *Mystic Musings*, 2003, S. 406.
192 Laotse, *Tao te king*, übersetzt und mit einem Kommentar von Richard Wilhelm, Eugen Diederichs 1998 (Erstausgabe 1978), Abschnitt 2, S. 42.
193 Dhyani Ywahoo, *Voices of Our Ancestors*, 1987, S. 9 (Dt.: *Am Feuer der Weisheit. Die geheimen Überlieferungen der Tsalagi-Indianer*).
194 Riane Eisler, *The Chalice and the Blade*, HarperOne 1988, S. 111 (dt. *Kelch & Schwert. Unsere Geschichte, unsere Zukunft. Weibliches und männliches Prinzip in der* Geschichte, aus dem Amerikanischen von Christel Rost, Arbor 2005; erstmals erschienen als *Von der Herrschaft zur Partnerschaft: weibliches und männliches Prinzip in der Geschichte*, Bertelsmann 1989).
195 John Anthony West, *The Serpent in the Sky*, Quest Books 1993, S. 36 (dt.: *Die Schlange am Firmament*, aus dem Amerikanischen von Xenia Osthelder, Zweitausendeins, 2000).

196 Pir Vilyat Inayat Khan, *In Search of the Hidden Treasure*, Tarcher 2003, S. 5 (dt. *Auf der Suche nach dem verborgenen Schatz*, edition nada 2011).
197 Paramahansa Yogananda, *Autobiographie*, S. 324.
198 Pir Zia Inayat Khan, „The Paradox of ‚Universal Sufism'", 2000, auf www.centrum-universel.com/paradoxe.htm
199 Das Kybalion S. 51, als PDF verfügbar bei www.hermetics.org.
200 Dalai Lama, *The Transformed Mind*, 1999 (dt.: *Der Pfad des Glücks: Erfülltes Leben durch Bewusstseinsänderung*, aus dem Englischen von Klaus Bloch, Herder 2001. Neuauflage 2005: *Wie man besser leben kann. Der Pfad des Glücks*, Herder)
201 Fritjof Capra, *The Tao of Physics*, Shambala 1975, dt.: *Das Tao der Physik*, aus dem Amerikanischen von Fritz Lahmann und Erwin Schuhmacher, Knaur 1997 S. 48 (Erstausgabe: *Der kosmische Reigen*, O.W. Barth 1977; *Das Tao der Physik* ist die vom Autor überarbeitete Neuauflage ab 1983)
202 Ebendort S. 65.
203 Ebendort S. 66.
204 Ebendort S. 78.
205 João Magueijo, *Faster Than the Speed of Light*, Perseus 2003, S. 19-20 (dt. *Schneller als Lichtgeschwindigkeit*, Bertelsmann 2003).
206 Ebendort S. 20.
207 Erwin Schrödinger, *What is Life? With Mind and Matter*, Cambridge University Press, Reprint 2012, S. 127 (dt.: *Was ist Leben?* Piper 1989 und *Geist und Materie*, Zsolnay 1986).
208 Zitiert in Thomas McFarlane, *Einstein and Buddha, The Parallel Sayings*, 2002, S. 66; dort zitiert aus Jagdish Mehra, *The Physicist's Conception of Nature*, Springer 1973, S. 24.
209 Arthur Koestler, *The Act of Creation*, Penguin 1990 (Neu-Ausgabe) S. 230 (dt.: *Der göttliche Funke*, aus dem Englischen von Agnes von Cranach und Willy Thaler, Scherz 1966).
210 Valerie Hunt, *Infinite Mind*, S. 57.
211 Lee Nichol (Hrsg.), *The Essential David Bohm*, Routledge 2003, S. 74.
212 William Keepin, „David Bohm: A Life of Dialogue between Science and Spirit", *Noetic Sciences Review*, Nr. 30 1994, S. 10 ff.
213 David Bohm, *Die implizite Ordnung*, aus dem Englischen von Johannes Wilhelm, Dianus Trikont 1985, S. 94-95.
214 Lee Nichol, *The Essential David Bohm*, S. 212-213, 217, 306.
215 Für diese Auffassung vom Dialog ist erforderlich, dass jeder nicht nur auf seine eigenen Gedanken und Meinungen fixiert, sondern offen ist für alle Nuancen, die es in der Gruppe gibt. Mit einiger Übung wird es möglich, miteinander auf kohärente Weise zu sprechen und zu denken. David Bohm, „On Dialogue" in *Noetic Sciences Review*, Nr. 23, 1992, S. 16 ff.
216 Rabindranath Tagore, *Verirrte Vögel*, nach der von Tagore selbst besorgten englischen Ausgabe ins Deutsche übertragen von Helene Meyer-Franck, Hyperion 2001 (Erstauflage 1960), Aphorismus Nr. 92, S. 29
217 Nach *Corpus Hermeticum. The Divine Pymander in XVII Books*, London 1650, nach der lateinischen Übersetzung des Ficino ins Englische übersetzt von John

Everard; hier „The Tenth Book. The Mind to Hermes“, Quelle: www.levity.com/alchemy/corpherm.html; Corpus Hermeticum, übersetzt und erklärt sowie mit einer Einführung versehen von R. van den Brook & G. Quispel, In de Pelikaan 2003, hier: „XI – De Geest (spreekt) tot Hermes, S. 125-133; Timothy Freke & Peter Gandy, The Hermetica: The Lost Wisdom oft he Pharaohs, Penguin Putnam 1997, hier: „The Hierarchy of Creation“, S. 75-78.

218 Rabbi David A. Cooper, *God is a Verb. Kabbalah and the Practice of Mystical Judaism*, Riverhead Trade 1998, S. 60-61.

219 Sri Aurobindo, *The Future Evolution of Man*, Lotus Light 2002, S. 5.

220 Siehe zum Beispiel Paramahansa Yogananda, *Autobiographie*, Kapitel 43.

221 Paramahansa Yogananda, *Autobiographie*, S. 292

222 Dhyani Ywahoo, *Voices of Our Ancestors*, 1987, S. 77 (Dt.: *Am Feuer der Weisheit. Die geheimen Überlieferungen der Tsalagi-Indianer*).

223 Hank Wesselman, *Die zwölf Wahrheiten des Nainoa*, S. 339.

224 Eckhart Tolle, *Jetzt! Die Kraft der Gegenwart*, aus dem Amerikanischen von Christine Bolam und Marianne Savita Nentwig, Kamphausen 2011 (Erstauflage 2000), aus dem Vorwort der Herausgeberin.

225 David Bohm, *Die implizite Ordnung*, Dianus Trikont 1985, S. 77.

226 Ervin Laszlo, *Zu Hause im Universum. Eine neue Vision der Wirklichkeit*, Ullstein 2005, S. 46. Der Hinweis auf den Austausch von achtundneunzig Prozent der Atome eines Organismus innerhalb eines Jahres wurde in der aktualisierten niederländischen Übersetzung eingefügt: Ervin Laszlo, *Kosmische Visie, Wetenschap en het Akasha-veld*, Ankh-Hermes Uitgeverij 2004, S. 35-36.

227 In dieser Phase rotiert die Erdachse in einer kegelförmigen Bewegung, die wir uns vorstellen können, wenn wir an einen Kreisel denken. Der Fuß des Kreisels verbleibt an Ort und Stelle, die Spitze beschreibt jedoch einen Kreis. Diese Bewegung wird als astronomische Präzession bezeichnet. Sie verläuft entgegengesetzt zur Drehbewegung der Erde. Bemerkenswert ist, dass die Präzession der Äquinoktien keine Entdeckung der heutigen Wissenschaft mit ihren modernen Mess- und Beobachtungsinstrumenten ist, sondern als „bemerkenswerte Beobachtung“ offiziell dem griechischen Astronomen Hipparchos zugeschrieben wird, der im 2. Jahrhundert v. Chr. lebte.

228 In einem Kondolenzbrief an die Familie Besso vom 21. März 1955 nach dem Tod seines langjährigen Freundes und Kollegen Michele Besso, wenige Wochen vor seinem eigenen Tod, Einstein-Archiv 7-245.

229 Valerie Hunt, *Infinite Mind*, S. 41.

230 Lynne McTaggart, *Das Nullpunkt-Feld*, S. 24-25.

231 James Gleick, *Chaos: Making A New Science*, Penguin Books 1987, S. 5 (dt. *Chaos – die Ordnung des Universums. Vorstoß in Grenzbereiche der modernen Physik*, übersetzt von Peter Prange, Droemer Knaur 1988).

232 Bruce Lipton, „Embracing the Immaterial Universe“ in *Shift. At the Frontiers of Consciousness*, Zeitschrift des Institute of Noetic Sciences (IONS), Nr. 9 Dezember 2005, S. 8-12.

233 Niles Eldredge und Stephen Jay Gould, „Punctuated Equilibria: An Alternative to Phyletic Gradualism“ in: T.Schopf (Hrsg.), *Models in Paleobiology*, 82-115, Freeman, Cooper and Co., San Francisco 1972 sowie Stephen Jay Gould und

Niles Eldredge, „Punctuated Equilibria: the Tempo and Mode of Evolution Reconsidered", *Paleobiology* 3/1977, S. 115-151.

234 Elisabet Sahtouris, „A Tentative Model for a Living Universe", Part Two (2003), www.sahtouris.com (articles)

235 Rupert Sheldrake, Terence McKenna, Ralph Abraham, *Denken am Rande des Undenkbaren*, aus dem Englischen von Hans-Ulrich Möhring, Piper 2002 (Erstauflage Scherz 1993), S. 29.

236 Ebendort S. 21.

237 Aus einer E-Mail von Janes O'Dea, „Visionary Message from the President of the Institute of Noetic Sciences", Dezember 2005.

238 Von dem Werk gibt es eine von Toynbee autorisierte auf zwei Bände gekürzte sogenannte Somervell-Ausgabe, die als *Der Gang der Weltgeschichte* von Jürgen von Kempski ins Deutsche übersetzt wurde und 1949 bzw. 1958 im Züricher Europa Verlag erschienen ist. (A.d.Ü.)

239 Siehe zum Beispiel David Loye und Riane Eisler, „Chaos and Transformation: Implications of Non-Equilibrium Theory for Social Science and Society", *Behavioural Science* 32 (1987), S. 53-65.

240 Riane Eisler, *The Chalice and the Blade. Our History, Our Future*, Harper One 1988, S. 59 (in deutscher Neu-Übersetzung von Christel Rost: *Kelch & Schwert. Unsere Geschichte, unsere Zukunft*, Arbor 2005).

241 Paramahansa Yogananda, *Autobiographie*, S. 399, 409.

242 Wayne B. Chandler, *Ancient Future*, Black Classic Press 1999.

243 Riane Eisler, *The Chalice and the Blade: Our History, Our Future*, S. xxii. Sie bezieht sich auf die Entdeckungen der Systemtheoretiker wie Ludwig von Bertalanffy in *General Systems Theory*, Braziller 1968 und Ervin Lazlo in *Introduction to Systems Philosophy*, Gordon & Breach 1972.

244 Sogyal Rinpoche, *The Tibetan Book of Living and Dying*, Revsied Edition, San Val 1993, dt. *Das Tibetische Buch vom Leben und Sterben*, Überarbeitete und aktualisierte Neuausgabe, Fischer 2006 (Erstauflage 2004) S. 125.

245 Glenn Clark, *Walter Russell – Vielfalt im Einklang*, übersetzt von Dagmar Neubronner, Genius 1999.

246 Dhyani Ywahoo, *Voices of Our Ancestors*, 1987, S. 40 (dt.: *Am Feuer der Weisheit. Die geheimen Überlieferungen der Tsalagi-Indiane*).

247 In Sogyal Rinpoche, *Das Tibetische Buch vom Leben und Sterben*, Fischer 2006, S. 126; dort zitiert aus His Holiness the Dalai Lama, *A Policy of Kindness: An Anthology of Writings by and About the Dalai Lama*, Snow Lion 1990, S. 58.

248 Paramahansa Yogananda, *Autobiographie*, S. 348.

249 In Judith Bluestone Polich, *Return of the Children of the Light: Incan and Mayan Prophecies for a New World*, 1999, S. 82 (dt. *Die Wiederkehr der Kinder des Lichts. Prophezeiungen der Inkas und Mayas für eine neue Welt*, Silberschnur 2001), dort zitiert aus Alberto Villoldo und Erik Jendresen, *The Island of the Sun*, Destiny Books 1992, S. 175. Antonio Morales war der Lehrer des Anthropologen Alberto Villoldo.

250 Sogyal Rinpoche, *Das tibetische Buch vom Leben und Sterben*, S. 124.

251 In Hyemeyohsts Storm, *Lightningbolt*, 1994, S. 326 (dt. *Lightningbolt. Die Weisheit der Medizinräder*, aus dem Amerikanischen von Norbert Schachner, Hugendubel 1997).

252 Sogyal Rinpoche, *Das tibetische Buch vom Leben und Sterben*, S. 127.

253 Inayat Hidayat Khan, *Sufi Teachings: Lectures from Lake O'Hara*, Ekstasis Editions 1994.

254 Nicki Scully in einem Interview von Susan Barber, „Sekhmet and the Spirit of Ma'at" in *Spirit of Ma'at*, Vol. 4, Nr. 3, Oktober 2003.

255 In seinem Artikel „Alternative Cosmologies and Altered States" in *Noetic Sciences Review* Nr. 32, Winter 1994, S. 21-29 schreibt Stanislav Grof: „Die Vorstellung von Karma und Reinkarnation ist ein Eckstein in Hinduismus, Buddhismus, Jainismus, Sikhismus, Zoroastrismus, im tibetischen Vajrayana-Buddhismus und im Taoismus. Ähnliche Ideen finden sich in geographisch, historisch und kulturell so weit auseinander liegenden Gruppierungen wie verschiedenen afrikanischen Stämmen, amerikanischen Indianern, präkolumbianischen Kulturen, den polynesischen Kahunas, Anhängern des brasilianischen Umbanda, den Galliern und den Druiden. Im antiken Griechenland schlossen sich mehrere wichtige Denkschulen der Idee an, darunter die Pythagoräer, die Orphiker und die Platoniker. Diese Lehre übernahmen auch die Essener, die Pharisäer, die Karaiten und andere jüdische und halbjüdische Gruppen, und sie bildete einen wichtigen Bestandteil der kabbalistischen Theologie des mittelalterlichen Judentums. Auch die Neuplatoniker und die Gnostiker vertraten diese Auffassung."

256 Barbara Ann Brennan, *Licht-Arbeit*, S. 120.

257 Ebendort S. 121.

258 Aus einem Interview von Tijn Touber, „Het leven gaat door" (Das Leben geht weiter) in *Ode* Nr. 82, Dezember 2005, S. 28-33. Der Artikel von Tijn Touber ist in deutscher Übersetzung nachzulesen in: Tijn Touber, „Ein neuer Lebensvertrag" in *Theosophie* Nr. 4/2006, S. 147-154; online unter www.theosophie.de/images/stories/pdf/42006-5.pdf

259 In Thomas Thomas J. McFarlane, *Einstein and Buddha. The Parallel Sayings*, 2002, S.141; dort zitiert aus Stapp, H. P., „Are Superluminal Connections Necessary?" *Nuovo Cimento*, Vol. 40B, 1977, S. 191

260 Die Verwirrung hinsichtlich der Begriffe „Ursache" und „Wirkung" im Zusammenhang mit Isaac Newtons Bewegungsgesetzen wird anhand der mechanischen Kausalität bei dem klassischen Beispiel zu Aktion und Reaktion innerhalb des Newtonschen Paradigmas vom „Billardkugel-Universum" anschaulich. Hier kommt Newtons Zweites Bewegungsgesetz F = ma zur Anwendung. Das bedeutet, wenn wir eine Billardkugel (mit der Masse m) doppelt so stark (mit der Kraft – engl. force – F) anstoßen, dann rollt sie auch doppelt so schnell (mit der Beschleunigung – engl. acceleration – a). Was ist hier Ursache und was ist Wirkung? Gemäß der klassischen Mechanik ist der Gegenstand, mit dem die Billardkugel angestoßen wird – also das Queue oder eine andere Billardkugel – die Ursache, weil sich der Ball durch den Kontakt mit Queue oder Kugel in Bewegung setzt. Aus der Sicht des Gesetzes von Ursache und Wirkung sind jedoch sowohl die Bewegung der Billardkugel als auch die Bewegung des Gegenstandes, der die Kugel anstößt, lediglich Wirkungen einer unsichtbaren Ursache, nämlich der angewandten Kraft oder Energie, die als Wirkung, nämlich Beschleunigung, sichtbar wird.

261 Rupert Sheldrake, „Cause and Effect in Science: A Fresh Look", in *Noetic Sciences Review*, Nr. 11, Sommer 1989, S. 8 ff.

262 Barbara McNeill, „Letter from the Editor“, in *Shift. At the Frontiers of Consciousness*, IONS Nr. 5, Dezember 2004, S. 1.
263 James Gleick, *Chaos: Making A New Science*, Penguin Books 1987, S. 5 (dt. *Chaos – die Ordnung des Universums. Vorstoß in Grenzbereiche der modernen Physik*, aus dem Englischen von Peter Prange, Droemer Knaur 1988).
264 Eine verständliche Beschreibung des Werkes von Edward Lorenz findet sich zum Beispiel in James Gleick, *Chaos – die Ordnung des Universums.*
265 Rupert Sheldrake, „Cause and Effect in Science: A Fresh Look“, in *Noetic Science Review*, Nr. 11, Sommer 1989, S. 8 ff.
266 Auch dem Physiker Sir Roger Penrose zufolge grenzt die Wahrscheinlichkeit, dass unser Universum infolge einer zufälligen Auslese unter anderen möglichen Universen entstand, ans höchst Unwahrscheinliche. In seinem Buch *Computerdenken* (1989, dt. 1991) beschreibt er seine Berechnungen zu der Wahrscheinlichkeit, mit der die Bedingungen beim Urknall so fein abgestimmt waren, wie wir dies heute glauben. Demnach ist dies eine Möglichkeit unter so unvorstellbar vielen, dass deren Anzahl die der Elementarteilchen im Universum bei weitem übersteigen würde.
267 Gary E. Schwartz, „Intelligent Evolution“ in *Shift. At the Frontiers of Consciousness*, IONS Nr. 11, Juni-August 2006, S. 10-14.
268 Evelyn Fox Keller, *Barbara McClintock. Die Entdeckerin der springenden Gene*, aus dem Amerikanischen von Gerald Bosch, Birkhäuser 1995. (Gene, die ihre Position wechseln, bezeichnete McClintock als „Transposons“ – springende Gene, A.d.Ü.)
269 Elisabet Sahtouris, *Earth Dance: Living Systems in Evolution*, University Press New York 2000 und „A Tentative Model for a Living Universe, Part Two“ (2003) on www.sahtouris.com (articles). Dieser Artikel wurde zwischenzeitlich von der Website entfernt und ersetzt durch: „Prologue to a New Model of a Living Universe“, Beitrag für Trish Pfeiffer, John E. Mack (Hrsg.), *Mind Before Matter*, John Hunt Publishing 2007.
270 Eva Jablonka und Marion J. Lamb, *Epigenetic Inheritance and Evolution: The Lamarckian Dimension*, Oxford University Press 1992.
271 Marcus Pembrey auf www.bbc.co.uk/sn/tvradio/programmes/horizon/ghostgenes.shtml
272 Wolf Reik und Azim Surani, *Genomic Imprinting*, Oxford University Press 1997.
273 Nach den Ereignissen vom 11. September 2001 in New York untersuchte Rachel Yehuda die Auswirkungen von Stress bei einer Gruppe schwangerer Frauen, die zu der Zeit im oder beim World Trade Center wohnten. Ihre Studie lässt darauf schließen, dass die Stress-Effekte, besonders bei Frauen mit einer posttraumatischen Belastungsstörung nach dem sechsten Schwangerschaftsmonat, auch an das kindliche Genmaterial weitergegeben wurden. Rachel Yehuda, Jonathan Seckl u.a., „Transgenerational Effects of Posttraumatic Stress Disorder in Babies of Mothers Exposed to the World Trade Center Attacks during Pregnancy“ in *The Journal of Clinical Endocrinology & Metabolism*, Band 90 Nr. 7, 2005, S. 4115-4118 sowie auf http://jcem.endojournals.org/cgi/content/abstract/90/7/4115.
274 „Marcus Pembrey, „Imprinting and Transgenerational Modulation of Gene Expression: Human Growth as a Model“ in *Acta Genet Med Gemmellol*, Band 45,

S. 111 (1996); „The Ghost in Your Genes“ auf www.bbc.co.uk/sn/tvradio/programmes/horizon/ghostgenes.shtml.

275 „The Ghost in Your Genes“ auf www.bbc.co.uk/sn/tvradio/programmes/horizon/ghostgenes.shtml.

276 Bruce Lipton, *Intelligente Zellen*, Koha 2006.

277 C.G. Jung, „Zum Gedächtnis Richard Wilhelms“, 1930 in *Gesammelte Werke XV, Über das Phänomen des Geistes in Kunst und Wissenschaft*, 1971 S. 66; hier aus *Träume, Erinnerungen, Gedanken*, Walter-Verlag 1992 (Erstauflage 1971), S. 416.

278 Amit Goswami, *The Self-Aware Universe*, Tarcher 1993, S. 128 (dt. *Das bewusste Universum*, aus dem Amerikanischen von Thomas Niehaus, Lüchow 1995).

279 Serena Roney-Dougal, *Where Science and Magic Meet: Exploring Our Psychic Birthright*, Vega 2002 (Neuausgabe der zweiten Auflage von 1993, Erstauflage Element Books 1991), S. 29. Dt.: *Wissenschaft und Magie*, aus dem Englischen von Dagmar Kreye, Zweitausendeins 1993.

280 Ebendort S. 69.

281 Amit Goswami in Eliot Jay Rosen (Hrsg.), *Experiencing the Soul*, Hay House 1998, S. 223.

282 Amit Goswami, *Physics of the Soul: The Quantum Book of Living, Dying, Reincarnation and Immortality*, Hampton Roads Publishing 2001, S. x.

283 Elisabeth Kübler-Ross, *Death: The Final Stage of Growth*, Simon & Schuster 1986 und *On Life After Death*, 1991; Dt. *Was der Tod uns lehren kann*, aus dem Amerikanischen von Jens Fischer, Knaur 2010 (Neuausgabe, früherer Titel *Reif werden zum Tode*) und *Über den Tod und das Leben danach*, hrsg. und übersetzt von Tom Hockemeyer, Silberschnur 2012 (Jubiläumsausgabe).

284 Pim van Lommel et al., „Near-Death Experience in Survivors of Cardiac Arrest: A Prospective Study in the Netherlands“, *The Lancet*, Vol. 358, 15. Dezember 2001, S. 2039-2045.

285 Aus einem Interview von Tijn Touber, „Het leven gaat door“ (Das Leben geht weiter) in *Ode* Nr. 82, Dezember 2005, S. 28-33. Der Artikel von Tijn Touber ist in deutscher Übersetzung nachzulesen in: Tijn Touber, „Ein neuer Lebensvertrag“ in *Theosophie* Nr. 4/2006, S. 147-154; online unter www.theosophie.de/images/stories/pdf/42006-5.pdf

286 Pim van Lommel in einem Interview mit Ger Lodewick, Waar komt de continuïteit in een steeds veranderend lichaam vandaan? Als Pdf-Datei zu finden auf http://pimvanlommel.nl/?artikelen

287 Aus einem Interview von Tijn Touber, „Het leven gaat door“ (Das Leben geht weiter) in *Ode* Nr. 82, Dezember 2005, S. 28-33. Der Artikel von Tijn Touber ist in deutscher Übersetzung nachzulesen in: Tijn Touber, „Ein neuer Lebensvertrag“ in *Theosophie* Nr. 4/2006, S. 147-154; online unter www.theosophie.de/images/stories/pdf/42006-5.pdf

288 Ebendort.

289 Jim B. Tucker, *Life Before Life. A Scientific Investigation of Children's Memories of Previous Lives*, St. Martin's Press 2005.

290 Ian Stevenson begann seine Forschungen, weil er als Psychiater immer wieder darauf stieß, dass bei vielen seiner Patienten Erlebnisse aus früheren Leben offensichtlich Einfluss auf das jetzige Leben nahmen.

291 Ian Stevenson in einem Interview mit Dr. K. S. Rawat (1986), überarbeitet von Stevenson zur Veröffentlichung im *Venture Inward Magazine* (der Zeitschrift von Edgar Cayces Association for Research and Enlightenment), Sept./Okt. 1995, einsehbar auf www.childpastlives.org/library_articles/stevenson_rawat_intv.htm; siehe auch Ian Stevenson, *Reinkarnation. Der Mensch im Wandel von Tod und Wiedergeburt. 20 überzeugende und wissenschaftlich bewiesene Fälle*, Kamphausen 2003 und Jim B. Tucker, *Life Before Life*. Stevenson, *Reinkarnationsbeweise*, Grafing 2012.

292 Stanislav Grof in Eliot Jay Rosen (Hrsg.), *Experiencing the Soul*, Hay House 1998, S. 184.

293 Charles Tart in Eliot Jay Rosen (Hrsg.), *Experiencing the Soul*, Hay House 1998, S. 233.

294 Laotse, *Tao te King*, Abschnitt 42. Richard Wilhelm übersetzt: „Alle Dinge haben im Rücken das Dunkle und streben nach dem Licht, und die strömende Kraft gibt ihnen Harmonie." Diederichs 1998, S. 85 (Erstausgabe 1978).

295 Inayat Hidayat Khan, *Sufi Teachings: Lectures from Lake O'Hara*, Ekstasis Editions 1994.

296 José Argüelles, *The Mayan Factor*, Bear & Co. 1987, S. 32 (dt. *Der Maya-Faktor*, aus dem Amerikanischen von Swami Prem Nirvano, Goldmann 1990).

297 Ebendort S. 52.

298 Alistair Shearer und Peter Russell, *The Upanishads*, Bell Tower 1978/2003, S. 165-168.

299 Sadhguru Jaggi Vasudev, *Mystic Musings: Sadhguru, a Profound Mystic of Our Times*, 2003, S. 405-406.

300 Adele Getty, *Goddess. Mother of Living Nature*, Thames & Hudson 1990, S. 92 (dt. *Göttin. Mutter des Lebens*, aus dem Englischen von Jürgen Saupe, Kösel 1993); Sharron Rose, *Der Weg der Priesterin: Die Rolle der Frau als Weise, Heilerin und Verkörperung der Göttin*, aus dem Englischen von Martina Kempff, Ansata 2003 S. 155; Karan Hamaker-Zondag, „Hieros Gamos" in *Prana*, Dezember 2005/Januar 2006, Nr. 152, S. 35-47.

301 Sharron Rose, *Der Weg der Priesterin: Die Rolle der Frau als Weise, Heilerin und Verkörperung der Göttin*, Ansata 2003 S. 29.

302 Dan Winter, *Implosion's Grand Attractor: Sacred Geometry & Coherent Emotion*, E-Book auf http://goldenmean.info/newbook/

303 Euklid, *Die Elemente*, Buch I-XIII, herausgegeben und übersetzt von Clemens Thaer, Europa-Lehrmittel, 4. Erweiterte Auflage 2003, Buch VI, Erklärung 3.

304 Platon, *Timaios* 31c und 32 a; www.zeno.org/Philosophie/M/Platon/Timaios. Den Begriff Goldener Schnitt verwendeten die alten Griechen jedoch nicht. Laut Michael S. Schneiders Buch *The Beginner's Guide to Constructing the Universe* (Harper Perennial 1995 S. 119) sprach Platon vom „Schnitt", Euklid von der „stetigen Teilung", die Römer von der *aurea sectio* (dem Goldenen Schnitt), Luca Pacioli (1445-1514) von der „göttlichen Proportion", Johannes Kepler (1571-1630) vom „göttlichen Schnitt", und Mark Barr bezeichnete das Verhältnis Anfang des 20. Jahrhunderts mit dem griechischen Buchstaben Φ(Phi).

305 John Strohmeier und Peter Westbrook erklären in ihrem Buch *Divine Harmony: The Life and Teachings of Pythagoras* (Berkeley Hills Books 1999/2003), Pythagoras habe einen Großteil seines Lebens nicht in Griechenland verbracht und etwa dreiundzwanzig Jahre in Ägypten gelebt. Als erster Grieche, der Ägyptisch in Wort und Schriftzeichen fließend beherrschte, wurde er in die ägyptischen Mysterienschulen in Theben, Heliopolis, Memphis und Hermopolis eingeweiht. So erhielt er Gelegenheit, das geheime mystische Wissen in allen Einzelheiten in sich aufzunehmen und gründliche Kenntnisse in der ägyptischen Mathematik, Medizin, Architektur und Musik zu erlangen.

306 Insbesondere durch die umfassenden Forschungen des Mathematikers und Philosophen R. A. Schwaller de Lubicz (1891-1962) konnte die hohe Komplexität der heiligen Geometrie, wie sie sich in der altägyptischen Architektur zeigt, enträtselt werden. Seine Arbeiten werden einem größeren Publikum unter anderem in John Anthony Wests Buch *Die Schlange am Firmament* nähergebracht. Auch die russische Kunsthistorikerin Natalia Pomeranzewa veranschaulicht in ihrem Buch *Kunst in Altvorderasien und Ägypten* (VEB Verlag der Kunst 1977) die wichtige Rolle der heiligen Geometrie in der altägyptischen Kultur. Siehe auch György Doczi, *Die Kraft der Grenzen. Harmonische Proportionen in Natur, Kunst und Kultur*, übersetzt von Uta u. Stefan Szyszkowitz, Engel 1996 (dt. Erstauflage Dianus-Trikont 1984).

307 Dreihundertsiebenundachtzig dieser Steinkugeln wurden durch das National Museum of Antiquities of Scotland katalogisiert.

308 Weil unser Herz – im Gegensatz zu unserem logischen, rationalen Verstand – den grundlegenden Wunsch, das scheinbar Unversöhnliche miteinander zu vereinen, sehr gut kennt, wird die Schönheit hinter dieser möglicherweise trockenen mathematischen Beschreibung insbesondere dann erfahrbar, wenn auch unser Herz dabei eine Rolle spielen darf.

309 Natürlich gibt es auch den Spiegelpunkt von C, so dass es also durch dieselbe Teilung tatsächlich auch einen zweiten Punkt gibt.

310 Robert Lawlor, *Sacred Geometry*, Thames & Hudson 1982, S. 65. Dort zitiert aus den Werken von Aristoteles über Heron von Alexandria.

311 Robert Lawlor, *Sacred Geometry*, Thames & Hudson 1982, S. 65.

312 Paramahansa Yogananda, *Autobiographie*, S. 496.

313 Jill Purce, *Die Spirale. Symbol der Seelenreise*, aus dem Englischen von Hans-Ulrich Möhring, Kösel 1993.

314 Callum Coats, *Living Energies: Viktor Schauberger's Brillant Work with Nature Energy Explained*, 1996/2001, S. 66-70; dt. *Naturenergien verstehen und nutzen: Viktor Schaubergers geniale Entdeckungen*, übersetzt von Martin Meier und Gisela Bongart, Omega Verlag 1999.

315 Michael S. Schneider, *The Beginner's Guide to Constructing the Universe,* Harper Perennial 1995, S. 165.

316 Robert Lawlor, *Sacred Geometry*, S. 73.

317 Diese in alle Richtungen symmetrischen Formen sind die sogenannten platonischen Körper: Tetraeder, Oktaeder, Würfel, Ikosaeder und Dodekaeder.

318 Jill Pruce, *Die Spirale. Symbol der Seelenreise*, Kösel 1988.

319 Robert Lawlor, *Sacred Geometry*, S. 47.

320 Ebendort S. 14.
321 Ebendort S. 14.
322 Leonardo da Vinci grub sogar Tote aus, um die Proportionen menschlicher Knochen zu messen. Beispiele für den Goldenen Schnitt sind die Entfernung von der Schädeldecke bis zum Boden in Bezug zur Entfernung zwischen Nabel und Boden; die Strecke von der Schulter bis zu den Fingerspitzen im Verhältnis zur Strecke vom Ellbogen bis zu den Fingerspitzen. Die Entfernung von der Hüfte bis zum Boden im Verhältnis zu der Entfernung vom Knie bis zum Boden sowie das Verhältnis der unterschiedlichen Fingerknochen zueinander und so weiter.
323 Plotin, *Enneaden*, Erste Enneade, 6. „Über das Schöne"; entnommen www.zeno.org/nid/20009262822, Quelle: Plotin: *Die Enneaden.* Band 1, Berlin 1878, S. 42-53.
324 Mahmud Shabestari, ein islamischer Mystiker des 13. Jahrhunderts, spricht von dieser inneren Kammer unseres Herzens als einem Ort an dem, so klein er auch ist, doch beide Welten ihr Zuhause finden, weil hier unser körperlicher und unser unkörperlicher Aspekt – unser Körper und unsere Seele – miteinander verschmelzen. Der nordamerikanische Oglala Sioux Black Elk spricht vom Herzen als einem Heiligtum, in dessen Mitte es einen kleinen Raum gibt, von dem aus wir, wenn unser Herz rein ist, alles sehen können. Im Hinduismus spricht man von einem Lotos anstelle des Herzens, und in diesem Lotos gibt es einen winzigen Raum. Obwohl dieser Raum sehr klein ist, ist er doch zugleich auch ebenso weit und ausgedehnt wie der Raum im Äußeren, und in diesem winzigen Raum in unserem Herzen hat alles Platz und ist dort zu finden. Dieser kleine Ort wird auch als Herzenshöhle bezeichnet, und wir sind aufgefordert, uns dort hinein zu begeben. In der Kabbala heißt diese Herzensmitte die „Verborgene Herzenskammer".
325 Das Thomas-Evangelium gehört zu den Nag Hammadi Codices, die 1945 in Oberägypten entdeckt wurden. Nach dem niederländischen Theologen Gilles Quispel wurde die älteste Schicht um das Jahr 40 unserer Zeitrechnung verfasst und die zweite Schicht später, nämlich um das Jahr 100, hinzugefügt.
326 Der Goldene Schnitt definiert die Quadratur des Kreises. Mathematisch ausgedrückt bedeutet dies: Ziehe zu einem Quadrat von bekanntem Umfang einen Kreis mit demselben Umfang. Manche behaupten, dieses mathematische Geheimnis sei in den Maßen der Großen Pyramide von Gizeh eingeschrieben. Wenn die Pyramidenbasis das Quadrat ist, dann ist die Seitenhöhe der Pyramide (das „Apothem") der Radius des Kreises.
327 Robert Lawlor, *Sacred Geometry*, S. 33.
328 Hyemeyohsts Storm, *Lightningbolt*, 1994, S. 189-201 (dt. *Lightningbolt. Die Weisheit der Medizinräder*).
329 Paramahansa Yogananda, *Autobiographie*,S. 281-282.
330 Hyemeyohsts Storm, *Lightningbolt*, 1994, S. 326 (dt. *Lightningbolt. Die Weisheit der Medizinräder*).
331 Ebendort S. 266.
332 Yehuda Berg, *The 72 Names of God. Technology for the Soul*, Kabbalah Centre 2004, S. 40 (Dt. *Die 72 Namen Gottes. Technologie für die Seele*, aus dem Amerikanischen von Silvia Authenrieth, Nietsch 2005).

333 Das Gesetz der Aktion ist anwendbar, solange wir in der dritten Dimension leben – das heißt, in der physischen Welt.

334 Aus Olof Alexandersson, *Lebendes Wasser. Über Viktor Schauberger und eine neue Technik, unsere Umwelt zu retten*, Ennsthaler 9. Auflage 1999 (seit der 8. Auflage überarbeitet und wesentlich erweitert), S. 122.

335 Mehr über Keely ist unter anderem folgenden Quellen zu entnehmen: Dale Pond, John Keely, Nikola Tesla, Edgar Cayce and seven others, *Universal Laws Never Before Revealed: Keely's Secrets*, Infotainment World Books, revidierte Auflage 1995 und Dale Pond, Edgar Cayce, John Keely, Rudolf Steiner, Nikola Tesla, *The Physics of Love: The Ultimate Universal Laws*, The Message Company 1996 sowie David Willcock, *The Science of Oneness*, Kapitel 8: „Keely and the Physics of Vibration", online einsehbar unter http://divinecosmos.com/start-here/books-free-online/19-the-science-of-oneness

336 Dale Pond, Edgar Cayce, John Keely, Rudolf Steiner, Nikola Tesla, *The Physics of Love: The Ultimate Universal Laws*, The Message Company 1996, S. 17.

337 Mehr über Schauberger ist unter anderem folgenden Quellen zu entnehmen: Olof Alexandersson, *Lebendes Wasser. Über Viktor Schauberger und eine neue Technik, unsere Umwelt zu retten*, Ennsthaler 1999; Callum Coats, *Naturenergien verstehen und nutzen: Viktor Schaubergers geniale Entdeckungen*, Omega Verlag Bongart-Meier 2001; Callum Coats, *The Energy Evolution: Harnessing Free Energy from Nature*, Vol. 4 of the Eco-Tech. Series, Viktor Schauberger, Alick Bartholomew, *Das Verborgene in der Natur: Wasser, Naturkräfte und das Wirken des Menschen. Die wegweisenden Einsichten von Viktor Schauberger*, AT-Verlag 2006.

338 In einem Interview von Jan Bor und Marnix Verplancke: „De pijl van de tijd bestaat echt" in *Filosofie* Nr. 3, 1997; im niederländischen Original nachzulesen unter http://www.filosofie.nl/nl/artikel/4755/de-pijl-van-de-tijd-bestaat-echt.html (Hier nach der englischen Übersetzung der Verfasserin ins Deutsche übersetzt.)

339 Ilya Prigogine definiert eine dissipative Struktur wie folgt: Eine dissipative Struktur ist ein offenes System in der Natur, dessen Form oder Struktur durch kontinuierliche Dissipation bzw. ständigen Energieverbrauch aufrechterhalten wird. Alle lebenden Systeme sind dissipative Strukturen – auch der Mensch.

340 Isabelle Stengers, Ilya Prigogine, *Dialog mit der Natur. Neue Wege wissenschaftlichen Denkens*, Aus dem Englischen von Friedrich Griese, Piper 1980.

341 Humberto R. Maturana und Francesco J. Varela, „Autopoiesis: The Organization of Living Systems, Its Characterization and a Model", in *Biosystems* 1974. Diese Selbstorganisation nannten sie *Autopoiesis* – ständige Selbsterschaffung, vom Griechischen auto = selbst und poiesis = Schöpfung.

342 Humberto R. Maturana und Francesco J. Varela, *Der Baum der Erkenntnis. Die biologischen Wurzeln menschlichen Erkennens*, Aus dem Spanischen von Kurt Ludewig, Scherz 1988. (In der niederländischen Übersetzung *De boom de kennis. How wij de wereld door onze eigen waarnemigen creëren*, Uitgevereij Contact 1987, S. 32-33.)

343 Elisabet Sahtouris, „Seven Reasons Why I Remain an Optimist, in *Shift. At the Frontiers of Consciousness*, IONS Nr. 11, Juni-August 2006, S. 34-41.

344 Aus Olof Alexandersson, *Lebendes Wasser. Über Viktor Schauberger und eine neue Technik, unsere Umwelt zu retten*, Ennsthaler 9. Auflage 1999 (seit der 8. Auflage überarbeitet und wesentlich erweitert), S. 122.

345 Isabelle Stengers, Ilya Prigogine, *Dialog mit der Natur. Neue Wege wissenschaftlichen Denkens.*

346 Solitone sind solitäre Wellen, die sich ohne Änderung ihrer Form fortpflanzen. Entdeckt und erstmals beschrieben wurden sie 1834 von dem schottischen Ingenieur John Scott Russell (1808-1882).

347 Wayne Roberts, *Principles of Nature: Towards a New Visual Language*, Eigenverlag 2003, zu beziehen über die Website www.principlesofnature.net

348 Per Bak, *How Nature Works: The Science of Self-Organized Criticality*, Springer 1996, S. 28.

349 James Gleick, *Chaos: Making A New Science*, S. 292-293 (dt. *Chaos – die Ordnung des Universums. Vorstoß in Grenzbereiche der modernen Physik*).

350 Chris Langton, „Computation at the Edge of Chaos: Phase Transitions and Emergent Computation", *Physica* D 42 (1990); Roger Lewin, *Die Komplexitätstheorie. Wissenschaft nach der Chaosforschung*, aus dem Amerikanischen von Hainer Kober, Droemer Knaur 1996. Beide entdeckten, dass der Bereich „am Rande des Chaos" mit seinen ganz besonderen Eigenschaften mathematisch sehr schmal ist.

351 Peter Reason und Brian Goodwin, „Toward a Science of Qualities in Organizations: Lessons from Complexity Theory and Postmodern Biology" in *Concepts and Transformation, International Journal of Action and Organizational Rewnewal*, 4:3, 1999, S. 281-317.

352 Roger Lewin, *Complexity: Life at the Edge of Chaos*, Phoenix 1992, S. 51. (Dt.: *Die Komplexitätstheorie. Wissenschaft nach der Chaosforschung*, Droemer Knaur 1996.)

353 In der Wirtschaft läuft er unter der Bezeichnung „Fat Tails", in der Physik spricht man von „kritischen Fluktuationen", in Computerwissenschaft und Biologie ist es der „Rand des Chaos", und in der Demographie heißt er „Zipf'sches Gesetz". A. M. Selvam, „Quantumlike Chaos in the Frequency Distributions of the Bases A, C, G, T in Drosophila DNA", in *Apeiron*, Vol. 9. No. 4, Oktober 2002, S. 103-148.

354 Zusammen mit Chao Tang und Kurt Wiesenfeld.

355 Neben Per Bak kamen auch Norman Packard, Chris Langton und Stuart Kauffman zu diesem Schluss; siehe Roger Lewin, *Complexity: Life at the Edge of Chaos*, S. 54-59. (Dt.: *Die Komplexitätstheorie. Wissenschaft nach der Chaosforschung.*)

356 Er bezeichnete diese natürliche Neigung als „selbstorganisierend", weil an dieser Entwicklung offensichtlich keine äußeren Kräfte beteiligt sind. Als kritisch beschrieb er die Situation, weil das dynamische System des Sandhaufens an dem Punkt zum Gleichgewicht findet, an dem mit minimalem Einsatz – ein einziges Sandkorn – in Übereinstimmung mit dem Schmetterlingseffekt eine große Veränderung – die Lawine – ausgelöst werden kann.

357 Roger Lewin, *Complexity: Life at the Edge of Chaos*, S. 20. (Dt.: *Die Komplexitätstheorie. Wissenschaft nach der Chaosforschung.*)

358 Elisabet Sahtouris, „Seven Reasons Why I Remain an Optimist, in *Shift. At the Frontiers of Consciousness*, IONS Nr. 11, Juni-August 2006, S. 34-41.

359 D. L. Burke et al. „Positron Production in Multiphoton Light-by-Light Scattering“ in Physical Review Letters Band 79, Ausgabe 9/1997, S. 1626-1629, Abstract einzusehen unter http://prl.aps.org/abstract/PRL/v79/i9/p1626_1; „Matter Created from Pure Light“, *OE Reports* 167, November 1997. [*OE Reports* und *OE Magazine* sind Vorläufer der Fachzeitschrift *Optical Engineering* und online nicht mehr einsehbar, AO]

360 Als jüngste subatomare Vortex-Form wurde der sogenannte Twistor entdeckt. Er ist die kleinste bisher entdeckte Torus-Form und besteht aus zwei Spinoren. In einigen Versionen der Stringtheorie wird vermutet, dass die subatomaren Strings nicht nur schwingen wie Saiten (engl. string), nach denen sie benannt sind, sondern auch eine Form oder Struktur besitzen, zum Beispiel als ringförmiger Vortex.

361 D'Arcy Wentworth Thompson, *On Growth and Form*, Cambridge University Press, gekürzte Ausgabe 1992, S. 14 (Ungekürzte Erstauflage 1917), (Dt. *Über Wachstum und Form*, übersetzt von Ella M. Fountain und Magdalena Neff, Eichborn 2006.)

362 James Gleick, *Chaos: Making A New Science*, S. 201 (dt. *Chaos – die Ordnung des Universums. Vorstoß in Grenzbereiche der modernen Physik*).

363 Ebendort, S. 200. 1963 wurde in den Vereinigten Staaten die Mathematical Fibonacci Association gegründet, die seit 1984 alle zwei Jahre eine internationale Konferenz zu den Fibonacci-Zahlen und ihren Anwendungen ausrichtet. Außerdem erwachte in den 1980ern unter Wissenschaftlern in der Ukraine, in Russland, Weißrussland und Polen ein starkes Interesse am Goldenen Schnitt. Anfang der 1990er Jahre schlossen sie sich mit dem Ziel der Entwicklung einer neuen multidisziplinären Wissenschaft über die Fibonacci-Folgen und den Goldenen Schnitt zur Slavic „Golden“ Group zusammen. Die neue Wissenschaft sollte die Bezeichnung *Wissenschaft der System-Harmonie* tragen. Siehe www.goldenmuseum.com.

364 R. D. Meicenheimer, „Decussate to Spiral Transitions in Phyllotaxis“ in Roger V. Jean und Denis Barabe (Hrsg.) *Symmetry in Plants*, World Scientific Publishing 1998.

365 Der Goldene Winkel = 360° x (2-Φ)

366 Roger V. Jean, *Phyllotaxis: A Systemic Study in Plant Morphogenesis*, Cambridge University Press 1994, S. 62.

367 Alexander Lauterwasser erwähnt diese Untersuchungen von Richter und Dullin in seinem Buch *Wasser, Klang, Bilder* (AT-Verlag 2002, S. 101). Darin zitiert er aus Andreas Deutsch, *Muster des Lebendigen. Faszination ihrer Entstehung und Simulation*, Vieweg und Teubner 1994.

368 Stéphane Douády und Yves Couder, „Phyllotaxis as a Dynamical Self-Organizing Process (Part I, II, III) in *Journal of Theoretical Biology* Vol. 139, 1996 S. 178-312. Eine unterhaltsam zu lesende Einführung findet sich auf Douadys Website www.lps.ens.fr/~douady/PhyllotaxisIndex.html (auf Englisch und Französisch). Bei ihren Experimenten ließen die Wissenschaftler einzelne Tropfen einer Eisen-Suspension (Ferrofluid) nacheinander in die Mitte einer kreisrunden horizontalen Schale fallen, die mit Silikonöl gefüllt war. Unter dem Einfluss eines die Schale umgebenden Magnetfeldes stießen die Tropfen einander ab und

bewegten sich zum Rand der Schale hin. Sehr zur Überraschung von Douady und Couder schien es, als ob die Tropfen, sobald der Prozess erst einmal in Gang gekommen war, sich, auch wenn das Magnetfeld im weiteren Verlauf reduziert wurde, in einem dynamischen Prozess in Fibonacci-phyllotaktischen Spiralmustern selbst organisierten.

369 In seinem Buch *Allgemeine Morphologie der Gewächse* (Engelmann, Leipzig 1868) veröffentlichte Wilhelm Hofmeister die Ergebnisse seiner Untersuchungen über Wachstum und Entwicklung der Pflanzen. Zur Bedeutung von Hofmeister siehe Donald R. Kaplan und Todd J. Cooke, „The genius of Wilhelm Hofmeister: the origin of causal-analytical research in plant development“ in *American Journal of Botany*, Vol. 83 Nr. 12 (Dezember 1996), S. 1647-1660. Das (englische) Abstract ist online einsehbar unter www.botany.org/Abstracts/83-12-1647.php.

370 P. Atela, C. Golé und S. Hotton, „A Dynamical System for Plant Pattern Formation: A Rigorous Analysis“, in *Journal of Nonlinear Science*, Vol.12 Nr. 6/Januar 2003, S. 614-676; (englisches) Abstract einsehbar auf http://link.springer.com/article/10.1007%2Fs00332-002-0513-1.

371 Dazu entwarf Hans Meinhardt eine Computer-Simulation, die auf einem bestimmten, sich zyklisch verändernden Konzentrationsverhältnis zweier solcher Antagonisten aufbaute. Sein Modell zeigt einen Wachstumsprozess, bei dem der Winkel zwischen zwei aufeinanderfolgenden Knospen dem Goldenen Winkel nahe kommt. Hans Meinhardt, „Phyllotaxis: Helical arrangement of leaves and staggered dots on shells - two corresponding patterns”, unter http://www.eb.tuebingen.mpg.de/de/forschung/emeriti/hans-meinhardt/phyllo.html. Weitere Einzelheiten in: Meinhardt, H., Koch, A.J. and Bernasconi, G. (1998). “Models of pattern formation applied to plant development”. In: *Symmetry in Plants*, (D. Barabe and R. V. Jean, Hrsg.), World Scientific Publishing, Singapore, S. 723-758. Ein PDF-Nachdruck ist unter dem o.a. Link ebenfalls nachlesbar.

372 Patrick D. Shipman and Alan C. Newell, „Phyllotactic Patterns on Plants“, *Physical Review Letters* Vol 92 Nr. 16 (April 2004), Artikel-Nr. 168102, online nachzulesen unter http://math.arizona.edu/~goriely/workshop-growth/shipman-newell-03(cactus).pdf

373 Ian Stewart, *Das Rätsel der Schneeflocke. Die Mathematik der Natur*, aus dem Englischen von Andrea Kamhuis, Spektrum Akademischer Verlag 2002, S. 162.

374 James Gleick, *Chaos: Making A New Science*, S. 267 (dt. *Chaos – die Ordnung des Universums. Vorstoß in Grenzbereiche der modernen Physik*).

375 Ebendort S. 99-109.

376 Alexander Lauterwasser, *Wasser, Klang, Bilder*, AT-Verlag 2002, S. 102

377 James Gleick, *Chaos: Making A New Science*, S. 109/110, 227-231 (dt. *Chaos – die Ordnung des Universums. Vorstoß in Grenzbereiche der modernen Physik*).

378 Nigel Reading, „Dynamical Symmetries: Mathematical Synthesis between Chaos Theory (Complexity), Fractal Geometry and the Golden Mean“ in *Architectural Design* 64: 11/12, S. xii-xv.

379 Friedrich Cramer, *Chaos und Ordnung. Die komplexe Struktur des Lebendigen*, DVA 1989, zitiert in Alexander Lauterwasser, *Wasser Klang Bilder*, S. 101-102.

380 Ralph Marinelli, Branko Fuerst, Hoyte van der Zee, Andrew McGinn und William Marinelli, „The Heart is not a Pump: A Refutation of the Pressure Propul-

sion Premise of the Heart Function", in *Frontier Perspectives* (Zeitschrift des Center for Frontier Sciences an der Temple University in Philadelphia), Vol. 5 Nr. 1, Herbst/Winter 1995. Online nachzulesen auf der Website des Rudolf Steiner Research Center unter www.rsarchive.org/RelArtic/Marinelli/

381 Bereits 1927 kam Kurt Bergel zu derselben Erkenntnis; Alick Bartholomew, *Das Verborgene in der Natur: Wasser, Naturkräfte und das Wirken des Menschen. Die wegweisenden Einsichten von Viktor Schauberger*, AT-Verlag 2006, S. 177.

382 Eine kurze Zusammenfassung auf Englisch findet sich bei Alexey Stakhov, „The heart and brain rhythms" unter www.goldenmuseum.com/0702Rytmus_engl.html.

383 Das Buch von Subbota erwähnt Alexey Stakhov in seinem Artikel „Slavonic 'Golden' Group" auf http://goldenmuseum.com/1602Slavonic_engl.html

384 Roger Lewin, *Complexity: Life at the Edge of Chaos*, S. x. (Dt.: *Die Komplexitätstheorie. Wissenschaft nach der Chaosforschung*).

385 Valerie Vaughan, „The Fibonacci Numbers" auf www.onereed.com/articles/fib.html

386 Nigel Reading, „Dynamical Symmetries: Mathematical Synthesis between Chaos Theory (Complexity), Fractal Geometry and the Golden Mean" in *Architectural Design* 64: 11/12, S. xii-xv.

387 M. S. El Naschie, „Modular groups in Cantorian $E^{(\infty)}$ high-energy-Physics" in *Chaos, Solitons & Fractals* (2003) 16; Nr. 2, S. 353-366; Harald Weiss und Volkmar Weiss, „The golden mean as clock cycle of brain waves" in *Chaos, Solitons & Fractals* (2003) 18, Nr. 4, S. 643-652; Abstracts beider Artikel einsehbar auf http://www.sciencedirect.com/science/journal/09600779/16/2 bzw. http://www.sciencedirect.com/science/journal/09600779/18/

388 Alexey Stakhov, „Concept of Harmony Mathematics" auf seiner Website www.goldenmuseum.com (Der Artikel wurde inzwischen von der Website entfernt.)

389 Dan Winter, *Implosion's Grand Attractor*, E-Book im Eigenverlag, überarbeitete Version 2012, herunterzuladen von http://www.goldenmean.info/newbook/.

390 David Bohm und F. David Peat, *Das neue Weltbild. Naturwissenschaft, Ordnung und Kreativität*, Aus dem Amerikanischen von Ulrich Möhring, Goldmann 1990, S.281.

391 Aniela Jaffé (Hrsg.), *Erinnerungen, Träume, Gedanken von C. G. Jung*, Walter Verlag 1992, S. 408-409.

392 Marie Louise von Franz, „Die Anima als Frau im Manne" in C. G. Jung., Marie-Louise von Franz, Joseph L. Henderson, Jolande Jacobi und Aniela Jafféе, *Der Mensch und seine Symbole*, Walter-Verlag 1999, S. 177.

393 Roberto Assagioli, *Handbuch der Psycho-Synthesis: angewandte transpersonale Psychologie*, hrsg., bearb. und mit einem Vorwort versehen von Erhardt Hanefeld; übersetzt von Erhardt Hanefeld und Gudrun Schibel, Aurum 1978 (sowie neu übersetzt und aktualisiert als *Handbuch der Psychosynthese: Grundlagen, Methoden und Techniken*, hrsg., überarb., aktualisiert und mit einleitenden Texten vers. von U. Pfluger-Heist, Nawo, Zürich 2004); Roberto Assagioli, *Die Schulung des Willens: Methoden der Psychotherapie und der Selbsttherapie,* aus dem Amerikanischen von Michael Sauerbrei, Junfermann 1982.

394 Siehe zum Beispiel die umfassenden Forschungen des Neurowissenschaftlers Paul MacLean, beschrieben von Joseph Chilton Pearce in dessen Buch *Biologie der Transzendenz. Neurobiologische Grundlagen für die harmonische Entfaltung des Menschen*, aus dem Englischen von Ute Weber, Arbor Verlag 2004.

395 Stephen A. Schwartz, „Opening to the Infinite“ in *Shift. At the Frontiers of Consciousness*, IONS Nr. 10, März-Mai 2006, S. 28-31.

396 Quantenverschränkung ist das von dem Physiker John S. Bell vorhergesagte und daraufhin 1982 von Alain Aspect experimentell bestätigte Phänomen, dass subatomare Teilchen unter bestimmten Bedingungen sich anscheinend gegenseitig direkt und unmittelbar beeinflussen können, selbst wenn sie sich in großer Entfernung voneinander befinden. Dies lässt vermuten, dass sie tatsächlich auf der Quantenebene der Realität miteinander verbunden – eben verschränkt – sind.

397 Dean Radin, „Dishing up Entanglement“ in *Shift. At the Frontiers of Consciousness*, IONS Nr. 10, März-Mai 2006, S. 36-38.

398 Diane Powell und Ken Hennacy, „Autism and Its Implications für a Quantum-Classical Model of Brain Function“, Vortrag bei der internationalen Konferenz *Towards a Science of Consciousness* in Dänemark 2005; Diane Powell, „We are all Savants“ in *Shift. At the Frontiers of Consciousness*, IONS Nr. 10, Dezember 2005-Februar 2006, S. 14-17. Siehe auch Diane Hennacy Powell, *Das Möbius-Bewusstsein: Warum es paranormale Fähigkeiten gibt und wie wir sie trainieren können*, aus dem Englischen von Elisabeth Liebl, Goldmann 2009.

399 Diane Powell, „We are all Savants“ in *Shift. At the Frontiers of Consciousness*, IONS Nr. 10, Dezember 2005-Februar 2006, S. 14-17.

400 Diane Hennacy Powell, *Das Möbius-Bewusstsein*, S. 206.

401 Howard Martin, „Activating the Heart's Intelligence“, Text der Einführungsrede zur Konferenz *The Great Rethinking*, 2.-4. September 2005 in Bath, England; erschienen im *Prophets Conference Newsletter* vom 9. August 2005. Der Newsletter wird vertrieben von der Organisation *The Great Rethinking (Axiom Conferences)*, www.greatmystery.org.

402 Joseph Chilton Pearce, *The Biology of Transcendence*, Park Street Press 2002, S. 57-60 (dt: *Biologie der Transzendenz. Neurobiologische Grundlagen für die harmonische Entfaltung des Menschen*, aus dem Englischen von Ute Weber, Arbor Verlag 2004).

403 Rollin McCraty, Raymond Trevor Bradley und Dana Tomasino, „The Resonant Heart“ in *Shift. At the Frontiers of Consciousness*, IONS Nr. 5, Dezember 2004-Februar 2005, S. 34-41, S. 15-19.

404 Howard Martin, „Activating the Heart's Intelligence“.

405 Rollin McCraty, Raymond Trevor Bradley und Dana Tomasino, „The Resonant Heart“.

406 Howard Martin, „Activating the Heart's Intelligence“.

407 Claude Lévi-Strauss, *Das wilde Denken*, aus dem Französischen von Hans Naumann, Suhrkamp 1973.

408 David Suzuki und Peter Knudston, *Wisdom of the Elders. Sacred Native Stories of Nature*, Bantam 1992, S. 11-13.

409 Gregory Cajete, *Native Science: Natural Laws of Interdependence*, Clear Light Publishers 2000.

410 Stanislav Grof, Books of the Dead. Manuals for Living and Dying, Thames & Hudson 1994, S. 31 (dt. *Totenbücher. Bilder vom Leben und Sterben*, aus dem Englischen von Susanne Schaupp, Kösel 1994).

411 Zitiert in Roger Lewin, *Complexity: Life at the Edge of Chaos*, Phoenix 1992, S. 20 (dt.: *Die Komplexitätstheorie. Wissenschaft nach der Chaosforschung*, Droemer Knaur 1996).

412 Ohne weitere Quellenangabe zitiert in Thom Hartmann, *The Edison Gene*, Park Street Press 2003, S. 102 (dt. *ADHS als Chance begreifen (Nennen wir es das Edison-Gen)*, aus dem Englischen von Heidi Garnatz, Schmidt-Römhild 2004).

413 Clarissa Pinkola Estés, *Women Who Run with Wolves, Myths and Stories of the Wild Woman Archetype*, Ballantine Books, von der Verfasserin überarbeitete und aktualisierte Auflage 1996, S. 229-230. (Auf Deutsch nur in der ursprünglichen Form erschienen, in der dieser Satz fehlt, als *Die Wolfsfrau. Die Kraft der weiblichen Urinstinkte*, aus dem Englischen von Mascha Rabben, Heyne 1993.)

414 Ebendort S. 229. In der deutschen Übersetzung (S. 245-246) lautet die Stelle: „Dennoch gibt das wilde Selbst auch in dieser Situation nicht auf. Wieder und wieder versucht es, uns auf unseren Zustand aufmerksam zu machen, uns die Schritte zu zeigen, die uns zu unserer Lebenslust zurückführen."

415 David Suzuki und Peter Knudston, *Wisdom of the Elders. Sacred Native Stories of Nature*, Bantam 1992, S. 11-18.

416 Tobin Hart, *The Secret Spiritual World of Children*, Inner Ocean 2003, S. 14 (dt.: *Die spirituelle Welt der Kinder. Wie Sie ihre verborgenen Fähigkeiten verstehen und fördern*, aus dem Amerikanischen von Andrea Panster, Kailash 2007.)

417 Eckhart Tolle, *The Power of Now*, Namaste Publishing 1997, S.19 (dt. *Jetzt! Die Kraft der Gegenwart*, aus dem Amerikanischen von Christine Bolam und Marianne Savita Nentwig, Kamphausen 2000).

418 Aus den Schlusssätzen seiner Rede bei der Konferenz *The Paradox of Certainty*, 15. April 1998.

Index

A

B

C

D

E

F

G

H

Hans-Peter Dürr
Geist, Kosmos und Physik
Gedanken über die Einheit des Lebens

Kaum ein anderer lebender Naturwissenschaftler besitzt die Fähigkeit, mit solcher Geistesklarheit di tiefsten Einsichten von moderner Quantenphysik mit dem uralten spirituellen Menschheitswissen zu verknüpfen wie – Hans-Peter Dürr!

Es gelingt Dürr scheinbar mühelos, eine Synthese zwischen den meditativen Einsichten der Weisen des Ostens und den aktuellen Erkenntnissen der modernen Naturwissenschaften herzustellen. Dabei verliert er sich niemals in langatmigen akademischen Erläuterungen, sondern hat stets dei Menschen und die gesellschaftliche Wirklichkeit des 21. Jahrhunderts im Blicl Ein Brückenschlag zwischen zwei Welten, der vielleicht niemals notwendiger war als zurzeit.

ISBN: 978-3-86191-003-9, 96 Seiten, Paperback

Hans-Peter Dürr
Es gibt keine Materie!

Erstmals widmet sich der große Physiker im Dialo einem Vergleich seiner Erkenntnisse mit den Einsichten der mystischen Traditionen in den großen Weltreligionen. Dabei zeigen sich unglaublich verblüffende Parallelen zwischen christlich-jüdischen oder hinduistisch-buddhistischen Einsichten und den neuesten Erkenntnissen der modernen Quantei physik.

Aufgrund seiner zahlreichen Gespräche und Begeg nungen mit Vertretern der mystischen Traditionen in Ost und West ist Hans-Peter Dürr wie kaum ein zweiter Naturwissenschaftler dazu berufen, Grenzen zu überschreiten und scheinbar Unvereinbares zu verbinden.

Die Grenzen des Denkens verlaufen an der Oberfl äche - in der Tiefe ist ALLES LEBEN EINS.

ISBN: 978-3-86191-028-2, 104 Seiten, Paperback

Eckhard Kruse
Der Geist in der Materie
Die Begegnung von Wissenschaft und Spiritualität

Die geistig aufgeschlossenen Naturwissenschaftler begegnen heute den Erkenntnissen der modernen Geistesforschung nicht mehr mit jener vorurteilsverhafteten Ablehnung, wie dies noch vor zwanzig Jahren der Fall war. Im Gegenteil – sie liefern die brillantesten Synthesen zwischen Wissenschaft und Spiritualität!

Das Herausragende an Eckhard Kruses Werk ist, jenseits seiner faszinierenden Einsichten, die einzigartige Leistung, scheinbar Kontroverses zusammenzuschauen und didaktisch meisterhaft zu verdeutlichen. In zahlreichen Diagrammen, Skizzen und Darstellungen veranschaulicht er auf unmittelbar einleuchtende Art und Weise, wie man sich in konkreten Situationen das verborgene Wirken einer intelligenten Kraft hinter allen materiellen Prozessen vorzustellen hat.

Es dürfte zurzeit kaum ein anderes Werk geben, das den bevorstehenden Paradigmenwechsel so überzeugend nachvollziehbar einsichtig zu machen vermag wie dieses Buch!

ISBN: 78-3-86191-042-8
Hardcover, 300 Seiten

Manfred Poser
Zeit und Bewusstsein
Warum Zeit eine Illusion ist

Manfred Poser berichtet in seinem Buch von Erfahrungen, welche diese Grenzen überschreiten. Anhand faszinierender Erlebnisse wird daher deutlich, dass Zeit, in der Tiefe verstanden und erfahren, eine Illusion ist.

ISBN: 978-3-86191-043-5
Hardcover, 270 Seiten

Lyall Watson
Das geheime Leben der Dinge
Warum Computer und Autos ein Eigenleben führen

Nach der Lektüre dieses Buches werden Sie alle Gegenstände Ihres täglichen Lebens mit anderen Augen betrachten! Ein Buch, das die bisherige Weltsicht radikal verändern wird!

ISBN: 978-3-86191-041-1
Hardcover, 288 Seiten